Oberloskamp · Brosch · Brosey · Grühn

Jugendhilferechtliche Fälle
für Studium und Praxis

Jugendhilferechtliche Fälle für Studium und Praxis

Bearbeitet von

Dr. jur. Helga Oberloskamp
Professorin em. an der Fachhochschule Köln

Dr. jur. Dieter Brosch
Professor an der Georg-Simon-Ohm Hochschule Nürnberg

Dr. jur. Dagmar Brosey
Professorin an der Fachhochschule Köln

Dr. jur. Corinna Grühn
Professorin an der Hochschule Bremen

12., überarbeitete Auflage

Luchterhand 2011

Bibliografische Information der Deutschen Nationalbibliothek

Die Deutsche Nationalbibliothek verzeichnet diese Publikation in der Deutschen Nationalbibliografie; detaillierte bibliografische Daten sind im Internet über http://dnb.d-nb.de abrufbar.

ISBN 978-3-472-07872-0

www.wolterskluwer.de
www.luchterhand-fachverlag.de

Lektorat: Marie Anne Rauh

Umschlag: Martina Busch Grafikdesign, Fürstenfeldbruck
Satz: MedienServiceCenter Ute C. Renda-Becker, Neuwied + Lahnstein
Druck: Wilhelm & Adam, Heusenstamm

Unseren Frauen und Kindern:
Sonja und Corina
Eva mit Johanna
Kerstin mit Judith, Annalena und Felix

Vorwort zur 12. Auflage

Frau Prof. Dr. Helga Oberloskamp, die inzwischen im wohlverdienten Ruhestand ist, hat viele Jahre lang mit dem Werk Jugendhilferechtliche Fälle für Studium und Praxis Studierenden, aber auch in der Praxis tätigen Sozialpädagoginnen und Sozialpädagogen und Sozialarbeiterinnen und Sozialarbeitern, eine Hilfestellung an die Hand gegeben, die es ihnen ermöglicht hat, die zunehmend komplexeren Problem- und Fragestellungen der Kinder- und Jugendhilfe zu verstehen und in ihrer beruflichen Praxis umzusetzen. Sie hat nun ihr Werk endgültig in jüngere Hände übergeben. In dem Bestreben, ihr Werk fortzuführen und weiterzuentwickeln, konnten die Kolleginnen Prof. Dr. Dagmar Brosey von der Fachhochschule Köln – Institut für Soziales Recht – und Prof. Dr. Corinna Grühn von der Hochschule Bremen – Studiengang Soziale Arbeit – für die nun vorliegende 12. Neuauflage als weitere Autorinnen gewonnen werden.

Nach wie vor steht die Jugendhilfe verstärkt im medialen und politischen Interesse. Angesichts der spektakulären Fälle von Kindestötung, Kindesmisshandlung und Kindesmissbrauch, aber auch der zunehmenden Zahl an Familien, die beispielsweise im Kontext von Trennung und Scheidung, Hilfen zur Erziehung, Beratung, dringend professioneller Hilfe bedürfen, steigen die fachlichen Anforderungen an die in der Kinder- und Jugendhilfe tätigen Fachkräfte. Es geht u.a. um das frühzeitige Erkennen von Problemlagen und lösungsorientierten Interventionen und Hilfestellungen. Bei den vielfältigen Aufgaben der Kinder- und Jugendhilfe und dem breiten Aufgabenspektrum können zukünftig Fachkräfte ihrer Verantwortung nur nachkommen, wenn sie insbesondere eine fundierte rechtliche Ausbildung erfahren und über Kenntnisse in den einschlägigen Rechtsgebieten verfügen.
Mit der 12. Auflage soll daher den Studierenden in den Bachelor- und Masterstudiengängen der Sozialen Arbeit auch weiterhin eine Arbeitshilfe an die Hand gegeben und Lerninhalte, die nicht in den Präsenzveranstaltungen Platz finden, vermittelt werden, um sie möglichst gut auf die zukünftige Praxistätigkeit vorzubereiten, sodass sie der damit vor allem gegenüber Kindern, Eltern und Familien verbundenen Verantwortung gerecht werden können. Die 12. Auflage soll aber auch bereits in der Kinder- und Jugendhilfe tätigen, professionellen Kräften neue Impulse geben und sie auf eingetretene rechtliche Veränderungen und die damit verbundenen neuen Anforderungen aufmerksam machen.
So wurden, im Hinblick auf die vielfältigen Beratungsaufgaben in der Kinder- und Jugendhilfe, in der nunmehr vorliegenden neuen Auflage vor allem das neue Rechtsdienstleistungsgesetz (RDG), aber auch die Änderungen im neuen FamFG und die damit verbundenen Implikationen für die Kinder- und Jugendhilfe berücksichtigt und in die Fälle und Lösungen eingearbeitet.

Frau Prof. Dr. Helga Oberloskamp gehört herzlicher Dank dafür, dass sie auch weiterhin mit Rat und Tat zur Verfügung steht.

Bonn/Nürnberg/Köln/Bremen im März 2011

Helga Oberloskamp
Dieter Brosch
Dagmar Brosey
Corinna Grühn

Vorwort zur 1. Auflage

Mit dem vorliegenden Skriptum soll der Versuch unternommen werden, dem Studenten und dem ratsuchenden Praktiker der Sozialarbeit/Sozialpädagogik die Rechtsprobleme in der Jugendhilfe im wesentlichen anhand von Fällen und deren Lösungen aufzuzeigen. Das Schwergewicht ist dabei mehr auf Hilfen und Förderung, weniger auf verwaltungs- und organisationsrechtliche Fragen gelegt. Für diesen hier nicht abgedeckten Bereich der Jugendhilfe wird auf das Skriptum Papenheim/Baltes »Verwaltungsrecht für die soziales Praxis« verwiesen.

Die Problemstellungen beruhen größtenteils auf Fällen aus der Jugendhilfepraxis oder auf Gerichtsentscheidungen. Richtigstellungen, Hinweise und Verbesserungsvorschläge werden jederzeit dankbar entgegengenommen.

Köln/Münster, im August 1977   *Die Verfasserinnen*

Inhaltsverzeichnis

IX

Erster Teil

Einführungsfragen

Einführung in das Kapitel 1: Aufgaben und Träger der Jugendhilfe

Fragen

Wer ist in unserem Staat für Pflege und Erziehung von Kindern und Jugendlichen verantwortlich?

1

Primär für die Pflege und Erziehung von Kindern und Jugendlichen verantwortlich sind die Eltern. Dies findet sich bereits in Art. 6 II GG, wonach die Pflege und Erziehung der Kinder das natürliche Recht der Eltern und die zuvörderst ihnen obliegende Pflicht ist. Wortwörtlich wiederholt wird dies in § 1 II SGB VIII. Der Staat besitzt – ausgenommen im Schulsektor, Art. 7 GG – kein eigenständiges Erziehungsrecht. Er hat jedoch über die Betätigung dieses Rechts der Eltern zu wachen (sog. staatliches Wächteramt, Art. 6 II S. 2 GG, § 1 II S. 2 SGB VIII). Dieses erschöpft sich nicht in Kontrolle und Eingriff, die an enge Voraussetzungen geknüpft sind, sondern umfasst auch und vor allem präventive Maßnahmen, damit ein Eingriff nicht nötig wird.

Was ist Kinder- und Jugendhilfe?

2

Die Kinder- und Jugendhilfe kann als Gesamtheit der öffentlichen Sozialisationshilfen für junge Menschen sowie der Unterstützungsleistungen für deren Familien, Erziehungs- und Personensorgeberechtigten außerhalb der Familie, Schule, Hochschule, Berufsausbildung und Arbeitswelt verstanden werden.[1] Der Begriff »Jugendhilfe« wird insoweit gemeinhin synonym verwandt. Hierunter sind somit sowohl Unterstützungsmaßnahmen des Staates zu verstehen, als auch die Konkretisierung des staatlichen Wächteramtes, namentlich (Kindes- und Jugendschutz-)Maßnahmen.

In welchen Gesetzen ist aktuell das Kinder- und Jugendrecht geregelt?

3

Jugendrecht **im weitesten Sinne** findet sich in allen Gesetzen, die zum Ziel haben, Kinder und Jugendliche zu schützen und zu fördern. In diesem Sinne wären u. a. folgende Regelungen Jugendrecht:
– Art. 6 II GG,
– das Kindschaftsrecht im Familienrecht des BGB (§§ 1589 – 1921),
– das Gesetz über die religiöse Kindererziehung (RKErzG),
– die Schulgesetze der Länder,
– die Kindergartengesetze der Länder,
– das Kinder- und Jugendhilfegesetz (KJHG, insbesondere das SGB VIII) samt Nebengesetzen und Ausführungsgesetzen der Länder, Kinderschutzgesetze der Länder (z.B. das Berliner Kinderschutzgesetz),
– das Bundesausbildungsförderungsgesetz (BAföG), das Berufsbildungsgesetz (BBiG) und das Berufsbildungsförderungsgesetz (BerBiFG),

---

1 *R. J. Wabnitz*, GK Kinder- und Jugendhilferecht für die Soziale Arbeit, 2009, S. 17.

– alle Sozialleistungsgesetze, die Kinder und Jugendliche speziell berücksichtigen (z.B. Sozialhilfe [SGB XII], Wohngeld [WoGG], Arbeitsförderung [SGB III] etc.),
– das Jugendschutzrecht bestehend aus dem Jugendschutzgesetz (JuSchG), dem Jugendmedienschutz-Staatsvertrag und dem Gesetz zum Schutz der arbeitenden Jugend (JArbSchG),
– das Jugendgerichtsgesetz (JGG).

Im engeren Sinn ist Jugendrecht das Recht, das im Achten Buch des SGB geregelt ist, sowie die dazugehörigen Nebengesetze (Adoptionsvermittlungsgesetz, Ausführungsgesetze der Länder zum SGB VIII, z.B. AG-KJHG NW). Diesen Bereich des Jugendrechts nennen wir auch **Jugendhilferecht**. Im allgemeinen Sprachgebrauch werden KJHG und SGB VIII vielfach synonym verwendet. Genau genommen ist jedoch das KJHG das gesamte Kinder- und Jugendhilferecht, das durch die Reform von 1991 erneuert worden ist. Das SGB VIII ist nur ein – wenn auch sehr großer und wesentlicher – Teilbereich davon.

4 **Gibt es auch internationale rechtliche Grundlagen der Kinder- und Jugendhilfe?**

Neben dem Art. 24 der Charta der Grundrechte der EU – Rechte des Kindes – ist insbesondere die UN-Kinderrechtskonvention vom 20.11.1989, in der Bundesrepublik in Kraft getreten am 5.4.1992, zu nennen. Die UN-Kinderrechtskonvention (UNKR) legt Mindeststandards fest, deren Ziel nichts weniger ist als die Würde, das Überleben und die bestmögliche Entwicklung von Kindern und Jugendlichen weltweit sicherzustellen. In 54 Artikeln legt die UNKR u.a. Diskriminierungsverbote, die Berücksichtigung des Kindeswillens, das Recht auf gewaltfreie Erziehung, Recht auf Bildung und Ausbildung und das Recht auf Freizeit, Spiel und Erholung fest. Durch die UNKR verpflichten sich die beigetretenen Staaten zur Umsetzung der in der Konvention genannten Ziele. Weiter kann die UNKR aber auch zur Auslegung unbestimmter Rechtsbegriffe, derer es einige im Kinder- und Jugendhilferecht (beispielhaft sei hier nur der Schlüsselbegriff »Kindeswohl« genannt) gibt, im nationalen Recht herangezogen werden.[2]

5 **Wo war die Kinder- und Jugendhilfe in der Rechtsgeschichte geregelt?**

1. Der älteste Vorläufer des SGB VIII war das **RJWG** vom 9.7.1922, in Kraft getreten am 1.4.1924. Dieses war geprägt von ordnungs-, polizei- und strafrechtlichen Gesichtspunkten (es regelte insbesondere die Vormundschaft für nicht eheliche Kinder, Pflegekinder- und Heimaufsicht, Fürsorgeerziehung und Erziehungsbeistandschaft). Staatliche Eingriffe und das Wegnehmen von Kindern aus der Familie hatten einen höheren Stellenwert als Prävention, Beratung und ambulante Hilfe.
2. Die Reform vom 11.8.1961, die das RJWG zum Jugendwohlfahrtsgesetz (JWG) machte, änderte an der ordnungsrechtlichen Sichtweise nur wenig. Allerdings schöpfte die Praxis zunehmend die gesetzlich durchaus ausgelegte Möglichkeit von offenen Hilfen und Unterstützungen der Familien aus. Die Reform des elterlichen Sorgerechts von 1980 betonte mit der Einführung des § 1666a BGB die Nachrangigkeit der Herausnahme von Kindern aus ihren Familien.

---

2   Die BRD hat die UNKR bei der Ratifizierung mit einer interpretierenden Erklärung versehen, die besagt, dass die UNKR nicht das Recht der BRD beschränken könne, Gesetze und Verordnungen über die Einreise von Ausländern und die Bedingungen ihres Aufenthaltes zu erlassen oder Unterschiede zwischen In- und Ausländern vorzusehen.

3. Seit 1970 setzten starke Reformbemühungen ein. Getragen von Ideen der Studentenbewegung von 1968 (Heimkampagne, Kinderläden, antiautoritäre Jugendarbeit, selbstverwaltete Jugendzentren etc.) kam 1973 ein Diskussionsentwurf des Bundesjugendministeriums zu einem Jugendhilfegesetz (**JHG**) heraus, der 1974 in zwei Referentenentwürfe einmündete. Wegen ideologischer Auseinandersetzungen (Jugendhilfe – Elternrecht; freie – öffentliche Träger) wurde jedoch erst 1977 ein Regierungsentwurf vorgelegt. Diesen verabschiedete schließlich zwar der Bundestag, er scheiterte jedoch 1980 im Bundesrat.
4. 1987 enthielt die Regierungserklärung von Helmut Kohl einen neuen Anlauf für eine Neuordnung des Jugendhilferechts. 1988 wurde ein Referentenentwurf zu einem Kinder- und Jugendhilfegesetz (**KJHG**) vorgelegt, der einen Rechtsanspruch auf einen Kindergartenplatz vorsah. Nach Streichung dieses Anspruchs verabschiedete die Regierung 1989 den Regierungsentwurf, der 1990 sowohl Bundestag als auch Bundesrat passierte. Der größte Teil des Gesetzes wurde als SGB VIII in das Sozialgesetzbuch eingefügt, das noch am 3.10.1990 für die neuen Bundesländer, denen man das alte Jugendwohlfahrtsgesetz nicht mehr aufzwingen wollte, und am 1.1.1991 für die alten Bundesländer in Kraft trat.
5. Im Rahmen des Schwangeren- und Familienhilfegesetzes (1992), das die Reform des Schwangerschaftsabbruchs begleitete, wurde endlich ein Rechtsanspruch auf einen **Kindergartenplatz** gesetzlich verankert. Er trat zum 1.1.1996 in Kraft.
6. Zwischen 1993 und 1998 gab es verschiedene Reformversuche und Reformen, die teils das SGB VIII direkt, teils indirekt betrafen. Genannt sei hier nur die Anpassung der **Datenschutz**bestimmungen an die Terminologie des Bundesdatenschutzgesetzes.
7. Weitreichende Änderungen für das Kinder- und Jugendhilferecht brachte die **Kindschaftsrechtsreform**, die aus verschiedenen Reformgesetzen bestand: dem Erbrechtsgleichstellungsgesetz (in Kraft seit 1.4.1998), dem Beistandschaftsgesetz, dem Kindschaftsrechtsreformgesetz (KindRG), dem Kindesunterhaltsgesetz, dem Eheschließungsgesetz (alle in Kraft seit dem 1.7.1998) und dem Betreuungsrechtsänderungsgesetz (in Kraft seit dem 1.1.1999). Für die Jugendhilfe dürften sich aus diesen Reformen insbesondere vier wichtige Gesichtspunkte ergeben:

– Es gibt keine begriffliche Unterscheidung zwischen ehelichen und nicht ehelichen Kindern mehr (§§ 1591 ff. BGB). Eine unterschiedliche Behandlung ist nur noch dort vorgesehen, wo sie aufgrund der unterschiedlichen Gegebenheiten unabdingbar ist (z.B. Vaterschaft kraft Gesetzes bei in der Ehe geborenen Kindern; Vaterschaftsfeststellung – rechtsgeschäftlich oder gerichtlich – bei außerhalb der Ehe geborenen Kindern).
– Väter und Mütter von Kindern, die nicht miteinander verheiratet sind, können aufgrund von Sorgeerklärungen (§§ 1626a I Nr. 1, 1626b-1626e BGB) ein gemeinsames Sorgerecht erhalten.[3] Bei der Inanspruchnahme von Leistungen nach dem SGB VIII (§ 2 II) müssen daher beide Sorgerechtspartner entsprechende Anträge stellen. Die Jugendhilfe übernimmt hierbei Aufgaben bei der Beratung (§ 52a), Vertretung (§ 55 I, §§ 1712 ff. BGB) und Beurkundung (§ 59 I Nr. 8).
– Väter und Mütter, die getrennt leben oder sich scheiden lassen, behalten gemeinsam das Sorgerecht, wenn keiner eine Übertragung der Alleinsorge beantragt (§ 1671 BGB). Trotzdem sind die Jugendämter aufgefordert, ihre beratenden, vermittelnden und unterstützenden Dienste allen sich trennenden Eltern anzubieten (§§ 17, 18).
– Es gibt keine gesetzliche Amtspflegschaft und keine Beistandschaft »alten Strickmusters« (§§ 1705 ff. BGB a.F., §§ 1685, 1690 BGB a.F.) mehr. Beide Rechtsinstitute sind ersetzt durch eine Beistandschaft neuen Rechts (§§ 1712 ff. BGB), die beantragt werden muss,

---

3 Vgl. Zur notwendigen Neuregelung des Sorgerechts für Väter unehelicher Kinder: Europäischer Gerichtshof für Menschenrechte, Entscheidung vom 3.12.2009, Az. 220828/04, FamRZ 2010, 103; BVerfG, Entscheidung vom 21.7.2010, Az.1 BvR 420/09, FamRZ 2010, 1403.

jedoch nicht gerichtlich angeordnet wird. Diese wird in der Regel (Landesrecht kann anderes bestimmen; nicht in NRW) vom Jugendamt ausgeübt (§ 55 SGB VIII, § 1712 I BGB).

8. Seit der Kindschaftsrechtsreform haben verschiedene neue Gesetze (Ächtung der Gewalt in der Erziehung, Erziehungsgeld, Lebenspartnerschaften, SGB IX) Auswirkungen auf das Kinder- und Jugendhilferecht gezeigt, wobei diese häufig vor allem im materiellen oder Finanzierungsbereich lagen.

9. Änderungen im SGB VIII selbst bewirkte das Tagesbetreuungsausbaugesetz vom 27.12.2004 – **TAG** –, wodurch die Förderung von Kindern in **Tageseinrichtungen und Tagespflege** verbessert und verbindlicher ausgestaltet wurde (§§ 22, 24a, 69, 74a SGB VIII).

10. Mit dem Kinder- und Jugendhilfeweiterentwicklungsgesetz vom 8.9.2005 – **KICK** – wurde vor allem der Schutzauftrag der Jugendhilfe bei **Kindeswohlgefährdung** (Gefährdungseinschätzung, Steuerungsverantwortung des Jugendamts, Inobhutnahme) konkretisiert (§§ 8a, 36a, 42 SGB VIII).

11. Das Gesetz zur Förderung von Kindern unter drei Jahren in Tageseinrichtung und in Kindertagespflege (Kinderförderungsgesetz – **KiföG** vom 10.12.2008) betrifft den schrittweisen Ausbau der Betreuung der unter dreijährigen Kinder insbesondere in den §§ 24, 24a SGB VIII bis zum Jahr 2013.

12. Im Zuge der Änderung des FGG in das **FamFG** (Gesetz über das Verfahren in Familiensachen und in den Angelegenheiten der freiwilligen Gerichtsbarkeit) vom 17.12.2008 sind auch die entsprechenden Vorschriften des SGB VIII – namentlich §§ 50, 51 – geändert worden. Durch das FamFG ist das kindschaftsrechtliche Verfahren massiv verändert worden, sodass auch die Mitwirkung der Jugendämter bei familiengerichtlichen Verfahren hieran angepasst werden musste.

Kapitel 1 Aufgaben und Träger der Jugendhilfe

I. Aufgaben der öffentlichen Jugendhilfe

Literatur:[1]
1. Gesamtdarstellungen zum KJHG und seinen Reformen: *B. Habermann/Chr. Tries*: Das neue Kinder- und Jugendhilfegesetz, NDV 1990, 205/231/339/398; 1991, 48, 144; *W. Rüfner*: Zum neuen KJHG, NJW 1991, 1; *Chr. Schrapper*: Zwischen Neuorientierung und Überforderung NDV 1992, 287; *P. Fuchs/B. Habermann*: Änderung des Kinder- und Jugendhilfegesetzes, NDV 1993, 52 und 92; *J. Münder*: Umsetzungsprobleme des neuen Kinder- und Jugendhilferechts, RdJB 1993, 389; *R. Wiesner:* Die Reform des Kindschaftsrechts – Auswirkungen für die Praxis der Kinder- und Jugendhilfe, ZfJ 1998, 269; *R. Wiesner:* Das Tagesbetreuungsausbaugesetz, ZfJ 2004, 441; *W. Röchling*: Die Reform des SGB VIII durch das Gesetz zur Weiterentwicklung der Kinder- und Jugendhilfe, FamRZ 2006, 161; *R. J. Wabnitz:* Vom KJHG zum Kinderförderungsgesetz – Die Geschichte des Achten Buches Sozialgesetzbuch von 1991 bis 2008, Berlin 2009; *J. Münder:* Das Kinderförderungsgesetz, RdJB 2009, 4; Gemeinsames Sonderheft JAmt und ZKJ: 20 Jahre KJHG – Blick zurück nach vorn, 2010.
2. Rechtsstellung Kind – Eltern – Staat: *Zacher:* Elternrecht, in: *Isensee/Kirchhoff* (Hrsg.), Handbuch des Staatsrechts der Bundesrepublik Deutschland, Bd.IV, Heidelberg 1989; *J. Münder:* Das Verhältnis Minderjähriger-Eltern-Jugendhilfe, ZfJ 1990, 488; *H. Oberloskamp*: Die rechtliche Stellung von Kinder und Jugendlichen nach dem RegE eines Gesetzes zur Neuordnung des KJHG, ZfJ 1990, 260; *R. Ollmann*: Eltern, Kind und Staat in der Jugendhilfe, FamRZ 1992, 388; *H. Gerstein:* Verwirklichung von Kinderrechten nach der UN-Kinderrechtskonvention, ZfJ 1995, 527; *Jestaedt:* Staatliche Rollen in der Eltern-Kind-Beziehung, DVBl. 1997, 693; *R. Wiesner:* Kinderrechte in die Verfassung, ZKJ 2008, 225; *M. Coester:* Die Rechte des Kindes, SDSRV Nr. 58, 7 (2009); *M. Schuler-Harms:* Kinder in den Mittelpunkt – und ins Grundgesetz, KJ 2009 (Beiheft 1), 133; *L. Krappmann/K. Lüscher:* Kinderrechte im Generationenverbund – Plädoyer für eine aktuelle Lektüre der Kinderrechtskonvention, RdJB 2009, 326; *M. Jestaedt:* Elternpflicht als Kindesrecht? – Jugendhilferecht am verfassungsrechtlichen Scheideweg, JAmt 2010 (Gemeinsames Sonderheft mit ZKJ), 32.
3. Jugendamt – Landesjugendamt: *Nix:* Die Zuständigkeit des Jugendhilfeausschusses in der kommunalpolitischen Praxis der Jugendhilfe, JHilfe 1994, 265; *Bernzen:* Aufgaben, Kompetenzen und Zuständigkeiten des Landesjugendhilfeausschusses, ZfJ 1996, 17; *Ortmann:* Neue Steuerungsformen der Sozialverwaltung und soziale Arbeit, NDV 1996, 62; *BAG LJÄ:* Das Fachkräfteangebot des Kinder- und Jugendhilfegesetzes, Kassel 1996; *R. Wiesner:* Die Stellung des Jugendamtes nach dem Kinder- und Jugendhilfegesetz, Forum Erziehungshilfen 1997, 73; *Gernert:* Landesjugendämter als regionale Beratungs- und Kompetenzzentren für Jugendhilfe, ZfJ 1999, 112; *Liebig:* Strukturveränderungen der Jugendämter – Strategien, Positionen und Problemfelder, ZfJ 2000, 241; *R. Wiesner:* Braucht die Jugendhilfe neue Strukturen?, JAmt 2001, 3; *J. Opitz* Amtsvormundschaft und Soziale Dienste – miteinander, gegeneinander oder wie?, JAmt 2001, 315; *Bassarak/Mollik*: Verwaltungsmodernisierung

---

1   Unter dem Stichwort »Literatur« sind in der Regel nur Hinweise auf Aufsätze und Monografien enthalten. Dass Kommentare und Lehrbücher zum KJHG entsprechende Ausführungen enthalten, wird als selbstverständlich unterstellt. Nur bei Fehlen von Spezialliteratur sind Fundstellen aus der Allgemeinliteratur zitiert.

bei Jugendämtern, NDV 2005, 234 und 330; *R. J. Wabnitz:* Autonomie und Wettbewerb der Träger der freien Jugendhilfe versus Steuerungsverantwortung der Träger der öffentlichen Jugendhilfe, ZKJ 2006, 326; *H. Schmid/R. Wiesner:* Die Kinder- und Jugendhilfe und die Föderalismusreform, ZKJ 2006, 392 und 449; *W. Flemming:* Das aktive Jugendamt, ZKJ 2009, 315.

4. Datenschutz: *U. Maas:* Die Regelungen zum Schutz personbezogener Daten im KJHG, NDV 1990, 215; *Th. Mörsberger:* Perspektive »Neues Jugendamt« – Zur Bedeutung der Datenschutzbestimmungen im neuen KJHG, ZfJ 1990, 365; *P.-Chr. Kunkel:* Die zusätzlichen Regelungen des Sozialdatenschutzes im KJHG (SGB VIII), ZfJ 1991, 111; *M. Schnapka:* Mitteilungspflicht der Jugendämter an Ausländerbehörden, DAVorm 1991, 23; *P.-Chr. Kunkel:* Der Datenschutz in der Jugendhilfe, RdJB 1993, 399; *P.-Chr. Kunkel:* »Mörderischer Datenschutz?« – Offenbarungsbefugnisse gegenüber der Polizei, ZfF 1993, 9; *P.-Chr. Kunkel:* Der Datenschutz in der Jugendhilfe nach Änderung des Sozialgesetzbuches, ZfJ 1995, 354; *Th. Mörsberger:* Datenschutzrechtliche Aspekte in der Zusammenarbeit von Jugendhilfe und Justiz bei Verdacht von Kindesmisshandlung, FuR 1998, 285; *Th. Mörsberger:* Datenschutzrechtliche Aspekte in der Zusammenarbeit von Jugendhilfe und Justiz bei Verdacht von Kindesmisshandlung, FPR 1998, 288; *Th. Meysen:* Datenschutz im Fachteam bei der Hilfeplanung, JAmt 2002, 55; *E. Elmauer/H. Schindler:* Datenschutzfragen freier Träger im Verhältnis zu öffentlichen Kostenträgern – speziell bei der Umsetzung des § 8a SGB VIII, Sozialrecht aktuell 2007, 81; *H.-G. Papenheim:* Schweigepflicht – Datenschutz und Zeugnisverweigerungsrecht im sozial-caritativen Dienst, 2007; *P.-Chr. Kunkel:* Kinderschutz und Datenschutz, NDV 2008, 415; *St. Wiesner-Berg:* Anonyme Kindesabgabe und Sozialdatenschutz, NStZ 2010, 243.

5. Jugendhilfe, Ausländer/Kinder und Jugendliche mit Migrationshintergrund: *Beauftragte der Bundesregierung für die Belange der Ausländer* (Hrsg.): Allein im Exil, Unbegleitete minderjährige Flüchtlinge in der Bundesrepublik Deutschland, Bonn 1994; *Koehn/Zieger:* Können junge Asylbewerber Leistungen der Jugendhilfe beanspruchen?, Inf-AuslR 1994, 364; *P. Kunkel:* Inwieweit sind Asylbewerberleistungsgesetz und KJHG auf junge Asylbewerber anwendbar?, ZfJ 1994, 369; *Jockenhövel-Schieke,* Schutz für unbegleitete Flüchtlingskinder; Rechtsgrundlagen und gegenwärtige Praxis, ZAR 1998, 165; *Kraus:* Kinder- und Jugendhilfe für Zugewanderte, ZAR 2003, 183; *B. Huber:* Interkultureller Auftrag des Kinder- und Jugendhilfegesetzes, ZAR 2003, 311; *A. Will:* Das Wohl des fremden Kindes, ZfJ 2003, 374; *E. Peter:* Die Inobhutnahme unbegleiteter ausländischer Minderjähriger, JAmt 2006, 60; *P.-Chr. Kunkel:* Jugendhilfe für junge Ausländer, ZAR 2006, 92.

6 Welche Ziele und Aufgaben der Jugendhilfe benennt das SGB VIII?

Die Antwort ergibt sich aus § 1 Abs. 1 und 3 SGB VIII:

Abs. 1: Jeder junge Mensch hat ein Recht auf Förderung seiner Entwicklung und auf Erziehung zu einer eigenverantwortlichen und gemeinschaftsfähigen Persönlichkeit.

Abs. 3: Jugendhilfe soll zur Verwirklichung des Rechts nach Absatz 1 insbesondere

1. junge Menschen in ihrer individuellen und sozialen Entwicklung fördern und dazu beitragen, Benachteiligungen zu vermeiden und abzubauen,
2. Eltern und andere Erziehungsberechtigte bei der Erziehung beraten und unterstützen,
3. Kinder und Jugendliche vor Gefahren für ihr Wohl schützen,
4. dazu beitragen, positive Lebensbedingungen für junge Menschen und ihre Familie sowie eine kinder- und familienfreundliche Umwelt zu erhalten oder zu schaffen.

Abs. 1 spricht von Förderung und Erziehung. Erziehung betrifft nur Kinder und Jugendliche (§ 7 I Nrn. 1, 2 SGB VIII), Erwachsene können nach unserem Recht nicht mehr erzogen werden (§ 1 II SGB VIII). Förderung bezieht sich daher vor allem auf junge Volljährige (§ 7 I Nr. 3 SGB VIII), die zwar nicht mehr erzogen, aber in ihrer Entwicklung unterstützt werden können (§§ 11-15 SGB VIII; §§ 16-21 SGB VIII; § 41 SGB VIII). Daneben sind auch Fördermaßnahmen für Minderjährige möglich, d.h. unterstützende Maßnahmen, die über Erziehung hinausgehen.

Abs. 3 nennt als Adressaten der Jugendhilfe nicht nur die jungen Menschen unmittelbar (Nrn. 1, 3), sondern auch Eltern und Erziehungsberechtigte (Definition siehe § 7 I Nr. 1 SGB VIII) (Nr. 2) sowie das Gemeinwesen (Nr. 4), das kinder- und familienfreundlich gestaltet werden soll.

Als Ziel der Kinder- und Jugendhilfe kann man daher die Förderung und Erziehung junger Menschen zu eigenverantwortlichen und gemeinschaftsfähigen Persönlichkeiten festhalten.

Die Aufgaben der Jugendhilfe werden in § 2 SGB VIII näher beschrieben. Danach umfasst die Jugendhilfe Leistungen und andere Aufgaben zugunsten junger Menschen und Familien (§ 2 I SGB VIII). Leistungen der Jugendhilfe sind beispielsweise Angebote der Jugendarbeit und der Jugendsozialarbeit sowie des erzieherischen Kinder- und Jugendschutzes (§§ 11-14 SGB VIII), Angebote zur Förderung der Erziehung in der Familie (§§ 16-21 SGB VIII) usw. Die Leistungen der Jugendhilfe werden in § 2 II SGB VIII näher beschrieben. Andere Aufgaben der Jugendhilfe sind beispielsweise die Inobhutnahme von Kindern und Jugendlichen sowie die Mitwirkung in Verfahren vor den Familiengerichten (§ 2 III SGB VIII). Während die Leistungen der Jugendhilfe von Trägern der freien und öffentlichen Jugendhilfe erbracht werden, werden andere Aufgaben der Jugendhilfe grundsätzlich nur von Trägern der öffentlichen Jugendhilfe wahrgenommen (§ 2 II und III SGB VIII).

Wer ist Träger öffentlicher Jugendhilfe?   **7**

1. Die Aufgaben der Jugendhilfe werden von den Trägern der öffentlichen Jugendhilfe und den Trägern freier Jugendhilfe (zu dem Begriff siehe die Fragen 15 ff.) wahrgenommen. Träger der öffentlichen Jugendhilfe sind örtliche und überörtliche Träger, § 69 I S. 1 SGB VIII.

Örtliche Träger sind:
– Kreise und kreisfreie Städte, § 69 I S. 2 SGB VIII
– nach Landesrecht kreisangehörige Gemeinden, § 69 II SGB VIII.

Überörtliche Träger sind:
– Gebietskörperschaften, die vom Landesrecht zu bestimmen sind, § 69 I S. 2 SGB VIII. Dies können höhere Kommunalverbände (Landschaftsverbände, Landeswohlfahrtsverbände) oder staatliche Stellen (Regierungspräsidien) sein. Die örtlichen Träger richten Jugendämter ein, die überörtlichen Träger Landesjugendämter, § 69 III SGB VIII.

2. Zentrale Aufgaben der Jugendhilfe werden von den **obersten Jugendbehörden der Länder** (§ 82 SGB VIII) und dem Jugendministerium des Bundes, seit 1994 Bundesministerium für Familie, Senioren, Frauen und Jugend (§ 83 SGB VIII), wahrgenommen. Die Bundesregierung lässt sich in Fragen der Jugendhilfe vom Bundesjugendkuratorium beraten (§ 83 II SGB VIII). Mit der Erstellung eines Jugendberichtes in jeder Legislaturperiode beauftragt sie eine Jugendberichtskommission, § 84 SGB VIII.

3. Weitere Behörden, die bei der Erfüllung von Aufgaben der Jugendhilfe mitwirken (in der Literatur auch als »Träger der öffentlichen Jugendhilfe im weiteren Sinn« bezeichnet) sind u.a.:

– Familiengerichte (FamG),
– Jugendgerichte (JugG).
Andere Stellen und öffentliche Einrichtungen, mit denen die öffentliche Jugendhilfe zusammenarbeiten soll, sind in § 81 SGB VIII genannt.

8 **Was bedeutet es, dass die Jugendhilfe eine sog. Selbstverwaltungsaufgabe ist?**

Die kommunale Körperschaft als Ganzes ist örtlicher Träger der Jugendhilfe (vgl. § 69 I SGB VIII). Die Aufgaben der Jungendhilfe werden von diesen als Selbstverwaltungsaufgabe erfüllt (vgl. beispielsweise § 1 I S. 2 Brem AG KJHG). Damit unterliegt der örtliche Träger nicht der Fachaufsicht, die auch die Zweckmäßigkeit und nicht nur die Rechtmäßigkeit einer Maßnahme bzw. der Aufgabenerfüllung kontrolliert. Wer konkret Rechtsaufsichtsbehörde ist, ergibt sich aus dem jeweiligen kommunalen Verfassungsrecht. Das Landesjugendamt ist also nicht übergeordnete Behörde im aufsichtsrechtlichen Sinne für die jeweiligen Jugendämter.[2] Folgerichtig werden Verwaltungsakte, die sie erlassen, auch von der erlassenden Behörde (also vom Jugendamt), nicht von der übergeordneten Behörde überprüft und ggf. wird auch vom Jugendamt selbst der Widerspruchsbescheid erlassen, vgl. § 73 I S. 2 Nr. 3 VwGO.

9 **Was ist der Jugendhilfeausschuss (JHA), und welche Aufgaben hat er?**

Der JHA ist eine Besonderheit der kommunalen Selbstverwaltung. Anders als in anderen Ämtern werden die Aufgaben des Jugendamts nicht nur von der Verwaltung, sondern auch durch den JHA wahrgenommen (§ 70 I SGB VIII) (sog. Zweigliedrigkeit des Jugendamts). Der JHA weist zwar auch die strukturellen Merkmale eines parlamentarischen Ausschusses der Vertretungskörperschaft auf, hat aber daneben besondere Merkmale, die ihn zu einem Ausschuss eigener Art machen.[3] So ist z.B. seine Einrichtung obligatorisch, und seine Mitglieder sind nicht nur solche des Kommunalparlaments.
Dem JHA gehören sowohl Mitglieder der Vertretungskörperschaft des Trägers der öffentlichen Jugendhilfe (= Gemeindeparlament) als auch Vertreter der anerkannten freien Jugendhilfe an (§ 75 I SGB VIII).
Der JHA befasst sich mit allen Angelegenheiten der Jugendhilfe, insbesondere mit der Erörterung und Lösung aktueller Problemlagen, der Jugendhilfeplanung und der Förderung der freien Jugendhilfe (§ 71 II SGB VIII). Er hat in geregeltem Umfang Beschluss- und Mitwirkungsrechte (§ 71 III SGB VIII). Die laufenden Geschäfte der Jugendhilfe erledigt nicht der JHA, sondern der Leiter der Verwaltung der Gebietskörperschaft oder der Leiter der Verwaltung des Jugendamts (§ 70 II SGB VIII).

10 **Welche Typen von Aufgaben hat das Jugendamt (JA) wahrzunehmen? Wie verpflichtend sind die Jugendhilfeaufgaben für das JA, die das SGB VIII aufzählt?**

1. Leistungen gem. § 2 II SGB VIII
Die Leistungen beschreiben Angebote an verschiedene leistungsberechtigte Personengruppen, beispielhaft seien hier die Angebote der Jugendarbeit (§ 11 SGB VIII) und die Hilfen

---

2 *Vondung*, in LPK-SGB VIII, § 69, Rn. 2a.
3 *Jung*, SGB VIII, § 70, Rn. 2.

zur Erziehung (§§ 27 ff. SGB VIII) genannt. Ihre Inanspruchnahme ist freiwillig. Leistungen werden von Einrichtungen und Diensten gem. § 5 SGB VIII erbracht. Das Jugendamt trägt für sie die Planungsverantwortung gem. § 80 SGB VIII. Es hat den Bedarf festzustellen, braucht für Einrichtungen und Dienste aber nur dann selbst zu sorgen, wenn der Bedarf besteht und freie Träger weder von sich aus, noch aufgrund von Förderung durch den öffentlichen Träger entsprechende Hilfen anbieten (§§ 3, 4 II SGB VIII).

2. Andere Aufgaben gem. § 2 III SGB VIII
Unter den anderen Aufgaben nach § 2 III SGB VIII wird beispielsweise die Inobhutnahme nach § 41 SGB VIII oder die Mitwirkung in Verfahren vor den Familiengerichten nach § 50 SGB VIII verstanden. Andere Aufgaben umfassen hoheitlich ausgestattete Funktionen des JA: Das Jugendamt trägt hierfür die volle Wahrnehmungsverantwortung (§ 3 III SGB VIII). Das bedeutet, dass es diese Hilfen anbieten bzw. Maßnahmen ergreifen muss. Zum Teil kann der öffentliche Träger auch diese Aufgaben auf die freien Träger zur Ausführung übertragen. Dadurch wird es von eigenen Aktivitäten entlastet, bleibt aber trotzdem letztverantwortlich (§ 76 II SGB VIII).

Spielt es für die Inanspruchnahme von Leistungen oder die Wahrnehmung anderer Aufgaben eine Rolle, ob die Betroffenen nicht die deutsche Staatsangehörigkeit haben?   **11**

Diese Frage regelt § 6 SGB VIII und zwar speziell die Absätze 2 und 4. Demnach ist zunächst zu unterscheiden, ob der Ausländer eine Leistung möchte (z.B. Heimerziehung), oder ob es sich um die Erfüllung einer anderen Aufgabe handelt (z.B. Inobhutnahme).
Im letzteren Fall macht es keinen Unterschied, ob es sich um einen Deutschen oder Ausländer handelt. Das hängt damit zusammen, dass »die anderen Aufgaben« (§ 2 III SGB VIII) rechtsgeschichtlich betrachtet, polizeiliche Aufgaben sind (auch wenn sie heute vornehmer als Aufgaben des »staatlichen Wächteramtes« bezeichnet werden), für die – genauso wie für das Strafrecht – das sog. Territorialitätsprinzip gilt.
Im ersteren Fall (Leistung) ist zunächst zu prüfen, ob Regelungen des über- und zwischenstaatlichen Rechts vorliegen. Diese sind das spezielle und daher vorrangige Recht gegenüber dem deutschen Recht. Hier spielen die Verordnung (EG) Nr. 2201/2003 vom 27.11.2003 (genannt: Brüssel IIa), das Haager Minderjährigenschutzabkommen (MSA), künftig an seiner Stelle das Haager Kinderschutzübereinkommen (KSÜ) sowie das Europäische (EFA), das Deutschschweizerische und das Deutsch-österreichische Fürsorgeabkommen[4] eine Rolle. Das MSA ist auf alle Minderjährigen, gleich welcher Staatsangehörigkeit anzuwenden, sodass alle ausländischen Kinder und Jugendlichen hier Leistungen erhalten können. Für junge Volljährige gilt das Abkommen jedoch nicht, sodass sich nur für junge Menschen aus Mitgliedsstaaten der drei Abkommen eine Berechtigung zur Inanspruchnahme von Leistungen ergibt.
Im Übrigen ist zu berücksichtigen, dass die Inanspruchnahme von Leistungen ggfs. zu ausländerrechtlichen Konsequenzen (nach nationalem – Aufenthaltsgesetz – oder internationalem – Abkommen –) führen kann.[5]

---

4 *Jung*, SGB VIII, § 6, Rn. 18 f.
5 *Jung*, SGB VIII, § 6, Rn. 15.

12 Wann ist der Träger öffentlicher Jugendhilfe verpflichtet, tätig zu werden?

1. In Bezug auf einzelne Minderjährige (MJ) muss er Hilfen anbieten, wenn

1.1 der Anspruch des Kindes oder Jugendlichen auf Erziehung von den Eltern nicht erfüllt wird (§ 1 I, II iVm §§ 27 ff. SGB VIII) oder das Kind oder der Jugendliche nach Abschätzung des Jugendamts gefährdet ist (§ 8a I S. 3 SGB VIII).

1.2 Bemühungen von Eltern nicht ausreichen, diesen Mangel zu beheben (§ 1 II SGB VIII – Subsidiarität der Jugendhilfe gegenüber Elternerziehung).

1.3 Träger freier Jugendhilfe die erforderlichen Hilfen nicht gewähren (§ 4 II SGB VIII – Subsidiarität öffentlicher Jugendhilfe gegenüber freier Jugendhilfe).

1.4 Hilfen zur Erziehung notwendig sind. Auf notwendige Erziehungshilfen besteht nach § 27 SGB VIII ein einklagbarer Rechtsanspruch.

2. In Bezug auf Träger freier Jugendhilfe soll er

2.1 anregen, auf Schaffung hinwirken, zur Mitarbeit heranziehen, soweit Einrichtungen, Dienste und Veranstaltungen fehlen (§§ 4 II SGB VIII, 74 I S. 1 Hs. 1 SGB VIII),

2.2 fördern, wenn der Träger freier Jugendhilfe Einrichtungen, Dienste oder Veranstaltungen geschaffen hat (§§ 4 III, 74 I S. 1 Hs. 2 SGB VIII). Unter »Förderung« ist sowohl pädagogische und administrative Hilfe als auch fachliche und finanzielle Unterstützung zu verstehen.

13 Inwieweit werden Kinder und Jugendliche, auch wenn sie noch nicht voll geschäftsfähig sind, im Jugendhilferecht als Rechtssubjekte zur Kenntnis genommen?

Nach dem SGB VIII werden sie an verschiedenen Angelegenheiten »beteiligt«, insbesondere:

– Kinder und Jugendliche sind entsprechend ihrem Entwicklungsstand an allen sie betreffenden Entscheidungen der öffentlichen Jugendhilfe zu beteiligen (§ 8 I S. 1 SGB VIII).

– Kinder und Jugendliche haben das Recht, sich in allen Angelegenheiten der Erziehung und Entwicklung an das Jugendamt zu wenden (§ 8 II SGB VIII).

– Sie sind bei der Abschätzung des Gefährdungsrisikos einzubeziehen (§ 8a I S. 2 SGB VIII).

– Sie sind vor einer Entscheidung über die Inanspruchnahme einer Hilfe zu beraten und auf die möglichen Folgen hinzuweisen (§ 36 I S. 1 SGB VIII).

– Sie sind an der Aufstellung des Hilfeplans zu beteiligen (§ 36 II S. 2 SGB VIII).

– Sie sind berechtigt, um Inobhutnahme zu bitten (§ 42 I S. 1 Nr.1 SGB VIII).

– Sie sind bei Inobhutnahme berechtigt, eine Person ihres Vertrauens zuzuziehen (§ 42 II S. 2 SGB VIII).

– Sie sind in geeigneter Weise auf ihre Rechte im Verwaltungsverfahren sowie im Verfahren vor dem Familiengericht und dem Verwaltungsgericht hinzuweisen (§ 8 I S. 2 SGB VIII).

14 In welchem Verhältnis steht das Kinder- und Jugendhilfegesetz zum Sozialgesetzbuch?

1. Das Sozialgesetzbuch ist eine Sammlung der sozialen Leistungsgesetze. Das Buch I – der Allgemeine Teil – enthält (ebenso wie z.B. das Buch I des BGB) die Allgemeinen Regelungen, die in allen Besonderen Teilen gelten, es sei denn, diese bringen Spezialnormen. Das Buch X befasst sich mit dem Verwaltungsverfahren und gilt ebenfalls für alle speziellen Bücher.

Die Bücher II bis IX und XI-XII sowie einige Materien, die dem SGB noch nicht numerisch zugeordnet sind, stellen die sogenannten Besonderen Teile dar. Bei Ersteren ist zu unterscheiden, ob sie durch Gesetzgebungsakt bereits ein Besonderer Teil sind, oder ob sie nur als Besondere Teile gelten (= Fiktion, vgl. § 68 SGB I).

Besondere Teile sind:
Buch II: Grundsicherung für Arbeitsuchende
Buch III: Arbeitsförderung
Buch IV: Gemeinsame Vorschriften für die Sozialversicherung
Buch V: Gesetzliche Krankenversicherung
Buch VI: Gesetzliche Rentenversicherung
Buch VII: Gesetzliche Unfallversicherung
Buch VIII: Kinder- und Jugendhilfe
Buch IX: Rehabilitation und Teilhabe behinderter Menschen
Buch XI: Soziale Pflegeversicherung
Buch XII: Sozialhilfe
Gemäß § 68 SGB I gelten bis zur ihrer Einordnung in das SGB als besondere Teile des SGB insbesondere Bundesausbildungsförderungsgesetz (BAföG), das Wohngeldgesetz (WoGG), das Kindergeldgesetz (BKGG) das Unterhaltsvorschussgesetz (UVG), Adoptionsvermittlungsgesetz (AdVermG) etc.
2. Das Kinder- und Jugendhilferecht, ist also ein Buch des SGB und zwar das 8. Buch. Das SGB VIII ist in der sozialrechtlichen Dogmatik als Teil des Rechts sozialer Förderung einzuordnen (in der sozialrechtlichen Trias kennt man sonst noch die soziale Sicherung und die soziale Entschädigung). Für den Sektor der Kinder- und Jugendhilfe ist das SGB VIII mit seinen Nebengesetzen (z.B. AG-KJHG NW, AdVermiG) sowie das SGB I und SGB X von Bedeutung. Sofern Spezialregelungen im SGB VIII enthalten sind, gehen diese den allgemeinen Regelungen des SGB I und X vor (§ 37 SGB I). Fehlen zu einzelnen Fragen im SGB VIII Bestimmungen, gilt das unkodifizierte Verwaltungsrecht (Gewohnheitsrecht) weiter, das sich im Wesentlichen aus Gerichtsentscheidungen entwickelt hat.

II. Die Wahrnehmung von Aufgaben der Jugendhilfe durch Träger freier Jugendhilfe

Literatur: *O. v. Nell-Breuning:* Das Subsidiaritätsprinzip, TuP 1976, 6; *M. Zuleeg:* Subsidiaritätsprinzip im Jugendhilferecht?, RdJB 1984, 365; *R. Krüger/G. Zimmermann:* Die Erziehungshilfen im Spannungsfeld zwischen Jugendamt und freien Trägern, Soziale Arbeit 1991, 259; *Chr. Bernzen:* Die rechtliche Stellung der freien Jugendhilfe, Stuttgart 1993; *V. Neumann:* Rechtsstellung der Träger der freien Jugendhilfe aus verfassungsrechtlicher Sicht, JWohl 1993, 140; *U. Krahmer:* Zur Übertragung von Aufgaben nach §§ 50, 76 KJHG, NDV 1994, 63; *J. Münder:* Die Übernahme sozialstaatlicher Aufgaben durch freie Träger – eine Falle für die freien Träger, Berlin 1994; *G. Fieseler:* Öffentliche und freie Jugendhilfe – Zusammenarbeit und Förderung, ZfJ 1995, 194; *Wiesner:* Zur Tätigkeit privatgewerblicher Träger in der Jugendhilfe, RdJB 1997, 279; *P. Kunkel:* Rechtsfragen der Finanzierung freier Träger, ZfJ 2000, 413; *Backhaus-Maul:* Die Subsidiaritätsidee in den Zeiten der Kostenrechnung, ZfJ 2000, 161; *R. Wabnitz:* Subventionsfinanzierung nach § 74 SGB VIII – objektive Verpflichtung und subjektive Rechtsansprüche, ZfJ 2003, 165; *P.-Chr. Kunkel:* Leistungserbringer als freie Träger der Jungendhilfe?, ZfJ 2004, 376; *M. Banafsche:* Das Recht der Leistungserbringung in der Kinder- und Jugendhilfe zwischen Korporatismus und Wettbewerb, 2010.

15 **Was und wer sind die freien Träger in der Jugendhilfe?**

Das SGB VIII geht bereits nach § 3 von einer freien und einer öffentlichen Jugendhilfe aus. Während die öffentlichen Träger in § 69 SGB VIII und den ergänzenden Vorschriften des Landesrechts genau bezeichnet sind (also insbesondere die Jugendämter und Landesjugendämter hierunter zu verstehen sind), lässt das Gesetz eine Definition des Begriffs »freie Jugendhilfe« bzw. »freier Träger« vermissen. Die Kinder- und Jugendhilfe war – historisch betrachtet – zunächst allein Aufgabe der »freien Träger«, d.h. insbesondere der Kirchen und ihren sozialen Einrichtungen. Dies hat sich mittlerweile verändert, nicht nur weil es die öffentlichen Träger gibt, sondern weil sich auch über die Kirchen hinaus freie Träger etabliert haben. Daher ist es durchaus sinnvoll, keine feste Definition des Begriffs »freier Träger« in das SGB VIII aufzunehmen, da so »jeder der die Aufgaben der Jugendhilfe wahrnimmt und nicht Träger der öffentlichen Jugendhilfe ist« freier Träger sein kann.[6] Damit können freie Träger große gemeinnützige Verbände (wie die Mitglieder der sechs Spitzenverbände der freien Wohlfahrt – Arbeiterwohlfahrt, Deutscher Caritasverband, Deutscher Paritätischer Wohlfahrtsverband, Deutsches Rotes Kreuz, Diakonisches Werk der Evangelischen Kirche, Zentralwohlfahrtsstelle der Juden in Deutschland), privat-gewerbliche Träger (vgl. §§ 78a ff. SGB VIII), aber auch Einzelpersonen, die im Bereich der Kinder- und Jugendhilfe tätig sind (z.B. der niedergelassene Psychologe, der in der Erziehungsberatung tätig ist, oder die Sozialarbeiterin, die als Anwältin des Kindes [Verfahrensbeistand] tätig ist), sein.

16 **Wieso und in welcher Weise können freie Träger im Bereich der Jugendhilfe tätig werden?**

1. In § 3 II SGB VIII ist der **Dualismus öffentlicher und freier Träger für die Leistungen der Jugendhilfe** (§ 2 II SGB VIII) zugrunde gelegt. Träger der freien Jugendhilfe haben ein eigenständiges Betätigungsrecht, das allein durch eine selbstgesetzte Zielbestimmung begrenzbar ist. Sie können Leistungen nach dem SGB VIII erbringen, müssen es jedoch nicht. Das entspricht der Realität der Jugendhilfe, deren Aufgaben zu $2/3$ von Trägern freier Jugendhilfe geleistet werden. – **Leistungsverpflichtungen des SGB VIII** richten sich allerdings nur an die Träger öffentlicher Jugendhilfe (§ 3 II S. 2 SGB VIII).
Andere Aufgaben der Jugendhilfe (§ 2 III) sind grundsätzlich solche der Träger öffentlicher Jugendhilfe. In § 3 III iVm § 76 SGB VIII ist eine Beteiligung von oder Übertragung (an) anerkannte(n) Träger(n) freier Jugendhilfe vorgesehen.
2. § 4 II SGB VIII betrifft das **Verhältnis** zwischen öffentlichen und freien Trägern der Jugendhilfe. Dieses Verhältnis wird sowohl mit dem Begriff **Subsidiaritätsprinzip** als auch dem des **Vorrangs freier Träger** beschrieben. Um Konflikten und konkrete Handlungsberechtigungen vorzubeugen, schreibt § 4 I SGB VIII vor, dass öffentliche und freie Träger **partnerschaftlich zusammenzuarbeiten** haben. Bei der Zusammenarbeit ist die Selbstständigkeit der freien Jugendhilfe (§ 4 I S. 2 SGB VIII) zu beachten. § 4 II SGB VIII macht den Nachrang der Leistungserbringung durch die öffentlichen Träger deutlich, indem er bestimmt, dass soweit geeignete Einrichtungen, Dienste und Veranstaltungen von anerkannten Trägern der freien Jugendhilfe betrieben werden oder rechtzeitig geschaffen werden können, die öffentliche Jugendhilfe von eigenen Maßnahmen absehen soll. § 4 II SGB VIII wird praktisch vor allem im Zusammenhang mit der Jugendhilfeplanung (§ 80 III SGB VIII). Die besondere Bedeutung des § 4 III SGB VIII besteht darin, dass er in den Rahmen der Angebote freier Jugendhilfe ausdrücklich die verschiedenen **Formen der Selbsthilfe** einbezieht.

---

6 *Jung*, SGB VIII, § 3, Rn. 5, 6.

3. Die Existenz freier Träger neben öffentlichen spielt für den einzelnen Bürger vor allem beim sog. **Wunsch- und Wahlrecht** eine Rolle. Dieses besteht gem. § 5 I SGB VIII für einen »**Leistungs**berechtigten« hinsichtlich des »Wie«, nicht hinsichtlich des »Ob« der Leistung (also nicht bei der Erfüllung anderer Aufgaben). Weiter konkretisiert wird dieses Recht in § 36 I S. 4 SGB VIII für Hilfe zur Erziehung, Eingliederungshilfe und Hilfe für junge Volljährige bei der Hilfeplanung. – Die Grenze des Wunsch- und Wahlrechts ist erreicht beim Entstehen unverhältnismäßiger Mehrkosten (§ 5 II S. 1 SGB VIII) und bei der Wahl eines Trägers, mit dem keine Vereinbarung gem. § 78b SGB VIII besteht (§ 5 II S. 2 SGB VIII). Das Recht des Bürgers, sich Einrichtungen, Dienste und Veranstaltungen bestimmter freier Träger zu wünschen (z.B. eine Erziehungsberatungsstelle der Diakonie), untersteht nicht dem § 5 SGB VIII, sondern dem Recht der Jugendhilfeplanung gem. § 80 SGB VIII. Der einzelne Bürger muss hier seine Wünsche in das politische Planungsverfahren einbringen, was er am Besten macht, indem er sich an ein Mitglied des Jugendhilfeausschusses wendet, das seine Interessen vertritt.

4. Während § 4 SGB VIII die Zusammenarbeit der öffentlichen und freien Jugendhilfe regelt, befasst sich § **74 SGB VIII** mit der **Förderung** der freien Jugendhilfe durch die Träger öffentlicher Jugendhilfe.

Unter Förderung ist jede Form der Unterstützung der freien Träger zu verstehen, wobei in erster Linie finanzielle Zuwendungen gemeint sind. Aber auch die kostenlose Überlassung von Räumen, Büromaschinen, Telefon, Fortbildung etc. ist Förderung.

§ 74 I SGB VIII nennt die allgemeinen Voraussetzungen der Förderung. Die folgenden Absätze der Vorschrift beschreiben weitere Aspekte, die vor allem für eine **auf Dauer angelegte Förderung** gelten. Wie diese Förderung aussieht, liegt im Ermessen des Jugendamts, das allerdings die Grundsätze der §§ 3 I, 4 I und III und § 74 III SGB VIII zu beachten hat. Einen Anspruch auf Förderung erhält der freie Träger im Einzelfall jedoch dann, wenn die Anwendung der Abs. 3-5 des § 74 SGB VIII zu einer Ermessensreduzierung führt, die nur noch die Förderung dieses einen Trägers zulässt.[7]

5. Im Übrigen ist für eine auf Dauer angelegte Förderung gem. § 75 SGB VIII die **Anerkennung als freier Träger** erforderlich. Ein förmliches Anerkennungsverfahren benötigen jedoch nicht alle freien Träger. Gem. § 75 III SGB VIII sind eine Reihe von Trägern automatisch anerkannt, nämlich die Kirchen und Religionsgemeinschaften des öffentlichen Rechts sowie die auf Bundesebene zusammengeschlossenen Verbände der freien Wohlfahrtspflege. Wenn ein Träger freier Jugendhilfe **Aufgaben** vom öffentlichen Träger **übernimmt** (§ 76 I SGB VIII), so geschieht dies aufgrund eines öffentlich-rechtlichen Vertrages (§§ 53 ff. SGB X) oder durch einen mitwirkungsbedürftigen Verwaltungsakt (§§ 31 ff. SGB X). Hierdurch kann sich allerdings das Jugendamt seiner Pflicht, für die sachgerechte Erledigung der ihm obliegenden Aufgaben Sorge zu tragen, nicht entledigen (§ 76 II SGB VIII).

Wofür ist die Anerkennung freier Träger von Bedeutung?   17

Anders als nach dem Jugendwohlfahrtsgesetz ist die Anerkennung nicht Voraussetzung für eine finanzielle Förderung (§ 74 I S. 1 SGB VIII). Damit soll erreicht werden, dass auch spontane Initiativen und temporäre Gruppen, die nur abgrenzbare Einzelziele verfolgen, finanziell unterstützt werden können. Erst wenn eine dauerhafte Förderung angestrebt wird, ist eine Anerkennung nötig (§ 74 I S. 2 SGB VIII).

---

7 *Preis*, ZfJ 1988, 304.

Im Übrigen hat eine Anerkennung folgende Bedeutung:
- Vertreter anerkannter freier Träger können Mitglied des Jugendhilfeausschusses sein (§ 71 I Nr. 2 SGB VIII).
- Anerkannte freie Träger sind an der Jugendhilfeplanung zu beteiligen (§ 80 III SGB VIII).
- Anerkannte freie Träger können an der Wahrnehmung »anderer Aufgaben« beteiligt werden (§ 76 I SGB VIII).

Im Rahmen der Jugendhilfestatistik (§§ 98 ff. SGB VIII) besteht eine Auskunftspflicht (§ 102 SGB VIII). Diese gilt nach dem Wortlaut der Vorschrift (Abs. 2 Nr. 6) für »die Träger freier Jugendhilfe«; Anerkennung ist also nicht Voraussetzung. Da die Durchsetzung einer solchen Pflicht aber wohl nur möglich ist, wenn der öffentliche Träger zumindest Kenntnis von der Existenz eines freien Trägers hat, wird man hier wohl auch eine Anerkennung, zumindest eine Förderung gem. § 74 I S. 1 SGB VIII verlangen müssen.

18 **Welche Aufgaben können gem. § 76 SGB VIII übertragen werden, und in welchem Umfang ist dies zulässig?**

1. Grundsätzlich können die freien Träger alle Aufgaben nach dem SGB VIII wahrnehmen, die nicht ausdrücklich allein den öffentlichen Trägern zugewiesen sind. Möglich ist auch die Übertragung von »anderen Aufgaben« (§ 2 III SGB VIII), soweit dies ausdrücklich bestimmt ist (§§ 3 III S. 2, 76 I SGB VIII). Ob es daneben auch eine Übertragung von Leistungen (§ 2 II SGB VIII) geben kann, ist zweifelhaft. Da es bei Leistungen der Jugendhilfe um ureigene Aufgaben der freien Träger handelt, erscheint eine Übertragung sinnlos. Denkbar ist indes, dass sich ein öffentlicher Träger im Rahmen der Jugendhilfe einem freien Träger gegenüber verpflichten möchte, sich in bestimmten Bereichen nicht zu betätigen. Der freie Träger könnte an einer solchen verbindlichen Zusage Interesse haben, weil er beispielsweise größere Investitionen (Personal, Spezialisierung) tätigen möchte, dies aber nur sinnvoll ist, wenn öffentlicher und freier Träger sich nicht Konkurrenz machen. Allerdings kann eine solche Vereinbarung nicht auf der Grundlage des § 76 SGB VIII erfolgen. Es würde sich hierbei um einen ganz normalen Vertrag zwischen öffentlichem und freiem Träger handeln.

2. Die Aufgaben des § 2 III SGB VIII sind im Umfang des § 76 I SGB VIII übertragbar. In der Begründung des Gesetzes[8] heißt es dazu, dass der freien Jugendhilfe an sich »solche Aufgaben nicht zugänglich (sind), die mit Eingriff in die Rechtssphäre des Bürgers verbunden sind oder in sonst typischer Weise der öffentlichen Verwaltung zugeordnet oder mit Aktionsformen des öffentlichen Rechts (insbesondere des Verwaltungsakts) wahrzunehmen sind«. Wenn sie trotzdem auf diesem Gebiet tätig werden wollen, so setzt dies neben der gesetzlichen Ermächtigung (§ 76 SGB VIII) ein Auftragsverhältnis voraus. § 76 SGB VIII gestattet, dass freie Träger in den Fällen der § 42 SGB VIII (Inobhutnahme), §§ 50-52 SGB VIII (Mitwirkung in Gerichtsverfahren) und § 53 II-IV SGB VIII (Beratung und Unterstützung von Vormündern) an der Durchführung beteiligt werden oder die Aufgabe übertragen erhalten können. Ob und wie tatsächlich von der Übertragungsmöglichkeit Gebrauch gemacht wird, wird örtlich sehr unterschiedlich sein. Dies hängt u.a. von etwaigen Schwerpunkten der Arbeit ab, die sich der jeweilige freie Träger gesetzt hat. Eine Übertragung der »delegierbaren« Aufgaben[9] ist allerdings nur möglich, wenn die Erfüllung von § 9 SGB VIII gewährleistet ist. Hiernach soll auf die Wünsche der Personensorgeberechtigten,

---

8 BT-Drucksache 11/5948, S. 48.
9 Dieser Ausdruck wird in der Praxis gebraucht, er ist juristisch hier allerdings nicht zutreffend, weil nicht die Aufgabe als solche, sondern ihre Erledigung übertragen wird. Der juristisch korrekte Ausdruck für eine solche Übertragung ist Mandat und nicht Delegation.

soweit dies realisierbar und fiskalisch vertretbar ist, Rücksicht genommen werden. Dementsprechend ist u.U. eine Übertragung auf freie Träger geradezu geboten.

Wie erfolgt in der Praxis die Übertragung?   **19**

1. Das SGB VIII trifft keine Bestimmungen hierzu. Deshalb ist die Praxis sehr vielfältig: Einige JÄ haben Pauschalvereinbarungen getroffen, bei anderen erfolgt die Übertragung von Fall zu Fall im Wege der Einzelübertragung, etwa durch Übersendung des betreffenden Vorgangs mit entsprechendem Vordruck oder Stempelaufdruck. Als Rechtsform für die Übertragung kommt der öffentlich-rechtliche Vertrag (§§ 53 ff. SGB X) oder ein mitwirkungsbedürftiger Verwaltungsakt (§§ 31 ff. SGB X) in Betracht.
2. Anmerkung: Die öffentlich-rechtlichen Verträge sind im SGB X in den §§ 53-61 ausdrücklich geregelt. Sie lehnen sich inhaltlich weitgehend an privatrechtliche Verträge an. Unterschiede ergeben sich u.a. in folgenden Punkten:
– öffentlich-rechtliche Verträge bedürfen immer der Schriftform (§ 56 SGB X);
– die Nichtigkeitsgründe sind gegenüber dem Zivilrecht erweitert (§ 58 SGB X);
– die Vollstreckung ist u.U. einfacher, da eine weitgehende Möglichkeit der Unterwerfung unter die sofortige Vollstreckung vorgesehen ist (§ 60 SGB X);
– zuständig ist das VerwG (§ 40 VwGO iVm Art. II § 31 SGB X iVm § 97 VwVfG);
– erst vor dem BVerwG (beim Zivilgericht ab LG) ist die Vertretung durch einen Rechtsanwalt notwendig (§ 67 VwGO).

Wer trägt die Kosten, wenn freie Träger Aufgaben der Jugendhilfe erfüllen?   **20**

1. Kein Förderungsanspruch: Trotz der in § 4 SGB VIII angesprochenen Förderungsverpflichtung des Jugendamts haben Träger freier Jugendhilfe, auch wenn sie nach § 75 SGB VIII anerkannt sind (vgl. dazu Fälle 15 und 16), keinen Rechtsanspruch auf Förderung. Diese liegt im pflichtgemäßen Ermessen des Jugendamts, das eingeschränkt ist u.a. durch
– haushalterische Aspekte, wie den kommunalen Haushaltsplan,
– die Pflicht zur Wirtschaftlichkeit,
– und den Gleichheitssatz des § 75 V SGB VIII sowie eine evtl. damit zusammenhängende Selbstbindung der Verwaltung in den Fällen, in denen jahrelang nach unverändert Bedingungen gefördert worden ist.
Ggf. kann bei Dauerförderung das Ermessen des Jugendamts auf Null schrumpfen, wenn sich der freie Träger in seiner Planung und in seinem Haushalt aufgrund langjähriger Verwaltungspraxis darauf eingestellt hat, in bestimmter Höhe gefördert zu werden.
2. Kostenerstattung: Nach § 91 V SGB VIII tragen die Träger der öffentlichen Jugendhilfe, die für die Gewährung der Hilfen zur Erziehung der einzelnen Minderjährigen und für sonstige voll- und teilstationäre Leistungen zuständig sind, die Kosten der Leistungen. Sofern sie im Übrigen den Auftrag erteilen, aufgrund dessen der freie Träger tätig wird, § 76 SGB VIII, sind von ihnen die Kosten auf der Grundlage des öffentlich-rechtlichen Vertrages oder des Verwaltungsakts, bei Fehlen einer Vereinbarung gem. § 670 BGB zu erstatten.[10] In § 77 SGB VIII ist vorgesehen, dass, wenn Einrichtungen von Trägern der freien Jugendhilfe in Anspruch genommen werden, **Vereinbarungen** über die von den öffentlichen Kostenträgern zu erstattenden Kosten **anzustreben sind,** sofern darüber keine landesrechtlichen Vorschriften bestehen. Die Berechnung der entstehenden Kosten erfolgt meist auf der Basis sog. **Fallzahlen.** Unter der Fallzahl versteht man den Messwert, der für die Zuteilung einer

---

10 Wird der freie Träger ohne Beauftragung tätig, etwa in einem bislang brachliegenden Feld der Jugendhilfe, so kann er u.U. ausnahmsweise nach § 683 BGB Kostenerstattung verlangen.

bestimmten objektiv angemessenen Arbeitsmenge pro Mitarbeiter zur Erledigung einer Aufgabe zugrunde gelegt wird.[11]

3. Entgeltvereinbarung: Sofern es sich bei den Diensten und Einrichtungen um **teilstationäre oder stationäre** oder nur vorläufige Maßnahmen im Sinne des § 78a SGB VIII handelt, gelten Sonderbestimmungen (§§ 78b-78g SGB VIII). Freien Trägern, öffentlichen Trägern und privatgewerblichen Trägern sind ihre Kosten zu erstatten, wenn zwischen diesen und dem öffentlichen Träger Vereinbarungen abgeschlossen worden sind, die ihre Leistungen (Leistungsvereinbarung), ihre Entgelte für Leistungen (Entgeltvereinbarung) und deren Gewährleistung (Qualitätsentwicklungsvereinbarung) regeln. Es handelt sich hier um eine besondere Ausgestaltung des **sozialrechtlichen Dreiecksverhältnisses** (s.u. Frage 24), bei dem Rechtsbeziehungen bestehen

- zwischen der Einrichtung (z.B. Heim) und dem Leistungsberechtigten (z.B. Eltern) (privatrechtlicher Vertrag)
- zwischen der Einrichtung (z.B. Heim) und dem öffentlichen Träger (öffentlich-rechtlicher Vertrag)
- und dem Leistungsberechtigten (z.B. Eltern) und dem öffentlichen Träger (öffentlich-rechtlicher Vertrag).

4. Umfang der Kostenerstattung: Sowohl nach SGB VIII (§§ 92 ff.) als auch nach BGB (§ 670) besteht ein Aufwendungsersatz in voller Höhe. Praktisch wird jedoch eine Interessenquote des freien Trägers vorgesehen. Man geht also davon aus, dass der freie Träger daran interessiert ist, tätig zu werden, und lässt ihn dieses Interesse bezahlen. Mancherorts wird nicht nur Geld als Eigenmittel des freien Trägers anerkannt, sondern auch z.B. Ideen, die in die Arbeit eingebracht werden.

21   **Bestehen Verpflichtungen zwischen öffentlichen und freien Trägern der Jugendhilfe?**

Grundsätzlich sind Träger der freien Jugendhilfe frei, Aufgaben des Jugendamts aus dem Bereich des § 2 II und III SGB VIII zu erfüllen und wieder aufzugeben. Aus der vom BVerfG v. 18.7.1967[12] bestätigten Verpflichtung zu partnerschaftlicher Zusammenarbeit der öffentlichen und freien Jugendhilfe ergibt sich jedoch eine Bindung beider Partner. Da nähere gesetzliche Bestimmungen fehlen, ist für die Ausgestaltung der Absprachen bzw. Vereinbarungen die Möglichkeit einer Kündigung anzunehmen, wobei man hierfür eine angemessene Frist vorsehen muss. Bei der Angemessenheit der Frist wird in der Regel auf die vom jeweiligen Vertragspartner abgeschlossenen bzw. abzuschließenden Arbeitsverträge Rücksicht genommen. Es sind aber auch Fälle denkbar, in denen ein Träger freier Jugendhilfe vorübergehend übernommene Aufgaben nicht ausführen kann, etwa weil ein Mitarbeiter krank ist und andere Mitarbeiter ebenfalls ausfallen. In einem solchen Fall, der ja auch seitens des Jugendamts denkbar ist, sollte gegenseitige Hilfe entsprechend der Amtshilfe im öffentlichen Recht einsetzen. Dies dürfte im Übrigen den Grundsätzen der Zusammenarbeit der öffentlichen und freien Träger der Jugendhilfe entsprechen, auch wenn dies in den §§ 3 ff. SGB X nicht ausdrücklich erwähnt ist; denn freie Träger können ja nicht durch das SGB verpflichtet werden.

---

11 So *Feldmann*, in: DV (Hrsg.), Fachlexikon der Sozialen Arbeit, Stichwort: Fallzahl.
12 FamRZ 1967, 499 ff.

Einführung in das Kapitel 2   Leistungen der Jugendhilfe

Literatur: *J. Münder:* Ansprüche auf Leistungen im Jugendhilferecht, ZfJ 1991, 285; *U. Maas:* Leistungen der Jugendhilfe als Sozialleistungen, NDV 1993, 465; *R. Ollmann:* Fachkompetenz und Beurteilungsspielraum, FamRZ 1995, 45; *P. Mrozynski:* Der Rechtsanspruch auf Leistungen im Kinder- und Jugendhilferecht, ZfJ 1999, 403; *J. Hoffmann:* Neues zum Beurteilungsspielraum, ZfJ 2003, 41; *R. Wabnitz:* Rechtsverpflichtungen und Rechtsansprüche, insbesondere im Kinder- und Jugendhilferecht, ZfJ 2005, 339 und 397; *Deutscher Sozialrechtsverband* (Hrsg.): Kinder und Jugendliche im Sozialleistungssystem, Schriftenreihe des Deutschen Sozialrechtsverbandes (SDRSV), Bd. 58, Berlin 2009; *Th. Stähler:* Zur Frage der Abgrenzung von Leistungen nach dem SGB VIII und dem SGB XII, JAmt 2010, 154.

Vorbemerkung: Auf den Seiten 266 ff. befindet sich ein Prüfschema, wie – in Theorie (Klausur) und Praxis – bei der Suche nach der richtigen Förderung und Hilfe vorzugehen ist. Es wird dringend empfohlen, sich mit diesem Schema schon an dieser Stelle vertraut zu machen.

Was sind Leistungen der Jugendhilfe? 22

Nach § 11 S. 1 SGB I sind Sozialleistungen als Dienst-, Sach- oder Geldleistungen zu erbringen. Die Leistungen nach dem SGB VIII zählen zu den Sozialleistungen. Die persönlichen und die erzieherischen Hilfen sind nach § 11 S. 2 SGB I Dienstleistungen. § 27 SGB I listet vier **Angebote** als Leistungen der Kinder- und Jugendhilfe auf, die nach dem Kinder- und Jugendhilferecht in Anspruch genommen werden können. Das SGB VIII stellt diese Bereiche im 2. Kapitel in den Abschnitten 1-4 (§§ 11-41 SGB VIII) vor.
Es handelt sich um:
1. Abschnitt: Jugendarbeit, Jugendsozialarbeit, erzieherischer Kinder- und Jugendschutz.
2. Abschnitt: Förderung der Erziehung in der Familie.
3. Abschnitt: Förderung von Kindern in Tageseinrichtungen und in Tagespflege.
4. Abschnitt: Hilfe zur Erziehung, Eingliederungshilfe für seelisch behinderte Kinder und Jugendliche, Hilfe für junge Volljährige.
Für die Inanspruchnahme der Leistungen können Kostenbeteiligungen bzw. Kostenbeiträge festgesetzt bzw. erhoben werden (vgl. §§ 90 ff. SGB VIII). So können beispielsweise für die Jugendarbeit nach § 11 SGB VIII Kostenbeiträge festgesetzt werden bzw. für die Vollzeitpflege nach § 33 SGB VIII Kostenbeiträge erhoben werden. Die Leistungen sind teilweise als Kann- (z.B. § 23 SGB VIII), teilweise als Soll- (z.B. §§ 16, 19, 20 SGB VIII), teilweise als Mussbestimmungen (z.B. §§ 17, 18, 21, 24 und 27 SGB VIII) ausgestaltet. Die Bindung der Verwaltung (Ermessen, Regelermessen, Verpflichtungen der Verwaltung ohne Ermessenspielraum) ist also unterschiedlich ausgeprägt. Hinzu kommen eine Reihe von unbestimmten Rechtsbegriffen (z.B. § 27 I SGB VIII »Wohl des Kindes«, »geeignet«, »notwendig«), die insgesamt betrachtet, der Verwaltung einen gewissen Entscheidungsspielraum eröffnen.

Wie wird über die Gewährung von Leistungen entschieden? 23

1. Die Gewährung von Leistungen erfolgt aufgrund eines Verwaltungsverfahrens (§ 8 SGB X), das auf Wunsch des Personensorgeberechtigten oder des jungen Volljährigen (das

Wort »Antrag« steht nicht im Gesetz) durchgeführt wird (§ 18 SGB X). Regelmäßig wird hier ein Antrag gestellt werden müssen. Über den Antrag wird durch Verwaltungsakt entschieden (§ 31 SGB X). Bei Ablehnung kann der Antragsteller regelmäßig Widerspruch binnen eines Monats bei der erlassenden Behörde einlegen (§ 68 II VwGO). Ausnahmsweise sind diese sog. Vorverfahren nicht erforderlich, wenn ein Bundes- oder Landesgesetz dies bestimmt, dann kann gleich Klage erhoben werden. Wird dem Widerspruch nicht stattgegeben (§ 73 VwGO) oder ist ein derartiges Verfahren aus den oben genannten Gründen nicht erforderlich, steht es dem Antragsteller frei, beim Verwaltungsgericht innerhalb eines Monats Verpflichtungsklage (nicht allein die Beseitigung des ungünstigen, sondern der Erlass eines günstigen Verwaltungsaktes wird begehrt) zu erheben (§ 113 IV VwGO).

2. Die Überprüfbarkeit der Entscheidungen des Jugendamtes durch das Verwaltungsgericht ist abhängig von der getroffenen Entscheidung des Jugendamtes. So kann das Verwaltungsgericht Ermessensentscheidungen des Jugendamtes nur insoweit für rechtswidrig erklären, als das Jugendamt bei seiner Ermessensausübung Ermessensfehler begangen hat. Das Verwaltungsgericht wird sich hierzu folgende Fragen stellen:

– Ist die Sachverhaltsermittlung zutreffend und vollständig erfolgt?
– Sind die Leistungsadressaten umfassend am Hilfeplanverfahren beteiligt worden?
– Sind bei der Auslegung des Gesetzes allgemeine Bewertungsgrundsätze beachtet worden?
– Sind die anerkannten fachlichen Standards eingehalten worden?

Kommt das Verwaltungsgericht zu der Entscheidung, dass diese Fragen nicht mit »Ja« zu beantworten sind, wird es die Entscheidung des Jugendamtes aufheben und es aufgrund der Entscheidung des Gerichts und der dort genannten Aspekte verurteilen, eine neue Entscheidung zu treffen, die die Aspekte und Kritikpunkte des Verwaltungsgerichtes berücksichtigt.

Hat das Jugendamt bei seiner Entscheidung unbestimmte Rechtsbegriffe auslegen müssen, ist das Verwaltungsgericht jedoch berechtigt, die Auslegung vollständig auf seine Rechtmäßigkeit zu überprüfen und ggf. seine Auslegung über die des Jugendamtes zu stellen. Hier wird das Gericht neu entscheiden. Es sei denn, dem Jugendamt ist ein Beurteilungsspielraum einzuräumen.[1]

3. Wie jugendamtsintern die Entscheidungsfindung vor sich zu gehen hat, sagt das Gesetz im Hinblick auf die Leistungen der ersten drei Abschnitte (§§ 11-26 SGB VIII) nicht. Bei der Gewährung von Hilfen zur Erziehung (§§ 27-35 SGB VIII) dagegen schreibt § 36 SGB VIII Verschiedenes vor.[2] Auch wenn § 36 SGB VIII keinerlei Sanktionen enthält, haben sich die JA-Mitarbeiter hieran zu halten, da die Verwaltung bereits nach Art. 20 III GG an Recht und Gesetz gebunden ist.

1	Vgl. im Einzelnen die Ausführungen in: *H.-G. Papenheim*, Verwaltungsrecht für die Soziale Praxis, S. 99 ff.
2	S.u. Frage 44.

Wie sind die Rechtsbeziehungen zwischen der Beteiligten, wenn ein freier `24`
Träger Leistungen der Jugendhilfe erbringt?

Schaubild 1: Sozialrechtliches Dreiecksverhältnis

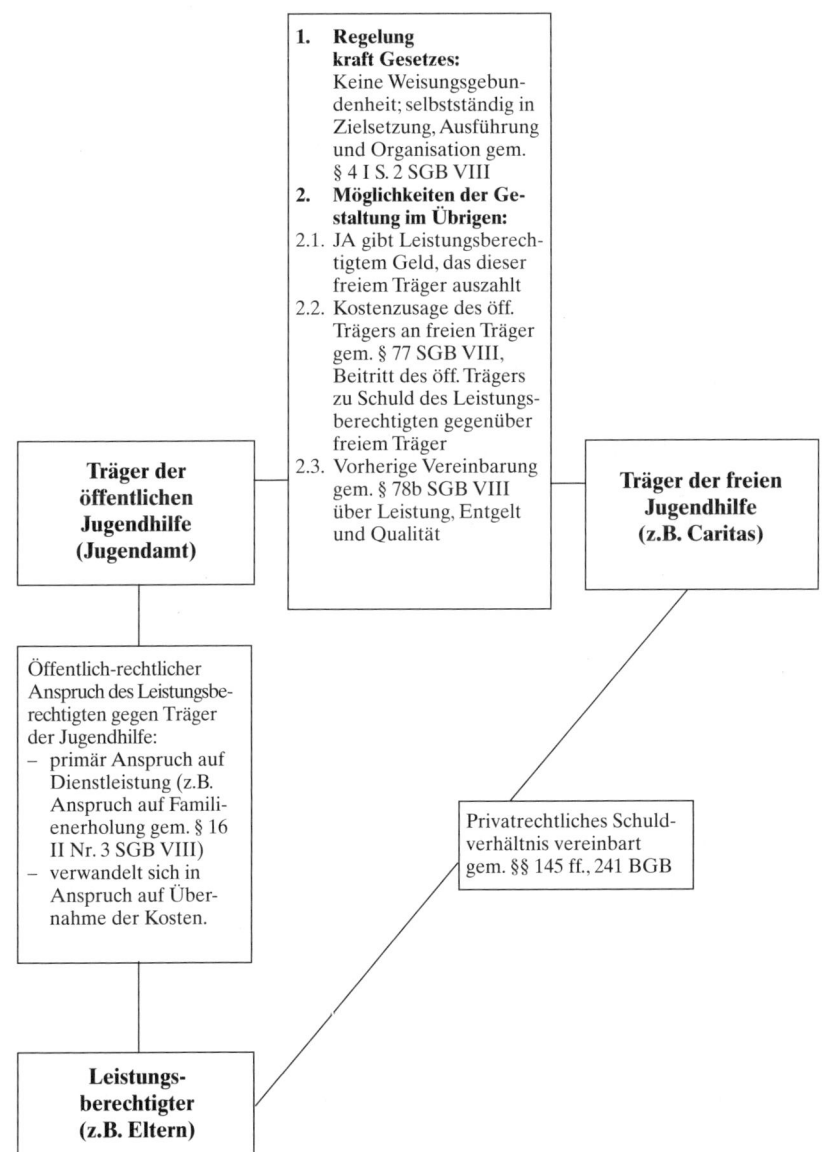

1. **Regelung kraft Gesetzes:**
   Keine Weisungsgebundenheit; selbstständig in Zielsetzung, Ausführung und Organisation gem. § 4 I S. 2 SGB VIII
2. **Möglichkeiten der Gestaltung im Übrigen:**
   2.1. JA gibt Leistungsberechtigtem Geld, das dieser freiem Träger auszahlt
   2.2. Kostenzusage des öff. Trägers an freien Träger gem. § 77 SGB VIII, Beitritt des öff. Trägers zu Schuld des Leistungsberechtigten gegenüber freiem Träger
   2.3. Vorherige Vereinbarung gem. § 78b SGB VIII über Leistung, Entgelt und Qualität

Träger der öffentlichen Jugendhilfe (Jugendamt)

Träger der freien Jugendhilfe (z.B. Caritas)

Öffentlich-rechtlicher Anspruch des Leistungsberechtigten gegen Träger der Jugendhilfe:
– primär Anspruch auf Dienstleistung (z.B. Anspruch auf Familienerholung gem. § 16 II Nr. 3 SGB VIII)
– verwandelt sich in Anspruch auf Übernahme der Kosten.

Privatrechtliches Schuldverhältnis vereinbart gem. §§ 145 ff., 241 BGB

Leistungsberechtigter (z.B. Eltern)

Kapitel 2   Generelle Leistungen der Jugendhilfe

III. Jugendarbeit, Jugendsozialarbeit, erzieherischer Kinder- und Jugendschutz

Literatur: *M. Busch:* Aufsichtspflicht und Haftung in der Jugendhilfe, ZfJ 1996, 456; *P. Kunkel:* Zu Fragen der Gewährleistungspflicht am Beispiel der Jugendarbeit und Jugendsozialarbeit, ZfJ 1997, 180; *Olk/Hartnuß:* Schulsozialarbeit auf neuen Wegen, JHilfe 1999, 95; *R. Proksch:* Positive Lebensbedingungen gestalten durch Jugendsozialarbeit, JugBerufGes 1999, 2; *K. Wagner:* Jugendberufshilfe – Ein Beitrag zur Schaffung positiver Lebensbedingungen für benachteiligte Jugendliche, JugBerufGes 1999, 12; *R. Ollmann:* Aufsicht und Haftung in Kindertagesstätten, ZfJ 2004, 1; *A. Reitmaier:* Medien und Jugendschutz, ZfJ 2005, 444; *Chr. Pfeiffer u.a.:* Sind Freizeitzentren eigenständige Verstärkungsfaktoren der Jugendgewalt?, ZJJ 2008, 258; *J. Hoffmann:* Schutz als Leistung gemäß § 14 SGB VIII, ZKJ 2009, 23; *P. Schruth:* Zur Leistungskonkurrenz von SGB II und SGB VIII, ZKJ 2009, 189; *K. Altenhain/A. Heitkamp:* Aktuelle Entwicklungen im Jugendmedienschutz, NJW 2010, NJW-aktuell Nr. 4, 16.

25   Was versteht das SGB VIII unter Jugendarbeit?

Der Begriff »Jugendarbeit« findet sich im SGB VIII unter § 11. Ohne eine Definition zu liefern, bestimmt § 11 I SGB VIII als Ziele der Jugendarbeit:
– die Befähigung zur Selbstbestimmung,
– die Anregung und Führung zu gesellschaftlicher Mitverantwortung und sozialem Engagement.
Als wesentliches Element der Jugendarbeit wird die Mitbestimmung und Mitgestaltung der Angebote durch die jungen Menschen selbst bezeichnet (§ 11 I SGB VIII).
Abs. 2 benennt **Anbieter und Zielgruppen** und Abs. 3 einige **inhaltliche Schwerpunkte**, wie außerschulische Bildung, Jugendarbeit in Sport, Spiel und Geselligkeit, arbeitswelt-, schul- und familienbezogene Jugendarbeit, internationale Jugendarbeit, Kinder- und Jugenderholung und Jugendberatung. Die Verwendung des Begriffs »Schwerpunkte« macht deutlich, dass die Aufzählung nicht abschließend gemeint ist. Daran wird deutlich, dass die Jugendarbeit eine Vielzahl von Erfahrungs- und Handlungsfelder umfasst, in denen Jugendlichen neben Familie, Schule und Berufsausbildung Möglichkeiten eröffnet werden, etwas zu erleben, gemeinsam Erfahrungen zu machen, sich in Organisationen und Projekten zu engagieren oder in besonderen Bedürfnis- und Problemlagen unterstützt zu werden.[1]
In Abs. 4 schließlich wird die **Altersgrenze** weiter gezogen als in jedem anderen Leistungsangebot: Selbst Personen über 27 Jahre können in angemessenem Umfang berücksichtigt werden.

26   Was sagt das SGB VIII zur Jugendverbandsarbeit?

§ 11 II SGB VIII und § 12 SGB VIII befassen sich mit Jugendverbänden, die in vielen Fällen Träger der Jugendarbeit sind. § 12 II SGB VIII gibt eine Definition der Jugendverbandsarbeit,

---

1   *W. Schefold,* in: Fachlexikon der Sozialen Arbeit, Stichwort: Jugendarbeit.

die als wesentlichen Punkt die Selbstorganisation und -gestaltung anführt. Jugendverbände sind durchaus als zentrale Lern- und Lebensorte der formellen und informellen Bildung junger Menschen zu bezeichnen.[2] Unter Jungendverbänden sind sowohl konfessionell ausgerichtete Jungendverbände als auch Pfadfinder und politische, humanitäre, gewerkschaftliche, naturbezogene, sport- oder kulturbezogene Verbände zu verstehen. § 12 I SGB VIII bestimmt, dass Jugendverbände und -gruppen zu fördern sind und verweist auf § 74 SGB VIII, der die Förderung freier Jugendhilfe im Allgemeinen regelt. Diese Förderung schließt gem. § 74 III SGB VIII die finanzielle Förderung durch Träger der öffentlichen Jugendhilfe »im Rahmen der verfügbaren Haushaltsmittel nach pflichtgemäßem Ermessen« ein, wobei § 74 VI SGB VIII ausdrücklich bestimmt, dass die Förderung im Bereich der Jugendarbeit Mittel für die Errichtung und Unterhaltung von Jugendfreizeit- und Jugendbildungsstätten einschließen soll.

Was versteht das SGB VIII unter Jugendsozialarbeit?   **27**

Nach § 13 I SGB VIII ist jungen Menschen, die zum Ausgleich sozialer Benachteiligungen oder zur Überwindung individueller Beeinträchtigungen in erhöhtem Maß auf Unterstützung angewiesen sind, Hilfe zur schulischen und beruflichen Ausbildung, Eingliederung in die Arbeitswelt und zur sozialen Integration zu gewähren. Damit hat die Jugendsozialarbeit insbesondere das Ziel Chancengleichheit herzustellen und Teilnahmemöglichkeiten am gesellschaftlichen Leben zu ermöglichen. Ein differenziertes Angebot zur Berufsvorbereitung und -eingliederung ist hieraus entwickelt worden. Angebote dieser Art werden nicht nur von der Jugendhilfe, sondern auch von anderen Seiten, vor allem von der Bundesagentur für Arbeit sowie den Schulen (Schulsozialarbeit) gemacht. Dem trägt § 13 IV SGB VIII Rechnung und schreibt Abstimmung mit diesen anderen Trägern vor. Dabei bleibt offen, inwieweit diese anderen Träger ebenfalls zur Abstimmung verpflichtet sind.

Wie grenzt sich erzieherischer Kinder- und Jugendschutz ab vom »Jugend-   **28** schutzgesetz«?

§ 14 SGB VIII setzt nicht (wie das zitierte Gesetz) bei den Gefährdungstatbeständen an – z.b.: Aufenthalt an Orten, wo Kindern und Jugendlichen Gefahr für ihr körperliches, geistiges oder seelisches Wohl droht (§§ 4 ff. JuSchG) oder Konfrontation mit Schriften, Ton- und Bildträgern, die unsittliche, verrohend wirkende, zu Gewalttaten, zu Verbrechen oder Rassenhass anreizende sowie den Krieg verherrlichende Inhalte haben (§§ 11 ff. JuSchG) – sondern bei den potenziell Gefährdeten. Durch geeignete Beratung und Information von Erziehungsberechtigten und Jugendlichen soll gefährdenden Einflüssen vorgebeugt werden. Gefährdungen sind beispielsweise durch unbegrenzte und unbeaufsichtigte Nutzung der (neuen) Medien, Missbrauch von legalen und illegalen Drogen, aber auch durch die Arbeitslosigkeit unter Jugendlichen möglich. Bei den jungen Menschen soll durch eine Stärkung ihrer Kritikfähigkeit und Eigenverantwortlichkeit eine Gefährdung unterbunden werden. Dies kann durch Aufklärung, Eröffnung von Erfahrungsmöglichkeiten etc. geschehen.[3] Die Erziehungsberechtigten sollen befähigt werden, in diesem Sinn auf die Kinder einzuwirken.

---

2 So auch: *P. Mund*, in: Fachlexikon der Sozialen Arbeit, Stichwort: Jugendverbände.
3 *P.Ch. Kunkel*, in LPK-SGB VIII, § 14, Rn. 12, 13.

29 **Was ist unter »Landesrechtsvorbehalt« in § 15 SGB VIII zu verstehen?**

Die Angebote der §§ 11-14 SGB VIII sollen möglichst in großer Variationsbreite gemacht werden. Außerdem eignen sie sich sehr zur Ausgestaltung durch freie Initiativen und Träger. Solche werden vor allem durch landesrechtliche Förderungsprojekte und -richtlinien in die Lage versetzt, Angebote zu machen. Mit Bundesprogrammen ist eine solche Vielfalt nicht zu ermöglichen.

IV. Förderung der Erziehung in der Familie

Literatur: *K-P. Hansen:* Leistungen der Jugendhilfe bei Trennung und Scheidung von Eltern, FuR 1993, 89; *R. Zettner:* Der Umfang von Trennungs- und Scheidungsberatung nach dem neuen KJHG, FamRZ 1993, 621; *P. Derleder:* Die Beratung von Ehegatten im Trennungskonflikt – Überlegungen zur Struktur ehelicher Trennungskrisen und zum erforderlichen Beratungsangebot, FPR 1998, 213; *Lossen/Vergho:* Familienberatung bei Trennung und Scheidung am AmtsG, FamRZ 1998, 1218; *M. Weber:* Das neue Kindschaftsrecht – Herausforderung für Beratungsstellen, JHilfe 1998, 166; *H. Richter:* Der »beschützte« Umgang, ZfJ 1999, 45; *Motz:* Mediation – Vermittlung – als Alternative zum gerichtlichen Verfahren – dargestellt anhand der Familienmediation, FamRZ 2000, 857; *Schulz:* Mediation aus richterlicher Sicht, FamRZ 2000, 860; *Buchholz-Graf:* Zur Praxis der Jugendhilfe nach der Kindschaftsrechtsreform, ZfJ 2001, 209; *Riehle:* Rechtsberatung und Mediation, ZfJ 2001, 8; *Lohrentz:* Aufgaben des Jugendamtes bei Elterntrennung nach der Kindschaftsrechtsreform, Kind-Prax 2001, 43; *H. Oberloskamp:* Beratungs- und Mitwirkungsauftrag bei Trennung und Scheidung, Kind-Prax 2002, 3; *S. Willutzki:* Betreuter Umgang als Hilfestellung für ein faires Miteinander, Kind-Prax 2003, 49; *A. Fricke:* Begleiteter Umgang mit Säuglingen und Kleinkindern, ZfJ 2005, 389; *Menne:* Der Umgangspfleger – das unbekannte Wesen, ZKJ 2006, 445; *H. Diez/H. Krabbe/C.S. Thomsen:* Familien-Mediation und Kinder, 2009; *W. Flemming:* Das aktive Jugendamt, ZKJ 2009, 315; *F. Weisbrodt:* Kinderschutz zwischen Familiengericht und Jugendamt: Neujustierung des Spannungsfeldes, JAmt 2010, 53; *K. Lack:* Die Beteiligtenstellung des Jugendamtes in Kindschaftssachen, ZKJ 2010, 189.

30 **Was versteht man unter allgemeiner Förderung der Erziehung in der Familie?**

Eine wesentliche Zielsetzung des SGB VIII ist die Unterstützung und Hilfestellung für Familien. Dabei umfasst der Begriff »Familie« nicht nur das Familienbild des verheirateten Ehepaars mit Kindern, sondern nach der Begründung des Bundestagsausschusses für Jugend, Familie, Frauen und Gesundheit die gesamte Bandbreite familiärer Situationen. Ein-Eltern-Familien, Stief-Eltern-Familien, unverheiratete Paare mit Kindern oder Kinder erziehende Großeltern sind ebenfalls unter dem Begriff »Familie« zu verstehen. § 16 enthält einen Katalog von Leistungen zur Förderung von Familien schlechthin. Er ist – wie sich aus »insbesondere« in Abs. 2 ergibt – nicht als abschließend zu verstehen. Nach der Aufzählung im Gesetz fallen darunter Angebote

– der Familienbildung;

– der Beratung in allgemeinen Fragen der Erziehung und Entwicklung junger Menschen;

– der Familienfreizeit und -erholung.

Die Angebote, die sich an die Familie als Ganzes in ihrem jeweiligen Lebenszusammenhang richten, sind in den vergangenen Jahren vor allem durch Träger freier Jugendhilfe entwickelt worden. Der Verweis auf Landesrecht (§ 16 III SGB VIII) erklärt sich wiederum daraus, dass große Vielfalt gewünscht ist, die den jeweiligen Besonderheiten der Länder Rechnung trägt.

Was verbirgt sich hinter dem Schlagwort der Trennungs- und Scheidungs-   **31** beratung?

1. Die Trennungs- und Scheidungsberatung ist eine Familienberatung, die nicht primär den Erwachsenen, die sich trennen möchten, helfen will, sondern den Kindern, die von der Trennung betroffen sind. Sie ist also keine Eheberatung, sondern Jugendhilfe. Im Gesetz ist sie genannt in § 17 SGB VIII, der überschrieben ist mit »Beratung in Fragen der Partnerschaft, Trennung und Scheidung«. In dieser Vorschrift geht es einerseits um Beratung zur Verbesserung eines partnerschaftlichen Zusammenlebens in der Familie (Abs. 1 Nr. 1) und zur Bewältigung von Konflikten und Krisen in der Familie, damit sie nicht zerbricht (Abs. 1 Nr. 2), andererseits aber um Unterstützung der Familie bei ihrer Reorganisation, wenn eine Trennung der Erwachsenen unvermeidbar ist (Abs. 1 Nr. 3 und Abs. 2 und 3).

2. Bis 1977 war es noch so, dass in jedem Fall nach der Scheidung nur einer der Eltern das Sorgerecht erhalten konnte, der schuldlos geschiedene Ehegatte dafür bevorzugt wurde und ein einvernehmlicher anderer Vorschlag vom Gericht in vollem Umfang überprüft wurde. Heute wird das Sorgerecht nur geregelt, wenn es mindestens einer beantragt. Ein einvernehmlicher Antrag auf Alleinsorge wird heutzutage nicht mehr vom Gericht überprüft (§ 1671 II Nr. 1 BGB).[4] Angesichts dieser großen Elternautonomie trifft der Staat wegen des staatlichen Wächteramtes allerdings Vorkehrungen, damit die Eltern befähigt werden, im Interesse der Kinder die richtige Entscheidung zu treffen und nachher das Sorgerecht, sofern es weiterhin ein gemeinsames ist, im Interesse des Kindes richtig auszuüben. Dies soll die Trennungs- und Scheidungsberatung, auch wenn sie keine juristisch zwingende Beratung ist, leisten.

3. Wie Trennungs- und Scheidungsberatung methodisch geleistet wird, kann das Gesetz natürlich nicht vorschreiben. Dies bleibt der Fachlichkeit der Jugendhilfe überlassen. Sie kann sich daher in schlichten Informationen erschöpfen, sie kann aber auch in Form von Mediation und Therapie geleistet werden. Wie die organisatorische Einordnung dieser Leistung aussehen soll, sagt das Gesetz ebenfalls nicht. Sicher ist nur, dass jedenfalls die Jugendämter neben der Trennungs- und Scheidungsberatung auch im Sorgerechtsverfahren mitwirken müssen (§ 50 SGB VIII), sodass sie einen Weg finden müssen, diese beiden Aufgaben ohne Verstöße gegen Datenschutzbestimmungen miteinander zu vereinbaren (Einzelheiten dazu unter Frage 130).

4. Verfahrensrechtlich ist es so, dass die Familiengerichte verpflichtet sind, die Jugendämter zu informieren, wenn ein Scheidungsantrag gestellt ist und gemeinsame minderjährige Kinder davon betroffen sind (§ 17 III SGB VIII). Die Jugendämter sollten dann, unabhängig davon, ob eine Sorgerechtsregelung beantragt ist oder nicht, die betroffenen Eltern anschreiben und ihre Dienste anbieten. Noch günstiger wäre es, wenn die Eltern schon vor Stellung des Scheidungsantrags mit den Jugendämtern oder freien Trägern Kontakt aufnähmen (Öffentlichkeitsarbeit der Jugendämter) oder zumindest die Rechtsanwälte (Anwaltszwang bei Verfahren in Ehesachen vgl. § 114 FamFG) ihre Mandanten zu Beratungsstellen schickten (Kooperation der Jugendämtern mit Rechtsanwälten, z.B. Verzeichnis

---

4 Vgl. zur Änderung der Sorgerechtsfrage bei Vätern nicht ehelicher Kinder: BVerfG, Entscheidung vom 21.7.2010, Az. 1 BvR 420/09; Europäischer Gerichtshof für Menschenrechte, Entscheidung vom 3.12.2009, Az. 22028/04.

der Beratungsstellen mit Adressen und Öffnungszeiten). Wenn die Scheidung anhängig ist und die Eltern keine Sorgerechtsregelung wünschen, muss das Gericht sie trotzdem zur Frage des Sorgerechts hören (§ 128 FamFG) und sie ggfs. auf Beratungsstellen hinweisen. Auch in späteren Phasen des Verfahrens bleibt die Verpflichtung des Gerichts bestehen, auf einvernehmliche Lösungen hinzuwirken (§ 156 FamFG). In jedem Fall ist das Jugendamt am Verfahren in den in § 50 SGB VIII genannten Fällen zu beteiligen.

32 **Welche Aufgaben hat das Jugendamt im Zusammenhang mit der Ausübung der Personensorge durch die Eltern?**

1. Das Jugendamt hat ganz generell die Aufgabe, rechtlich oder tatsächlich Alleinerziehende bei der Ausübung der Personensorge zu beraten und zu unterstützen. Die Gegenstände der Personensorge ergeben sich u.a. aus dem BGB. Es sind dies primär die Aspekte, die in §§ 1631-1632 BGB genannt sind (Pflege, Erziehung, Beaufsichtigung, Aufenthaltsbestimmung, Schulwahl, Berufswahl, geschlossene Unterbringung, Herausgabe, Umgangsbestimmung), aber auch weitere Aspekte, die an anderen Stellen verstreut sind (Religionswahl, RKErzG; Namenswahl, §§ 1617 ff. BGB; Beantragung erzieherischer Hilfen, § 27 SGB VIII etc.).

Beratung und Unterstützung bedeuten eindeutig nicht, derartige Rechte anstelle des gesetzlichen Vertreters außergerichtlich oder gerichtlich geltend zu machen.

2. Eine ausdrücklich im Gesetz genannte Aufgabe (§ 18 I SGB VIII) steht im Zusammenhang mit der **Sicherung des Unterhalts**. Hier hat das Jugendamt den Alleinerziehenden bei der Durchsetzung des Unterhalts für das Kind (§§ 1601 ff. BGB), bei der Durchsetzung des eigenen Unterhalts (§ 1615 S. 1 BGB) und den jungen Volljährigen bei der Durchsetzung von Unterhalt bis zur Vollendung des 21. Lebensjahres zu beraten und unterstützen.

3. Eine des Weiteren ausdrücklich im Gesetz genannte Aufgabe ist die Beratung und Unterstützung im Zusammenhang mit der **Ausübung des Umgangsrechts** (z.B. § 18 III SGB VIII), und zwar durch alle Personen, die zivilrechtlich ein Umgangsrecht haben (§§ 1684, 1685 BGB: Elternteile, Großeltern, Geschwister, Stiefelternteile, Partner eingetragener Lebensgemeinschaften, Partner nicht ehelicher Lebensgemeinschaften, ehemalige Väter nach Vaterschaftsanfechtung, ehemalige Elternteile nach Adoption). Hier geht es vor allem um Vermittlung bei der Suche nach einvernehmlichen Regelungen, aber auch um die Weiterleitung von Auskünften, um Vermittlung bei der Ausführung gerichtlicher Regelungen und um Hilfestellung »in geeigneten Fällen«. Letzteres bezieht sich u.a. auf den sog. betreuten/beschützten Umgang (§ 1684 IV S. 3, 4 BGB). Aus der Tatsache, dass das Gesetz von geeigneten Fällen spricht, versucht die Jugendhilfe herzuleiten, dass sie nicht in jedem Fall zum betreuten Umgang verpflichtet ist. Dies kann aber kaum richtig sein, da es beim Umgang – genauso wie in anderen Fällen (z.B. Anordnung von Vormundschaft, Pflegschaft etc.) – nicht sein kann, dass bei Fehlen von geeigneten Einzelpersonen und Vereinen niemand den Umgang betreut, obwohl vom Grundsatz der Verhältnismäßigkeit her der betreute Umgang im Vergleich mit dem Umgangsentzug ein Weniger darstellt. Das Jugendamt ist nun einmal »das Netz im Zirkus« und hat nicht das Recht, die Anordnung des betreuten Umgangs durch das Gericht infrage zu stellen.

33 **Welche speziellen Problemlagen sehen die §§ 19-21 SGB VIII vor?**

1. § 19 SGB VIII betrifft Vater-/Mutter-Kind-Einrichtungen. Dabei ist von Bedeutung, dass diese nicht nur für das Kind und die minderjährigen Elternteile angeboten werden, sondern unabhängig von ihrem Alter, sofern sie aufgrund ihrer Persönlichkeitsentwicklung dieser Hilfe bedürfen. Allerdings richtet sie sich nicht an beide Elternteile.

2. In § 20 SGB VIII ist an Fälle gedacht, in denen ein Elternteil für die Kinderbetreuung ausfällt (z.b. wegen Krankheit, Kur, Inhaftierung, Tod) und der andere der Aufgabe allein nicht gewachsen ist (Abs. 1) oder ebenfalls nicht verfügbar ist (z.b. Vaterschaft nicht geklärt, Alleinerziehender oder dieselben Gründe wie oben) (Abs. 2). Hier kann die Jugendhilfe eingreifen und die erforderlichen Hilfen zur Verfügung stellen (beispielsweise Platz in Tageseinrichtung, Tagesmutter, Kostenerstattung für einspringende Verwandte). In jedem Fall ist die Jugendhilfe gem. § 10 I SGB VIII nachrangig, d.h., dass z.b. Krankenkassenleistungen vorgehen. Im Verhältnis zum Sozialhilferecht gilt, dass es dort um Weiterführung des Haushalts geht und nicht um Kinderversorgung.
3. § 21 SGB VIII gewährt Unterstützung bei notwendiger Erfüllung der Schulpflicht. Der Gesetzgeber trägt hiermit besonderen Notwendigkeiten in Familien von Binnenschiffern, Artisten und Schaustellern Rechnung. Die Personensorgeberechtigten haben Anspruch auf Beratung und Unterstützung. Sofern im Einzelfall auch erzieherische Defizite auftreten oder bekannt werden, kommt neben oder anstelle dieser Hilfe auch Hilfe zur Erziehung in Betracht.

V. Tageseinrichtungen und Tagespflege

Literatur: *R. Ollmann*: Beaufsichtigung als »gefahrengeneigte Arbeit«? ZfJ 1984, 462; *W. Lakies*: Tagespflege und Vollzeitpflege im KJHG, ZfJ 1990, 545; *V. Jacobi*: Rechtsfragen im Kindergartenalltag, 5. Aufl., Donauwörth 1992; *W. Gernert* (Hrsg.): Gesetz über die Tageseinrichtungen für Kinder, 2. Aufl., Stuttgart 1994; *G. Stranz*: Tagespflege nach § 23 SGB VIII, Stuttgart 1995; *M. Textor*: Vernetzung von Kindertageseinrichtungen mit psychosozialen Diensten – ein vernachlässigter Aufgabenbereich von Jugendämtern?, ZfJ 1998, 313; *Th. Lakies*: Rechtliche Aspekte der Kindertagespflege, JHilfe 1999, 22; *R. Ollmann:* Aufsicht und Haftung in Kindertagesstätten, ZfJ 2004, 1; *R. Wiesner:* Das Tagesbetreuungsausbaugesetz, ZfJ 2004, 441;. *H. Gerstein:* Änderungen im SGB VIII durch das Tagesbetreuungsausbaugesetz, ZfJ 2005, 267; *J. Hoffmann:* Verfassungsfragen einer Kindergartenpflicht, ZKJ 2006, 436; *J. Münder:* Das Kinderförderungsgesetz, RdJB 2009, 4.

Welche Angebote zur Förderung von Kindern werden mit dem Begriff »Tageseinrichtungen« umschrieben?

34

Nach § 22 I SGB VIII sind Tageseinrichtungen Einrichtungen, in denen sich Kinder für einen Teil des Tages oder ganztägig aufhalten oder in Gruppen gefördert werden. Damit fallen unter den Begriff der »Tageseinrichtungen für Kinder« Einrichtungen wie Kinderkrippen, Krabbelstuben, Kindergärten, Kindertagesstätten, Horte.
Nach Abs. 1 des § 22 SGB VIII ist Ziel der Förderung in all diesen Einrichtungen »die Entwicklung des Kindes zu einer eigenverantwortlichen und gemeinschaftsfähigen Persönlichkeit«.
Abs. 2 nennt als Aufgabe neben Betreuung und Erziehung auch Bildung. Das Stichwort »Bildung« trägt dem von der Bund-Länder-Kommission für Bildungsplanung am 15.6.1973 verabschiedeten Bildungsgesamtplan Rechnung, der davon ausgeht, dass die Kinder vom vollendeten 3. Lebensjahr an bis zum Beginn der Schulpflicht dem Elementarbereich des Bildungswesens zuzurechnen sind.
Abs. 3 verpflichtet die in der Einrichtung tätigen Fachkräfte und anderen Mitarbeiter, mit den Erziehungsberechtigten zum Wohl des Kindes zusammenzuarbeiten. Diese sind an allen Entscheidungen in wesentlichen Angelegenheiten der Tageseinrichtung zu beteiligen.

Landesrechtliche Bestimmungen konkretisieren und präzisieren den Auftrag der Tageseinrichtungen (vgl. beispielsweise § 2 des Nds. Gesetzes über Tageseinrichtungen für Kinder (KiTaG).

35 Warum sind die Kindergartengesetze landesrechtliche Ausführungsgesetze zum SGB VIII und nicht wie die Schulgesetze eigenständige Landesgesetze?

Obgleich das sog. Vorschulalter dem Bildungswesen zugerechnet wird, können gesetzliche Regelungen, die Einrichtungen für diese Kinder zum Gegenstand haben, nicht selbstständig von den Landesgesetzen getroffen werden. Das hängt damit zusammen, dass der Bereich der »öffentlichen Fürsorge« im Grundgesetz (Art. 72 II, 74 Nr. 7) – im Gegensatz zum Schulbereich, der Länderangelegenheit ist (Art. 70 I GG) – zur konkurrierenden Gesetzgebung zählt. Das bedeutet, dass die Länder nur dann eine eigenständige Befugnis zur Gesetzgebung haben, solange und soweit der Bund von seiner Gesetzgebungskompetenz keinen Gebrauch macht. Mit dem Erlass des KJHG hat der Bund die Gesetzgebungsinitiative auf diesem Gebiet für sich beansprucht und in § 22 dargetan, dass er die »Förderung von Kindern in Tageseinrichtungen« zur öffentlichen Fürsorge rechnet. Entsprechend hat er den Ländern nur im Rahmen von §§ 24 IV S. 2, 26 SGB VIII die Möglichkeit belassen, eigene Gesetze zu schaffen. Das haben die Länder mit den Kindergartengesetzen bzw. Gesetzen über Tageseinrichtungen für Kinder als Ausführungsgesetze zum KJHG getan.

36 Was ist Tagespflege im Sinne des § 23 SGB VIII, wie sind die Rechtsbeziehungen der Beteiligten, wer trägt die Kosten?

1. Tagespflege ist ein Förderungsangebot der Jugendhilfe, das keine Erziehungsdefizite voraussetzt (§ 23 I). Es ist als **Alternative zu den Tageseinrichtungen** zu verstehen, deren Platzmangel oft nicht erlaubt, dass jedes Kind aufgenommen werden kann. Für die Kinder von 3-6 Jahren, die einen Anspruch auf einen Kindergartenplatz haben, § 24 I SGB VIII, regelt § 23 SGB VIII die Rechtsfolgen, wenn das Kind statt des Kindergartens eine Tagespflegestelle in Anspruch nimmt. Für die Kinder unter 3 Jahren und die schulpflichtigen Kinder sehen die Abs. 2 und 3 des § 24 iVm der Rechtsfolge des § 23 Vergleichbares vor (vergleiche aber auch den stufenweisen Ausbau der Förderangebote für Kinder unter drei Jahren, § 24a SGB VIII).

2. Die Tagespflegeperson braucht **keine Fachkraft** iSd § 72 SGB VIII zu sein. Sie benötigt jedoch eine Eignungsbestätigung gem. § 23 III SGB VIII. Voraussetzungen, um als Tagespflegeperson tätig zu sein, sind demnach: geeignete Persönlichkeit, Sachkompetenz, Kooperationsbereitschaft mit den Erziehungsberechtigten, Verfügen über kindgerechte Räumlichkeiten, wenn die Betreuung nicht im Haus des Personensorgeberechtigten stattfindet, sowie vertiefte – nachgewiesene – Kenntnisse hinsichtlich der Anforderungen der Kindertagespflege. Der Personensorgeberechtigte kann sich die Pflegeperson selber suchen oder vom Jugendamt vermitteln lassen. Sie kann im eigenen Haushalt oder im Haushalt des Personensorgeberechtigten tätig werden. Ist es im Haushalt der Pflegeperson, benötigt diese eine Pflegeerlaubnis (=Verwaltungsakt) gem. § 43 SGB VIII. Welche Rechtsstellung sie hat, hängt von der jeweiligen Situation ab: Sie kann freiberuflich tätig sein oder Arbeitnehmerin des Personensorgeberechtigten oder Angestellte des Jugendamts oder eines freien Trägers oder Angestellte eines Trägervereins für Tagespflegepersonen. In jedem Fall sollte die individuelle Rechtsbeziehung zwischen Personensorgeberechtigten und Pflegeperson nach Möglichkeit schriftlich geregelt werden (insbesondere Vergütung, Urlaub, Vertretung, Zahl der Kinder, Haftpflicht- und Unfallversicherung). Der Personensorgeberechtigte und die Pflegeperson haben Anspruch auf Beratung durch das Jugendamt (§ 23 I, IV SGB VIII). Dies gilt auch für Zusammenschlüsse von Tagespflegepersonen, die sogar von den JÄ unterstützt werden sollen (Abs. 4 S. 3).

3. Unabhängig von der Rechtsstellung der Pflegeperson ist die Art der **Bezahlung**. Der Personensorgeberechtigte kann sie selbst bezahlen. Möchte der Personensorgeberechtigte jedoch eine Bezahlung durch das Jugendamt, so sind die gesetzlichen Vorgaben des § 24 II SGB VIII zu beachten. Das Gesetz unterscheidet zwar in § 23 I SGB VIII den Fall, dass das Jugendamt die Pflegeperson vermittelt, und den, dass der Personensorgeberechtigte sich die Pflegeperson selber sucht. Die finanziellen Folgen sind jedoch dieselben, vgl. § 23 II SGB VIII.

Wodurch unterscheidet sich die Tagespflege von anderen im SGB VIII geregelten Arten der Pflege? 　37

1. Die Tagespflege des § 23 SGB VIII unterscheidet sich von der Vollzeitpflege nicht nur durch die zeitliche Begrenzung, sondern vor allem dadurch, dass sie nicht zu den »Hilfen zur Erziehung« zählt. Während bei der Vollzeitpflege eine Trennung von der sog. Herkunftsfamilie (§ 33 SGB VIII) erfolgt und hier selbstständige Arbeitsaufträge vergeben werden, die auf die Herkunftsfamilie einerseits und die Erziehung in der Pflegefamilie andererseits abzielen, kennt die Tagespflege lediglich ein die Eltern unterstützendes Betreuungsangebot.

2. Neben der Vollzeitpflege (§ 33 SGB VIII) ist die Tagespflege (§ 23 SGB VIII) von der Erziehung in einer Tagesgruppe abzugrenzen, die auch in geeigneten Formen der Familienpflege geleistet werden kann (§ 32 S. 2 SGB VIII). Die Erziehung in einer Tagesgruppe ist – wie die Vollzeitpflege – eine Hilfe zur Erziehung (§ 27 SGB VIII) und setzt somit eine in der Erziehung defizitäre Situation voraus. Sie ist eine sog. teilstationäre Hilfe, die vor allem zum Ziel hat, den Verbleib des Kindes/Jugendlichen in seiner Familie zu sichern. Sowohl die Erziehung in der Tagesgruppe als auch die in Tagespflege gehören zum Typ Teilzeitpflege. Dagegen ist die Vollzeitpflege eine Dauerpflege.

3. Nicht ausdrücklich geregelt ist die Wochenpflege. Sie kann sowohl eine Form der Tagesbetreuung als auch Hilfe zur Erziehung sein.

Wer kann einen Platz in einer Kindertageseinrichtung bzw. bei einer Tagespflegeperson erhalten? 　38

Die wechselvolle Geschichte des § 24 SGB VIII soll hier nicht im Detail referiert werden. Diese Vorschrift wandelte sich von 1991 bis zum 1.1.1996 vom Soll-Anspruch über einen Muss-Anspruch mit Übergangsbestimmung (Stichtag-Regelung) zum uneingeschränkten Rechtsanspruch auf einen Kindergartenplatz für Kinder, die das dritte Lebensjahr vollendet haben bis zum Schuleintritt (§ 24 S. 1 SGB VIII). § 24a SGB VIII sieht den stufenweisen Ausbau des Förderangebotes für Kinder unter 3 Jahren nach § 24 III SGB VIII bis 31.7.2013 vor. Da bis heute die Engpässe bei der Vorhaltung von ausreichend Kindergartenplätzen nicht überwunden sind, müssen sich die Jugendämter der »Krücke« des § 25 SGB VIII bedienen, der selbst organisierten Betreuungsgruppen ein Recht (»soll«) auf Beratung und Unterstützung gibt.

VI. Kinderspielplätze

Literatur: *R. Ollmann*: Beaufsichtigung als »Gefahrengeneigte Arbeit«?, ZfJ 1984, 462; *J. Schumann*: Verkehrssicherungspflicht auf öffentlichen Spielplätzen – ein Überblick zur Haftungsfrage, WzS 2010, 34, 74.

39 **Nach welchen Rechtsgrundlagen können Spielplätze errichtet, unterhalten und pädagogisch betreut werden?**

Das SGB VIII erwähnt Spielplätze nicht. Als Rechtsgrundlagen kommen §§ 11 III Nr. 2, 22 SGB VIII in Betracht. Danach ist es Aufgabe des Jugendamts, Einrichtungen zu fördern, die der Entwicklung des Kindes zu einer eigenverantwortlichen Persönlichkeit dienen. In der Praxis führt das Jugendamt diese Aufgabe in der Regel zusammen mit dem Gartenbauamt durch.

Die Verpflichtung Kinderspielplätze einzurichten findet sich im Bundesbaugesetz, in den Landesbauordnungen, in Landesspielplatzgesetzen, in Kinderspielplatzerlassen von Landesministerien und in örtlichen Satzungen.

40 **Welche Bestimmungen enthalten Baugesetzbuch, Landesbauordnung, Spielplatzerlasse und Spielplatzgesetze im Hinblick auf Schaffung und Führung von Spielplätzen?**

1. Nach § 5 II Nr. 5 Baugesetzbuch (BauGB) müssen im Flächennutzungsplan u. a. Flächen ausgewiesen werden, die als Spielplätze genutzt werden sollen. § 9 I Nr. 5 BauGB regelt u. a., dass im Bebauungsplan ggf. Spielflächen zu kennzeichnen sind. § 127 II Nr. 4 BauGB sieht vor, dass Spielplätze – entgegen früherem Recht – keine Erschließungsanlagen sind, sodass die Gemeinden für sie auch keine Erschließungsbeiträge erheben können.
2. In den **Landesbauordnungen**, Landesspielplatzgesetzen und den entsprechenden Spielplatzerlassen werden die Bauträger verpflichtet, ab bestimmter Größe auf den Baugrundstücken Spielplätze für Kinder zu schaffen (vgl. § 9 II BauO NRW, § 8 III BremLBO). Ferner sind Regelungen über Ersatzvornahmen und Kostentragung vorgesehen. Die Vorschriften über den Adressatenkreis variieren. Einige Länder sehen Spielplätze bis zum Alter von 12 Jahren vor, andere nur für Kleinkinder unter 6 Jahren.

41 **Wann gibt es in der Praxis eine pädagogische Betreuung von Spielplätzen, und wer ist für sie zuständig?**

1. Ob ein Spielplatz pädagogischer Betreuung bedarf, hängt von seinem Zuschnitt und vom Benutzerkreis ab. Für Bau- bzw. Abenteuerspielplätze wird regelmäßig Betreuung vorgesehen.
2. Zuständig für die Personalfrage ist der Träger des Spielplatzes. Wenn der Träger sich mit dem Jugendamt darauf verständigen kann, dass es sich um ein Angebot iSv §§ 11 III Nr. 2, 22 SGB VIII handelt, kann das Ganze als Pflichtaufgabe nach § 2 II angesehen und entsprechend gefördert werden.

Einführung in die Kapitel 3 bis 5   Hilfe zur Erziehung

Literatur: *P. Chr. Kunkel*: Leistungsverpflichtungen und Rechtsansprüche im KJHG, insbesondere die Hilfe zur Erziehung, ZfJ 1991; *V. Harnach-Beck*: Diagnostische Erfordernisse bei der Entscheidungsvorbereitung für Hilfe zur Erziehung nach §§ 27 ff. SGB VIII, RsDE 39, 17; *G. Zenz*: Zur Bedeutung der Erkenntnisse von Entwicklungspsychologie und Bindungsforschung für die Arbeit mit Pflegekindern, ZfJ 2000, 321-327; *L. Stadelmann/P. Marquard*: Neuorganisation der Sozialpädagogischen Familienhilfe - Konzeption und Organisation von SPFH im Lichte der neuen Steuerung und rechtlicher Aspekte, NDV 2000, 234-244; *S. Nonninger*: Entscheidungskompetenz des öffentlichen Trägers für Hilfe nach §§ 27 ff. SGB VIII – Verantwortungsübernahme durch das Jugendamt als fachliches Qualitätsmerkmal bei der Erbringung von Jugendhilfeleistungen, JAmt 2002, 495-496; *V. Harnach-Beck*: Psychosoziale Diagnostik in der Jugendhilfe. Grundlagen und Methoden für Hilfeplan, Bericht und Stellungnahme, 4. Auflage, 2003; *C. Etterich/M. Macsenacre*: Zur Evaluation bei Hilfeverläufen, ZfJ 2004, 214-222; *Th. Henkel*: Zur Verpflichtung des Jugendamtes zu einem Antrittsbesuch nach dem Umzug einer Pflegefamilie, JR 2005, 324-326; *H.-P. Heckerens*: Aufsuchende Familientherapie von der Erziehungsberatungsstelle aus, Theorie und Praxis der Sozialen Arbeit 2007, 19-23; *K. Menne*: Erziehungsberatung - heute und morgen, ZKJ 2007, 128-131; *R. Wiesner*: Leistungen der Kinder- und Jugendhilfe nach dem SGB VIII, FÜR 2008, 608-613; *R. Wiesner*: Kinderschutz aus der Sicht der Jugendhilfe, ZKJ 2008, 143-147; *G. Krutzki*: Neuerungen im sozialrechtlichen Leistungsrecht SGB VIII, ASR 2010, 17-28.

Besteht ein einklagbarer Rechtsanspruch auf Hilfe zur Erziehung (HzE)?   **42**

1. Privatrechtlich ist das Recht des Kindes auf Erziehung als Reflexrecht des Elternrechts nach Art. 6 GG ausgestaltet (§§ 1626 ff. BGB). Es steht im Rahmen der von der öffentlichen Ordnung zu schützenden Familienautonomie. Ein Eingriff durch das Familiengericht (z.B. §§ 1631a, 1666, 1666a; 1671 III; 1632 IV; 1748 BGB) und öffentliche Jugendhilfeträger (z.B. §§ 8a, 8 III, 42 SGB VIII) zur Gewährleistung der Erziehung ist nur bei **Gefährdung des Kindeswohls** zulässig.

2. Diesem privaten Recht auf Erziehung entspricht im öffentlichen Recht das subsidiäre Recht »jedes jungen Menschen auf Förderung seiner Entwicklung und auf Erziehung zu einer eigenverantwortlichen und gemeinschaftsfähigen Persönlichkeit« (§ 1 I SGB VIII). (Öffentliche) »Jugendhilfe soll zur Verwirklichung des Rechts nach Abs. 1« beitragen (§ 1 III iVm § 8 SGB VIII). Dem »Recht auf Erziehung« wird mit Erziehungshilfen durch den Jugendhilfeträger entsprochen. Allerdings kann der minderjährige junge Mensch dieses Recht **nicht selbst** geltend machen. Diese Feststellung könnte im Widerspruch zu § 35 SGB I stehen. Nach dem Selbstverständnis des SGB VIII ist aber nicht der junge Mensch Inhaber eines Anspruchs auf Hilfe zur Erziehung, sondern allein der Personensorgeberechtigte (§ 27 I SGB VIII). Rechtlich zum Problem kann diese Regelung werden, wenn ein Minderjähriger gegen den Willen des Personensorgeberechtigten Hilfe zur Erziehung in Anspruch nehmen will. Zwar sind bei einem solchen **Interessenkonflikt** – wie generell bei allen Angeboten, Aufgaben und Leistungen der Jugendhilfe – die §§ 8 und 36 SGB VIII von besonderer Bedeutung. Durchsetzen kann sich der minderjährige junge Mensch aber nur dann, wenn seinem Begehren nach einer Hilfe zur Erziehung zugleich eine Gefährdung seines Wohls iSv § 1666 BGB zugrunde liegt.[1] Für den Regelfall, den der Gesetzgeber im Blick hat, gilt, dass allein der Personensorgeberechtigte Inhaber des Rechtsanspruchs auf Hilfe zur Erziehung ist. Eine Sonderrolle spielt in diesem Zusammenhang der § 8 III SGB VIII, der dem Minderjährigen ein **eigenständiges Beratungsrecht** gegen den öffentlichen Jugendhilfeträger gewährt und zwar ohne (oder gegen) Wissen und Einverständnis der Eltern, wenn die Beratung aufgrund einer **Not- und Konfliktlage** erforderlich ist und solange durch die Mitteilung an den Personensorgeberechtigten der Beratungszweck vereitelt würde.

3. Die Voraussetzungen für die Gewährung einer Hilfe zur Erziehung sind gem. § 27 I SGB VIII:

– eine dem Wohl des Minderjährigen entsprechende Erziehung ist nicht gewährleistet (= Mangelsituation),
– die Hilfe ist notwendig (= erzieherischer Bedarf),
– die Hilfe ist geeignet,
– der Personensorgeberechtigte macht den Anspruch geltend.

Ein förmlicher Antrag ist nicht unbedingt erforderlich, aber eine eindeutige Willensbekundung des Personensorgeberechtigten, dass **Hilfe zur Erziehung** in Anspruch genommen werden soll, ist notwendig. Eine Kenntnis des Jugendamts reicht nicht aus. Eine HzE wird nicht von Amts wegen gewährt. Ggf. besteht aber eine Pflicht des Jugendamts, dem Personensorgeberechtigten ein **Angebot zur Hilfe zur Erziehung** zu unterbreiten.

4. Die **Art der Hilfe** ergibt sich aus den §§ 28-35 SGB VIII, kann aber, da § 27 II SGB VIII das Wort »insbesondere« enthält, auch eine andere pädagogisch sinnvolle Leistung sein. Ob hierzu auch die anderweitig im SGB VIII angesprochenen Angebote, wie z.b. Familienerholung, Beratung, Erziehung in Tageseinrichtungen gehören, soweit sie im konkreten Fall notwendig und geeignet sind, ist streitig, aber wohl eher zu verneinen. § 27 III SGB VIII stellt jedoch fest, dass die **Hilfe zur Erziehung** die Gewährung pädagogischer und damit verbundener therapeutischer Leistungen umfasst und dass sie bei Bedarf Ausbildungs- und Beschäftigungsmaßnahmen iSd § 13 II SGB VIII einschließt. »Damit verbundene« Leistungen meint, dass es keine eigenständigen Leistungen sind, wie z.B. Therapien, die von den Krankenkassen finanziert werden (Nachrang gem. § 10 SGB VIII). Auch Ausbildungs- und Beschäftigungsmaßnahmen sind primär nach SGB II und III und nicht nach SGB VIII zu erbringen.[2]

43 Wie unterscheidet das SGB VIII die einzelnen Arten der Hilfe zur Erziehung (HzE)?

§ 27 I SGB VIII ist als richtige Anspruchsgrundlage mit Tatbestand und Rechtsfolge ausgestattet. Er bestimmt, welche Voraussetzungen erfüllt sein müssen, damit HzE gewährt werden kann. Die §§ 28-35 SGB VIII, die die einzelnen zur Verfügung stehenden Hilfen beschreiben, sind anders strukturiert. Sie sagen absichtlich nicht, wie der junge Mensch sein muss (gefährdet, geschädigt, verwahrlost etc.), der eine bestimmte Hilfe bekommen soll. Der Gesetzgeber war der Meinung, es sei stigmatisierend, wenn einem Menschen eine bestimmte defizitäre Situation zugeschrieben werden müsse, damit er die passende Förderung erhalten könne. Dementsprechend ist z.B. im § 35 SGB VIII nicht gesagt: »Minderjährige, die verwahrlost sind, erhalten intensive sozialpädagogische Einzelbetreuung«. Stattdessen sind die §§ 28-35 SGB VIII eine Mischung aus

---

1   *Coester*, FamRZ 1991, 253, 255.
2   *Kunkel*, ZFSH/SGB 2006, 76-85; *Kunkel*, LPK-SGB VIII, § 10, Rn. 11, 11b, § 27, Rn. 31: *Th. Meysen* in: Münder/Meysen/Trenczek (Hrsg.), Frankfurter Kommentar SGB VIII § 10 Rn. 6 ff.

– der Benennung von Adressaten (z.B. in § 29 SGB VIII:»Ältere Kinder und Jugendliche«)
– der Beschreibung von Zielen (z.B. in § 30 SGB VIII: Unterstützung bei der Bewältigung von Entwicklungsproblemen und Förderung der Verselbstständigung)
– und methodischen Hinweisen (z.B. § 28 S.2 SGB VIII: Es sollen Fachkräfte verschiedener Fachrichtungen zusammenwirken, die mit unterschiedlichen methodischen Ansätzen vertraut sind).

Bei dieser Art der Beschreibung der Hilfen bleibt es nicht aus, dass diese sich insbesondere hinsichtlich der Ziele und Methoden oft kaum voneinander unterscheiden lassen. Im Übrigen ist es für den Rechtsanwender sehr schwer, die Frage nach der richtigen Hilfe (»Indikation«) halbwegs zuverlässig zu beantworten. Im Schaubild 2 (S. 37) wird versucht, die acht Hilfen nach den drei genannten Kriterien aufzuschlüsseln.

Wie wird über die Gewährung von Hilfe zur Erziehung entschieden?   **44**

Hinsichtlich der formalen Aspekte gilt, was in Frage 23 zur Gewährung von Leistungen generell ausgeführt wurde. Darüber hinaus schreibt § 36 SGB VIII Folgendes vor:
1. Der Personensorgeberechtigte und das Kind/der Jugendliche sind vor ihrer Entscheidung über die Inanspruchnahme einer **Hilfe zur Erziehung** zu **beraten** und auf die möglichen Folgen für die Entwicklung des Minderjährigen hinzuweisen (Abs. 1 S. 1).
2. Bei voraussichtlich langfristig zu leistender Hilfe sollen mehrere Fachkräfte an der Entscheidung mitwirken (**Team**) (Abs. 2 S. 1).
3. Bei langfristig zu leistender Hilfe ist unter Mitwirkung von Personensorgeberechtigtem und Minderjährigem sowie ggf. anderen Personen, Diensten und Einrichtungen ein **Hilfeplan** aufzustellen (Abs. 2 S. 2 Hs. 1).
4. Bei einer Hilfe außerhalb der eigenen Familie sind Personensorgeberechtigte und Minderjährige an der **Auswahl** der Einrichtungen oder Pflegestelle zu beteiligen (Abs. 1 S. 3).
5. Der Hilfeplan ist unter Einbeziehung aller, die ihn erstellt haben, **regelmäßig zu überprüfen** und ggf. zu korrigieren (Abs. 2 S. 2 Hs. 2).

Was ist ein Hilfeplan, und was enthält er?   **45**

Ein Hilfeplan (siehe Schaubild 3, S. 37) ist ein sozialpädagogisches Instrument, das u.a. dazu dient, die **richtige Hilfe** für einen Minderjährigen zu finden, den **Aushandlungsprozess** zu dokumentieren und die **Wirksamkeit** des methodischen Handelns des Sozialarbeiters/ Sozialpädagogen zu überprüfen.
1. Gem. § 36 II S. 1 SGB VIII soll der Hilfeplan den erzieherischen Bedarf feststellen. Zu diesem Zweck ist zunächst nötig, die entscheidungsrelevanten Einzelfakten zu erfassen und zu erheben (= **Vorgeschichte, Untersuchungsbericht**) und aus ihnen das für den Minderjährigen Charakteristische (positiv wie negativ) herauszuarbeiten (= **Befund**). Das Charakteristische, das vom »Normalen« abweicht, ist zu erklären (= **Diagnose**). Sodann ist zu fragen, ob das vom »Normalen« Abweichende den Selbstheilungskräften des Minderjährigen, seiner Familie oder seines sozialen Umfeldes überlassen werden kann oder ob eine Intervention in Form der Gewährung einer Hilfe zur Erziehung notwendig ist (= **Prognose**). Ist die Frage zu bejahen, so besteht ein erzieherischer Bedarf.
2. Des Weiteren soll der Hilfeplan etwas aussagen über »die Art der zu gewährenden Hilfe«. Diese richtet sich – so § 27 I SGB VIII – nach dem Grundsatz der Verhältnismäßigkeit (»notwendig und geeignet«). Abs. 2 S. 2 präzisiert, dass Maßstab hierfür der erzieherische Bedarf und die sozialen Ressourcen (Eltern; sonstiges weiteres Umfeld) sind. Hier ist in Konkretisierung des Grundsatzes der Verhältnismäßigkeit (vgl. § 1666a I BGB)

Schaubild 2: Hilfen zur Erziehung

	ambulant			
	außerhalb der Familie		innerhalb der Familie	
	§ 28 **Erziehungs-** **beratung (EB)**	**§ 29** **Soziale** **Gruppenarbeit** **(SGA)**	**§ 30** **Erziehungs-** **beistand** **(EBst)**	**§ 31** **Sozialpädagogische** **Familienhilfe** **(spFH)**
Adressat	Kinder Jugendliche Eltern andere Erziehungs- berechtigte	ältere Kinder Jugendliche	Kinder Jugendliche	Familie
Ziel	Unterstützung – bei der Klärung und Bewältigung individueller und familienbezoge- ner Probleme und der zugrundelie- genden Faktoren – bei Trennung und Scheidung	– Hilfe bei der Überwindung von Entwick- lungsschwierig- keiten und Verhaltens- problemen – Förderung der Entwicklung	– Unterstützung bei der Bewäl- tigung von Entwicklungs- problemen – Förderung der Verselbständi- gung	– Unterstützung in den Erziehungs- aufgaben, bei der Bewältigung von Alltags- problemen, bei der Lösung von Konflikten und Krisen, im Kon- takt mit Ämtern und Institutionen – Befähigung zur Selbsthilfe
Methode	Zusammenwirken von Fachkräften	gruppenpädago- gische Konzepte; soziales Lernen in der Gruppe	Einbeziehung des sozialen Umfelds; Erhaltung des Lebensbezugs zur Familie	längere Dauer; Mit- arbeit der Familie

| teilstationär | stationär | | ambulant oder stationär |
	familial	institutionell	
§ 32 Tagesgruppe, Tagespflege	§ 33 Vollzeitpflege	§ 34 Heim, sonstige betreute Wohnform	§ 35 Intensive sozial- pädagogische Einzel- betreuung (InspE)
Kinder Jugendliche	Kinder Jugendliche	Kinder Jugendliche	Jugendliche
– Unterstützung der Entwicklung – Sicherung des Verbleibs in der Familie	– zeitlich befristete Erziehungshilfe oder – auf Dauer ange- legte Lebensform	– Förderung in Ent- wicklung und – Zukunftsplanung • Anstreben der Rückkehr in die Familie oder • Vorbereitung der Erziehung in and. Familie oder • Vorbereitung auf selbststän- diges Leben	Unterstützung zur sozialen Integration und eigenverantwort- lichen Lebensführung
soziales Lernen in der Gruppe; Beglei- tung der schulischen Förderung; Eltern- arbeit	Berücksichtigung von • Alter • Entwicklungs- stand • persönlichen Bin- dungen • Möglichkeiten der Verbesserung der Erziehungs- bedingungen	– Verbindung von Alltagserleben und pädago- gischen und therapeutischen Angeboten – Berücksichtigung von • Alter • Entwicklungs- stand • Möglichkeiten der Verbes- serung der Erziehungs- bedingungen in der Herkunfts- familie	auf längere Dauer angelegt; Berücksichtigung von individuellen Bedürfnissen

als Erstes abzuklären, ob der Minderjährige in der Familie bleiben kann oder ob er herausgenommen werden muss. Geht die Gefahr von der Familie aus oder ist die Familie nicht kooperationsbereit oder -fähig, dann dürfte ein Milieuwechsel erforderlich sein. Ist umgekehrt anzunehmen, dass die Familie die Hilfe zur Erziehung mittragen oder sie zumindest nicht stören wird, so spricht dies für eine ambulante Hilfe. Des Weiteren ist die **richtige Hilfe** aus der jeweiligen Kategorie (ambulant – stationär) zu bestimmen. Maßstab hierfür ist, was die einzelne Hilfe leisten kann. Im Groben ergibt sich dies aus den §§ 28-35 SGB VIII, im Feinen aus den Erfahrungen der Praxis (siehe Schaubild 2).

Kommt nur eine Hilfe außerhalb der eigenen Familie infrage und wird diese voraussichtlich langfristig zu leisten sein, so ist zu prüfen, ob eine Annahme als Kind in Betracht kommt (§ 36 I S. 2 SGB VIII).

3. Schließlich soll der Hilfeplan die »notwendigen Leistungen« enthalten. Das Wort »Leistung« kann sich nicht mit dem im § 2 II SGB VIII decken. Gemeint sein kann wohl nur, dass benannt wird, worauf gemeinsam hingearbeitet werden soll (Ziele) und was die am Verfahren Beteiligten zu ihrer Erreichung einbringen wollen. In diesem Rahmen könnte festgehalten werden:

- Vorstellungen, Ziele und Wünsche von Personensorgeberechtigten, Minderjährigen und verantwortlichen Sozialarbeitern/Sozialpädagogen im Jugendamt einschließlich möglicher Zieldiskrepanzen,
- Aufgaben, die Personensorgeberechtigte, Minderjährige und das Jugendamt übernehmen sollen und wollen,
- Regelung der Informationspflichten und Maßnahmen zur Abwendung einer möglichen Kindeswohlgefährdung,
- Ziele, die mindestens erreicht werden müssen, damit die Hilfe beendet oder durch eine weniger einschneidende abgelöst werden kann,
- Zeitpunkt, zu dem der Plan überprüft werden soll,
- Folgen eines möglichen Scheiterns der Intervention.

4. Im Übrigen sollte der Hilfeplan einige »Merkposten« enthalten, damit keiner der Beteiligten sich darauf berufen kann, er habe dies oder jenes nicht gewusst. Dazu gehört:

- Klärung der Kompetenzen,
- Klärung der Finanzierung,
- Information über Rechtsbehelfe.

Schaubild 3: Hilfeplanung und Hilfeplan nach § 36 SGB VIII

Hilfegesuch
durch den Anspruchsberechtigten

Darstellung
der Lebens- und Erziehungsgeschichte und der derzeitigen Situation
aus der Sicht der Betroffenen

Beratung
der Betroffenen über Art und Umfang von Hilfen zur Erziehung
durch die Fachkraft

Ermittlung
des erzieherischen Bedarfs, der Erziehungsziele, der erzieherischen Hilfe,
der Methoden und der Leistungen der Beteiligten
– Vorgeschichte und derzeitige Situation
– Befund
– Diagnose
– Prognose
– Erzieherischer Bedarf
– Erziehungsziele und evtl. -diskrepanzen
– Erzieherische Hilfe:
  ambulant oder stationär/konkrete Hilfe
– Methoden
– Beiträge aller Beteiligten
durch die Fachkraft

Teamgespräch
zwischen Fachleuten
zur Überprüfung der von der Fachkraft geleisteten Vorarbeit

Rückmeldung
des Inhalts des Fachgesprächs
an den Hilfesuchenden

Entscheidungsfindung
durch Fachkraft und Hilfesuchenden

Gemeinsame Erstellung
des Hilfeplans

Kapitel 3 Individuelle Leistungen der Jugendhilfe: Hilfe zur Erziehung in der eigenen Familie

VII. Ambulante erzieherische Betreuung und Sozialpädagogische Einzelhilfe

Literatur: *M. Rothe*: Ambulante Erziehungs- und Familienhilfe in der Arbeitsgemeinschaft zur Förderung sozial benachteiligter Kinder und Jugendlicher e. V., ZfJ 1986, 483; *D. Greese/H. Oberloskamp*: Kernaufgaben des Jugendamtes, in: Sachverständigenkommission 8. Jugendbericht (Hrsg.): Jugendhilfe – Historischer Rückblick und neuere Entwicklungen, Bd. 1, S. 51/86; *Th. Trenczek:* Ende der Neuen Ambulanten Maßnahmen, JAmt 2004; *Ch. Köckeritz:* Wirksamkeit der ambulanten Jugendhilfe-Daten, Debatten und offene Fragen, ZKJ 2009, 477-482.

46 **Was versteht man unter ambulanter erzieherischer Betreuung?**

Die ambulante erzieherische Betreuung kommt trotz des differenzierten Katalogs von Hilfen zur Erziehung im SGB VIII nicht vor. Sie entspricht einer gebräuchlichen Kennzeichnung bestimmter Hilfen in der Praxis. Wie sich dem Wort »insbesondere« in § 27 II S. 1 SGB VIII entnehmen lässt, ist der in den §§ 28 bis 35 SGB VIII genannte Katalog der Hilfen nicht abschließend geregelt; die ambulante erzieherische Betreuung ist daher eine weitere, den Anforderungen der Praxis gerecht werdende Hilfeart. Gemeint ist damit eine Leistung der Jugendhilfe, die ähnlich wie die sozialpädagogische Familienhilfe der Bewältigung der erzieherischen und evtl. ökonomischen Alltagsprobleme oder ähnlich wie die Erziehungs- beistandschaft der Lösung von zeitlich überschaubaren Einzelproblemen dient, die jedoch insgesamt weniger stark strukturiert ist. Ein Teil der Praxis bestreitet, dass es nach dem SGB VIII überhaupt noch eine ambulante erzieherische Betreuung gibt. Er will alle ihr vormals zugeordneten Aktivitäten unter die Erziehungsbeistandschaft subsumieren. Dies erscheint zweifelhaft; denn bei der Betreuung sehr kleiner Kinder oder der von ganzen Generationen (s.u. Frage 47) handelt es sich gewiss nicht um eine Erziehungsbeistandschaft iSd § 30 SGB VIII.

47 **In welchen Fällen ist ambulante erzieherische Betreuung angebracht?**

Sie empfiehlt sich u.a. bei zerrütteten Familienverhältnissen, Erziehungsschwierigkeiten, Ausfall eines Elternteils, nach Scheidung und nach Jugendgerichtsverfahren. Sie ist allgemein nur sinnvoll, wenn die Erziehungsberechtigten sie wünschen und zur Mitarbeit bereit und in der Lage sind. Sie eignet sich nicht für Fälle, in denen auch eine längerfristige Betreuung keine Veränderung bewirken kann. Sie soll sich entbehrlich machen – wie andere Hilfen auch. Allerdings gibt es Familien, in denen ambulante Betreuung über Generationen nach dem Grundsatz der Verhältnismäßigkeit die einzige Möglichkeit ist, den Menschen zu helfen, ohne ganze Familienverbände zu sprengen.

Was versteht man unter einer sozialpädagogischen Einzelhilfe? 　48

Die sozialpädagogische Einzelhilfe ist ein Hilfetyp, der sich neben dem Katalog der §§ 28-35 SGB VIII in der Praxis (vor allem im Kölner Raum) entwickelt hat. Sie ist von der äußeren Erscheinungsform her ein Zwischending zwischen ambulanter erzieherischer Betreuung und Erziehungsbeistandschaft. Sie unterscheidet sich von beiden jedoch dadurch, dass sie von Semi-Professionellen als Honorarkräfte unter Anleitung von Professionellen geleistet wird. Dieser zunächst positiv klingende Ansatz hat bei genauem Hinsehen sehr viele negative Aspekte:

– Die Helfer sind überwiegend Studenten, die mit den ihnen übertragenen Fällen vielfach überfordert sind.
– Die Anleitung der Helfer ist häufig ungenügend, sodass diese mit den Klienten experimentieren müssen.
– Die »billigen« Honorarkräfte verhindern, dass nötige Neubesetzungen vorgenommen werden. Das ist berufspolitisch sehr bedenklich.

VIII.　Beratung und Beratungsdienste

Literatur: *K. Menne*: Zwischen Beratung und Gericht. Aufgaben der Erziehungsberatungsstellen und des ASD bei Trennung und Scheidung, ZfJ 1992, 66; *Menne/Golias*: Trennungs- und Scheidungsberatung in Erziehungsberatungsstellen, NP 1992, 412; *Th. Schulte-Kellinghaus*: Jugendämter und Rechtsberatung, FamRZ 1994, 1230; *Belling/Eberl*: Der Schwangerschaftsabbruch bei Minderjährigen, FuR 1995, 287; *U. Maas*: Erziehungsberatung und Hilfe zur Erziehung, ZfJ 1995, 387; Bundeskonferenz für Erziehungsberatung: Rechtsfragen in der Beratung, Fürth 1997; *U. Maas*: Beratung nach § 14 SGB I im Bereich Jugendhilfe, RdJB 1998, 406; *R. Pettinger*: Beratung im Kinder- und Jugendhilfegesetz (SGB VIII), RdJB 1998, 418; *M. Busch*: Sozialdatenschutz bei Beratung und Unterstützung nach § 18 SGB VIII, FuR 1998, 290; *E. Siedhoff*: Anmerkung zu dem Aufsatz von Scherer (s.o.), FamRZ 1998, 8; *I. Scherer*: Stellungnahme zur Anmerkung von Siedhoff (s.o.), FamRZ 1998, 11; *H.-P. Moritz*: Die Bedeutung des Elternvotums für den Abbruch der Schwangerschaft Minderjähriger, ZfJ 1999, 92; *F. Kaufmann*: Erziehungsberatung zwischen formalen Hürden und unmittelbarem Zwang – juristische Standortbestimmung, ZfJ 2000, 85; *K. Schier*: Schwangerschaftsverhütung und -abbruch bei Minderjährigen, ZfJ 2004, 107-109; *M. Reinkenhof*: Arztverträge mit Minderjährigen, Jura 2006, 454-459; *A. Brühl et al.*: Handbuch Sozialrechtsberatung, 2. Auflage, 2007; *Ch. Schrader*: Das neue Rechtsdienstleistungsgesetz, ZfSH-SGB 2008, 75 ff.; *H. Hubert*: Das neue Rechtsdienstleistungsgesetz, 2008; *C. Grühn*: Neue Regeln für die (soziale) Rechtsberatung, Soz.Sich. 2008, 102-106; *R. Steinbach/A. Tabbara*: Die Neuregelung des Rechtsberatungsrechts und seine Auswirkungen auf sozialrechtliche Verfahren, NZS 2008, 575-581; *S. Wendt*: Das neue Rechtsdienstleistungsgesetz – Folgen für die Rechtsberatungsbefugnis der freien Wohlfahrtspflege, RdLH 2008, 6-10; *M. Kleine-Cosack* (Hrsg): Rechtsdienstleistungsgesetz (RDG), Kommentar, 2. Auflage, 2008; *Th. Degen/J. Unseld*: Rechtsdienstleistungsgesetz, Kommentar, 1. Auflage, 2009.

Was meint »Beratung« im SGB VIII und worauf zielt sie ab? 　49

Der Begriff »Beratung« findet sich im SGB VIII sowohl bei den Hilfen zur Erziehung als auch bei den Förderangeboten und schließlich sogar bei den anderen Aufgaben der Jugendhilfe. Förderung als Oberbegriff schließt Beratung ein. Mit einer Vielzahl von Beratungsangeboten soll der gesamten Bandbreite familiärer Situationen Rechnung getragen werden. Die

Lebensberatung zielt auf die Vermittlung neuer Einsichten bei den Beratenen, die es ihnen ermöglicht, ihre Lebensprobleme zu lösen. Die Beratung kann auch eine rechtliche Beratung sein und dazu dienen, dem Beratenen die für seine Situation einschlägigen Rechtssätze vorzustellen, damit er sich für die ihm günstigste Situation entscheiden kann.

50 **Was dürfen Jugendämter und freie Träger der Jugendhilfe im Rahmen von rechtlicher Beratung tun?**

Fragen der Rechtsberatung innerhalb Deutschlands waren im Rechtsberatungsgesetz vom 13.12.1935 geregelt.

Es wurde zum 1.7.2008 durch das Rechtsdienstleistungsgesetz (RDG)[1] abgelöst. Das Gesetz regelt die Befugnis, **außergerichtliche** Rechtsdienstleistungen zu erbringen und dient dazu, die Rechtsuchenden, den Rechtsverkehr und die Rechtsordnung vor unqualifizierten Rechtsdienstleistungen zu schützen (§ 1 RDG). Anstelle der bisherigen Terminologie wie z.B. Besorgung fremder Rechtsangelegenheiten, Rechtsberatung und Rechtsbetreuung wird der zentrale Begriff der Rechtsdienstleistung eingeführt. Rechtsdienstleistung ist jede Tätigkeit in konkreten fremden Angelegenheiten, sobald sie eine rechtliche Prüfung des Einzelfalles erfordert (§ 2 I RDG). Rechtsdienstleistung liegt demnach nicht vor, wenn die rechtliche Beurteilung einer Frage offenkundig ist oder von einem Laien ohne vertiefte juristische Kenntnisse beantwortet werden könnte. Die Art und Weise, wie die Rechtsdienstleistung erbracht wird, z.B. durch schriftliche oder mündliche Auskunft oder via E-Mail, ist nicht entscheidend für die Frage, ob eine Rechtsdienstleistung vorliegt. Ein unmittelbarer persönlicher Kontakt ist ebenfalls nicht erforderlich. Rechtsdienstleistungen sind beispielsweise auch nicht die Erstattung wissenschaftlicher Gutachten (§ 2 III Nr. 1 RDG) oder die Mediation und jede vergleichbare Form der alternativen Streitbeilegung, sofern die Tätigkeit nicht durch rechtliche Regelungsvorschläge in die Gespräche der Beteiligten eingreift (§ 2 III Nr. 4 RDG). Gem. § 6 I RDG kann nun **jedermann** Rechtsdienstleistungen, die nicht im Zusammenhang mit einer entgeltlichen Tätigkeit stehen (**unentgeltliche** Rechtsdienstleistungen), erbringen. Zum Schutz der Rechtsuchenden muss allerdings derjenige, der unentgeltlich Rechtsdienstleistungen außerhalb familiärer, nachbarschaftlicher oder ähnlicher enger persönlicher Beziehungen erbringt, sicherstellen, dass die Rechtsdienstleistung durch eine Person, der die entgeltliche Erbringung dieser Rechstdienstleistung erlaubt ist, durch eine Person mit der Befähigung zum Richteramt oder unter Anleitung durch eine solche Person erfolgt. Dabei erfordert Anleitung eine an Umfang und Inhalt der zu erbringenden Rechtsdienstleistungen ausgerichtete Einweisung und Fortbildung sowie eine Mitwirkung bei der Erbringung der Rechtsdienstleistung, soweit die im Einzelfall erforderlich ist (§ 6 II RDG). Mit dem Inkrafttreten des RDG ist die unter Geltung des Rechtsberatungsgesetzes im Einzelfall immer wieder umstrittene Zulässigkeit ehrenamtlicher Rechtsberatung nunmehr geregelt. Nach § 8 I RDG können nunmehr ebenso wie
1. gerichtlich oder behördlich bestellte Personen,
2. Behörden und juristische Personen des öffentlichen Rechts einschließlich der von ihnen zur Erfüllung ihrer öffentlichen Aufgaben gebildeten Unternehmen und Zusammenschlüsse,
3. nach Landesrecht als geeignet anerkannte Personen oder Stellen iSd § 305 I S. 1 der Insolvenzordnung,
4. Verbraucherzentralen und andere mit öffentlichen Mitteln geförderte Verbraucherverbände auch

---

1 Gesetz zur Neuregelung des Rechtsberatungsrechts vom 12.12.2007, BGBl. I S. 2840.

5. Verbände der freien Wohlfahrtspflege iSd § 5 SGB XII, anerkannte Träger der freien Jugendhilfe iSd § 75 SGB VIII und anerkannte Verbände zur Förderung der Belange behinderter Menschen iSd § 13 III des Behindertengleichstellungsgesetzes Rechtsdienstleistungen im Rahmen ihres Aufgaben- und Zuständigkeitsbereichs erbringen. Für die in Nrn. 4 und 5 genannten Stellen gilt jedoch, dass derjenige, der Rechtsdienstleistungen erbringt, über die zur sachgerechten Erbringung dieser Rechtsdienstleistungen erforderliche personelle, sachliche und finanzielle Ausstattung verfügt und sicherstellt, dass die Rechtsdienstleistung durch eine Person, der die **entgeltliche** Erbringung dieser Rechtsdienstleistung erlaubt ist, durch eine Person mit Befähigung zum Richteramt oder unter Anleitung einer solchen Person, erfolgt.

Trotz der insgesamt erfreulichen Verbesserungen und Klarstellungen durch das neue RDG ist andererseits festzuhalten, dass die Vertretung der Hilfesuchenden durch Nicht-Juristen im gerichtlichen Verfahren gegenüber der bisherigen Praxis unter Geltung des Rechtsberatungsgesetzes deutlich eingeschränkt wurde.

Welche weiteren Arten von Beratung kann man unterscheiden?   51

1. Funktionelle Beratung, d.h. Beratung, die anlässlich einer pädagogischen oder sozialen Maßnahme durchgeführt wird.
2. Institutionelle Beratung, d.h. Beratung, die in einer Institution stattfindet, deren Aufgabe es ist, in bestimmten Fällen zu beraten.

Welche funktionelle Beratung schreibt das SGB VIII vor?   52

1. Die Beratung von **Klienten** durch die Institution Jugendamt: Die leiblichen Eltern bei einer Fremdunterbringung (§ 37 I S. 2 SGB VIII); die Abgebenden bei einer Adoption (§ 9 AdVermiG; § 51 SGB VIII); die Erziehungsberechtigten in allgemeinen oder speziellen Situationen (§§ 16 II Nr. 2; 17; 18 I, III, IV, 21 S. 1; 28; 36 I S. 1 SGB VIII); die Minderjährigen (§§ 8 III, 36 I, 42 II S. 1 SGB VIII); die jungen Volljährigen (§ 41 I, III SGB VIII).
2. Die Beratung von **Funktionsträgern** durch die Institution Jugendamt: Den Vormund und Pfleger (§ 53 II SGB VIII), die Pflegeperson (§§ 37 II, 23 IV S. 1, 23 IV S. 3 SGB VIII), die Adoptivbewerber (§ 9 AdVermiG), die Ehrenamtlichen (§ 73 SGB VIII); die Selbsthilfegruppen (§ 25 SGB VIII). In allen Fällen ist mit der Pflicht zur Beratung die Pflicht zur Unterstützung verbunden, d.h., das Jugendamt muss den Betroffenen Hilfen anbieten.
3. Beratung der **Jugendämter** durch das Landesjugendamt: Die Beratung bezieht sich auf die Gewährung von Hilfen zur Erziehung nach den §§ 32-34 SGB VIII. Dabei geht es vorwiegend um die Auswahl einer Einrichtung oder die Vermittlung einer Pflegeperson in schwierigen Einzelfällen (§ 85 II Nrn. 1, 5 SGB VIII).
4. Die Beratung der **Träger von Einrichtungen** durch das Landesjugendamt während der Planung und Betriebsführung (§ 89 II Nr. 7 SGB VIII).

Hinweis: Einzelheiten zur Beratung bei Familienpflege, Kindesannahme und Vormundschaft sind in den entsprechenden Abschnitten behandelt.

Welche Beratungsdienste stehen für Minderjährige zur Verfügung?   53

– Jugendamt,
– Allgemeiner Sozialer Dienst,
– Erziehungsberatungsstelle,
– Kinder- und Jugendberatung, Kindertelefon,

- Ehe- und Familienberatung,
- Drogenberatung,
- Schwangeren- und Schwangerschaftskonfliktberatung,
- Telefonseelsorge,
- Sektentelefon.

Darüber hinaus gibt es zwischenzeitlich auch die Möglichkeit von Online-Beratung im Internet, beispielsweise durch die Bundeskonferenz für Erziehungsberatung (BKE) (www.bke.de/beratung), den Caritasverband (www.beratung-caritasnet.de) sowie weitere Informations- und Beratungsangebote auf diversen Webseiten und in Internetforen (www.kummernetz.de/kinder; www.jiz-muenchen.de/beratung; www.youngavenue.de).

54 Welche Beratung ist Hilfe zur Erziehung und welche ein Teil von ihr?

1. Der Katalog der Hilfen, für die § 27 SGB VIII dem Personensorgeberechtigten ein Recht mit Anspruchscharakter gibt, beginnt mit der Erziehungsberatung. Die Aufgabenbeschreibung des § 28 SGB VIII entspricht dem, was üblicherweise von Erziehungsberatungsstellen angeboten wird:
- Hilfe bei der Klärung individueller und familienbezogener Probleme und deren zugrunde liegenden Faktoren,
- Hilfe bei der Lösung von Erziehungsfragen,
- Hilfen bei Trennung und Scheidung für Fragen, die das Kindeswohl betreffen.

§ 28 SGB VIII stellt als wesentliches Charakteristikum die interdisziplinäre Zusammenarbeit von Fachkräften verschiedener Fachrichtungen und mit unterschiedlichen methodischen Ansätzen heraus. Das entspricht bereits bewährter Praxis, wonach in Erziehungsberatungsstellen von Kommunen oder freien Trägern jeweils im Team gearbeitet wird, dem idR ein Arzt (Psychiater), ein Psychologe (ggf. mit der Approbation als Erwachsenen- und/oder, Kinder- und Jugendlichenpsychotherapeut) und ein Sozialarbeiter/Sozialpädagoge/Heilpädagoge angehören.

2. § 36 I S. 1 SGB VIII ist eine Vorschrift, die Unterrichtung und Beratung über eine in Aussicht genommene Hilfe zur Erziehung oder die notwendige Änderung von Art und Umfang einer Hilfe betrifft. Sie gilt für sämtliche Hilfen zur Erziehung und ist ein wesentlicher Teil dieser Hilfe. Die Beteiligung der Personensorgeberechtigten und des Kindes/Jugendlichen an allen Fragen, die mit der Inanspruchnahme einer Hilfe zur Erziehung zusammenhängen, entspricht zwar schon seit langem methodischem Handeln. Der Gesetzgeber hat diese Üblichkeit im sozialarbeiterischen Arbeitsverständnis mit dieser Vorschrift verbindlich gemacht. Es soll nicht vorkommen, dass Eltern/Kinder sich als »Opfer« oder »Objekt« des Jugendamts erleben. Erforderlich ist vielmehr mit Blick auf die Akzeptanz von Hilfen ein **gemeinsamer Aushandlungsprozess**.

Besonders intensiv wird die Beratung für Maßnahmen der Heimerziehung und der Pflegefamilie sein müssen. Die Unterbringung in einer Pflegefamilie kann, wie § 33 SGB VIII deutlich macht, Spannungen zwischen **Pflegefamilie** und **Herkunftsfamilie** begründen. Obwohl grundsätzlich die Rückkehr in die Herkunftsfamilie anzustreben ist (§ 33 SGB VIII), kann es bei länger dauernden Pflegeverhältnissen zu familiengerichtlichen Entscheidungen gem. § 1632 IV BGB kommen. Die Herkunftsfamilie muss darüber aufgeklärt und ggf. vorbereitet werden.

Wie sind die Rechtsbeziehungen zwischen der in einer freien Erziehungs- 55
beratungsstelle tätigen Person und dem Klienten?

Schaubild 4: Rechtsbeziehungen in der Erziehungsberatung

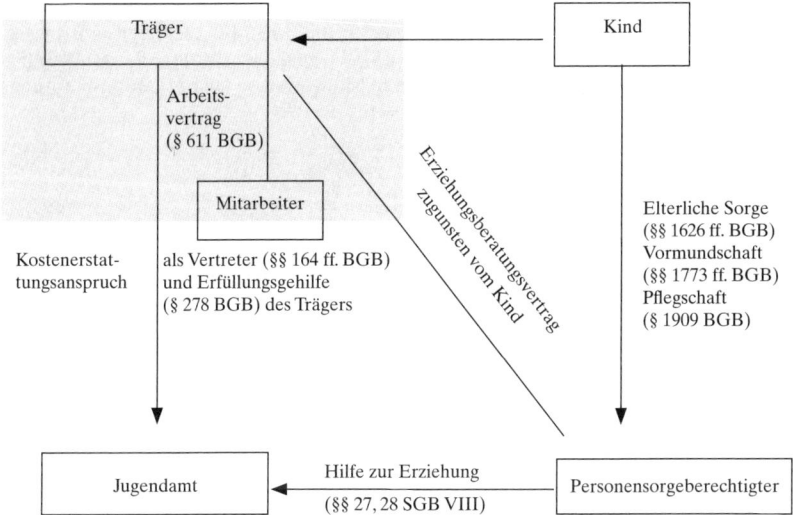

In welchen Fällen kann das Familiengericht/Jugendgericht die Erziehungs- 56
beratungsstelle um eine gutachtliche Äußerung oder sonstige Hilfe bitten und
wann wird es dies insbesondere tun?

1. Fälle, in denen sich das Gericht an die Erziehungsberatungsstelle wenden kann:
   - Bei Einschränkungen des Sorgerechts nach § 1666 BGB.
   - Bei der Bestellung eines Pflegers (§§ 1666, 1909 BGB) zum Abschluss eines Vertrages.
   - Bei Umgangsregelungen nach §§ 1684, 1685 BGB.
   - Bei der Regelung der elterlichen Sorge bei Scheidung und Getrenntleben gem. §§ 1671, 1672 BGB.
   - Bei einer Befreiung vom Erfordernis der Volljährigkeit gem. § 1303 II BGB.
   - Bei der Ersetzung der elterlichen Einwilligung bei Heirat gem. §§ 1303, 1304 BGB.
   - Bei der Überprüfung der Glaubhaftigkeit jugendlicher Zeugen im Rahmen eines Straf- oder Zivilverfahrens.
   - Bei der Prüfung der strafrechtlichen Verantwortlichkeit eines Jugendlichen im Rahmen von § 3 JGG.
   - Bei der Prüfung, ob Jugend- oder Erwachsenenstrafrecht anzuwenden ist im Rahmen von § 105 JGG.

2. Gründe für die Inanspruchnahme einer Erziehungsberatungsstelle:
Das Jugendamt ist verpflichtet (§§ 50, 52 SGB VIII), sich gutachtlich zu äußern und der Richter ist verpflichtet, das Jugendamt anzuhören (§§ 155, 162 FamFG). Während nach der alten Rechtslage (vgl. §§ 49, 49a FGG) das Familiengericht das Jugendamt bei einzelnen

Verfahrensgegenständen anzuhören hatte, ist die Anhörung des Jugendamts in Kindschaftssachen bei aller Unabhängigkeit mit Inkrafttreten des Gesetzes über das Verfahren in Familiensachen und in Angelegenheiten der freiwilligen Gerichtsbarkeit (FamFG) zum 1.9.2009
Ausdruck einer Verantwortungsgemeinschaft zwischen Familiengericht und Jugendamt zur
Sicherung des Kindeswohls. Die Anhörungspflicht erfasst nunmehr alle Kindschaftssachen
betreffend die Person des Kindes (§ 162 I FamFG), auch im Bereich der Vormundschaft
und Pflegschaft (§ 151 Nrn. 4 und 5 FamFG). Das Jugendamt hat nunmehr die Möglichkeit
eine formelle Beteiligtenbestellung zu beantragen (§ 162 II FamFG). Es liegt im Ermessen
des Richters (§ 26 FamFG, § 2 JGG iVm §§ 72 ff. StPO) zusätzlich weitere Sachverständige
einzuschalten. In dieser Eigenschaft können dann Mitarbeiter einer Erziehungsberatungsstelle tätig werden.

IX. Soziale Gruppenarbeit

Literatur: *D. Golk*: Soziale Gruppenarbeit als ambulantes Hilfsangebot des Jugendamtes,
Soziale Arbeit 1993, 153; *W. Kuehl*: Soziale Gruppenarbeit in der öffentlichen Jugendhilfe,
ZfJ 1993, 565; *Trenczek*: Strafe, Erziehung oder Hilfe? Neue ambulante Maßnahmen und
Hilfen zur Erziehung – Sozialpädagogische Angebote für straffällige junge Menschen im
Spannungsfeld von Jugendhilferecht und Strafrecht, Bonn 1996; *R. Drewniak*: Soziale Grup-
penarbeit/Soziale Trainingskurse – Eine theoretische Erklärung, ZfJ 1998, 487; *P. Petrich/R.
Drewniak*: Noch einmal: Zum Verhältnis des Denkzeit-Trainings und soziale Gruppenarbeit/
sozialen Trainingskurse, ZJJ 2007, 78-79.

57   **Was versteht das SGB VIII unter Sozialer Gruppenarbeit (SGA) und wer sind
die Adressaten dieses Angebots?**

Die Hilfeform des § 29 SGB VIII ist entstanden aus Modellen von »Erziehungskursen«
und »sozialen Trainingskursen«, die als Weisung nach dem JGG (§ 10 I Nr. 6) entwickelt
wurden. Diese Angebote haben sich im Rahmen des Jugendstrafrechts bewährt, sollen aber
nicht auf diesen Bereich beschränkt bleiben, sondern allgemein im Rahmen der Jugendhilfe eingesetzt werden, in der soziales Lernen in der Gruppe zur Verbesserung sozialer
Handlungsfähigkeit gefördert werden soll. »Soziale Gruppenarbeit« steht als Oberbegriff
für Angebote einer zeitlich befristeten pädagogischen Hilfe für Minderjährige in Krisenzei-
ten, die zwischen Jugendarbeit, Erziehungsberatung und Erziehung außerhalb der eigenen
Familie einzuordnen ist.
Als Adressaten werden ältere Kinder und Jugendliche benannt. Eine Altersgrenze ist nicht
vorgesehen. Es ist nach der Geeignetheit des Angebotes im Einzelfall zu entscheiden. Der
Standort des Angebotes zwischen Erziehungsberatung (§ 28 SGB VIII) und Erziehungsbeistandschaft (§ 30 SGB VIII) macht deutlich, dass es sich um eine Hilfe handelt, die weniger
in die Familie als in das soziale Umfeld des Minderjährigen einwirkt.

58   **Welche Formen Sozialer Gruppenarbeit gibt es?**

Die Teilnehmer der Sozialen Gruppenarbeit kommen häufig aus sozial benachteiligten
Familien, bei denen jedoch das familiäre Beziehungsnetz als tragfähig eingeschätzt wird,
sodass ein Verbleib des einzelnen Jugendlichen in der Familie möglich ist. Das jeweilige
Kursangebot versteht sich als freiwillig, im Gegensatz zur Weisung mit verpflichtendem
Charakter nach dem JGG. Die Weisung nach dem JGG verpflichtet allerdings nur den

Jugendlichen, der Weisung nachzukommen, nicht aber den Träger der Sozialleistung, entsprechende Einrichtungen oder Dienste zur Verfügung zu stellen oder die Kosten für die Inanspruchnahme entsprechender Einrichtungen oder Dienste freier Träger zu übernehmen, damit der Jugendliche der Weisung nachkommen kann (§ 36a I SGB VIII). Erforderlich ist daher im Fall der Weisung nach dem JGG eine **enge Abstimmung mit dem Jugendamt**, das in **eigener Zuständigkeit** über die Voraussetzungen der Hilfegewährung entscheidet. Methodisch werden unter dem Leistungsangebot sozialer Gruppenarbeit sowohl erlebnisorientierte (z.b.»Abenteuerpädagogik«) als auch handlungsorientierte (z.b.»Möbel-Trödel-Aufbereitung«,»Fahrradladen«), als auch themenorientierte Ansätze sowie Mischformen verstanden.

Die Gruppenarbeit findet in einer Art Kurssystem über einen bestimmten Zeitraum statt. Späteres»Einsteigen« ist wegen des ablaufenden Gruppenprozesses nicht möglich, ein Aussteigen sollte verhindert werden. Die Kurse können einmal die Woche oder als Blöcke durchgeführt werden.

X. Erziehungsbeistandschaft, Betreuungshilfe

Literatur: *Moritz:* Perspektiven für eine gesetzliche Neugestaltung des Jugendhilferechts entwickelt am Beispiel der Erziehungsbeistandschaft, ZfJ 1989, 399; *Adam/Schneider:* Ambulante Hilfen im Spannungsfeld zwischen Selbsthilfe und Kontrolle: Sozialpädagogische Familienhilfe und Erziehungsbeistandschaft kontrovers diskutiert, in: Familienwohl – Kindeswohl, Neuwied 1990; *A. Gebert:* Erziehungsbeistände im Umbruch: eine ambulante Erziehungshilfe profiliert sich neu, Münster 1993; *H. Katzenstein:* Gesprächssteuerung im Rahmen der Beistandschaft, JAmt 2008, 126-133; *Th. Meysen:* Beginn und Ende von Beistandschaften, JAmt 2008, 120-126.

Was ist ein Erziehungsbeistand (ErzB)?   59

Von der Aufgabe her ist der Erziehungsbeistand eine sozialpädagogische Fachkraft, die ambulante erzieherische Hilfe leistet, indem sie sowohl Kinder und Jugendliche als auch deren Eltern berät und unterstützt und über deren Alltagserleben (z.B. Hausaufgaben der Kinder) das emotionale und pädagogische Familiengefüge sowie das Verhalten des Minderjährigen in seinem sozialen Umfeld zu verändern versucht.

Wieso sind Erziehungsbeistand und Betreuungshelfer in einer Vorschrift   60 zusammengefasst?

In § 30 SGB VIII sind zwei aus unterschiedlichen Richtungen entwickelte, in den Arbeitsformen aber nicht grundsätzlich verschiedene, Rechtsinstitute zusammengefasst worden. Die Erziehungsbeistandschaft ist eine seit langem bewährte Form ambulanter erzieherischer Hilfe. Der Betreuungshelfer ist eine erst in jüngerer Zeit aus dem JGG entwickelte Hilfeform, die gesetzlich als Erziehungsmaßregel, und zwar als Weisung in § 10 I Nr. 5 JGG verankert ist. Da sie von der Jugendhilfe geleistet werden soll, ist sie in das SGB VIII aufgenommen worden. Die Entscheidung, ob die Voraussetzungen für die Hilfegewährung vorliegen, obliegt aber dem Jugendamt in eigener Zuständigkeit (§ 36a I SGB VIII). Die Hilfe soll ungeachtet eines strafrechtlichen Kontextes gewährt werden, wenn die Hilfeart notwendig und geeignet ist.

Beide Begriffe, Erziehungsbeistand und Betreuungshelfer, werden in § 30 SGB VIII nebeneinander verwendet, ohne dass Handlungsanweisungen oder eine Differenzierung vorgenommen werden. Der Gesetzgeber behält sich in der Begründung dazu vor, später zu prüfen, ob beide Rechtsinstitute zu Einem verschmolzen werden können oder sollen.

61   **Wann hat eine Erziehungsbeistandschaft eine gewisse Aussicht auf Erfolg?**

Da bei der Erziehungsbeistandschaft im Vordergrund Hilfe und nicht Kontrolle steht, ist diese Art der Hilfe zur Erziehung nur sinnvoll, wenn es möglich erscheint, eine vertrauensvolle Beziehung zwischen Minderjährigem und Eltern, zumindest einem Elternteil, einerseits und Sozialarbeiter/Sozialpädagoge andererseits, herzustellen. Des Weiteren erscheint es notwendig, dass:
– die innerfamiliäre Lage nicht völlig verfahren ist,
– der Personensorgeberechtigte über eine gewisse Einsichts- und Empathiefähigkeit verfügt,
– der Personensorgeberechtigte nicht erziehungsunfähig ist,
– der Personensorgeberechtigte die Bereitschaft erkennen lässt, sein Verhalten zum Kind zu ändern,
– der Personensorgeberechtigte das Kind nicht gänzlich ablehnt.

XI. Sozialpädagogische Familienhilfe (spFH)

Literatur: *Frings/Ludemann/Papenheim*: Sozialpädagogische Familienhilfe in freier Trägerschaft, Rechtliche Grundlagen und Rahmenbedingungen, Freiburg 1993; *R. Wiesner*: Die jugendhilfepolitische Bedeutung der sozialpädagogischen Familienhilfe als Leistungsangebot für Familien, JuWohl 1998, 312; *Merchel*: Qualitätskriterien und Qualitätsentwicklung in der Sozialpädagogischen Familienhilfe, JHilfe 1998, 16; *L. Stadelmann/P. Marquard*: Neuorganisation der Sozialpädagogischen Familienhilfe, NDV 2000, 234-244; *P. Frings*: Kontrollaufträge in der Jugendhilfe oder das Ende des Hilfegedankens im SGB VIII? Eine Auseinandersetzung am Beispiel der Sozialpädagogischen Familienhilfe nach § 31 SGB VIII, JAmt 2008, 461-466; *G. Fieseler/R. Herborth*: Recht der Familie und Jugendhilfe, 7. Auflage, Köln 2010.

62   **Was ist eine sozialpädagogische Familienhilfe?**

Die sozialpädagogische Familienhilfe ist ein Dienst, der vor allem darauf abzielt, in einer – oftmals kinderreichen – Familie die notwendige Anleitung zur Bewältigung von Alltagsproblemen, beispielsweise zum Versorgen der Kinder, Hilfe zur Lösung von Konflikten und Krisen und die notwendige Hilfe zur Erziehung dem jeweiligen Bedarf entsprechend so rechtzeitig und ausreichend zu gewähren, dass eine Erziehung außerhalb der eigenen Familie abgewendet werden kann. Rechtsgrundlage für ein solches Tätigwerden ist § 31 SGB VIII.

63   **Wer ist als spFH tätig?**

Es handelt sich stets um eine hauptamtliche Kraft, die für im Einzelfall vereinbarte Zeiten – meist täglich – in der Familie tätig wird. Von der Ausbildung her kommen verschiedene Berufsgruppen hierfür in Betracht, insbesondere Erzieher, Familienpfleger, Kinderpfleger, Hauswirtschafter, Krankenschwestern, Sozialpädagogen, Sozialarbeiter oder auch nicht berufstätige Frauen und Mütter. Die spFH untersteht einer Leitungskraft, die die sozialpädagogische Anleitung, Begleitung und Einsatzleitung besorgt und als fachlicher Ansprechpartner zur Verfügung steht.

Was ist das Ziel der spFH?   64

Durch Entdeckung, Förderung und Stärkung der Eigenkräfte (**Hilfe zur Selbsthilfe**) sollen alle Familienmitglieder in ihrer Familienfähigkeit gefördert werden. Insbesondere sollen die Eltern in ihren Erziehungs- und Versorgungsaufgaben befähigt und unterstützt werden, sodass sie ihre Verantwortung besser wahrnehmen können. Dieses Ziel schließt eine verbesserte Integration der Familie in ihr soziales Umfeld ein. Ausgangspunkt der Hilfe ist die Bereitschaft der Familie, dieses Hilfeangebot anzunehmen.

Kann eine Familie, die bereit ist, sich auf eine spFH einzulassen, von dem betreuenden Dienst als für die Hilfe »ungeeignet« abgelehnt werden?   65

§ 27 II SGB VIII zählt die spFH zu den Hilfen zur Erziehung. § 27 I SGB VIII sieht das Kriterium der »Geeignetheit« der Hilfe vor. Es handelt sich dabei um einen unbestimmten Gesetzesbegriff, der nach pflichtgemäßem Ermessen zu bewerten ist. Zuständige Fachbehörde ist das Jugendamt.
In Fachkreisen ist man sich einig, dass nicht für jede Familie spFH die geeignete Hilfe ist. Allerdings gibt es keine Kriterien, die die positive oder die negative Bewertung einer Familie nachprüfbar machen würden. Daher kommt es häufig auf einen Versuch an, zumal die spFH im Ruf steht, kostengünstiger zu sein als eine Fremdunterbringung. Die Kostenfrage ist allerdings kein akzeptables Kriterium für die Bewertung der Frage »geeignet« oder nicht. Wenn ein Jugendamt eine Familie für »nicht geeignet« erklärt, ist Widerspruch angezeigt. Nicht geeignet ist die spFH jedoch bei vorhandener Suchtproblematik oder einer schweren psychischen Krankheit von Familienmitgliedern.

Wer ist für die Finanzierung der spFH zuständig?   66

Da es Ziel der spFH ist, eine Erziehung der Kinder außerhalb der elterlichen Familie abzuwenden, handelt es sich um Jugend- und nicht um Sozialhilfe. Nur wenn die Versorgung der Familie im Vordergrund stünde, wäre es Sozialhilfe. Die Kosten der spFH hat daher das Jugendamt gem. §§ 27, 31, 86, 91 SGB VIII zu tragen. Eine Heranziehung zu den Kosten gem. § 91 SGB VIII ist vom Gesetzgeber nicht vorgesehen. Im Hinblick auf die präventive Zielsetzung hat der Gesetzgeber alle ambulanten Formen individueller Leistungen von der Heranziehung zu den Kosten ausgenommen, unabhängig davon, ob sie in der Familie selbst (§ 31 SGB VIII) oder in besonderen Einrichtungen und Diensten (§§ 28-30, 35a I 2 Nr.1 SGB VIII) geleistet werden. Soweit allerdings im Rahmen dieser Hilfe Unterhalt benötigt wird, kann hierfür nur die Sozialhilfe aufkommen, da Unterhalt im Gefolge erzieherischer Hilfen nur bei auswärtiger Unterbringung vom Jugendamt gem. § 39 SGB VIII zu leisten ist.

XII. Erziehung in einer Tagesgruppe

Literatur: *R. Haller*: Die Tagesgruppe im Heim, UJ 1986, 261; *K. Späth*: Die Tagesgruppe, ein Schritt zur grundlegenden Neuorientierung der Heimerziehung, JugWo 1986, 154; Verband katholischer Einrichtungen der Heim- und Heilpädagogik (Hrsg.): Tagesheimgruppen, Bd. 3 der Reihe »Beiträge zur Erziehungshilfe«, Freiburg 1989; *K. Späth*: Zur Geschichte und Entwicklung von Tagesgruppen als Angebot in der Erziehungshilfe, UJ 1995, 77;

W. W. Schüler: Hilfe zur Erziehung in einer Tagesgruppe, Wiesbaden 1995; *K. Späth*: Zur Geschichte und Entwicklung von Tagesgruppen als Angebot der Erziehungshilfe, UJ 1995, 77; *J. Blandow*: Hilfen außerhalb der Familie – Problembereiche des Pflegekinderwesens, FPR 2004, 454-458; *S. Krüger*: Kindertagesbetreuung – ein integrierter und integrierender Bestandteil der Kinder- und Jugendhilfe, JAmt 2008, 406-413; *S. Schieren*: Die Kinderbetreuung im Dickicht des Deutschen Föderalismus, ZKJ 2008, 440-445; *G. Stege*: Zusammenarbeit mit der Herkunftsfamilie im SGB VIII: Rechtliche und fachliche Grundlagen, Teil 1, JAmt 2010, 101-106.

67   Was ist eine Tagesgruppe?

Eine Tagesgruppe ist eine Gruppe von Kindern oder Jugendlichen, die in einer Einrichtung oder einer fremden Familie tagsüber betreut und/oder erzogen werden. Sie ist im Kanon der Leistungen des Jugendamts zwischen Tageseinrichtungen und Kindertagespflege und Krisenintervention angesiedelt. Die Minderjährigen, die nachts und an den Wochenenden in ihre Herkunftsfamilien zurückkehren, gestalten tagsüber ihren Alltag von der Tagesgruppe aus (Besuch von Tageseinrichtungen, Schule, Sportverein, Hausaufgaben, Musikunterricht u.s.w.), so wie andere Kinder dies von ihrer eigenen Familie aus machen (§ 32 SGB VIII).

68   Was ist das Ziel der Erziehung in einer Tagesgruppe und wer ist Adressat dieser Hilfe?

Mit der Einrichtung von Tagesgruppen können die personellen und fachlichen Ressourcen von Einrichtungen und Familien ausgenutzt werden, ohne dass der Minderjährige aus seiner eigenen Familie und aus seinem sonstigen Umfeld herausgerissen werden muss. Die Tagesgruppe ist eine teilstationäre Hilfe für Kinder, die soziales Lernen in der Gruppe brauchen und in ihrer schulischen Förderung begleitet, betreut und unterstützt werden sollen.

Kapitel 4 Individuelle Leistungen der Jugendhilfe: Hilfe zur Erziehung außerhalb der eigenen Familie

XIII. Annahme als Kind

Literatur: *H. Oberloskamp:* Die Ersetzung der Einwilligung der leiblichen Eltern in die Annahme ihres Kindes (§ 1748 BGB), ZblJugR 1980, 581; *L. Peschel-Gutzeit:* Welcher Nachteil ist bei der Stiefkindadoption unverhältnismäßig? NJW 2005, 3324; *K. Späth:* Freie Träger im Adoptiv- und Pflegekinderwesen, Kindeswohl 1994, 12; *H. Paulitz:* Das Spannungsverhältnis des Adoptionsdreiecks, ZfJ 1996, 305; *H. Paulitz:* Wie sinnvoll sind Stiefadoptionen, ZfJ 1997, 311; *M. Busch:* Das Haager Übereinkommen über internationale Adoptionen – Hinweise und Erfahrungen aus der Praxis der internationalen Adoptionsvermittlung, DAVorm 1997, 659; *M. Busch:* Stiefkind- und Verwandtenadoptionen mit Auslandsbezug – ein Überblick über die rechtlichen Hintergründe und Wirkungen, DAVorm 1998, 571; *R. Frank:* Die Neuregelung des Adoptionsrechts, FamRZ 1998, 393; *H. Paulitz* (Hrsg.): Adoptionen, Positionen, Impulse, Perspektiven, 2. Aufl., München 2006; *H. Oberloskamp/B. Hoffmann:* Wir werden Adoptiv- oder Pflegeeltern, dtv 5215, 5. Aufl., München 2006; *S. Schlauss:* Die Anerkennung von Auslandsadoptionen in der vormundschaftsgerichtlichen Praxis, FamRZ 2007, 1699; *H. Paulitz:* Internationale Adoption - quo vadis? ZKJ 2007, 346; *T. Krause:* Annahme als Kind, NotBZ 2007, 43; *R. Frank:* Brauchen wir Adoption? FamRZ 2007, 1693; *S. Willutzki:* Die Ersetzung der elterlichen Einwilligung in die Adoption ZKJ 2007, 18; *P. Kleinz:* Adoption im Doppelpakt, ZKJ 2008, 404; *R. Frank:* Rechtsprobleme der Erwachsenenadoption, StAZ 2008; *K. Muscheler:* Offene und verdeckte Adoption – Recht des Kindes auf Kenntnis seiner Abstammung, FRP 2008, 496; *H. Paulitz:* Plädoyer für die Offene Adoption, ZKJ 2009, 266; *T. Krause:* Das Verfahren in Adoptionssachen nach dem FamFG, FamRB 2009, 221; *J. Reinhard:* FamG und Adoption, JAmt 2009, 162; *N. Dettloff:* Adoption und Sorgerecht – Problembereiche für die eingetragenen Lebenspartner? FRP 2010, 208; *B. Hoffmann:* Verfahrenskostenhilfe in Verfahren zur Ersetzung der elterlichen Einwilligung in eine Adoption, FamRZ 2010, 1394; *T. Hoppe:* Ein Kind seiner Zeit – Lebenspartnerschaft und Adoption, StAZ 2010, 107; *T. Krause:* Neue Rechtsprechung zum Adoptionsrecht, ZKJ 2010, 64.

Warum ist die Adoptionsvermittlung nicht im SGB VIII geregelt? 69

Die Adoptionsvermittlung ist eine Aufgabe des Jugendamts und würde – rechtsdogmatisch betrachtet – ins SGB VIII gehören. Im Gesetzgebungsverfahren ist auch überlegt worden, das AdVermiG in das SGB VIII zu integrieren. Das ist nicht geglückt. Immerhin fasst § 51 SGB VIII die Pflichten des Jugendamts im Adoptionsverfahren zusammen: die Belehrung (Abs. 1) und Beratung (Abs. 2) im Zusammenhang mit der Ersetzung einer Einwilligung gem. § 1748 BGB und schließlich noch die Beratung des Vaters eines Kindes, der kein Sorgerecht hat, hinsichtlich seiner Rechte gem. § 1747 I und III BGB. Diese Rechte betreffen zunächst seine grundsätzliche Einwilligungsbefugnis in eine Adoption, die schon dann besteht, wenn seine Vaterschaft glaubhaft gemacht wurde. Das bedeutet, dass die Adoption seiner Zustimmung bedarf. Aus § 1747 III Nr. 1 BGB ergibt sich die Möglichkeit des nicht sorgeberechtigten Vaters, bereits pränatal einzuwilligen; Nr. 2 sieht vor, dass der Antrag des Vater auf Übertragung der Sorge nach § 1672 BGB vorrangig zu entscheiden ist; Nr. 3

betrifft die Möglichkeit, auf die Beantragung des Sorgerechts zu verzichten, wodurch das Einwilligungserfordernis in die Adoption nicht entfällt.

Die statusändernden Bestimmungen zur Adoption, also die Regelungen zu den Voraussetzungen und Rechtsfolgen der Annahme als Kind, sind keine Jugendhilfeleistungen, sondern gehören zum bürgerlichen Familienrecht. Sie stehen daher – rechtssystematisch richtig – im BGB (§§ 1741-1772 BGB). Sie müssen allerdings bei jeder Adoptionsvermittlung mit bedacht werden.

70 Welche Aufgaben hat das Jugendamt im Zusammenhang mit der Adoptionsvermittlung?

1. Da Adoptionsvermittlung Aufgabe des Jugendamts und des Landesjugendamtes ist, § 2 I S. 1 AdVermiG, hat das Jugendamt zu prüfen, ob der Bedarf an Adoptionsvermittlungsstellen durch anerkannte freie Träger, § 2 II AdVermiG, abgedeckt ist oder ob es selber eine Adoptionsvermittlungsstelle einrichten muss.

2. Wenn der Adoptionsvermittlungsstelle bekannt wird, dass für ein Kind eine Adoptionsvermittlung in Betracht kommt, hat es die sachdienlichen Ermittlungen bei den Adoptionsbewerbern, dem Kind und seiner Familie durchzuführen, § 7 I AdVermiG.

3. Um bei Bedarf die Suche nach passenden Eltern zu verkürzen, kann die Adoptionsvermittlungsstelle Adoptionsbewerber »auf Vorrat« prüfen, wobei es sich dabei nur um eine abstrakte Eignungsfeststellung, nicht um eine konkrete in Bezug auf ein bestimmtes Kind handeln kann.

4. Erscheinen Kind und Bewerber für eine Annahme geeignet, gibt das Jugendamt das Kind in Adoptionspflege (§ 8 AdVermiG, § 1744 BGB). Die Erteilung einer Pflegeerlaubnis ist dann nicht nötig (§ 44 I S. 2 Nr. 6 SGB VIII).

5. Sind zu diesem Zeitpunkt noch nicht alle erforderlichen Einwilligungen vorhanden, bemüht sich die Adoptionsvermittlungsstelle, diese formgerecht (§ 1750 BGB) zu erhalten bzw. bei Bedarf gerichtlich ersetzen zu lassen (§§ 1746 III, 1748, 1749 I S. 2 BGB).

6. Mit Abgabe oder Ersetzung der elterlichen Einwilligung wird das Jugendamt am gewöhnlichen Aufenthalt der Annehmenden zum Amtsvormund (§ 1751 I S. 2 BGB, § 87c IV SGB VIII).

7. Liegen alle rechtlichen Voraussetzungen einschließlich einer angemessenen Adoptionspflegezeit (§ 1744 BGB) vor, veranlasst die Adoptionsvermittlungsstelle die Bewerber, beim Familiengericht am Wohnsitz der Annehmenden (§ 187 I FamFG) den notariell beurkundeten Annahmeantrag gem. § 1752 BGB zu stellen.

8. Auf Anforderung des Familiengerichts gibt die Adoptionsvermittlungsstelle, die das Kind vermittelt hat, eine fachliche Stellungnahme ab (§ 189 FamFG). War keine Adoptionsvermittlungsstelle beteiligt, so ist das Jugendamt am gewöhnlichen Aufenthaltsort der Annehmenden anzuhören (§ 189 S. 2 FamFG iVm §§ 87b I iVm 86 I SGB VIII).

9. Das Familiengericht hat einem minderjährigen Beteiligten einen Verfahrensbeistand zu bestellen, sofern dies zur Wahrung seiner Interessen notwendig ist (§ 191 FamFG).

10. Im Vermittlungsverfahren und nach Abschluss des Annahmeverfahrens hat die Adoptionsvermittlungsstelle die Annehmenden mit deren Einverständnis zu beraten und zu unterstützen (§ 9 AdVermiG).

71 Wer kann eine Person als Kind annehmen?

1. Ein Ehepaar kann ein **Kind gemeinschaftlich** annehmen, § 1741 II S. 2 BGB, wenn keiner der Ehegatten ein Elternteil des Kindes ist. Das Kind erlangt durch die Annahme die rechtliche Stellung eines gemeinschaftlichen Kindes der Ehegatten, § 1754 I S. 1 Alt. 1 BGB.

2. Eingetragene Lebenspartner hingegen können **gemeinschaftlich** kein Kind adoptieren. Das LPartG sieht keinen Verweis auf § 1741 II S. 2 BGB vor. Vielmehr regelt § 9 des LPartG nur die Adoption eines fremden Kindes durch einen der Lebenspartner.

3. Ein **Ehegatte** kann ein **Kind des anderen Ehegatten** allein annehmen, § 1741 II S. 3 BGB (Stiefkindadoption). Das Kind erhält dadurch die rechtliche Stellung eines gemeinschaftlichen Kindes der Ehegatten, § 1754 I Alt. 2 BGB.

4. Ein **Lebenspartner** kann nach § 9 VII LPartG ein Kind seines Lebenspartners allein annehmen. Die Stiefkindadoption ist im Rahmen einer Lebenspartnerschaft also ebenso möglich. Das Kind erhält wegen des Verweises auf § 1754 I BGB die rechtliche Stellung eines gemeinschaftlichen Kindes der Lebenspartner.

5. Ein **Ehegatte** kann ein **fremdes Kind allein** annehmen, wenn der andere Ehegatte geschäftsunfähig (§ 104 Nr. 2 BGB) ist oder das 21. Lebensjahr noch nicht vollendet hat und deshalb ein Kind nicht annehmen kann (§§ 1743 S. 2, 1741 II S. 4 BGB). Der andere Ehegatte ist in diesen Fällen rechtlich gehindert, eine Annahme vorzunehmen. Das Kind erhält dann die rechtliche Stellung eines Kindes des Annehmenden, § 1754 I BGB und nicht eines gemeinschaftlichen Kindes. Ob eine solche Adoption dem Kindeswohl dient, könnte insbesondere bei einer Geschäftsunfähigkeit des anderen Ehegatten fraglich sein.

6. Ein **Lebenspartner** kann ebenfalls ein fremdes Kind allein annehmen. Er benötigt hierfür allerdings die Einwilligung seines Partners (§ 9 VI LPartG). Das LPartG enthält für diese Konstellation nicht die Einschränkungen, die das Gesetz für Ehepartner vorsieht, eine solche Adoption ist also nicht nur bei Geschäftsunfähigkeit oder nicht ausreichendem Alter des Partners möglich, sondern generell. Das Gesetz sieht für Lebenspartner aber auch keine gemeinschaftliche Adoption vor. Der Lebenspartner kann – im Gegensatz zu Ehegatten – auch nicht das adoptierte Kind seines Lebenspartners annehmen, da insoweit der Verweis auf § 1742 BGB fehlt.

7. Verschieden geschlechtliche Personen, die in **nicht ehelicher Lebensgemeinschaft** leben, können nicht gemeinsam, wohl aber jeder für sich Kinder adoptieren. Dies folgt aus § 1747 II S. 1 BGB. Das Kind erwirbt dann die rechtliche Stellung eines Kindes des Annehmenden, § 1754 II BGB.

8. Eine **alleinstehende Person** kann ein Kind **allein** annehmen, § 1741 II S. 1 BGB. Das Kind erwirbt dann die rechtliche Stellung eines Kindes des Annehmenden, § 1754 II BGB.

Was versteht man unter Stiefkindadoptionen und was für Folgen haben sie?   72

1. Stiefkindadoptionen sind Adoptionen durch ein Stiefelternteil, wobei es hier unerheblich ist, ob das Eltern-Kind-Verhältnis des nicht Annehmenden auf Abstammung oder auf Adoption beruht. Auch ein Lebenspartner, dessen Kinder mit dem anderen Partner als verschwägert gelten (§ 11 II LPartG), kann die Kinder des anderen Partners, die die Rechtsstellung von Stiefkindern haben, adoptieren.

2. Hinsichtlich der Folgen unterscheidet das Gesetz drei Konstellationen:

2.1 Ein Elternteil, der aufgrund Ehe oder Sorgeerklärung die **gemeinsame elterliche Sorge** hatte, **stirbt.** Sein Kind wird vom Stiefelternteil des Kindes (überlebender Elternteil hat nach dem Tod geheiratet oder eine Lebenspartnerschaft geschlossen) adoptiert. Hier bleiben die Beziehungen des Kindes zu den leiblichen Verwandten des verstorbenen Elternteils bestehen. Das Kind hat also sechs Großeltern (§ 1756 II BGB). Im Erbrecht ergibt sich aber eine Besonderheit. Das Adoptivkind und seine leiblichen Geschwister aus der durch Tod aufgelösten Ehe sind nicht gegenseitig Erben der 2. Ordnung (§ 1925 IV BGB), sondern über die Großeltern Erben der 3. Ordnung gem. § 1926 I BGB.

2.2 Die Ehe wird durch **Scheidung oder Eheaufhebungsurteil** beseitigt und ein Elternteil heiratet eine andere Person oder schließt eine Lebenspartnerschaft. Wird das aus der früheren Ehe hervorgegangene Kind von dem neuen Partner angenommen, verliert es seine Rechtsbeziehung zu der Familie des anderen leiblichen Elternteils, Umkehrschluss aus § 1756 II BGB.

2.3 Adoptiert ein Ehegatte/Lebenspartner das Kind des anderen Ehegatten/Lebenspartners, für das keine gemeinsame Sorge bestanden hat, so erlöschen die Rechtsbeziehungen des Kindes zu dem nicht dieser Ehe/Partnerschaft angehörigen Elternteil, Umkehrschluss aus §§ 1755 II, 1756 II BGB.

73   Was versteht man unter Verwandten- bzw. Verschwägertenadoptionen und was für Folgen haben sie?

1. Man versteht darunter Adoptionen, bei denen das Kind durch Großeltern und deren Ehegatten oder Geschwister und deren Ehegatten (= Verwandte bzw. Verschwägerte 2. Grades) oder Tanten/Onkel (= Verwandte bzw. Verschwägerte 3. Grades) als Kind angenommen wird, § 1756 I BGB.

2. In einem solchen Fall wird das Kind nicht – wie sonst in § 1755 BGB – aus seiner Ursprungsfamilie herausgelöst und in eine neue Familie hineingestellt. Es werden vielmehr nur neue Eltern eingesetzt. Die bisherigen Verwandtschaftsbeziehungen bleiben dabei bestehen. Lediglich für das Erbrecht gilt, dass leibliche Geschwister des Adoptivkindes zu Erben dritter Ordnung werden, §§ 1925 IV, 1926 I BGB, da sie nicht mehr über die Eltern, sondern nur noch über die Großeltern miteinander in Rechtsbeziehung stehen. Im Übrigen bleibt auch das Ehehindernis der Verwandtschaft, § 1307 S. 2 BGB, und das Zeugnisverweigerungsrecht bestehen, § 383 I Nr. 3 ZPO und § 52 I Nr. 3 StPO.

74   In welchen Fällen kann ein Kind, das bereits einmal adoptiert worden ist, erneut als Kind angenommen werden? Welche Folgen hat eine solche Zweitadoption?

1. Der im Umkehrschluss aus § 1742 BGB gewonnene **Grundsatz** lautet, dass ein Kind nicht von einer Familie in die andere weitergereicht werden soll.

2. Ausnahmsweise sind Zweitadoptionen in folgenden Fällen möglich:

2.1 § 1742 BGB »nur von dessen Ehegatten«: Der Ehegatte dessen, der bereits adoptiert hat (gem. § 1741 II S. 1 oder S. 3 BGB), will das Kind zusätzlich annehmen, um das Stiefkindverhältnis zu beenden, § 1742 BGB. Hier muss der Erstannehmende gem. § 1749 I S. 1 BGB (daneben als gesetzlicher Vertreter und Elternteil, §§ 1746, 1747 BGB) einwilligen.

2.2 § 1742 BGB »bei Lebzeiten«: Die Erstadoptiveltern sind gestorben. Dann kann das Adoptivkind – wie ein »normales Waisenkind« – als Kind angenommen werden. Eine Einwilligung der leiblichen Eltern ist wegen § 1755 I S. 1 BGB nicht mehr erforderlich.

2.3 § 1742 BGB »ein angenommenes Kind«: Die Erstadoption ist aufgehoben worden. Wegen § 1764 III BGB müssen die leiblichen Eltern wieder gem. § 1747 BGB in eine Zweitadoption einwilligen.

3. Folgen der Zweitadoption

3.1 Handelt es sich um eine Stiefkindadoption, so ist wie unter Frage 72 Punkt 2. aufgeführt zu unterscheiden:

3.1.1 Ein sorgeberechtigter Elternteil (Ehe oder Sorgeerklärung) stirbt, der Überlebende heiratet (erneut); der neue Partner möchte adoptieren: das Kind erhält zu den zwei bisherigen Verwandtenstämmen einen weiteren hinzu (sechs Großeltern).
3.1.2 Die Ehe von Erstadoptiveltern wird aus anderen Gründen als Tod aufgelöst, der Inhaber der elterlichen Sorge heiratet erneut; der neue Partner möchte adoptieren: das Kind verliert einen Verwandtenstamm und bekommt einen neuen (vier Großeltern). Ein nicht sorgeberechtigter Elternteil stirbt. Der Ehegatte des alleinsorgeberechtigten Elternteils adoptiert das Kind. Das Kind verliert den Verwandtenstamm des nicht sorgeberechtigten Elternteils und erwirbt stattdessen einen neuen.
3.2 Handelt es sich um die Annahme eines verwaisten Adoptivkindes, so verliert das Kind die Beziehung zur bisherigen Verwandtschaft, und es erwirbt zwei – je nach Adoptierenden – bzw. einen neuen Verwandtenstamm.

Kann eine Adoption gegen den Willen der Eltern oder eines Elternteils durchgeführt werden? 75

§ 1747 I BGB sieht die Einwilligung der leiblichen Eltern des Kindes vor der Annahme des Kindes vor. Als Vater ist bereits derjenige anzusehen, der die Vaterschaft glaubhaft macht. Das Fehlen oder die Unwirksamkeit der Einwilligung kann zu einer Aufhebung der Annahme führen (§§ 1760, 1761 BGB). Das Familiengericht kann die erforderliche Einwilligung eines Elternteils auf Antrag des Kindes ersetzen (§ 1748 BGB). Dies ist zum Einen möglich, wenn die Eltern-Kind-Beziehung durch erhebliche Pflichtverletzungen oder Gleichgültigkeit des Elternteils schwer verletzt ist (§ 1748 I und II BGB). Zum Anderen kann eine Ersetzung auch bei schwerer psychischer Erkrankung bzw. geistiger oder seelischer Behinderung erfolgen (§ 1748 III BGB). In beiden Fällen ist allerdings festzustellen, dass das Unterbleiben der Adoption einen unverhältnismäßigen Nachteil für das Kind bedeutet. Im Rahmen der Entscheidung nach § 1748 IV BGB sind neben den Interessen des Kindes auch die Interessen des Vaters zu berücksichtigen, insbesondere im Hinblick auf aktuelle Rechtsentwicklungen zu § 1626 a BGB[1].

XIV. Vollzeitpflege

Literatur: *E. Jordan*: »Vollzeitpflege« als Hilfe zur Erziehung – Stand, Anforderungen und fachliche Perspektiven, ZfJ 1992, 18; *Th. Lakies*: Rechtsprobleme der Pflegeerlaubnis nach § 44 KJHG, NDV 1992, 155; *A. Fricke*: Die Wahrnehmung von Angelegenheiten der elterlichen Sorge durch Pflegeeltern oder Heimerzieher bei bestehender Vormundschaft, Pflegschaft oder Betreuung, ZfJ 1992, 305; *K. Wagner*: Jugendhilfe und Pflegefamilie aus verfassungsrechtlicher Sicht anhand des KJHG, FuR 1994, 219; *Th. Lakies*: Die Pflegefamilie und die Herkunftsfamilie im KJHG/SGB VIII, Jugendhilfe 1995, 24; *Th. Lakies*: Das Recht der Pflegekindschaft im BGB, Jugendhilfe 1995, 141; *P. Kunkel*: Rechtsfragen der Vollzeitpflege/Tagespflege, ZfJ 1995, 240; *Th. Lakies*: Zur Frage, ob das KJHG/SGB VIII Auswirkungen auf die Rechtsstellung von Pflegefamilien hat, FuR 1995, 114; *Bardenz*: Zur Unterbringung in einer anderen Familie gem. §§ 33, 39 KJHG, FamRZ 1997, 1523; *Th. Lakies*: Das Recht der Pflegekindschaft im BGB nach der Kindschaftsrechtsreform, ZfJ 1998, 129; *P. Finger*: § 1632 IV BGB – Zuordnungskonflikte bei Pflegekindern; Anträge der

---

1　BVerfG v. 21.7.2010, FamRZ 2010, 1403-1410, das die §§ 1626a I Nr. 1 und 1672 I BGB mit Art. 6 Abs. 2 GG für unvereinbar erklärte.

Pflegeeltern im gerichtlichen Verfahren, FuR 1998, 37 und 80; *L. Salgo*: Die Pflegekindschaft in der Kindschaftsrechtsreform vor dem Hintergrund verfassungs- und jugendhilferechtlicher Entwicklungen, FamRZ 1999, 337; *L. Salgo*: Gesetzliche Regelungen des Umgangs und deren kindgerechte Umsetzung in der Praxis des Pflegekinderwesens, ZfJ 2003, 361; *G. Schindler:* Pflegeerlaubnis: ein Thema für das JA! Zu Systematik und Kriterien einer verkannten Regelung, JAmt 2004, 169; *Deutscher Verein für öffentliche und private Fürsorge:* Weiterentwickelte Empfehlungen zur Vollzeitpflege/Verwandtenpflege, 2004; *L. Salgo:* Umgang mit Kindern in Familienpflege, FPR 2004, 49; *Th. Meysen:* Vormund – Heim/Pflegeperson – ADS: Wer hat hier was zu sagen?, JAmt 2005, 105; *C. Köckeritz:* Vollzeitpflege zwischen Ideologie und Realität, ZfJ 2005, 461; *Schumann:* Biologisches Band oder soziale Bindung? Vorgaben der EMRK und des deutschen Rechts bei Pflegekindverhältnissen, RdJB 2006, 165; *B. Hoffmann:* Vollmacht/Ermächtigung zur Ausübung von Befugnissen aus der elterlichen Sorge, ZKJ 2009, 156.

76 Was bedeutet Vollzeitpflege?

Im Gegensatz zur Kindertagespflege (§ 23 SGB VIII) und zur »Teilzeitpflege« nach § 32 S. 2 SGB VIII ist Vollzeitpflege die Betreuung und Erziehung eines Kindes oder Jugendlichen über Tag und Nacht außerhalb des Elternhauses in einer anderen Familie, wobei die Betreuung in einer anderen Familie nicht zwingend ist. Die §§ 37, 44 SGB VIII sprechen von der Pflegeperson, sodass es sich hierbei um einen »offenen« Familienbegriff handelt, der auch Einzelpersonen, unverheiratete Paare und in größeren Haushaltsgemeinschaften lebende Personen einschließt, wenn diese im Einzelfall eine angemessene und Erfolg versprechende Erziehung erwarten lassen. Als »andere Familie« kann auch der Haushalt eines nahen Verwandten (Großeltern, Onkel und Tante usw.) in Betracht kommen. Die Vollzeitpflege kann als Hilfe zur Erziehung nach § 27, 33 SGB VIII gewährt werden. Vollzeitpflege ist nach § 44 SGB VIII grundsätzlich nur mit einer Erlaubnis des Jugendamts zulässig.

77 Welches Kind wird als Pflegekind bezeichnet?

Der **Begriff Pflegekind** kommt im SGB VIII – im Unterschied zu anderen Gesetzen – überhaupt nicht vor. § 23 SGB VIII spricht von Tagespflege, § 32 SGB VIII von Familienpflege, § 33 SGB VIII von Vollzeitpflege. Alle diese Begriffe werden als bekannt vorausgesetzt. Auch § 43 I und § 44 I S. 1 SGB VIII befassen sich nur mit den **Pflegepersonen**. Allerdings kann man daraus folgern, was ein Pflegekind ist. Zunächst einmal ist zu unterscheiden, ob es sich um Pflege tagsüber oder über Tag und Nacht handelt.

Ist es Letzteres (§ 33 SGB VIII), so ist ein Pflegekind ein Minderjähriger, der von einer fremden Person in dessen Haushalt über Tag und Nacht aufgenommen wird (§ 44 I S. 1 SGB VIII). Für ein solches Kind benötigt die Pflegeperson normalerweise eine Pflegeerlaubnis (Erlaubnisvorbehalt). In den Ausnahmefällen, die in Satz 2 aufgezählt werden, braucht die Pflegeperson keine Pflegeerlaubnis. Trotzdem handelt es sich um eine Pflegeperson und somit bei dem Kind um ein Pflegekind. Auch in diesen Fällen hat die Pflegeperson Anspruch auf Beratung und Unterstützung (§ 37 II SGB VIII).

Dasselbe gilt für die Tagespflegeperson (§ 23 IV SGB VIII), die seit Inkrafttreten des TAG in den §§ 22-24 und 43 SGB VIII eine Rolle spielt. Diese kann in zwei Varianten vorkommen: als Person, zu der ein Kind kommt, oder als Person, die zu einem Kind in die Wohnung seiner Eltern oder einen dritten Ort geht. Die Unterscheidung ist bedeutsam für die Notwendigkeit einer Pflegeerlaubnis. Geht sie zu den Kindern (»Tagesmutter«, »Baby-Sitter«), braucht sie keine Erlaubnis; kommen diese zu ihr, benötigt sie eine. Mit dem letzten Fall befasst sich § 43 SGB VIII. Er definiert diese **Pflegeperson** folgendermaßen: Sie ist eine Person, die ein Kind außerhalb seiner Wohnung in anderen Räumen (Ort) während des Tages mehr als 15 Stunden wöchentlich (Zeit) gegen Entgelt (Gegenleistung) länger als drei Monate (Dauer) betreuen will. Somit ist ein Tagespflegekind ein Kind, das außerhalb seines Elternhauses von einer dritten Person während des Tages betreut wird. Die übrigen Merkmale einer Pflegeperson (15 Stunden wöchentlich; Entgelt; länger als drei Monate) sind für das einzelne Pflegekind bedeutungslos, weil sie nur dazu dienen, festzulegen, wann man eine Pflegeerlaubnis braucht.

Anders als im SGB VIII ist in anderen Gesetzen das Pflegekind und nicht die Pflegeperson definiert, so z.B. in § **56 II Nr. 2 SGB I**. Diese Definition entspricht der in SGB V (§ 10 IV S. 2), im BKGG (§ 2 I Nr. 2 – s. o. Fall 31 Punkt 4), im WoGG (§ 4 I Nr. 7 iVm WoGVwV Abschn. 4.12) und im Steuerrecht (§ 32 I EStG iVm EStR Abschn. 177). Dieser Begriff ist enger als der des SGB VIII, weil er nur die Vollzeitpflege meint und weil es primär um finanzielle Zuwendungen bzw. Vergünstigungen geht. Dieser Gesichtspunkt ist im SGB VIII nachrangig. Hier stehen vielmehr die pädagogische Hilfe und ihre Gewährleistung im Vordergrund, das Pflegegeld ist nur eine Annex-Leistung. Wegen des weiten Pflegekindbegriffs wäre es nicht sinnvoll, nach dem Pflegekind iSd SGB VIII zu fragen.

Aus welchen Gründen kann ein Kind in eine Pflegestelle gegeben werden? 78

– Krankheit der Eltern,
– Berufstätigkeit der Eltern bzw. eines alleinstehenden Elternteils,
– Erziehungsunfähigkeit der Eltern,
– Erziehungsschwierigkeiten der Eltern,
– Gleichgültigkeit der Eltern,
– Entzug des Aufenthaltsbestimmungsrechts der Eltern, § 1666 BGB,
– Entzug der elterlichen Sorge der Eltern, §§ 1666, 1666a BGB,
– Tod der Eltern.

Welche Ziele können mit einer Inpflegegabe verfolgt werden? 79

Gem. § 33 SGB VIII ist die Vollzeitpflege
– entweder eine zeitlich befristete Erziehungshilfe
– oder eine auf Dauer angelegte Lebensform.
Demgemäß kann Ziel
– entweder die Rückführung in die Herkunftsfamilie
– oder dauerhafter Ersatz der Herkunftsfamilie
sein.
Im letzteren Fall ist allerdings zu prüfen, ob nicht die Annahme als Kind in Betracht kommt, § 36 I S. 2 SGB VIII. Unter der Berücksichtigung des Wohles des Kindes erscheint eine Adoption häufig als die bessere Variante. Diese ist aber aus rechtlichen Gründen häufig nicht realisierbar, weil die leiblichen Eltern die erforderliche Einwilligung (§ 1747 BGB) verweigern. Für eine Ersetzung dieser Einwilligung (§ 1748 BGB) liegen aber nicht immer die Voraussetzungen vor. Eine dauerhafte juristische Absicherung des Kindes ist dann nicht möglich, selbst wenn das Familiengericht immer wieder Verbleibensanordnungen gem. § 1632 IV BGB trifft.

80 **Wer schließt den Pflegevertrag ab und um was für einen Vertragstyp handelt es sich?**

1. Vertragsparteien sind die Pflegeeltern einerseits und die leiblichen Eltern oder sonstige Personensorgeberechtigte (z.B. das Jugendamt als Vormund oder Pfleger) andererseits.
2. Es handelt sich um einen familienrechtlichen Vertrag eigener Art, der nicht ausdrücklich im BGB geregelt ist und der Elemente des Auftrags (§§ 662 ff. BGB) bei Unentgeltlichkeit oder des Dienstvertrages (§§ 611 ff. BGB) bei Entgeltlichkeit enthält.

81 **Welche Rechte hat eine Pflegeperson?**

Grundsätzlich ist der Erwerb von Sorgerecht insgesamt oder von Teilen nicht durch einen Vertrag zwischen Personensorgeberechtigten und Pflegeeltern möglich, sondern nur durch **familiengerichtliche Übertragung**, die im Einvernehmen mit dem Personensorgeberechtigten (§ 1630 III iVm § 1909 BGB) oder unfreiwillig (§ 1666 iVm § 1909 BGB) erfolgen kann. In dem **Pflegevertrag** zwischen Personensorgeberechtigten und Pflegeperson vereinbaren die Parteien zumindest, dass die praktische **Ausübung** der Personensorge (= die tatsächliche Personensorge im Bereich Pflege und Erziehung) den Pflegeeltern zur verantwortlichen Wahrnehmung überlassen wird.[2] Für den Pflegevertrag gibt es keine inhaltlichen Formvorschriften. Häufig wird er mündlich oder sogar nur konkludent abgeschlossen. Verschiedene Jugendämter empfehlen aus Gründen der Rechtssicherheit die Benutzung von Musterverträgen. Vor dem Inkrafttreten des SGB VIII gab es wegen der Kompetenzabgrenzung zwischen leiblichen und Pflegeeltern viele Schwierigkeiten. Deshalb hat der Gesetzgeber in § **1688 BGB** eine Regelung vorgesehen, die immer dann eingreift, wenn weder eine gerichtliche noch eine vertragliche Regelung vorliegt (Regelung kraft Gesetzes). Danach ist die Pflegeperson nicht nur befugt, tatsächliche Personensorge auszuüben, sondern auch berechtigt, die Personensorgeberechtigten in Angelegenheiten des täglichen Lebens zu vertreten. Das gilt z.B. für Willenserklärungen im Zusammenhang mit Arzt- oder Schulbesuchen oder andere Geschäfte des Alltags, für die nach BGB die Zustimmung des Personensorgeberechtigten erforderlich ist. Sie sind zudem befugt, den Arbeitsverdienst des Kindes zu verwalten sowie Unterhalts-, Versicherungs-, Versorgungs- und sonstige Sozialleistungen geltend zu machen und zu verwalten.

Auch im ausdrücklich abgeschlossenen Pflegevertrag sollten diese Bereiche benannt sein, sodass der Personensorgeberechtigte und die Pflegeperson informiert sind.

Ihre Berechtigung, Teile des Sorgerechts auszuüben, können Pflegepersonen dadurch **dokumentieren**, dass sie entweder eine Pflegeerlaubnis (vgl. § 44 SGB VIII) oder eine **Pflegeberechtigung** vorweisen, die die Praxis nach Inkrafttreten des SGB VIII »erfunden« hat, damit Pflegeeltern sich legitimieren können. Wenn die leiblichen Eltern das Kind »zur Unzeit« herausverlangen, d.h. das Kind gefährden, haben die Pflegeeltern gem. § 1632 IV BGB eine Gegenrecht und können die Herausgabe – wenigstens vorübergehend – verhindern.

Nach Beendigung der Pflegezeit haben die Pflegeeltern, wenn die Pflege »längere Zeit« gedauert hat, ein nachwirkendes Recht in Form eines eigenständigen Umgangsrechts (§ 1685 II BGB), wenn der Umgang dem Wohl des Kindes dient.

---

2 S. dazu B. *Hoffmann*: Vollmacht/Ermächtigung zur Ausübung von Befugnissen aus der elterlichen Sorge, ZKJ 2009, 156 ff.

Wodurch wird das Pflegeverhältnis beendet?

82

– Durch Kündigung (falls im Pflegevertrag geregelt),
– durch Herausnahme des Kindes durch die leiblichen Eltern als Personensorgeberechtigte (§ 1631 I BGB),
– durch Widerruf der Pflegeerlaubnis durch das JA (§ 44 III S. 2 SGB VIII),
– durch Herausnahme des Kindes durch das JA in Form einer Inobhutnahme (§ 42 SGB VIII).

Welches Jugendamt (JA) ist örtlich zuständig für die Erteilung der Pflegeerlaubnis, und welcher Form bedarf der Antrag auf Erteilung?

83

Zuständig ist das JA, in dem die Pflegeperson ihren gewöhnlichen Aufenthalt hat (§§ 44, 87a I SGB VIII). Ist keine Pflegeerlaubnis nötig, weil die Pflegefamilie im Rahmen der Gewährung von Hilfe zur Erziehung überprüft wird (§ 44 I S. 2 Nr. 1 SGB VIII), dann ist hierfür nicht das JA des gewöhnlichen Aufenthalts der Pflegeperson, sondern das des gewöhnlichen Aufenthalts der Eltern zuständig (§ 86 SGB VIII).

Antrag und Erteilung bedürfen der Schriftform, der Antrag kann auch zu Protokoll beim JA gestellt werden (s. z.B. § 16 AG-KJHG NW).

Wie viele Pflegekinder dürfen in eine Pflegestelle gegeben werden?

84

Diese Frage ist im Landesrecht z.B. in § 16 III AG-KJHG NW geregelt:
– Die Pflegeerlaubnis soll in der Regel für nicht mehr als drei Kinder in einer Pflegestelle erteilt werden.
– Die Erteilung der Erlaubnis für mehr als fünf Pflegekinder ist unzulässig.
– Sollen sechs oder mehr Pflegekinder aufgenommen werden, so finden die Vorschriften über Heimaufsicht Anwendung (§ 45 SGB VIII).

Welche Aufgaben hat die Pflegeperson gegenüber dem Jugendamt (JA)?

85

– Einholung der Pflegeerlaubnis (§ 44 I SGB VIII);
– Einholung der Erlaubnis zur Fortsetzung der Pflege etwa bei Umzug in einen anderen JAs-Bezirk (§ 44 III S. 1 SGB VIII);
– Information über wichtige Ereignisse, die das Wohl des Minderjährigen betreffen (§§ 37 III S. 2, 44 IV SGB VIII).

Welche Aufgaben hat das Jugendamt gegenüber Pflegepersonen und leiblichen Eltern?

86

Die Aufgaben des JA zählen einmal zu den Leistungen iSv § 2 II SGB VIII und zum anderen zu den anderen Aufgaben iSv § 2 III SGB VIII.

Zu den Leistungen gehört die Beratung und Unterstützung der Pflegeperson (§ 37 II, III SGB VIII) und der Eltern (§ 37 I SGB VIII) und ferner die Aufgabe, bei Meinungsverschiedenheiten zu vermitteln (§ 38 II SGB VIII).

Zu den anderen Aufgaben zählt die Erlaubniserteilung, die Zurücknahme oder der Widerruf der Erlaubnis (§ 44 III S. 1 und 2 SGB VIII) und die Krisenintervention im Fall der Gefährdung des Kindeswohls (§ 42 I S. 2 Hs. 2 SGB VIII).

87 **Wer trägt die Kosten der Unterbringung in der Pflegestelle?**

1. Die Eltern bleiben – auch bei unfreiwilliger Unterbringung – unterhaltspflichtig, §§ 1601 ff. BGB, und haben insoweit die Kosten der Unterbringung zu tragen. Was darüber hinaus als Entgelt an die Pflegeperson gezahlt wird, unterliegt zunächst freier Vereinbarung.

2. Leisten die Eltern keinen Unterhalt oder können sie keinen angemessenen Beitrag leisten, zahlt das JA »Pflegegeld« gem. § 39 I S. 2, III – VI SGB VIII an die Pflegeeltern. Die Höhe des Pflegegeldes errechnet sich aus den Kosten des gesamten regelmäßig wiederkehrenden Lebensbedarfs einschließlich der Kosten der Erziehung. Die Auszahlung erfolgt idR in monatlichen Pauschalbeträgen. Der Deutsche Verein veröffentlicht jährlich im NDV Empfehlungen zur Berechnung der Höhe des Pflegegeldes.[3] Die Landesministerien erlassen entsprechende Richtlinien. Viele Jugendhilfeausschüsse orientieren sich hieran bei der Beschlussfassung über die örtliche Pflegegeldhöhe.

3. Gem. § 91 I Nr. 4b SGB VIII werden der Minderjährige und seine Eltern zu den Kosten der Vollzeitpflege herangezogen. Die Heranziehung erfolgt – sofern nicht die öffentliche Jugendhilfe gem. § 92 SGB VIII die Kosten allein trägt – durch Heranziehungsbescheid (§§ 93, 94 II SGB VIII) bzw. durch Übergang des zivilen Unterhaltsanspruchs des Minderjährigen auf den Jugendhilfeträger (§ 94 III S. 2 SGB VIII).[4]

Hinweis: Zu den Einzelheiten s. u. Kapitel XVIII.

XV. Heimerziehung, sonstige betreute Wohnformen

Literatur: *H. Junge*: Anforderungen des KJHG an die Heimerziehung, JugWo 1990, 432; *Friedrichs*: s. o. Einführung in die Kapitel 2-5; *Späth*: s.o. Einführung in die Kapitel 2-5; *G. Trauernicht*: Eine erneute Positionsbestimmung zu einem alten Thema: Geschlossene Unterbringung von Kindern und Jugendlichen, ZfJ 1991, 520; *G. Trauernicht*: s.o. Einf. 2- 5; *K. Thimm*: Betreutes (Jugend-)Wohnen: ein anderes Erziehungsangebot oder alter Wein in neuen Schläuchen, Jugendhilfe 1993, 329; *K. Biedermann*: Betreutes Wohnen: eine individualisierende Jugendhilfeform, Sozialpädagogik 1993, 7; *J. Merchel*: Das KJHG bleibt eine fachliche Herausforderung, Soziale Arbeit 1994, 9; *Obersteiner*: 15 Antworten auf (Vor-) Urteile zur Geschlossenen Unterbringung; JWohl 1995, 234; *G. Nothacker*: Rechtliche Grundlagen und struktureller Bedarf für betreute Wohnformen als Alternative zu traditioneller Heimerziehung, ZfJ 1996, 45; *W. Lerche*: Wegsperren als Lösung, NDV 1996, 16; *Schwabe/ Hardege/Kammerer*: Erziehungsstellen nach § 34 KJHG – eine Jugendhilfeform zwischen »Institution« und »privatem Lebenszusammenhang«, UJ 1996, 192; *Bürger*: Stellenwert ambulanter Erziehungshilfen im Vorfeld von Heimerziehung, NP 1998, 274; *Unzner*: Die psychologischen Auswirkungen bei Fremdplatzierung des Kindes in der Pflegefamilie oder Kinderheim, FPR 2003, 321; *Müller*: Heimerziehung – Entwicklungen, Veränderungen und Perspektiven des Theorie-, Forschungs- und Methodenwissens der stationären Erziehungshilfe, 2006; *Günder*: Praxis und Methoden der Heimerziehung, 3. Aufl. 2007; *R. Künast*: Entschädigung für ehemalige Heimkinder, ZRP 2008, 33.

---

3 Zu den Einzelheiten s.u. Frage 101.
4 S.u. Frage 100.

Nach welchen Rechtsgrundlagen können Minderjährige in Heimen oder sonstigen betreuten Wohnformen untergebracht werden? **88**

§ 34 SGB VIII benennt als traditionelle Form der institutionellen Fremdunterbringung noch die Heimerziehung und benutzt außerdem den Begriff »sonstige betreute Wohnform«. Hiermit werden insbesondere selbstständige, pädagogisch betreute Jugendwohngruppen oder auch Außenwohngruppen, die an eine Einrichtung angegliedert sind sowie betreutes Einzelwohnen erfasst. Mit Heim sind Erziehungsheime, heilpädagogische oder therapeutische Heime, Kinderdörfer oder Heime für Kinder und Jugendliche mit Behinderung gemeint.[5] Heimunterbringung und sonstige betreute Wohnform kommen in folgenden Fällen in Betracht:

1. Gem. §§ 27 I, 34 SGB VIII kann eine Heimunterbringung als Hilfe zur Erziehung gewährt werden. Sie versteht sich dann als Angebot an den Personensorgeberechtigten, über dessen Annahme dieser frei entscheiden kann, sofern nicht ein Sorgerechtsentzug gem. §§ 1666, 1666a BGB durch das Familiengericht vorgenommen wurde.

Für Minderjährige, für die eine solche Unterbringung ansteht, gilt Folgendes: Gem. § 8 I SGB VIII sind sie entsprechend ihrem Entwicklungsstand, an allen sie betreffenden Entscheidungen des JA zu beteiligen. Für potenzielle Gefährdungssituationen, die u.U. zu einer Herausnahme führen können, gilt dies ebenso oder erst recht (§ 8a I S. 2 SGB VIII). Minderjährige können sich sogar selbst mit entsprechenden Anliegen an das JA wenden (§ 8 II SGB VIII). Vor einer Entscheidung über die Inanspruchnahme einer Hilfe sind die Minderjährigen zu beraten (§ 36 I S. 1 SGB VIII), an der Auswahl der Einrichtung sind sie zu beteiligen (§ 36 I S. 3 SGB VIII).

2. Heimunterbringung kann auch eine Erziehungsmaßregel in Form einer Weisung gem. §§ 5, 9 Nr. 1, 10 I Nr. 2 Alt. 2 JGG sein; ferner Erziehungsmaßregel in Form einer Verpflichtung, die der Jugendrichter im Einvernehmen mit dem Jugendamt gem. §§ 5, 9 Nr. 2, 12 JGG ausspricht. Im letzteren Fall handelt es sich ebenfalls um Hilfe zur Erziehung iSd §§ 27, 34 SGB VIII.

3. Auch die Inobhutnahme durch das Jugendamt gem. § 42 SGB VIII (s. u. Kapitel XIX) wird häufig Anlass für eine, wenn vielleicht auch kurzfristige, Unterbringung in einem Heim sein.

4. Schließlich gibt es nach § 19 SGB VIII die Unterbringung von (faktisch) alleinerziehenden Vätern oder Müttern mit ihrem Kind unter sechs Jahren in einer betreuten Wohnform, wenn der Elternteil einer fachkundigen Unterstützung bedarf.

Welche Ziele verfolgt Hilfe zur Erziehung in einer Einrichtung oder in einer sonstigen betreuten Wohnform? **89**

Gem. § 34 S. 2 SGB VIII soll sie
- entweder eine Rückkehr des Minderjährigen in seine Herkunftsfamilie erreichen,
- oder die Erziehung in einer anderen Familie oder familienähnlichen Lebensform vorbereiten,
- oder die Verselbstständigung des Jugendlichen fördern und begleiten.

---

5 *P. Chr. Kunkel,* Jugendhilferecht 6. Auflage, Rn. 164.

90 **In welchem Verhältnis stehen die Hilfen der Fremdunterbringung und die Annahme als Kind zueinander?**

In beiden Fällen handelt es sich um Unterbringungen außerhalb der eigenen Familie – stationäre Hilfe – und zwar in einer anderen Familie oder in einer Einrichtung. Aber während die Annahme als Kind die dauerhafte Integration eines Kindes in eine neue Familie bezweckt, mit allen Folgen der Verwandtschaft und den daraus folgenden Rechten und Pflichten, ist die Fremdunterbringung in Heim oder Pflegefamilie grundsätzlich nicht dauerhaft gedacht, höchstens »für längere Zeit« (§ 36 II SGB VIII).

Wenn § 36 I S. 2 SGB VIII vorschreibt, dass vor einer langfristig zu leistenden Hilfe zu prüfen ist, ob eine Annahme als Kind in Betracht kommt, so soll diese Vorschrift dafür Sorge tragen, dass Kinder, die voraussichtlich nicht wieder in ihre Herkunftsfamilien zurück können, nicht zu »Aktenfällen« des Jugendamts werden, sondern in eine geeignete Adoptivfamilie vermittelt werden.

XVI. Intensive sozialpädagogische Einzelbetreuung

Literatur: *D. Hosemann/W. Hosemann:* Trebegänger und Verwahrloste in sozialpädagogischer Betreuung außerhalb von Familie und Heim, Berlin 1984; *DV:* Intensive sozialpädagogische Einzelbetreuung (§ 35 KJHG), in: Schriften Allgemeinen Inhalts, Bd. 2, Eigenverlag DV, Frankfurt 1989; *H. Schulz:* KJHG: Erziehungshilfen für Jugendliche und junge Volljährige, DAVorm 1990, 1941; *C. Schrapper:* Intensive sozialpädagogische Einzelbetreuung, in: *Gernert* 1990, 106 ff; *Gintzel:* Sozialpädagogische Einzelbetreuung – Möglichkeiten und Chancen einer Betreuungsform, JHilfe 1993, 6; *Birtsch:* Handlungsmöglichkeiten der Jugendhilfe in Grenzsituationen mit Kindern und Jugendlichen, JHilfe 1994, 259; Institut für soziale Arbeit (Hrsg.): Lebensort Straße, Kinder und Jugendliche in besonderen Problemlagen, Münster 1996; *C. Nerowski:* Intensive sozialpädagogische Einzelbetreuung, 2007.

91 **An welche Zielgruppen hat der Gesetzgeber mit § 35 SGB VIII gedacht?**

Nach der Begründung des Regierungsentwurfs[6] soll sich dieses (ambulante oder stationäre) Angebot vor allem an solche Jugendliche wenden, die sich allen anderen Hilfsangeboten entziehen, sich dabei aber in besonders gefährdender Lebenssituation befinden. »Junge Menschen, für die die Intensive sozialpädagogische Einzelbetreuung als Hilfe angezeigt ist, haben in der Regel eine besonders problembelastete Lebenssituation zu bewältigen. Ihr Erfahrungshintergrund ist meist geprägt durch Beziehungsabbrüche, Vernachlässigung, Vereinsamung, Gewalt und andere Verletzungen ihrer psychischen und physischen Integrität. Diese Belastungen und ihre Auswirkungen gefährden die soziale Integration und haben dann beispielsweise zur Folge, dass die jungen Menschen ihren Lebensmittelpunkt auf der Straße suchen und Hilfe benötigen, um nicht in gefährdende Milieus wie die Drogen-, Prostitutions- und Gewaltszene abzugleiten oder sich darin zu verfestigen.«[7]

Wichtig ist, dass das Angebot nicht als »ultima ratio« verstanden wird für den Fall, dass selbst Heimerziehung versagt. In der Praxis scheint es aber durchaus üblich zu sein, intensive Einzelbetreuung erst dann einzuleiten, wenn der Jugendliche auch in Heimunterbringung bzw. in einer Pflegefamilie keine Verbesserungen zeigten. Das Angebot gilt auch als brauchbarer Arbeitsansatz für ältere Jugendliche, die noch nie mit Jugendhilfeangeboten in Berührung

---

6   BT-Drucks. 11/5948, S. 72.
7   Beschluss des bayrischen Landesjugendhilfeausschusses vom 24.1.2001 zu § 35 SGB VIII.

gekommen sind, inzwischen aber ein Alter erreicht haben, wo traditionelle Sozialisationshilfen in Familien oder Institutionen nicht mehr akzeptiert werden.

Mit welcher persönlichen und zeitlichen Intensität kann diese Hilfe gewährt werden? 92

Intensive sozialpädagogische Einzelbetreuung lässt grundsätzlich ein Betreuungsverhältnis
von 1:1 zu. Dem entspricht auch die Begründung aus dem Regierungsentwurf zum KJHG:[8]
»Die Betreuung ist sehr auf die individuelle Lebenssituation des jungen Menschen abzustellen und erfordert mitunter eine Präsenz bzw. Ansprechbereitschaft des Pädagogen rund
um die Uhr. Seine Tätigkeit umfasst neben der intensiven Hilfestellung bei persönlichen
Problemen und Notlagen auch Hilfestellung bei der Beschaffung und dem Erhalt einer
geeigneten Wohnmöglichkeit, bei der Vermittlung einer geeigneten schulischen oder beruflichen Ausbildung bzw. der Arbeitsaufnahme, bei der Verwaltung der Ausbildungs- und
Arbeitsvergütung und anderer finanzieller Hilfen sowie bei der Gestaltung der Freizeit.«
Diese Arbeit erfordert ein hohes Maß an Reflexion, Spontaneität und Risikobereitschaft von
den Pädagogen. Inhaltlich geht es vorwiegend um lebenspraktische Hilfe und Begleitung
(Eigenverantwortlichkeit stärken).

XVII. Ausführung von Fremdunterbringung

Literatur: *A. Fricke*: Die Wahrnehmung von Angelegenheiten der elterlichen Sorge durch
Pflegeeltern oder Heimerzieher bei bestehender Vormundschaft, Pflegschaft oder Betreuung,
ZfJ 1992, 305; *L. M. Peschel-Gutzeit*: Die Aufnahme von Kinderrechten in das Grundgesetz,
RdJB 1994, 491; *Chr. v. Wolffersdorf*: Rückkehr zur geschlossenen Heimerziehung, Neue
Kriminalpolitik 1994, 30; *W. Pohlmann/K. Wensink*: Geschlossene Unterbringung in der
Jugendhilfe, JugWo 1995, 284; *Th. Lakies*: Das Recht der Pflegekindschaft im BGB nach der
Kindschaftsrechtsreform, ZfJ 1998, 129; *U. Rüth u.a.*: Die geschlossene Unterbringung in der
Jugendhilfe, ZfJ 2003, 370; *S. Hoops/H. Permien*: Kinder und Jugendliche und Freiheitsent-
ziehende Maßnahmen in der Jugendhilfe: ZJJ 2005, 41; *T. Thill*: Geschlossene Unterbringung
in der Jugendhilfe, ZJJ 2005, 440; *C. Bernzen/J. Gimm*: Kein guter Ort zum Aufwachsen,
ZJJ 2008, 175; *B. Hoffmann*: Voraussetzungen und Verfahren der freiheitsentziehenden
Unterbringung von Kindern und Jugendlichen, JAmt 2009, 473; *J. Rohmann*: Unterbrin-
gung von Kindern und Jugendlichen nach neuem Recht, FPR 2009, 351; *H. Ludyga*: Die
Unterbringung minderjähriger Drogenabhängiger gemäß § 1631b BGB, ZKJ 2009; 201; *G.
Steege*: Zusammenarbeit mit der Herkunftsfamilie im SGB VIII: Rechtliche und fachliche
Grundlagen – Teil 1: JAmt 2010, 101; Teil 2: JAmt 2010, 165.

---

8   BT-Drucks. 11/5948, S. 72.

Schaubild 5: Rechtsbeziehungen bei Fremdunterbringung

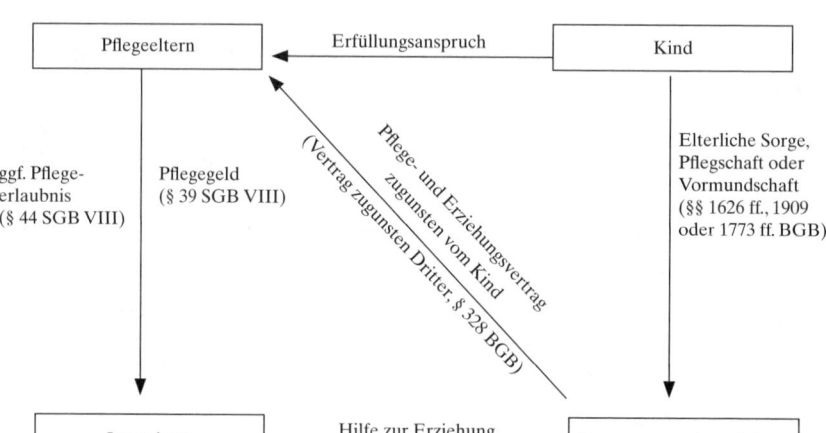

93   Wo können Fremdunterbringungen ausgeführt werden?

- in einer anderen Familie, § 33 SGB VIII, wobei es sich auch um Verwandte oder Verschwägerte handeln kann;
- in einem Heim, § 34 Alt. 1 SGB VIII;
- in einer Außenwohngruppe, einer Wohngemeinschaft, einem Internat, einem Lehrlingsheim, § 34 Alt. 2 SGB VIII;
- in einem vom Jugendamt angemieteten Zimmer (»betreutes Wohnen«), §§ 34 Alt. 2, 35 SGB VIII.

94   Was meint § 37 SGB VIII mit dem Begriff »Zusammenarbeit bei Hilfen außerhalb der eigenen Familie«?

Ziel der Vorschrift ist es, Pflegefamilie/Heim einerseits und leibliche Eltern andererseits zur Kooperation im Interesse des Kindes zu bewegen. Da eine Fremdunterbringung primär unter dem Blickwinkel beginnt, dass das Kind eines Tages zu seiner Herkunftsfamilie zurückkehren kann, ist es unerlässlich, dass nicht nur die Pflegefamilie unterstützt und beraten wird, sondern dass auch mit den leiblichen Eltern pädagogisch gearbeitet wird. Das Wichtigste an der Arbeit mit den verschiedenen Erziehenden ist, ihnen zu vermitteln, dass sie nicht gegeneinander arbeiten dürfen, sondern sich in ihrer jeweiligen Rolle akzeptieren müssen. Weil dies in der Praxis häufig schwierig ist, hat der Gesetzgeber des neuen Kindschaftsrechts dies ausdrücklich im BGB normiert. Im Zusammenhang mit dem Umgangsrecht und bei dessen Ausübung wirken sich die Unwilligkeit und die Unfähigkeit zu Kooperation besonders gravierend aus. Gem. §§ 1684 II S. 2, 1685 III BGB haben leibliche Eltern auf der einen Seite und die Pflegepersonen auf der anderen Seite alles zu unterlassen, was das Verhältnis des Kindes zum jeweils Anderen beeinträchtigt oder die Erziehung erschwert.

In § 37 SGB VIII ist ein umfangreiches Programm zur Kooperation vorgeschrieben, das Folgendes enthält:

– Auf die Zusammenarbeit zwischen Erziehenden und Eltern soll hingewirkt werden.
– Durch Beratung und Unterstützung sollen die Erziehungsbedingungen in der Herkunftsfamilie soweit verbessert werden, dass die Eltern wieder selbst erziehen und versorgen können.
– Während der Fremdunterbringung soll durch Beratung und Unterstützung darauf hingewirkt werden, dass die Beziehungen des Minderjährigen zu seiner Familie gefördert werden.
– Ist eine Rückkehr in die Herkunftsfamilie nicht zu erreichen, sollen dem Wohl des Minderjährigen förderliche und auf Dauer angelegte neue Lebensperspektiven mit dem Minderjährigen erarbeitet werden.

2. Den Erziehenden, speziell Pflegepersonen, soll Unterstützung und Beratung gewährt werden. Diese Verpflichtung des Jugendamts soll sich auch auf solche Pflegepersonen erstrecken, die keiner Pflegeerlaubnis nach § 44 I SGB VIII bedürfen.
Der Pflicht des Jugendamts steht gem. § 37 II SGB VIII ein einklagbarer Rechtsanspruch der Pflegepersonen gegenüber. Gleiches gilt für Zusammenschlüsse von Pflegepersonen, wie sie aus Selbsthilfeinitiativen bekannt sind.

Welche Rechtsbeziehungen sind bei Fremdunterbringungen zu unterscheiden, und auf welchen rechtlichen Grundlagen spielen sie sich ab? **95**

1. Die Rechtsbeziehung zwischen unmittelbar Erziehenden (Pflegeperson, Erzieher im Heim oder sonstiger Einrichtung, intensiv betreuender Sozialarbeiter/Sozialpädagoge) und Eltern:
Der unmittelbar Erziehende kann seine Kompetenzen unmittelbar von den Eltern des Minderjährigen oder mittelbar von diesen über den Leiter der Einrichtung ableiten. Die Rechtsbeziehung zwischen Erzieher in einer Einrichtung und Eltern sieht so aus wie die in einer Erziehungsberatung (s. o. Frage 55), nur dass statt »Erziehungsberatungsvertrag« »Pflege- und Erziehungsvertrag« und statt »Mitarbeiter« »Erzieher« zu setzen ist.
Die Rechtsbeziehung zwischen Eltern und Pflegeperson dagegen sieht folgendermaßen aus:
Die Rechtsgrundlage für den Kompetenzerwerb kann sein:
– eine familiengerichtliche Regelung, §§ 1630 III, 1666 BGB,
– ein abgeschlossener Vertrag (schriftlich, mündlich oder konkludent),
– § 1688 BGB, sofern weder richterliche Anordnung noch Vertrag vorliegen. Er hat den Inhalt eines mutmaßlichen Vertrages und überträgt den Erziehenden die Rechte, die er im Erziehungsalltag braucht.

2. Die Rechtsbeziehung zwischen unmittelbar Erziehendem und Minderjährigen:
Hier stellt sich – wie in der Eltern-Kind-Beziehung – die Frage, inwieweit der Erziehende die Rechte des Minderjährigen beachten muss.
Solche Rechte können sich ergeben aus:
– den Grundrechten des GG,
– den Bestimmungen zur elterlichen Sorge, §§ 1626 ff. BGB und dem Umgangsrecht nach § 1684 I BGB.

Ist es rechtlich zulässig und pädagogisch sinnvoll, Minderjährige geschlossen unterzubringen? **96**

1. Das SGB VIII sieht die Möglichkeit einer geschlossenen Unterbringung nur im Zusammenhang mit der Inobhutnahme von Kindern und Jugendlichen (§ 42 V SGB VIII) ausdrücklich vor. Bei den Hilfen zur Erziehung wird sie nicht erwähnt. Das bedeutet jedoch nicht, dass sie damit grundsätzlich unzulässig ist. Vielmehr unterliegt sie den allgemeinen Regeln, die sich mit »freiheitsentziehenden Maßnahmen« befassen. Hierzu finden sich Vorschriften in §§ 1631b, 1800, 1915 BGB. Demnach ist eine solche Unterbringung mit Einwilligung des gesetzlichen Vertreters und Genehmigung des Familiengerichts zulässig. Sie ist im Ausnahmefall ohne Genehmigung erlaubt, wenn mit dem Aufschub Gefahr verbunden ist. Die Genehmigung ist dann unverzüglich nachzuholen.

Wann eine genehmigungspflichtige Freiheitsentziehung und wann eine genehmigungsfreie Freiheitsbeschränkung vorliegt, ist im Einzelfall schwer abzugrenzen. Rechtlich ist eine solche Maßnahme durch Heime jedoch zulässig, wenn die Personensorgeberechtigten und das Gericht zustimmen. Voraussetzung für die Rechtmäßigkeit der Entscheidung ist aber, dass die Freiheitsentziehung zum Wohl des Minderjährigen erforderlich ist, um eine Gefahr für Leib und Leben des Minderjährigen abzuwenden, der nicht auf andere Weise begegnet werden kann. Bloße erzieherische Gründe genügen nicht. Der Grundsatz der Verhältnismäßigkeit erfährt hier besondere Beachtung.

2. Ob eine die Freiheit tangierende Maßnahme pädagogisch sinnvoll ist, ist sehr umstritten. Im 8. Jugendbericht hat sich die Sachverständigenkommission[9] vehement dagegen, die Bundesregierung[10] ebenso vehement dafür ausgesprochen. Sie hält sie insbesondere dann für unverzichtbar, wenn Kinder ohne die Unterbringung im Milieu als Opfer einer das Wohl gefährdenden Erwachsenenwelt verkommen (Prostitution, Drogen, Kriminalität).

XVIII. Zuständigkeit und Kostentragung

Literatur: *G. Best*: Heranziehung von Eltern zu den Kosten für die Betreuung behinderter Kinder in (integrativen) Kindertageseinrichtungen, ZfF 2007, 221-224; *G. Schindler*: Auswirkungen der Unterhaltsrechtsänderung auf die Kostenbeteiligung in der Kinder- und Jugendhilfe, JAmt 2007, 575-580; *M. Greff*: Entlassung des Vormunds bei Neubegründung des tatsächlichen Aufenthalts, JAmt 2008, 436-437; *Th. Stähler:* Zur Frage der Abgrenzung von Leistungen nach dem SGB VIII und dem SGB XII, JAmt 2010, 154-155.

97 **Wer ist für die Erledigung von Jugendhilfeaufgaben zuständig?**

Ähnlich wie bei Gerichten unterscheidet man auch bei Behörden verschiedene Arten der Zuständigkeit. Es sind die sachliche, die örtliche, die internationale und die funktionelle Zuständigkeit. Für das SGB VIII gibt es eigene Abschnitte, die sich mit der sachlichen (§ 85 SGB VIII) und der örtlichen Zuständigkeit (§§ 86-88 SGB VIII) beschäftigen. Die internationale Zuständigkeit ist geregelt in § 6 SGB VIII und in internationalen Abkommen, die funktionelle Zuständigkeit findet sich nur beiläufig an einigen Stellen im Gesetz (§§ 59 III, 70 III SGB VIII). Zum Inhalt dieser Zuständigkeiten siehe das Prüfschema auf Seite 266 ff.

98 **Welcher Zusammenhang besteht zwischen Zuständigkeit und Kostentragung?**

Grundsätzlich hat der örtlich zuständige Träger der Jugendhilfe die Kosten zu tragen. Allerdings gibt es normale und außergewöhnliche örtliche Zuständigkeiten. Bei den letzteren hat

---

9 Bericht der Kommission, BT-Drucks. 11/6576, S. 152 f.
10 Stellungnahme der Bundesregierung, BT-Drucks. 11/6576, XII f.

der Träger, der normalerweise zuständig ist, dem Träger, der nur außergewöhnlich zuständig ist, die Kosten zu erstatten (§§ 89-89h SGB VIII). So hat das Jugendamt, das ein zugelaufenes Kind in Obhut nimmt, einen Anspruch auf Ersatz seiner Kosten gegen das Jugendamt, bei dem die Eltern des Kindes ihren gewöhnlichen Aufenthalt haben (§ 89b SGB VIII).

Was bedeutet es, dass das zuständige Jugendamt (JA) die Kosten zu tragen hat?   **99**

Das bedeutet zunächst einmal nur, dass dieses Jugendamt in Vorlage zu gehen hat (s. § 91 V SGB VIII). Im Ergebnis kann es dann sein, dass es»auf den Kosten sitzen bleibt«, oder dass es sich das Geld von jemandem ganz oder teilweise zurückholen kann oder es automatisch zurückbekommt (Forderungsübergang).

Das Gesetz unterscheidet drei Modi der Kostenbeteiligung für Leistungen. Für die Inanspruchnahme von bestimmten Angeboten kann das Jugendamt **Teilnahmebeiträge** in pauschalierter Form erheben, d.h., es kann die Zulassung von Personen grundsätzlich von der Entrichtung von Geldbeträgen abhängig machen (§ 90 SGB VIII). In den hier vom Gesetz aufgezählten Bereichen (z.B. Kindertageseinrichtungen) kann Landesrecht eine Staffelung der Teilnahmebeiträge vorsehen und, dass der Beitrag unter bestimmten Voraussetzungen ganz oder teilweise erlassen oder vom Träger der öffentlichen Jugendhilfe übernommen wird.

In anderen Bereichen, soweit sie teilstationärer oder stationärer Natur sind oder bei vorläufigen Maßnahmen (§§ 91 I Nr. 7, 42 SGB VIII), werden beispielsweise Kinder und Jugendliche, junge Volljährige, Leistungsberechtigte nach § 19 SGB VIII, Ehegatten und Lebenspartner junger Menschen und Elternteile gemäß ihrem Einkommen teilweise oder in vollem Umfang und ggf. zusätzlich aus ihrem Vermögen **zu den Kosten herangezogen**. Die Erhebung eines Kostenbeitrags erfolgt aufgrund eines individuellen Leistungsbescheides (§ 92 II SGB VIII).

Schließlich können in bestimmten Fällen Ansprüche (öffentlich-rechtlicher oder privatrechtlicher Natur) gegen Dritte, die weder Leistungsträger iSv § 12 SGB I noch Kostenbeitragspflichtige sind, **übergeleitet** werden (§ 95 SGB VIII).

Welche Rechtsgrundlagen regeln die Frage der Kostentragung bei Hilfen zur   **100**
Erziehung für einzelne Minderjährige und wie sehen die Regelungen aus?

1. § 91 SGB VIII zählt auf, für welche Leistungen (und andere Aufgaben) das Kind/der Jugendliche/der junge Volljährige oder seine Eltern zu den Kosten herangezogen werden können. Die Hilfen zur Erziehung sind in Abs. 1 Nr. 5 und Abs. 2 Nr. 2 genannt. Dort sind nur die stationären und teilstationären Hilfen aufgezählt. Wenn es sich also um eine ambulante Hilfe zur Erziehung handelt (z.B. Erziehungsberatung oder sozialpädagogische Familienhilfe), ist eine Heranziehung zu den Kosten nicht möglich. Handelt es sich dagegen um eine stationäre oder teilstationäre Hilfe, so kommt eine Heranziehung zu den Kosten gem. den §§ 92 bis 94 SGB VIII in Betracht.

Für die Kostenbeitragspflicht **des Kindes oder Jugendlichen oder der Elternteile** bestimmen §§ 93, 94 SGB VIII, dass bei der Heranziehung nur das Einkommen zu einem bestimmten Prozentsatz, nicht das Vermögen, relevant ist. Die Festsetzung der Kostenbeiträge von Eltern, Ehegatten und Lebenspartner junger Menschen (§ 94 V SGB VIII) erfolgt in pauschalierter Form nach der vom zuständigen BMFS mit Zustimmung des BRates erlassenen Kostenbeitragsverordnung (KostenbeitragsV).[11]

---

11 S. KostenbeitragsV vom 2.10.2005, S. 2907, zuletzt geändert vom 17.8.2010, BGBl. I 2010, S.1159-1174.

Bei vollstationären Leistungen haben junge Menschen und Leistungsberechtigte nach § 19 SGB VIII nach Abzug der in § 93 II SGB VIII genannten Beträge hingegen 75 Prozent ihres Einkommens als Kostenbeitrag einzusetzen (§ 94 VI SGB VIII); junge Volljährige und volljährige Leistungsberechtigte sind **zusätzlich** aus ihrem **Vermögen** heranzuziehen (§ 92 1a SGB VIII).

Für alle kostenbeitragspflichtigen Personen gilt, dass im Einzelfall ganz oder teilweise von einem Kostenbeitrag abgesehen werden soll, wenn sonst Ziel und Zweck der Leistung gefährdet würden (z.b. weil Eltern sich möglicherweise weigern, einen Kostenbeitrag zu leisten) oder sich aus der Heranziehung eine besondere Härte ergäbe (§ 92 V SGB VIII).

2. Die Kosten zu tragen und zu den Kosten heranzuziehen hat das **örtliche zuständige Jugendamt**. Dieses ergibt sich für Hilfe zur Erziehung aus den §§ 86-86d SGB VIII.

Im **Normalfall** wird das Jugendamt für die Kosten aufkommen müssen, in dessen Bezirk die **Eltern** ihren **gewöhnlichen Aufenthalt** haben (§ 86 I S. 1 SGB VIII). Wenn der Minderjährige nicht an dem Ort bleibt, wo der Erziehungsanspruch und damit die Kostentragungspflicht entstanden ist – z.b. bei Pflegekinderunterbringung außerhalb des Aufenthaltsortes der Herkunftsfamilie –, so bleibt idR das Heimat-Jugendamt zuständig, das dann auch die Kosten zu tragen hat.

Lebt ein Kind oder ein Jugendlicher 2 Jahre bei einer Pflegeperson und ist ein Verbleib bei dieser Person auf Dauer zu erwarten, wird das Jugendamt zuständig, in dessen Bereich die Pflegeperson ihren gewöhnlichen Aufenthalt hat (§ 86 VI SGB VIII). Dieses hat zunächst die Kosten für Unterbringung zu zahlen, erhält aber einen Erstattungsanspruch gem. § 89a SGB VIII.

Für junge Volljährige kommt es auf den gewöhnlichen Aufenthalt des Betreffenden vor der Leistung bzw. Aufnahme in eine Einrichtung (§ 86a I, II SGB VIII) an, es sei denn, es ist schon vor Volljährigkeit ein anderes Jugendamt tätig geworden; dieses bleibt dann zuständig (§ 86a IV SGB VIII).

101 Was ist Pflegegeld im Bereich der Jugendhilfe?

1. Rechtsgrundlage für das in der Praxis sogenannte Pflegegeld ist § 39 iVm §§ 91 ff. SGB VIII. Hiernach ist Pflegegeld eine vom öffentlichen Jugendhilfeträger erbrachte Leistung bei Hilfe gem. §§ 32-35 oder 35a II Nrn. 2-4 SGB VIII, durch die der notwendige Unterhalt einschließlich der Kosten zur Erziehung für einen jungen Menschen außerhalb des Elternhauses sichergestellt werden soll (§ 39 I SGB VIII). Leistungsberechtigter ist das Kind oder der Jugendliche selbst.

Da die Handhabung des Pflegekinderwesens Angelegenheit der kommunalen Selbstverwaltung (s. o. Frage 8) ist, variieren die Pflegegeld-Regelsätze von einem Jugendamtsbereich zum anderen. Den Maßstab für die Höhe des idR als monatlichen Pauschalbetrag zu gewährenden Pflegegeldes legt im konkreten Fall das Jugendamt, das die Hilfe zur Erziehung gewährt (vgl. §§ 86 ff. SGB VIII), fest. Sofern ein Kind oder ein Jugendlicher im Bereich eines anderen Jugendamts untergebracht wird, soll sich die Höhe des zu gewährenden Pflegegeldes nach den Verhältnissen richten, die am Ort der Pflegestelle gelten (§ 39 IV S. 5 SGB VIII).

2. Durch Erlasse zuständiger Länderministerien, Empfehlungen kommunaler Spitzenverbände, des Deutschen Vereins, der Arbeitsgemeinschaft für Jugendhilfe wird versucht, Einfluss auf eine einheitliche Gestaltung der Pflegegeldsätze zu nehmen. Viele Städte und Kommunen orientieren sich daran.

3. Das Gesetz unterscheidet zwischen laufenden und einmaligen Leistungen. § 39 II SGB VIII sieht für die laufenden Leistungen vor, dass sie den gesamten wiederkehrenden Bedarf des jungen Menschen abdecken sollen. Sie dürfen pauschaliert sein, müssen aber nach Alter gestaffelt werden.

Der Deutsche Verein[12] empfiehlt für Minderjährige bis zum vollendeten 7. Lebensjahr € 473,–, bis zum vollendeten 12. Lebensjahr € 547,– und bis zum vollendeten 18. Lebensjahr € 628,–. Für die Kosten der Pflege und Erziehung wird ein Betrag von € 220,– empfohlen.

4. Den Pflegeeltern werden aufgrund besonderer gesetzlicher Bestimmungen unter bestimmten Voraussetzungen Leistungen gewährt oder Vorteile eingeräumt, deren Zweck es ist, sie wirtschaftlich zu entlasten (Kindergeld, Kinderzulagen, Steuerfreibeträge). Hiervon werden gem. § 39 VI SGB VIII Kindergeld, Kinderzuschläge etc. auf das Pflegegeld angerechnet.

Was sind Pflegesätze im Bereich der Jugendhilfe?   102

1. Pflegesätze sind Leistungen des Trägers öffentlicher Jugendhilfe an den freien Träger einer Einrichtung, durch die diesem alle Leistungen abgegolten werden sollen, die dem Minderjährigen gleichmäßig von der Einrichtung gewährt oder durch die Einrichtung vermittelt werden. Dabei wird regelmäßig davon ausgegangen, dass der Pflegesatz die Selbstkosten des Heimträgers decken soll.

2. Gem. § 77 SGB VIII iVm landesrechtlichen Regelungen werden Pflegesätze auf Landesebene zwischen den Spitzenverbänden der freien Wohlfahrtspflege (als Vertreter der diesen angeschlossenen Heimträger) und den kommunalen Spitzenverbänden (als Vertreter der Kostenträger), evtl. unter Beteiligung der zuständigen obersten Landesbehörde ausgehandelt. Pflegesatzvereinbarungen sind nicht einheitlich. In jedem Bundesland sind sie etwas anders strukturiert. Es gibt Normal- und Sonderpflegesätze. Die Letzteren müssen ein spezielles Prüfungsverfahren durchlaufen, ehe der Heimträger sie seiner Kostenrechnung zugrunde legen kann.

3. Seit 1.1.1999 sind in das SGB VIII die §§ 78a-78g eingefügt worden, die das ganze bisherige System der Pflegesätze verändern. Gem. § 78a SGB VIII werden alle stationären Leistungen aus dem Finanzierungssystem des § 77 SGB VIII herausgenommen. Für sie gelten jetzt die §§ 78b-78g SGB VIII. Danach gibt es in diesem Bereich keine Pflegesatzvereinbarung mehr, sondern eine **Vereinbarung** zwischen öffentlichem und privatem Träger, worin geregelt wird, welche **Leistungen** der private Träger erbringt, was für ein **Entgelt** er dafür bekommt (das sind die alten Pflegesätze) sowie welche **Qualität** die vereinbarten Leistungen haben müssen und wie dies kontrolliert wird. Wenn zwischen öffentlichem und freiem Träger keine solche Vereinbarung besteht, übernimmt der öffentliche Träger in der Regel nicht die Kosten des freien Trägers. Das Wunsch- und Wahlrecht des Betroffenen (§ 5 I SGB VIII) findet daher seine Grenze nicht nur wie bisher an den unverhältnismäßigen Mehrkosten (§ 5 II S. 1 SGB VIII), sondern auch an einer fehlenden Vereinbarung. Eine Ausnahme gilt nur dann, wenn die Erbringung der Leistung in dieser Einrichtung im Einzelfall oder nach Maßgabe des Hilfeplans geboten ist (§ 5 II S. 2 SGB VIII).

Die Pflicht, solche Vereinbarungen abzuschließen, erstreckt sich nicht nur auf private gemeinnützige Träger der Jugendhilfe, sondern auch auf privatgewerbliche Träger und eigene Einrichtungen des öffentlichen Trägers. Ziel dieses neuen Systems ist es, die Erbringung der Leistungen **transparenter und vergleichbarer** zu machen: Nur wer gute und kostengünstige Leistungen erbringt, kann damit rechnen, eine Vereinbarung zu erhalten und damit von der öffentlichen Hand finanziert zu werden (Wettbewerb).

Zur Entlastung der örtlichen Träger sollen die überörtlichen kommunalen Spitzenverbände und die Verbände auf Landesebene Rahmenverträge abschließen (§ 78f SGB VIII). Für Streitfragen gibt es eine gemeinsame Schiedsstelle (§ 78g SGB VIII).

---

12 S. Empfehlungen des Deutschen Vereins zu den Pflegegeldsätzen 2010 vom 30.9.2009.

XIX. Erteilung von Betriebserlaubnissen:
Aufgaben des Landesjugendamtes im Zusammenhang mit Hilfe zur Erziehung außerhalb der eigenen Familie

Literatur: *Th. Lakies*: Zu Funktion und Inhalt der Pflege- und Betriebserlaubnis, ZfJ 1995, 9; *Gernert*: Wohin gehört die sog.»Heimaufsicht« in der Jugendhilfe?, ZfJ 1997, 1; *H. Hopp*: Umgang bei Kindern im Kinderheim oder in der Pflegefamilie, FÜR 2007, 279-282; *L. Eiding/E. Sassenberg*: Rechtliche Rahmenbedingungen für die Erlaubnis von Großtagespflegestellen, LKRZ 2008, 13-16; *A.-K. Henne*: Die Rechte der leiblichen Eltern von Pflegekindern, Tübingen, 2009.

103 **Was versteht das SGB VIII unter »Einrichtungen«?**

1. § 45 I S. 1 SGB VIII bezeichnet als Einrichtung eine auf eine gewisse Dauer angelegte Verbindung von sächlichen und persönlichen Mitteln, die – unter der Verantwortung eines Trägers – der Betreuung und Unterkunftsgewährung von Kindern und Jugendlichen dient und zwar ganztägig oder für einen Teil des Tages.
2. § 22 I SGB VIII beschreibt als Tageseinrichtungen solche, in denen sich Kinder für einen Teil des Tages oder ganztags aufhalten und in Gruppen gefördert werden.
3. § 34 SGB VIII bezeichnet Heimerziehung als Hilfe zur Erziehung in einer Einrichtung über Tag und Nacht.
4. Allen diesen Einrichtungen ist gemeinsam, dass ihre Träger der Betriebserlaubnispflicht des § 45 SGB VIII unterliegen. Im Übrigen meint »ganztägig« (§ 45 SGB VIII) das Gleiche wie »über Tag und Nacht« (§ 34 SGB VIII), während »ein Teil des Tages« (§ 22 SGB VIII) nur tagsüber meint.

104 **Welche Einrichtungen unterliegen der Heimaufsicht?**

1. Einrichtungen, in denen Minderjährige ganztags betreut werden und Unterkunft erhalten (§ 34 SGB VIII), z.B. Heime.
2. Einrichtungen, in denen Kinder tagsüber betreut werden und Unterkunft erhalten (§ 22 SGB VIII), z.B. Kindergärten, Kindertagesstätten.
3. Sonstige Wohnformen (§§ 34, 48a SGB VIII) z.B. sog. betreutes Einzel- oder Gemeinschaftswohnen. Für diese Einrichtungsform wird unterschieden zwischen eigenständigen Wohnformen und solchen, die »Teil« einer Einrichtung iSv § 45 I SGB VIII sind. Für die Ersteren bedarf der Träger einer gesonderten Erlaubnis, für die Zweiten nicht.
4. § 45 I S. 2 Nrn. 1-3 SGB VIII enthält Ausnahmen von der Erlaubnispflicht. Sie betreffen z.B. Jugendherbergen (Nr. 1), Schülerheime (Nr. 2), Kinderkurheime oder Familienferienpensionen (Nr. 3).
5. Gemeinsame Kriterien der unter 1-3 genannten Einrichtungen sind:
– Betreuung und Unterkunftgewährung muss regelmäßig erfolgen (Maßstab ist die Einrichtung als ganze, nicht der einzelne Minderjährige),
– Betreuung und Unterkunftgewährung dürfen nicht von untergeordneter Bedeutung sein,
– Minderjährige dürfen gegenüber den Erwachsenen nicht in der Minderzahl sein.

Welche Aufgaben hat die Heimaufsicht?   105

1. Das Landesjugendamt als Heimaufsichtsbehörde ist gem. § 85 II Nr. 6 SGB VIII zuständig für die Wahrnehmung der Aufgaben zum Schutz von Kindern und Jugendlichen in Einrichtungen (§§ 45-48a SGB VIII) und damit auch für die Erteilung der Erlaubnis für den Betrieb der Einrichtung. Der Träger einer Einrichtung hat einen Rechtsanspruch auf Erlaubniserteilung (§ 45 II S. 2 SGB VIII), wenn die Voraussetzungen vorliegen, d.h. das Wohl der Minderjährigen in der Einrichtung gewährleistet ist.

2. Für die Frage, ob das Wohl der Minderjährigen in der Einrichtung gewährleistet ist, kommt es darauf an, ob die Betreuung durch »geeignete« Kräfte – Näheres regelt Landesrecht (§ 49 SGB VIII) – gesichert ist (§ 45 II S. 2 Nr. 1 SGB VIII) und ob insbesondere die gesellschaftliche und sprachliche Integration oder die gesundheitliche Vorsorge und medizinische Betreuung nicht erschwert wird (§ 45 II S. 2 Nr. 2 SGB VIII).

3. Die Heimaufsicht hat darauf hinzuwirken, dass mit den Trägern der Einrichtungen Vereinbarungen über die Voraussetzungen der Eignung der Kräfte getroffen werden. Geschieht dies, sind die nur für die beteiligten Träger verbindlich. An dieser Stelle wird deutlich, dass hier partnerschaftlich (iSv § 4 I SGB VIII) verhandelt werden soll. Das ist bedeutsam, weil die Fragen der Einrichtungserlaubnis etc. in den Bereich »anderer Aufgaben« (§ 2 III SGB VIII) gehören.

4. Die Heimaufsicht kann die Betriebserlaubnis gem. § 45 II SGB VIII mit Nebenbestimmungen versehen. Als Nebenbestimmungen kommen (nach § 32 SGB X) vor allem die Bedingung, die Befristung, der Widerrufsvorbehalt und die Auflage in Betracht. Denkbar ist eine Auflage, bestimmte Minderjährige (z.B. erheblich psychisch kranke, drogenabhängige oder schwer verhaltensgestörte Kinder und Jugendliche) nicht aufzunehmen oder eine bestimmte Anzahl von Personal für die Betreuung der Minderjährigen einzustellen. Zur Erleichterung dieser Aufgaben der Heimaufsicht haben die Träger der der Heimaufsicht unterliegenden Einrichtungen die Verpflichtung, die in § 47 SGB VIII aufgelisteten Meldungen zu erstatten.

Über welche Mittel verfügt das Landesjugendamt bei der Durchführung der   106
Heimaufsicht?

– Beratung (§ 85 II Nrn. 1 und 7 SGB VIII),
– Empfehlungen,
– Unterstützung des Trägers,
– Angebote zur Fortbildung der Mitarbeiter (§§ 72 III, 85 II Nr. 8 SGB VIII),
– Überprüfung der Einrichtung an Ort und Stelle (§ 46 SGB VIII),
– Erteilung von nachträglichen Auflagen (§ 45 II S. 6 SGB VIII),
– Tätigkeitsuntersagung (§ 48 SGB VIII),
– Zurücknahme oder Widerruf der Erlaubnis (§ 45 II S. 5 SGB VIII),
– Erlass von Bußgeldbescheiden (§ 104 SGB VIII).

Inwieweit werden die Interessen von freien Trägern der Jugendhilfe   107
im Bereich von Heimaufsicht berücksichtigt?

1. § 4 I S. 2 SGB VIII: Die Selbstständigkeit der freien Träger (der Einrichtungen) in Zielsetzung und Durchführung ihrer erzieherischen Aufgaben bleibt unberührt. Sie findet insbesondere Ausdruck in der mit dem Antrag auf Erteilung der Betriebserlaubnis vorzulegenden Konzeption des Trägers (§ 45 II S. 3 SGB VIII).

2. § 45 II S. 4 SGB VIII: Über die Voraussetzungen der Eignung der Mitarbeiter, die die Minderjährigen betreuen, sind Vereinbarungen mit den Trägern freier Jugendhilfe anzustreben.
3. § 46 I S. 3 SGB VIII: Das Landesjugendamt soll das Jugendamt und einen zentralen Träger der freien Jugendhilfe, wenn diesem der Träger der Einrichtung angehört, bei der Überprüfung zuziehen. Der Träger der Einrichtung soll bei der örtlichen Prüfung mitwirken (§ 46 I S. 2 SGB VIII).

108 Welche weiteren Aufgaben hat das Landesjugendamt (LJA) im Zusammenhang mit Fremdunterbringungen?

1. § 85 II Nr. 5 SGB VIII: Das LJA soll das Jugendamt bei der Gewährung von Hilfen zur Erziehung (§§ 32-35a SGB VIII), insbesondere bei der Auswahl einer Einrichtung oder der Vermittlung einer Pflegeperson, in schwierigen Einzelfällen beraten. Der letzte Hinweis bezieht sich z.B. auf die Unterbringung von HIV-infizierten Kindern. Großstädtische Jugendämter verfügen gewöhnlich über differenzierte Kenntnisse der Heimlandschaft. In kleinen JÄ kann es dagegen anders aussehen. Hier ist das LJA gefragt.
2. § 85 II Nr. 2 SGB VIII: Über die Einzelfallberatung hinaus ist es Aufgabe des LJA, die Zusammenarbeit zwischen den Jugendämtern und den anerkannten Trägern freier Jugendhilfe insbesondere bei der Planung und Sicherstellung eines bedarfsgerechten Angebotes an Hilfen zur Erziehung zu fördern. Sinnvoll ist beispielsweise die Initiierung regionaler Arbeitsgemeinschaften (§ 78 SGB VIII) unter Beteiligung der Jugendämter und Heimträger mit dem möglichen Ziel, den Umfang einer orts- und regionalnahen Belegung der Heime zu fördern, um so Familien mehr an der Erziehung beteiligen zu können.
3. § 85 II Nr. 4 SGB VIII: Hierbei geht es um Förderung von Modellvorhaben zur Weiterentwicklung der Jugendhilfe. In Anbetracht einer sich ständig verändernden Gesellschaft und den damit auch einhergehenden Schwierigkeiten und Problemen für Kinder, Jugendliche und Eltern muss die Jugendhilfe sich neuen Herausforderungen und Anforderungen stellen. Hier ist Innovation gefordert, beispielsweise hinsichtlich der Entwicklung und Erprobung neuer fachlicher Erkenntnisse und Arbeitsweisen, aber nicht nur die der Landesjugendämter, sondern auch die der Jugendämter (§ 85 III SGB VIII). In diesem Zusammenhang werden in NRW z.B. die sog. westfälischen Erziehungsstellen ausgebaut. Es handelt sich dabei um qualifizierte Pflegefamilien mit einem sozialpädagogisch vorgebildeten Elternteil, die deutlich höheres Erziehungsgeld und Pflegegeld erhalten als es sonst üblich ist. Diese Pflegefamilien und ihre Berater müssen intensiv betreut werden. Für viele schwierige Einzelfälle kann ein solches überörtliches Angebot außerordentlich hilfreich sein.

Kapitel 5 Hilfen für junge Volljährige und behinderte junge Menschen

XX. Sozialisationshilfen

Literatur: *Christian*: Beratung und Unterstützung nach § 18 KJHG für junge Volljährige über ihre Unterhaltsansprüche, ZfJ 1993, 354; *Bagumil*: Wohnhilfen für junge Volljährige: die Praxis des neuen KJHG, Bielefeld 1995; *F. Gerlach*: Aktuelle Rechtsprobleme der Kinder- und Jugendhilfe unter besonderer Berücksichtigung des § 41 KJHG, AFET-RdBrief 1995/3 S. 21; *P. Mrozynski*: Hilfen für junge Volljährige; ZfJ 1996, 159; *F. Gerlach*: Noch einmal: Hilfe für junge Volljährige, AFET-RdBrief 1997/2 S. 23; *P.-Chr. Kunkel*: Schnittstellen zwischen Jugendhilfe (SGB VIII), Grundsicherung (SGB II) und Arbeitsförderung (SGB III), ZfSH/SGB 2006, 76-85; *R. Pitschas*: Behinderte Menschen in der kommunalen Sozialpolitik, SGb 2009, 253-260.

Welche Hilfen aus dem Katalog der Hilfen zur Erziehung können auch von jungen Volljährigen in Anspruch genommen werden? Unter welchen Voraussetzungen und mit welchen Folgen ist dies möglich? 109

§ 41 SGB VIII dehnt den Anwendungsbereich der Hilfen zur Erziehung unter folgenden Voraussetzungen auf junge Volljährige aus:
- die Hilfe muss der Persönlichkeitsentwicklung und der eigenverantwortlichen Lebensführung des jungen Menschen dienen,
- sie muss aufgrund der individuellen Situation des jungen Menschen notwendig sein.

Diese Formulierungen klingen zwar anders als in § 27 SGB VIII für Minderjährige; bei Licht betrachtet stellen sie jedoch ein Spiegelbild zu § 27 SGB VIII dar. In § 27 SGB VIII ist Voraussetzung, dass ein erzieherisches Defizit dazu geführt hat, dass eine altersentsprechende Eigenverantwortlichkeit und Gemeinschaftsfähigkeit wie in § 1 SGB VIII gefordert noch nicht erreicht ist. § 41 SGB VIII verlangt, dass das Erziehungsziel des § 1 SGB VIII trotz erreichter Volljährigkeit noch nicht erlangt ist.

Des Weiteren setzt § 27 SGB VIII voraus, dass die Hilfe notwendig und geeignet ist. § 41 SGB VIII verlangt, dass sie notwendig ist. Das Wort »geeignet« fehlt dagegen. Das bedeutet allerdings nicht, dass die Eignung fehlen kann. Geeignet ist eine Hilfe immer dann, wenn sie das bewirkt, wozu sie gewährt worden ist. Wenn also anzunehmen ist, dass die Hilfe den jungen Volljährigen erwachsener, eigenverantwortlicher und gemeinschaftsfähiger macht, ist sie geeignet im Sinne dieser Vorschrift.

Im Übrigen ist die Hilfe nach § 41 SGB VIII weder davon abhängig, ob es sich um die Fortführung einer Hilfe handelt (also Erziehungshilfe schon vor Volljährigkeit gewährt worden ist), noch davon, ob vor Volljährigkeit eine Maßnahme der schulischen oder beruflichen Bildung eingeleitet war

Die Hilfe, die in der Regel bis zur Vollendung des 21. Lebensjahres geleistet wird, kann in begründeten Einzelfällen bis zur Vollendung des 27. Lebensjahres fortgeführt (nicht neu begonnen) werden (§ 41 I S. 2 SGB VIII). Nach Beendigung der Hilfe hat der junge Mensch einen Anspruch auf Beratung und Unterstützung bei der Verselbstständigung (§ 41 III SGB VIII).

Für die Ausgestaltung der Hilfen verweist § 41 II SGB VIII auf die §§ 27 III und IV, 28-30 und 33-36 SGB VIII[1]. Diese Hilfen umfassen neben allen geeigneten sozialpädagogischen und therapeutischen Angeboten (ausgenommen sozialpädagogische Familienhilfe und Tagesgruppe) auch die unterhaltsrechtliche Sicherung (§ 39 SGB VIII) sowie die erforderliche Krankenhilfe (§ 40 SGB VIII). Damit hat die Jugendhilfe die Möglichkeit, das ganze Spektrum sozialer Hilfen, das im Jugendamt (und bei freien Trägern) vorgehalten wird, auch jungen Volljährigen anzubieten. Die Schwerpunkte liegen heute in der Unterstützung bei der Absolvierung schulischer und beruflicher Ausbildungen sowie in der Beratung bei Wohnungsfragen und Problemen bei sozialen Kontakten. Höchstalter solcher Förderung ist das 27. Lebensjahr (§ 7 I Nr. 3 SGB VIII).

110   **Was ist, wenn der junge Volljährige die ihm gewährte Hilfe abbricht, sie aber später wieder aufnehmen möchte, weil er sich seinen vorherigen Entschluss anders überlegt hat?**

Da der junge Volljährige den Vertrag mit dem Hilfe gewährenden Jugendamt selbst geschlossen hat, kann er auch kündigen und zwar jederzeit. Er wird zwar bei Vertragsschluss darüber belehrt, dass die Hilfegewährung mit seiner Kündigung ebenso endet wie mit der Erreichung eines bestimmten Alters. Ein neuer Vertragsschluss nach vorherigem Abbruch ist vom Gesetzgeber zwar nicht vorgesehen; da aber der vorzeitige Abbruch der Hilfe häufig nichts anderes sein wird, als ein Hinweis auf Entwicklungsverzögerungen, ist der Abschluss eines neuen Vertrages denkbar. In solchen Fällen ist es notwendig, gem. § 41 I S. 1 SGB VIII die Hilfegewährung wieder aufzunehmen.

XXI.   Eingliederungshilfe

Literatur: *I. Cobus-Schwertner*: Brauchen wir den § 35a SGB III?, JugWo 1995, 49; *R. Wiesner*: Eingliederungshilfe für seelisch behinderte junge Menschen als Aufgabe der Jugendhilfe, ZfJ 1996, 199 und 278; *Hilliger*: Weg von Kategorisierungen – hin zu individuellen Hilfen, JHilfe 1996, 360; 30; *V. Harnach-Beck*: Seelische Behinderung – Was ist das?, SozMagazin 12/1996 S. 20; *F. Gerlach*: Das Wunsch- und Wahlrecht bei Inanspruchnahme ambulanter Maßnahmen nach § 35a SGB VIII, NDV 1997, 3; *Nothacker*: Was Jugendhilfe für psychisch kranke Jugendliche und junge Erwachsene leisten muss und leisten kann – juristisch betrachtet, ZfJ 1997, 73; *P-Chr. Kunkel/G. Haas*: Die Eingliederungshilfe nach § 35a SGB VIII in der Neufassung durch das KICK aus rechtlicher und medizinischer Sicht, ZKJ 2006, 148-153; *M. Kölch/M. Wolff/J.M. Fegert*: Teilhabebeeinträchtigung – Möglichkeiten der Standardisierung im Verfahren nach § 35a SGB VIII, JAmt 2007, 1-8.

111   **Inwieweit werden behinderte Kinder/Jugendliche/junge Erwachsene im SGB VIII berücksichtigt?**

1. § 10 IV SGB VIII beschäftigt sich ausdrücklich mit behinderten jungen Menschen. Er unterscheidet, ob es sich um eine körperliche, geistige oder seelische Behinderung handelt. Körperlich oder geistig behinderte junge Menschen erhalten Eingliederungshilfe nach dem SGB XII (§ 10 IV S. 2 SGB VIII iVm §§ 53 SGB XII ff.), seelisch behinderten jungen Menschen wird Eingliederungshilfe nach SGB VIII (§§ 35a, 41 II) gewährt. Sie stellt einen

---

1   Richtig wohl § 36a SGB VIII.

eigenständigen Leistungstatbestand dar, der nicht mit der Hilfe zur Erziehung verknüpft ist.

2. Eine seelische Behinderung liegt vor, wenn
- die seelische Gesundheit des Kindes oder Jugendlichen mit hoher Wahrscheinlichkeit länger als 6 Monate von dem für ihr Lebensalter typischen Zustand abweicht (§ 35a I Nr. 1 SGB VIII) und (kumulativ)
- daher (Kausalität!) ihre Teilhabe am Leben in der Gesellschaft beeinträchtigt ist oder eine solche Beeinträchtigung zu erwarten ist, d.h. droht (§ 35a I Nr. 2 SGB VIII).

Das Jugendamt hat hinsichtlich der Abweichung der seelischen Gesundheit die Stellungnahme einer der in § 35a Ia SGB VIII genannten Professionen einzuholen, die auf der Grundlage der Internationalen Klassifikation psychischer Störungen (ICD) zu erstellen ist und in der auch darzulegen ist, ob die Abweichung Krankheitswert hat oder auf einer Krankheit beruht. Mit der Feststellung der Abweichung ist keine Vorwegnahme der Entscheidung des Jugendamts über die Eignung und Notwendigkeit der Hilfe verbunden. Die Hilfe soll nicht von der Person oder dem Dienst oder der Einrichtung, der die Person angehört, die die Stellungnahme abgibt, erbracht werden (§ 35a I S. 4 SGB VIII).

3. Als Art der Hilfe kommt nach § 35a II SGB VIII in Betracht:
- eine ambulante Form,
- Tageseinrichtung oder andere teilstationäre Einrichtung,
- Pflegeperson,
- Einrichtung über Tag und Nacht sowie sonstige Wohnform.

4. Sind sowohl Eingliederungshilfe als auch Hilfe zur Erziehung zu leisten, so sollen Einrichtungen, Dienste und Personen in Anspruch genommen werden, die geeignet sind, beide Bedarfe abzudecken (§ 35a IV SGB VIII). Sind heilpädagogische Maßnahmen für nicht schulpflichtige Kinder in Tageseinrichtungen zu gewähren, so sollen Einrichtungen in Anspruch genommen werden, in denen behinderte und nichtbehinderte Kinder gemeinsam betreut werden (§ 35a IV S. 2 SGB VIII).

Einführung in die Kapitel 6 bis 10 Andere Aufgaben der Jugendhilfe

Literatur: *B. Habermann/Ch. Tries*: Das neue Kinder- und Jugendhilfegesetz – Ein erster Überblick – Teil 3: Andere Aufgaben der Jugendhilfe, NDV 1990, 339; *dies.*: Das neue Kinder- und Jugendhilfegesetz – ein erster Überblick – Teil 4 – Fortsetzung von Teil 3, NDV 1990, 398.

Vorbemerkung: Für die »anderen Aufgaben« gibt es kein einheitliches Prüfschema, weil sie so vielfältig sind. Für den Sektor »Mitwirkung in gerichtlichen Verfahren« soll im Anhang ein Schema für die Arbeit der Jugendgerichtshilfe abgedruckt werden. Im vorliegenden Buch beschränkt es sich allerdings auf den rechtlichen Rahmen. Der »Jugendgerichtshilfebericht«, besser: die »Gutachtliche Stellungnahme« in der Jugendgerichtshilfe müsste dagegen die psychosozialen Aspekte mindestens gleichrangig behandeln, eher sogar stärker hervorkehren. Auf den Seiten 266 ff. ist hierzu ein differenziertes Prüfschema abgedruckt.

112 Was versteht das SGB VIII unter »anderen Aufgaben der Jugendhilfe«?

Die »anderen Aufgaben der Jugendhilfe« sind in § 2 III SGB VIII benannt und im 3. Kapitel (§§ 42-60 SGB VIII) näher beschrieben. Inhaltlich sind es folgende Tätigkeiten des Jugendamts:
1. Abschnitt: Vorläufige Maßnahmen zum Schutz von Kindern und Jugendlichen (§ 42 SGB VIII)
2. Abschnitt: Schutz von Kindern und Jugendlichen in Familienpflege und Einrichtungen (§§ 44-49 SGB VIII)
3. Abschnitt: Mitwirkung in gerichtlichen Verfahren (§§ 50-52 SGB VIII)
4. Abschnitt: Beistandschaft, Pflegschaft und Vormundschaft für Kinder und Jugendliche, Auskunft über Nichtabgabe von Sorgeerklärungen (§§ 52a-58a SGB VIII)
5. Abschnitt: Beurkundung und Beglaubigung (§§ 59, 60 SGB VIII).

Grundsätzlich sind die »anderen Aufgaben« nicht als Sozialleistungen gemäß § 11 SGB I zu qualifizieren. Sie sind im Wesentlichen aufgrund des staatlichen Wächteramtes zu erfüllen und stehen nicht zur Disposition des Einzelnen.[1] Dies gilt jedoch nicht für alle »anderen Aufgaben«. So ist beispielsweise die Inobhutnahme nach § 42 SGB VIII sowohl Verpflichtung der öffentlichen Jugendhilfe im Rahmen der Gefahrenabwehr aufgrund des staatlichen Wächteramtes, sie enthält aber auch leistungsrechtliche Elemente, denn sie kann vom Kind bzw. Jugendlichen auch nach § 42 I S. 1 Nr. 1 SGB VIII erbeten werden.[2] Ebenfalls leistungsrechtliche Elemente haben die »anderen Aufgaben« nach §§ 52a SGB VIII und 53 SGB VIII.

§ 2 III SGB VIII benennt – verständlicherweise – die »anderen Aufgaben« nach dem SGB VIII. Andere Aufgaben der Kinder- und Jugendhilfe finden sich darüber hinaus auch im Rahmen

---

1 *Kunkel/Steffan*, in LPK-SGB VIII, § 2, Rn. 15.
2 Vgl. *Kunkel/Steffan*, in LPK-SGB VIII, § 2, Rn. 16.

der Beistandschaft nach §§ 1712 ff. BGB, im Adoptionsvermittlungsgesetz und im Unterhaltsvorschussgesetz.

Hinweis: Die Aufgaben des 2. Abschnitts sind solche, die im Zusammenhang mit Leistungen, speziell mit stationärer Hilfe zur Erziehung (§§ 33-35 SGB VIII) stehen. Sie sind daher bereits unter Kapitel XIV (Frage 83) und Kapitel XIX (Fragen 103-108) abgehandelt.

Wer erfüllt die »anderen Aufgaben der Jugendhilfe«?   113

Grundsätzlich nimmt der öffentliche Träger der Jugendhilfe die anderen Aufgaben wahr, § 3 III S. 1 SGB VIII. Soweit dies jedoch ausdrücklich bestimmt ist, können auch Träger der freien Jugendhilfe diese Aufgaben wahrnehmen oder mit ihrer Ausführung betraut werden, § 3 III S. 2 SGB VIII. Die Einzelheiten hierzu enthält § 76 SGB VIII. Demnach ist fünferlei bei einer Beteiligung freier Träger zu beachten:
1. Es muss sich um einen anerkannten freien Träger handeln (§ 75 SGB VIII). Hiermit wird in der Regel gewährleistet, dass der Träger auch geeignet ist, die Aufgabe wahrzunehmen.[3] Zusätzlich wird jedoch auch zu prüfen sein, ob der freie Träger in der Lage ist, die konkret wahrzunehmende andere Aufgabe organisatorisch und fachlich zu bewältigen (vgl. § 97 I SGB X).[4]
2. Die Beteiligung kann sich nicht auf alle Aufgaben des 3. Kapitels, sondern nur auf die in § 76 SGB VIII ausdrücklich genannten beziehen.
3. Möglich ist eine Beteiligung an der Durchführung oder eine Übertragung der Ausführung. Zur Beteiligung bzw. Übertragung der Aufgaben bedarf es eines Betrauensaktes, der in der Regel in Form eines öffentlich-rechtlichen Vertrages iSd § 53 SGB X erfolgen wird.[5]
4. Der öffentliche Träger bleibt für die Erfüllung der Aufgaben letztverantwortlich, §§ 76 II, 79 SGB VIII.
5. Für den Bereich der gesetzlichen Vertretung (Beistandschaft, Pflegschaft, Vormundschaft) gelten Besonderheiten. Hier ist bei Vormundschaft und Pflegschaft eine »Übertragung« gar nicht möglich. Nach dem Grundsatz der Subsidiarität haben die freien Träger Vorrang vor dem öffentlichen Träger (folgt aus den §§ 1791a, 1791b BGB). Die Beistandschaft dagegen ist vom Gesetz grundsätzlich als Amts-Beistandschaft konzipiert (vgl. §§ 1712 ff. BGB). Einem freien Träger kann diese Funktion nur übertragen werden, wenn Landesrecht dies vorsieht (Art. 144 EGBGB).

---

3   *Papenheim*, in LPK-SGB VIII, § 76, Rn. 11.
4   *Kunkel*, in LPK-SGB VIII, § 97, Rn. 11.
5   *Jung,* SGB VIII, § 76, Rn. 11.

Kapitel 6 Vorläufige Maßnahmen

XXII. Gefährdung und Inobhutnahme Minderjähriger

Literatur: *Th. Meysen/G. Schindler*: Schutzauftrag bei Kindeswohlgefährdung: Hilfreiches Recht beim Helfen, JAmt, 2004, 449; *E. Peter:* Die Inobhutnahme unbegleiteter ausländischer Minderjähriger, JAmt 2006, 60; *DJI (Deutsches Jugendinstitut): Handbuch Kindeswohlgefährdung nach § 1666 BGB und Allgemeiner Sozialer Dienst (ASD)*, 2006; *Th. Trenczek*: Inobhutnahme – Krisenintervention und Schutzgewährung durch die Jugendhilfe §§ 8a, 42 SGB VIII, 2008; *K. Beckmann*: Kinderschutz in öffentlicher Verantwortung, 2008; *E. Jordan (Hrsg.)*: Kindeswohlgefährdung – rechtliche Neuregelungen und Konsequenzen für den Schutzauftrag der Kinder- und Jugendhilfe, 2008; *S. Willutzki*: Kindschaftssachen im neuen FamFG – Ein Überblick, FPR 2009, 327; *W. Flemming*: Veränderte Anforderungen an das Jugendamt im familiengerichtlichem Verfahren, FPR 2009, 339; *H. Oberloskamp/J. Lewe*: Risikoeinschätzung bei möglicher Kindeswohlgefährdung – Umsetzung des § 8a SGB VIII im Kontext des FamFG, FPR 2009, 553; *K. Müller:* Aufgaben der Polizei bei Vernachlässigung, Misshandlung oder sexuellem Missbrauch von Kindern und Jugendlichen, FPR 2009, 561; *A. Hampe-Grosser*: Aufgaben des Jugendamtes beim Kinderschutz, FPR 2009, 564; *R. J. Wabnitz*: Landeskinderschutzgesetze – ein Überblick, ZKJ 2010, 49.

114 **Was ist eine Kindeswohlgefährdung und wie reagiert unser Recht auf sie?**

1. Die Begriffe»Kindeswohl«und»Kindeswohlgefährdung«kommen zwar an vielen Stellen verschiedenster Gesetze vor (z.B. § 1666 BGB, § 8a SGB VIII, § 42 SGB VIII), sie werden aber nirgendwo **definiert** oder wenigstens **umschrieben**. Es sind unbestimmte Rechtsbegriffe, die in jedem Einzelfall **individuell konkretisiert** werden müssen. Die Rspr. hat vor allem im Rahmen des § 1666 BGB versucht, abstrakt zu sagen, was darunter zu verstehen ist. Nach dem **BGH**,[1] dem darin allgemein gefolgt wird, liegt eine Kindeswohlgefährdung dann vor, wenn eine gegenwärtige oder zumindest unmittelbar bevorstehende Gefahr für die Kindesentwicklung abzusehen ist, die bei ihrer Fortdauer eine erhebliche Schädigung des körperlichen, geistigen oder seelischen Wohls des Kindes mit ziemlicher Sicherheit voraussehen lässt.[2] Auch hierbei handelt es sich wiederum um unbestimmte Rechtsbegriffe, die konkretisiert werden müssen. Das Kindeswohl kann beispielsweise gefährdet sein durch die missbräuchliche Ausübung des Sorgerechts oder durch Vernachlässigung des Kindes bzw. Jugendlichen.

2. In der Jugendhilfe sind die Mitarbeiter häufig mit Situationen konfrontiert, in denen sie sich fragen, ob eine Kindeswohlgefährdung schon vorliegt oder noch nicht. Im ersten Fall sind sie aufgerufen anders zu reagieren als im zweiten. In jedem Fall ergibt sich aus **§ 1 III Nr. 3 SGB VIII**, dass die Jugendhilfe Kinder und Jugendliche vor Gefahren für ihr Wohl zu schützen hat.

3. Obwohl diese Verpflichtung schon seit 1991 ausdrücklich im Gesetz steht und schon vorher aus Art. 6 II GG folgte, bestand in der Praxis viel Unsicherheit, wie mit potenziellen Gefährdungsfällen umzugehen ist. Die Folge war, dass Jugendämter sich nicht selten zu spät trauten, wirksam in Aktion zu treten. Dies wiederum hatte eine Reihe spektakulärer

---

1 BGH, FamRZ 1956, 350.
2 OLG Hamm v. 5.11.2004, FamRZ 2004, 1664.

Strafprozesse zur Folge. Der durch das KICK eingefügte § **8a SGB VIII** versucht erstmals, der Jugendhilfe klarere Instrumente an die Hand zu geben, damit die Adressaten zur rechten Zeit die angemessenen fachlichen Schritte tun. Die neue Vorschrift hat eine Welle von Aktivitäten in der Praxis ausgelöst, mit der das bisher eher stiefmütterlich behandelte Feld nunmehr systematisch erfasst und methodisch durchdrungen werden soll, damit kein gefährdetes Kind mehr »durch die Maschen fällt« und kein Sozialarbeiter bzw. Sozialpädagoge wegen unterlassener Hilfeleistung zur Verantwortung gezogen wird.

4. »Einstieg« für ein Handeln der Jugendhilfe ist das Bekanntwerden gewichtiger **Anhaltspunkte für eine Gefährdung** des Kindeswohls, § 8a I SGB VIII. Derartig gewichtige Anhaltspunkte können beispielsweise Verletzungen des Kindes sein, die nicht erklärbar sind, Hygienemängel, unzureichende Ernährung, nicht angemessene Bekleidung, aber auch Gewalttätigkeit in der Familie oder finanzielle Notlage der Familie. Das Gefährdungsrisiko ist dann unter Zusammenwirken mehrerer Fachkräfte abzuschätzen, die Personensorgeberechtigten/Erziehungsberechtigten sowie Kind bzw. Jugendlicher sollen hierzu in der Regel einbezogen werden. Ist das Jugendamt der Meinung, dass eine Gefährdung des Kindeswohls gegeben ist, wird es zur Abwendung der Gefährdung dem Personensorgeberechtigten bzw. dem Erziehungsberechtigten entsprechend Hilfen (insbesondere §§ 27 ff. SGB VIII – Hilfen zur Erziehung) anbieten. Hält das Jugendamt das Tätigwerden des Familiengerichts für erforderlich, so hat es das Familiengericht anzurufen, § 8a III SGB VIII. Dies gilt insbesondere wenn die Personensorgeberechtigten bzw. Erziehungsberechtigten zur Mitwirkung nicht bereit sind. Besteht eine dringende Gefahr und kann die Entscheidung des Familiengerichts nicht abgewartet werden, so ist das Jugendamt verpflichtet, das Kind oder den Jugendlichen in Obhut zu nehmen (§ 8 III S. 2 SGB VIII, § 42 I S. 1 Nr. 2 SGB VIII).

Was versteht das Gesetz unter einer Inobhutnahme?   115

Eine Inobhutnahme ist die vorläufige Unterbringung eines Kindes oder Jugendlichen bei einer anderen Person (z.B. Bereitschaftspflegestelle), in einer Einrichtung (z.B. Jugendschutzstelle) oder in einer sonstigen betreuten Wohnform (z.B. Wohngruppe oder betreutes Einzelwohnen) (§ 42 I SGB VIII). In der Zeit der Unterbringung erhält der Inobhutnehmende, also das Jugendamt, kraft Gesetzes gewisse elterliche Rechte – für das Wohl des Kindes zu sorgen und Rechtshandlungen vorzunehmen, die zum Wohl des Minderjährigen notwendig sind – (§ 42 II S. 3, 4 SGB VIII) und ist verpflichtet, Unterhalt und Krankenhilfe sicherzustellen (§ 42 II S. 3 SGB VIII).

Nach welchen gesetzlichen Vorschriften kann das Jugendamt ohne Einwilligung des Personensorgeberechtigten und ohne richterliche Anordnung für Minderjährige Schutzmaßnahmen ergreifen (Krisenintervention)?   116

1. Im Normalfall können Angelegenheiten der elterlichen Sorge von Nicht-Sorgerechtsinhabern – also auch vom Jugendamt – nur mit Zustimmung der Personensorgeberechtigten/ Erziehungsberechtigten als Inhaber der elterlichen Sorge erledigt werden.

2. Wenn die Personensorgeberechtigten/Erziehungsberechtigten Angelegenheiten der elterlichen Sorge nicht ordnungsgemäß erledigen, muss in der Regel das Familiengericht eingeschaltet werden, das sie entweder anstelle der Personensorgeberechtigten/Erziehungsberechtigten erledigt (§§ 1666 III, 1693 BGB – eher selten –) oder die Erledigung einem Vertreter (Pfleger, Vormund, § 1666 I: »erforderliche Maßnahme«) überträgt. Das Jugendamt hat das Recht, bei Gefährdung sogar die Pflicht (§ 8a III SGB VIII), eine solche Maßnahme herbeizuführen. Eine Entscheidung über eine solche Maßnahme kann auch als Eilanordnung (= einstweilige Anordnung) ergehen.

3. Nur in extrem dringenden Fällen, wenn familiengerichtliche Hilfe nicht rasch genug herbeigeführt werden kann, hat das Jugendamt eine direkte Eingriffsbefugnis. Gem. § 42 SGB VIII ist es verpflichtet, bei Gefahr in Verzug vorläufige Schutzmaßnahmen für das Kind/den Jugendlichen auch ohne Einwilligung des Personensorgeberechtigten/Erziehungsberechtigten und ohne richterliche Anordnung zu ergreifen. Dem Elternrecht ist dann allerdings in der Weise Rechnung zu tragen, dass die Personensorgeberechtigten/Erziehungsberechtigten zu informieren und um eine entsprechende Einwilligung zu bitten sind oder – falls die Personensorgeberechtigten/Erziehungsberechtigten mit ihrer Entscheidung das Kind/den Jugendlichen gefährden oder nicht zu erreichen sind – das Familiengericht anstelle der Personensorgeberechtigten/Erziehungsberechtigten zu entscheiden hat. Die Unterrichtung der Personensorgeberechtigten/Erziehungsberechtigten oder des Gerichts ist »unverzüglich«, d.h., ohne schuldhaftes Zögern, vorzunehmen (§ 42 III S. 1 SGB VIII). Dies beinhaltet – anders als im Abs. 5 – keine feststehende, sondern eine einzelfallbezogene Frist.

4. In § 42 I S. 1 SGB VIII sind drei Fälle geregelt:
– Das Kind/der Jugendliche bittet um Obhut (sog. Selbstmelder) (§ 42 I Nr.1 SGB VIII),
– eine dringende Gefahr für das Kind/den Jugendlichen erfordert die Inobhutnahme (§ 42 I Nr. 2 SGB VIII),
– ein ausländisches Kind/ausländischer Jugendlicher kommt unbegleitet nach Deutschland, wo sich kein Personensorge- oder Erziehungsberechtigter aufhält (§ 42 I Nr. 3 SGB VIII).

5. Außer § 42 SGB VIII befasst sich noch § 8 JuSchG mit der vorläufigen anderweitigen Unterbringung. Hiernach können Personen unter 18 Jahren, die sich an Orten aufhalten, an denen ihnen eine unmittelbare Gefahr für ihr körperliches, geistiges oder seelisches Wohl droht, durch die dafür zuständigen Behörden oder Stellen zum Verlassen des Ortes angehalten, den Erziehungsberechtigten zugeführt, oder – wenn diese nicht erreichbar sind – in die Obhut des Jugendamtes gebracht werden. § 8 JuSchG bezieht sich nur auf öffentliche Orte der Gefährdung. Jugendliche, die sich nicht an solchen Orten aufhalten, werden durch diese Bestimmung nicht geschützt.

6. Im Gegensatz zu § 8 JuSchG, der sich an »die zuständigen Behörden oder Stellen«, d.h. an Polizei und Ordnungsbehörden, wendet, ist Adressat von § 42 SGB VIII das Jugendamt. Nach § 8 JuSchG wird das Kind/der Jugendliche durch die zuständigen Behörden oder Stellen in die Obhut des Jugendamtes gegeben; in § 42 SGB VIII nimmt das Jugendamt selber in Obhut. Der Begriff der Inobhutnahme ist in beiden Gesetzen derselbe.

7. § 42 I S. 2 Hs. 1 SGB VIII spricht davon, dass die Inobhutnahme die Befugnis zur Unterbringung »umfasst«. Sie ist also nicht nur die Unterbringung selber. Rein logisch geht ihr – jedenfalls in der Nr. 2 (Gefährdung) – voraus, dass der Minderjährige von dem gefährdenden Ort entfernt wird. Da dieser Ort nicht näher präzisiert ist, kann es die Öffentlichkeit oder eine Institution oder eine Person sein. In Bezug auf Personen stellt § 42 I S. 2 Hs. 2 SGB VIII noch einmal unmissverständlich klar, dass die Wegnahme der Unterbringung vorausgeht. Die Vorschrift macht keine Unterscheidung, wer die Person ist, ob nur eine fremde oder auch der Personensorgeberechtigte. Das Jugendamt hat also auch die Befugnis, den Eltern bei dringender Gefahr das Kind/den Jugendlichen »aus den Armen zu reißen«. Dies darf das Jugendamt allerdings nicht unter Anwendung unmittelbaren Zwangs, denn hierzu ist es nicht befugt. Hier müssen nach § 8a VI SGB VIII, § 42 VI SGB VIII die anderen zuständigen Stellen eingeschaltet werden, also insbesondere die Polizei.

Wie ist das Verhältnis der Inobhutnahme rechtlich ausgestaltet?   **117**

1. Neben den in Frage 115 genannten Pflichten und Rechte des Jugendamtes, die sich an die elterliche Pflichten und Rechte anlehnen, gibt es Verpflichtungen, die aus der vorläufigen Unterbringung resultieren. Das Jugendamt hat
– mit dem Kind/dem Jugendlichen die Situation zu klären (Abs. 2 S. 1),
– ihm Hilfe anzubieten (Abs. 2 S. 1),
– ihm Gelegenheit zu geben, eine Person seines Vertrauens zuzuziehen (Abs. 2 S. 2),
– die Eltern oder Erziehungsberechtigten zu benachrichtigen (Abs. 3 S. 1),
– und bei deren fehlender Kooperationsbereitschaft das Familiengericht einzuschalten (Abs. 3 S. 2).

2. In Ergänzung zu den quasi-elterlichen Befugnissen und Pflichten stellt sich die Frage, ob das Kind/der Jugendliche eingeschlossen oder sonst wie seiner Freiheit beraubt werden darf. Die Praxis spricht von **geschlossener Unterbringung**, das Gesetz von Freiheit entziehenden Maßnahmen (Abs. 6). Die Befugnis zur Inobhutnahme ermächtigt nicht automatisch zu einer solchen Unterbringung, die eine freiheitsentziehende Maßnahme ist. Eine solche ist jedoch zulässig, wenn eine Gefahr für Leib und Leben des Kindes/Jugendlichen oder Dritter droht, §§ 42 V S. 1 SGB VIII. Art. 19 I GG verlangt, dass nachkonstitutionelles Recht (z.B. das SGB VIII), wenn es Grundrechte einschränken will – hier Art. 2 II S. 2 und Art. 11 GG –, diese Grundrechte ausdrücklich benennt. Dies geschieht in Art. 20 der Schlussvorschriften des SGB VIII. Wird ein Kind/Jugendlicher in zulässiger Weise geschlossen untergebracht, so hat das Jugendamt spätestens mit Ablauf des Tages nach ihrem Beginn eine gerichtliche Entscheidung einzuholen. Andernfalls ist die Unterbringung zu beenden, § 42 V S. 2 SGB VIII.

Diese Regelung entspricht Art. 104 II GG, der lautet:»Über die Zulässigkeit und Fortdauer einer Freiheitsentziehung hat nur der Richter zu entscheiden. Bei jeder nicht auf richterlicher Anordnung beruhenden Freiheitsentziehung ist unverzüglich eine richterliche Entscheidung herbeizuführen. Die Polizei darf aus eigener Machtvollkommenheit niemanden länger als bis zum Ende des Tages nach dem Ergreifen in eigenem Gewahrsam halten. Das Nähere ist gesetzlich zu regeln.«

3. Der Akt der Inobhutnahme ist eine »andere Aufgabe« der Jugendhilfe iSd § 2 III SGB VIII, da sie einen Eingriff in das elterliche Sorgerecht darstellt. Sie ist ein Verwaltungsakt, der mit den Mitteln des Verwaltungsrechts (Widerspruch, Anfechtungsklage) angegriffen werden kann. Die Inobhutnahme ist nur eine vorläufige Maßnahme. Ihr folgt die Rückgabe des Kindes/Jugendlichen an die Erziehungsberechtigten oder die Gewährung von Hilfen zur Erziehung, die eine Leistung darstellt.

4. Nicht nur die sich der Inobhutnahme anschließende Unterbringung, sondern bereits der hoheitliche Akt der Inobhutnahme kann durch einen freien Träger ausgeführt werden, wenn er dazu gem. § 76 SGB VIII ermächtigt ist.

Welche Änderungen für die Jugendämter ergeben sich durch das Gesetz über   **118**
das Verfahren in Familiensachen und in den Angelegenheiten der freiwilligen
Gerichtsbarkeit (FamFG)?

Das Familienverfahrensrecht ist durch das FamFG (in Kraft getreten zum 1.9.2009, Gesetz vom 17.12.2008, BGBl. I, S. 2586) vollständig neu geregelt worden. Dies betrifft insbesondere auch die kindschaftsrechtlichen Verfahren, die nunmehr in den §§ 151 ff. FamFG geregelt sind. Hervorzuheben ist hierbei die Abschaffung der Vormundschaftsgerichte zugunsten der »großen« Familiengerichte, die gestärkte Rolle der Jugendämter (vgl. § 162 II FamFG), das allgemeine Vorrang- und Beschleunigungsgebot (§ 155 I FamFG), die Anordnung einer Erziehungsberatung durch das Familiengericht (§ 156 I FamFG) und das Hinwirken auf einvernehmliche Lösungen durch das Gericht (§ 156 FamFG). Hinzu kommt die »Umbenennung« des Verfahrenspflegers in Verfahrensbeistand, § 158 FamFG, sowie eine Ausweitung seiner Aufgaben.

119 Welchen Inhalt haben die Landeskinderschutzgesetze?

Die Landeskinderschutzgesetze haben in den Bundesländern unterschiedliche Regelungsinhalte. Während z.b. das Gesetz zur Weiterentwicklung und Verbesserung des Schutzes von Kindern und Jugendlichen in Schleswig-Holstein (Kinderschutzgesetz, verkündet als Art. 2 des Gesetzes vom 29.5.2008, GVOBl. SH, S. 270) einen breiten, auch präventiven Ansatz verfolgt, sehen andere Länder den Inhalt ihres Kinderschutzgesetzes auf die Festlegung der Verpflichtung zur Teilnahme an den Früherkennungsuntersuchungen beschränkt (so das Gesetz zum präventiven Schutz der Gesundheit von Kindern und Jugendlichen in Baden-Württemberg – Kinderschutzgesetz Baden-Württemberg vom 3.3.2009, GVBl. Ba-Wü I, S. 82). Die Landesgesetze können allerdings insgesamt nur flankierende Bedeutung haben, da insoweit das SGB VIII entscheidend ist.

Kapitel 7 Rechtliche Fürsorge durch Vormundschaft, Pflegschaft und Beistandschaft

XXIII. Vormundschaft und Pflegschaft

Literatur: *F. Kaufmann:* Das Jugendamt als Vormund und als Sozialleistungsbehörde – Probleme der Doppelfunktion, DAVorm 1998, 481; *F. Kaufmann:* Das Vormundschaftsgericht als Erzieher – Konflikte zwischen Vormund und Vormundschaftsgericht wegen der Reichweite der Aufsicht –, DAVorm 1999, 335; *K. Petersen:* Bestellte Amtsvormundschaften und Amtspflegschaften: Möglichkeiten einer am Mündel orientierten Praxisentwicklung, Forum Erziehungshilfen 1999, 4; *G. Zenz:* Zusammenführung von Amtsvormundschaft und Beistandschaft in einer eigenständigen Interessenvertretungsbehörde, ZfJ 2002, 457; *P. Hansbauer u.a.:* Perspektiven der Vormundschaft. Erste Ergebnisse ..., JAmt 2002, 229; *G. Zenz:* Kontakt, Kontinuität, Kompetenz und Interessenvertretung ohne Interessenkonflikt, JAmt 2002, 222; Institut für Soziale Arbeit: Reformbedarf bei Amtsvormundschaften, Mangel an fachlichen Standards und verlässlicher Betreuung, JAmt 2004, 228; *B. Hoffmann:* Strafrechtliche Verantwortung von Amtsvormündern bzw. -pflegern wegen Unterlassens, ZKJ 2007, 389; *L. Salgo/G. Zenz:* (Amts-)Vormundschaft zum Wohle des Mündels – Anmerkungen zu einer überfälligen Reform, FamRZ 2009, 1378; *B. Hoffmann:* FamFG und Vormundschaft: Mögliche Auswirkungen auf die Tätigkeit von Vormündern und Pflegern, JAmt 2009, 413; *P. Kunkel:* Amtsvormund (-pfleger, -beistand) im Gehäuse des Datenschutzes von SGB bis FamFG; ZKJ 2010, 262; *H. Oberloskamp (Hrsg.):* Vormundschaft, Pflegschaft und Beistandschaft für Minderjährige, 3. Aufl., München 2010; M. Kohler: Vom Umgang mit der Umgangspflegschaft, JAmt 2010, 226; *A. Dressler:* Zur Notwendigkeit der Bestellung eines Ergänzungspflegers in Abstammungssachen nach dem FamFG, Rpfleger 2010, 297.

Welche Funktion haben Vormundschaft, Pflegschaft und Beistandschaft? `120`

Vormundschaft und Pflegschaft sind Rechtsinstitute, die die elterliche Sorge ganz (§ 1773 BGB) oder teilweise (§ 1909 BGB) ersetzen; Beistandschaft dagegen tritt in einem Teilbereich neben die elterlichen Sorge, ohne sie zu verdrängen (§ 1716 BGB). Alle drei »Rechtsfiguren« beinhalten gesetzliche Vertretung.

Welche Typen von Vormundschaft/Pflegschaft/Beistandschaft gibt es? `121`

Es gibt die Einzelvormundschaft, die Vereinsvormundschaft und die Amtsvormundschaft. Das BGB betrachtet die Einzelvormundschaft, (§§ 1773 ff. BGB) als den Regelfall, Vereinsvormundschaft (§ 1791a BGB) und Amtsvormundschaft (§§ 1791b-c BGB) nur als subsidiäre Formen der gesetzlichen Vertretung. Amtsvormundschaften können von den Jugendämtern (=Regelfall), Sozial- und Gesundheitsämtern geführt werden. Wenn eine geeignete Einzelperson nicht vorhanden ist und einem Verein die Aufgabe angetragen wird, kann er diese übernehmen oder verweigern (§ 1791a I S. 2 Hs. 2 BGB). Das Jugendamt dagegen muss die Vormundschaft annehmen. Für die **Pflegschaft** gilt Entsprechendes.

Die **Beistandschaft** dagegen ist aus dieser Subsidiaritätsregelung herausgenommen. Beistand ist grundsätzlich das Jugendamt (vgl. § 1712 BGB). Anderes ist nur möglich, wenn Landesrecht vorsieht, dass diese Aufgabe mit Zustimmung des gesetzlichen Vertreters auf freie Träger (Vereine) übertragen werden kann (Art. 144 EGBGB). In NRW ist dies nicht der Fall, dagegen wohl in Bayern (Art. 61 AGSG).

122 **Welche Arten der Vormundschaft gibt es und in welchen Fällen treten sie ein?**

1. Bestellte Vormundschaft (Einzelvormundschaft, §§ 1773 ff. BGB; Vereinsvormundschaft, § 1791a BGB; Amtsvormundschaft, § 1791b BGB iVm § 55 SGB VIII).

1.1 Die bestellte Vormundschaft entsteht durch Anordnung (=Beschluss) des Familiengerichts. Bei entsprechendem Bedarf (§ 1773 BGB) ist von Amts wegen ein Vormund zu bestellen, § 1774 S. 1 BGB.

1.2 Die Fälle, in denen ein Vormund bestellt werden muss, sind die Folgenden:

a) Minderjähriger, dessen gemeinsam sorgeberechtigten Eltern beide tot sind oder dessen allein sorgeberechtigter Elternteil tot ist, § 1773 I Alt.1 BGB (Beachte für Letzeres aber § 1680 II BGB).

b) Minderjähriger, dessen sorgeberechtigten Eltern oder dessen allein sorgeberechtigter Elternteil die elterliche Sorge verloren haben/hat (§ 1773 I Alt. 2 BGB)
   – durch Entzug, § 1666 BGB,
   – aufgrund Regelung bei Trennung oder Scheidung, § 1671 III BGB.

c) Minderjähriger, bei dem die elterliche Sorge beider Elternteile oder des allein sorgeberechtigten Elternteils ruht (§ 1773 I Alt. 2 BGB)
   – wegen tatsächlicher Verhinderung, §§ 1674, 1675 BGB,
   – wegen rechtlicher Verhinderung, §§ 1673, 1675 BGB (Ausnahme bei Minderjährigkeit, s.u. unter 2.).

d) Bei nicht zu ermitteln dem Familienstand, wenn weder Vater noch Mutter feststellbar sind (frühere Bezeichnung: Findelkind), was bei der Abgabe in der Babyklappe oder bei anonymer Geburt der Fall sein kann, aber auch bei minderjährigen, unbegleiteten Flüchtlingen, § 1773 II BGB.

2. Gesetzliche Vormundschaft (Amtsvormundschaft, § 1751 I S. 2 BGB; § 1791c BGB; § 55 SGB VIII).

2.1 Die gesetzliche Vormundschaft tritt automatisch bei Vorliegen bestimmter, in den jeweiligen Vorschriften genau beschriebenen Fällen ein. In diesen Fällen sieht das Gesetz vor, dass das Jugendamt (und nur dieses) Amtsvormund wird. Bestand vorher eine Pflegschaft und ist eine Vormundschaft nötig geworden, so verwandelt sich die Pflegschaft automatisch in eine Vormundschaft (§ 1791c II BGB; was seit der Neuregelung im Jahr 1998 sehr selten vorkommt).

2.2 Die Fälle, in denen eine Amtsvormundschaft eintritt, sind die Folgenden:

a) Minderjähriges Kind, dessen Eltern (Mutter) gem. § 1747 BGB in seine Adoption eingewilligt haben. Die Vormundschaft tritt automatisch ein mit Zugang der notariell beurkundeten Einwilligungserklärung bei Gericht, § 1750 BGB. Sie tritt nicht ein, wenn das Kind schon unter Vormundschaft stand.

b) Minderjähriges Kind einer bei Geburt des Kindes minderjährigen unverheirateten Mutter, wenn der Vater keine Sorgeerklärung abgegeben hat. Die Vormundschaft tritt automatisch ein mit der Geburt, § 1791c I S. 1 BGB, oder der rechtskräftigen Vaterschaftsanfechtung, § 1791c I S. 2 BGB. Die gesetzliche Vormundschaft tritt hingegen nicht ein, wenn schon vor der Geburt ein Vormund bestellt war, § 1791c I S. 1 HS. 2 BGB.

Zu a-b: Die Amtsvormundschaft gem. § 1791c BGB muss wegen des Subsidiaritätsprinzips durch Einzelvormundschaft abgelöst werden, wenn ein geeigneter Einzelvormund oder Vereinsvormund zur Verfügung steht und das dem Kindeswohl nicht entgegensteht, §§ 1887,

1889 II BGB. Ob dies auch für den Adoptionsvormund der Fall ist, ist streitig. Zu wünschen wäre es evtl. in den Konstellationen, in denen das Kind durch eine Adoptionsvermittlungsstelle in freier Trägerschaft vermittelt wird.

Welche Arten der Pflegschaft für Minderjährige gibt es, und in welchen Fällen treten sie ein?   **123**

1. Das Gesetz sieht die Pflegschaft kraft einer familiengerichtlichen Anordnung vor. Dabei kann man zunächst einmal zwischen der Einzelpflegschaft, §§ 1909, 1915 iVm 1773 ff. BGB; der Vereinspflegschaft, §§ 1909, 1915 iVm 1791a BGB und der Amtspflegschaft, §§ 1909, 1915 iVm 1791b BGB iVm § 55 SGB VIII unterscheiden. Inhaltlich sind folgende Pflegschaften vorgesehen:

a) **Ergänzungspflegschaft**, § 1909 I BGB
  – rechtliche oder tatsächliche Verhinderung an der Besorgung bestimmter Angelegenheiten bei Eltern oder Vormund, §§ 1629 II, 1795 I, 1795 II iVm §§ 181, 1796 BGB
  – Entzug der elterlichen Sorge bei einem Elternteil und nur teilweiser Eignung des anderen Elternteils, §§ 1666, 1680 I S. 2 BGB
  – Gefährdung des Kindesvermögens, § 1666 I BGB
  – Anderes religiöses Bekenntnis des Vormunds als das Kind, § 1801 BGB
  – Pflegeperson mit der Stellung eines Pflegers zur Ausübung von Angelegenheiten der elterlichen Sorge für das Kind, das sich längere Zeit in Familienpflege befindet (auf Antrag der Eltern oder Pflegeperson), § 1630 III BGB.

b) **Umgangspflegschaft** § 1684 III S. 3 BGB. Wird die Ausübung des Umgangsrechts durch einen Elternteil dauerhaft und wiederholt verletzt, kann eine Umgangspflegschaft mit dem Ziel der Organisation des Umgangs durch das FamFG bestellt werden. § 1684 III setzt unterhalb der Schwelle des § 1666 BGB an und gibt dem Umgangspfleger einen Anspruch auf Herausgabe des Kindes und ein beschränktes Aufenthaltsbestimmungsrecht.

c) **Ersatzpflegschaft**, § 1909 III BGB
  – Vorliegen der Voraussetzungen für die Anordnung einer Vormundschaft, jedoch nicht durchgeführte Bestellung eines Vormunds.

d) **Pflegschaft für eine Leibesfrucht**, § 1912 BGB
  – zur Wahrung der künftigen Rechte eines gezeugten, aber noch nicht geborenen Kindes, soweit ein Fürsorgebedürfnis besteht (nicht gegeben, wenn künftig sorgeberechtigte Eltern oder vorgeburtliche Beistandschaft oder Nachlasspflegschaft oder Testamentsvollstreckung möglich ist); nur noch ein ganz kleiner Anwendungsbereich.

e) **Pflegschaft für unbekannte Beteiligte: Abwesenheitspflegschaft**, § 1913 BGB*.

d) **Nachlasspflegschaft**, §§ 1960 ff. BGB*.

2. Gesetzliche Pflegschaft
Bis zum 30.6.1998 gab es das Rechtsinstitut der (unfreiwilligen) gesetzlichen Pflegschaft für nicht eheliche Kinder. Dieses ist weggefallen. An seine Stelle ist die freiwillige Beistandschaft getreten (siehe ab Frage 126).

---

* Die mit einem Stern gekennzeichneten Pflegschaften kommen auch für Erwachsene vor.

124 **Wie werden Einzelpersonen, Vereine und Jugendämter bestellter Vormund bzw. Pfleger?**

1. **Einzelperson:** Durch Beschluss des Familiengerichts, der der Mitwirkung des Vormunds bedarf (Verpflichtung zu treuer und gewissenhafter Führung). Äußeres Zeichen: Handschlag an Eides Statt (keine Wirksamkeitsvoraussetzung), § 1789 BGB. Als Ausweis erhält der Vormund eine Bestallung (nur deklaratorische Wirkung), § 1791 BGB.
2. **Verein:** Durch schriftliche Verfügung, § 1791a II BGB.
3. **Jugendamt:** Bei einer bestellten Vormundschaft (gerichtliche Entscheidung) wird das Jugendamt durch den wirksamen Beschluss zum Vormund, § 1791b II BGB, bei der gesetzlichen Vormundschaft wird das Jugendamt durch das Vorliegen der Voraussetzungen, ohne dass es einer gerichtlichen Feststellung bedarf, automatisch Amtsvormund.

125 **Wer übt Vormundschaft bzw. Pflegschaft bei Vereinen und Jugendämtern aus?**

1. **Verein:** Der Vorstand überträgt die Führung der Vormundschaft auf einzelne Mitglieder des Vereins oder Mitarbeiter, § 1791a II BGB. Bei den Mitgliedern kann es sich um Vorstandsmitglieder, Beauftragte iSd § 30 BGB oder schlichte Mitglieder handeln.
2. **Jugendamt:** Der Leiter des Jugendamts (§§ 55, 70 II SGB VIII) überträgt die Führung der Vormundschaft/Pflegschaft einzelnen seinen Beamten oder Angestellten (§ 55 II SGB VIII).
3. **In beiden Fällen** bleibt trotz der Übertragung das Jugendamt bzw. der Verein Vormund. Deshalb muss z.B. gem. § 1909 I BGB ein Ergänzungspfleger wegen rechtlicher Verhinderung bestellt werden, wenn das Jugendamt als Vormund ein Rechtsgeschäft zwischen zwei von ihm vertretenen Mündeln abschließen will, auch wenn verschiedene Sozialarbeiter für sie zuständig sind, §§ 1795 II, 181 BGB.

126 **Welche Unterschiede bestehen zwischen Amts- und Vereinsvormundschaft einerseits und Einzelvormundschaft andererseits?**

1. Die Einzelvormundschaft kann eine sogenannte befreite Vormundschaft sein. Das bedeutet größere Freiheit des Vormunds hinsichtlich bestimmter Rechtsgeschäfte und Handlungen insbesondere bei der Vermögensverwaltung, der Vormund wird von bestimmten gesetzlichen Verpflichtungen befreit, §§ 1852 ff. BGB. Die Amts- und Vereinsvormundschaft ist immer »befreit«, § 1857a BGB, § 56 I S. 1 SGB VIII.
2. Einem Einzelvormund kann ein Gegenvormund bestellt werden. Dies dient der Kontrolle des Vormunds bei einer Vermögensverwaltung größeren Umfangs, § 1792 I S. 1 BGB, bei dem Jugendamt als Vormund ist dies nicht möglich, § 1792 I S. 2 BGB iVm § 56 I SGB VIII. Ein Verein als Vormund kann einen Gegenvormund erhalten, jedoch ist der Verein vor der Bestellung zu hören, § 1791a IV BGB.
3. Der Einzelvormund steht unter der Aufsicht des Familiengerichts, § 1837 II S. 1 BGB. Dieses kann ihn unter Festsetzung eines Zwangsgeldes zur Befolgung von Anordnungen anhalten, § 1837 III BGB. – Ordnungsstrafen kommen bei Jugendamt und Verein nicht in Betracht, § 1837 II S. 2 BGB. – Die Anwendung der §§ 1666, 1666a BGB VIII sowie des § 1696 BGB dagegen ist auf alle Arten von Vormündern möglich, § 1837 IV BGB.
4. Der Einzelvormund soll dem religiösen Bekenntnis des Mündels angehören, § 1801 I BGB; Einzelvormund, Verein und Jugendamt müssen alle bei einer Unterbringung des Mündels auf dessen Bekenntnis Rücksicht nehmen, § 1801 II BGB iVm § 56 I SGB VIII.

5. Der Einzelvormund kann bei größeren Aufwendungen Vorschuss oder Ersatz (§ 1835 BGB), bei geringfügigen Aufwendungen eine Aufwandsentschädigung (§ 1835a BGB) verlangen. Diese sind aus dem Vermögen des Mündels oder bei dessen Mittellosigkeit aus der Staatskasse zu bezahlen (§§ 1835 IV, 1835a III BGB). Wenn die Vormundschaft berufsmäßig (mehr als 10 Vormundschaften oder mehr als 20 Wochenstunden, §§ 1836 I S. 2 BGB und § 1 I VBVG) geführt wird und dies bei Bestellung des Vormunds festgestellt worden ist, so ist dem Vormund aus dem Vermögen des Mündels oder aus der Staatskasse eine Vergütung zu bewilligen (§§ 1836 I S. 2, 1836a BGB). Weitere Einzelheiten regelt das VBVG. Dem Jugendamt und dem Verein kann nur Aufwendungs-ersatz (kein Vorschuss, keine Aufwandsentschädigung, keine Vergütung) bewilligt werden (§§ 1835 V, 1835a V, 1836 IV BGB). Dem Jugendamt und dem Verein steht eine Vergütung nicht zu (§ 1836 IV BGB), ein Ausla-genersatz nur dann, wenn das Mündelvermögen ausreicht (§ 1835 V S. 1 BGB). Allgemeine Verwaltungskosten werden nicht ersetzt, §§ 1835 IV BGB, 56 SGB VIII.
6. Alle Vormünder haben das Vermögen des Mündels verzinslich anzulegen, §§ 1806 ff. BGB. Das Jugendamt kann das Mündelgeld auch mit Genehmigung des Familiengerichts auf Sammelkonten des Jugendamts sowie bei der Körperschaft, die das Jugendamt errichtet hat, anlegen (§ 56 III SGB VIII).
7. Das Jugendamt hat den Einzelvormund zu beraten und zu unterstützen (§ 53 II SGB VIII) sowie zu überwachen (§ 53 III SGB VIII).
Es hat idR jährlich zu prüfen, ob seine Entlassung (als Amtsvormund/Amtspfleger) und die Bestellung einer Einzelperson oder eines Vereins angezeigt ist (§ 56 IV SGB VIII).
Vereine werden nicht vom Jugendamt überwacht, weil ein Verein nur dann zum Vormund bestellt werden kann, wenn er vom Landesjugendamt für geeignet erklärt worden ist, §§ 1791a BGB, 54 SGB VIII.

XXIV. Beistandschaft

Literatur: *H. Oberloskamp/P. Chr. Kunkel:* § 19; *I. Baer:* Die Beistandschaft für ausländische Kinder, DAVorm 1998, 491; *Gawlitta:* Die neue Beistandschaft als Mogelpackung?, ZfJ 1998, 156; *Th. Lakies:* Die Beistandschaft für Kinder von Alleinsorgeberechtigten (§§ 1723 bis 1717 BGB), JHilfe 1998, 276; *Chr. Wolf:* Beistandschaft statt Amtspflegschaft, Kind-Prax 1998, 40; *Chr. Wolf:* Beratung und Unterstützung nach § 52a SGB VIII, DAVorm 1998, 883; *A. Roth:* Die rechtliche Ausgestaltung der Beistandschaft, Kind-Prax 1998, 12; *A. Roth:* Das Jugendamt als Beistand – Vertreter des Kindes oder Beauftragter der Mutter, Kind-Prax 1998, 148; *W. Rüting:* Beistandschaft – ein wichtiger Sensor für soziale Bedarfslagen im niederschwelligen Beratungssektor, JAmt 2004, 223; *B. Mix:* Beistandschaft im Wandel, JAmt 2005, 279, *W. Rüting:* Entwicklungstendenzen in der Beistandschaft, Kind-Prax 2005, 168

Was ist eine Beistandschaft im Sinne des BGB?   **127**

1. Die Beistandschaft nach §§ 1712 ff. BGB beinhaltet gesetzliche Vertretung des Kindes (s.o. Frage 120) in bestimmten Angelegenheiten (Feststellung der Vaterschaft, Geltend-machen von Unterhalt) im Fall eines allein sorgeberechtigte Elternteils (§ 1712 BGB). Sie dient der Unterstützung des allein erziehenden Elternteils bei der Geltendmachung von Rechten des Kindes. Sie schränkt die elterliche Sorge nicht ein (§ 1716 S. 1 BGB). Beistand und Elternteil sind also nebeneinander handlungsbefugt. Lediglich wenn der Beistand für das Kind prozessiert, ist er allein vertretungsbefugt (§ 173 FamFG). Beistandschaft ist nur möglich für Kinder, die ihren gewöhnlichen Aufenthalt in Deutschland haben (§ 1717 BGB).

Sie kann auch schon vor der Geburt des Kindes eingeleitet werden. Ist die Antragstellerin volljährig, so bleibt die Beistandschaft auch nach der Geburt bestehen (§ 1713 I BGB); ist sie minderjährig oder geschäftsunfähig, so endet die Beistandschaft mit der Geburt, weil dann die gesetzliche Amtsvormundschaft Vorrang hat (§§ 1791c, 1713 II BGB).
2. Die Beistandschaft tritt kraft Gesetzes ein, wenn der Alleinsorgeberechtigte dies schriftlich»beantragt« (§ 1712 BGB). Der Antrag ist keiner im rechtstechnischen Sinn, weil er nicht beschieden werden muss. Die Rechtsfolge»Beistandschaft« folgt im gewünschten Umfang (§ 1712 II BGB) automatisch, wenn der geäußerte Wunsch dem Jugendamt zugegangen ist. Die Beistandschaft endet auf schriftlichen Antrag des Antragstellers und wenn der Antragsteller die vom Gesetz geforderten Voraussetzungen nicht mehr erfüllt (z.b. es besteht in der Folgezeit gemeinsame elterliche Sorge). Das Familiengericht hat keinerlei Befugnis, einen Beistand zu kontrollieren. Kontrolle ist jedoch durch die Anstellungskörperschaft möglich.

128   **Was ist der Unterschied zwischen einer Beistandschaft im Sinne des BGB und einer solchen im Sinne des SGB VIII?**

1. Eine Beistandschaft des BGB ist gesetzliche Vertretung (§ 1716 BGB), eine solche des SGB VIII reine Erziehungshilfe (§§ 27, 30 SGB VIII), ohne Vertretungsbefugnisse.
2. Beide Beistandschaften müssen beantragt werden, wobei der Antrag nach SGB VIII abgelehnt werden kann (= Verwaltungsakt), über den nach BGB dagegen gar nicht entschieden wird, weil die Rechtsfolge kraft Gesetzes (automatisch) eintritt.
3. Beistand im Sinne des BGB ist in der Regel das Jugendamt, allenfalls nach Landesrecht ein freier Träger, nie eine Einzelperson. Der Beistand nach SGB VIII muss immer eine Einzelperson (hauptamtlich oder ehrenamtlich) sein, auch wenn sie in irgendeiner Form an das Jugendamt oder einen freien Träger angebunden ist.

Kapitel 8 Mitwirkung in Gerichtsverfahren

XXV. Mitwirkung in Verfahren vor den Familiengerichten

Literatur: *Knappert*:»Wenn ein Elternteil nicht will, kann man nichts machen!«Welche Chancen bietet das Kindschaftsrechtsreformgesetz für Jugendämter und Familiengerichte, der bisher so erfolgreichen»Kopf-Schüttel-Strategie«eines Elternteils ein Ende zu setzen?, Kind-Prax 1998, 46; *S. Willutzki*: Zur Kooperation von Jugendhilfe und Justiz, Kind-Prax 1998, 135; *R. Wabnitz*: Mitwirkung der Jugendhilfe im familiengerichtlichen Verfahren. Rechtsgrundlagen, Aufgaben und Selbstverständnis, ZfJ 2000, 336; *R. Wiesner*: Zur gemeinsamen Verantwortung von Jugendamt und Familiengericht für die Sicherung des Kindeswohls, ZfJ 2003, 1219; *J. Münder*: Verhältnis zwischen Hilfen nach dem SGB VIII und familiengerichtlichen Maßnahmen nach § 1666 BGB, FPR 2003, 280; *W. Röchling*: Die Stellung des Jugendamtes im familiengerichtlichen Verfahren, ZfJ 2004, 257; *H. Oberloskamp*: Rechtlicher Schutz für Kinder bei häuslicher Gewalt, ZfJ 2004, 267; *B. Hoffmann*: Mitwirkung des Jugendamtes in familiengerichtlichen Verfahren und Leistungen der Jugendhilfe insbesondere bei Sorgerechts- und Umgangskonflikten, FF 2006, 127; *Oberloskamp/Borg-Laufs/Wutke*: Gutachtliche Stellungnahmen in der Sozialen Arbeit, 7. Auflage, Neuwied 2009, *W. Flemming*: Veränderte Anforderungen an das Jugendamt im familiengerichtlichen Verfahren, FPR 2009, 339; *Th. Trenczek*: Familiengerichtliches Verfahren und Mitwirkung der Jugendhilfe nach dem FGG-Reformgesetz; ZKJ 2009, 97; *I. Rieger:* Das neue FamFG – Zur Rolle des Jugendamts – Kompetenzzuwachs oder Überforderung, ZKJ 2009, 312; *K. Lack:* Die Beteiligtenstellung des Jugendamtes in Kindschaftssachen, ZKJ 2010, 189; *R. Proksch:* Förderung von Einvernehmen in streitigen Kindschaftssachen nach FamFG, JAmt 2010, 215.

In welchen Fällen hat das Jugendamt die Pflicht mit dem Familiengericht (FamG) zu kooperieren?   **129**

- Unterstützung des Familiengerichts bei Maßnahmen, die die Sorge für die Person des Minderjährigen betreffen (§ 50 I S. 1 SGB VIII).
- Mitwirkung im FamG-Verfahren und in Angelegenheiten der freiwilligen Gerichtsbarkeit gem. § 50 I S. 2, II SGB VIII):
  - Kindschaftssachen,
  - Abstammungssachen,
  - Adoptionssachen,
  - Wohnungszuweisungssachen,
  - Gewaltschutzsachen.
- Herbeiführen einer Entscheidung nach Inobhutnahme eines Minderjährigen (§ 42 III S. 3 Nr. 2 SGB VIII).
- Herbeiführen einer Entscheidung nach Herausnahme eines Minderjährigen bei einer anderen Person (§ 42 I S. 2 HS 2 SGB VIII).
- Anrufung des Gerichts zur Abwendung einer Gefährdung des Kindeswohls (§ 8a III SGB VIII iVm §§ 1632 IV, 1671 III, 1684 IV S. 2 BGB).
- Fachliche (gutachterliche) Äußerung bei der Adoptionsvermittlung (§ 189 FamFG).
- Vermittlung und Hilfestellung bei der Ausführung gerichtlicher Umgangsregelungen, § 18 III S. 4 SGB VIII.

- Unterstützung bei der Vollstreckung von Herausgabe- und Umgangsentscheidungen bei Minderjährigen gem. § 88 II FamFG.
- Vorschlag von Personen und Vereinen, die sich zum Vormund oder Pfleger eignen (§ 53 I SGB VIII).
- Mitteilung über die Nichtabstellung von Mängeln bei der Führung von Vormundschaft/ Pflegschaft (§ 53 III S. 3 SGB VIII).
- Auskunftserteilung über das persönliche Ergehen und die Entwicklung eines Mündels (§ 53 III S. 4 SGB VIII).
- Anzeige der Gefährdung des Mündelvermögens (§ 53 III S. 5 SGB VIII).
- Jährliche Überprüfung und Mitteilung, ob das Jugendamt als Vormund/Pfleger abgelöst werden kann (§ 56 IV SGB VIII).
- Auskunft und Rechnungslegung, wenn das Jugendamt Vormund oder Pfleger ist (§§ 1839, 1840 BGB, zur Befreiung von der Rechnungslegungspflicht: § 1857 a, § 1854 BGB).

130 In welchen Fällen hat das Familiengericht (FamG) die Pflicht mit dem Jugendamt (JA) zu kooperieren?

Während das Jugendamt die Pflicht hat an Verfahren vor dem Familiengericht mitzuwirken, korrespondieren hierzu Anhörungs- und Beteiligungsrecht, die das FamG zu beachten hat.
- Anhörung des JA gem. § 162 I FamFG in Kindschaftssachen.
- Anhörung des Jugendamts gem. § 176 FamFG in Abstammungssachen.
- Ggf. Anhörung des JA gem. § 194 FamFG in Adoptionssachen.
- Anhörung des JAs gem. § 205 FamFG in Wohnungszuweisungssachen.
- Anhörung des JA gem. § 213 FamFG in Gewaltschutzsachen.
- Nachholung der Anhörung des JA, wenn wegen Gefahr im Verzug das JA vorher nicht angehört werden konnte (§ 161 I S. 2 FamFG).
- Beteiligung des JA auf seinen Antrag hin (Folge: Beteiligtenstellung des § 7 FamFG) gem. § 162 II FamFG in Kindschaftssachen.
- Beteiligung des JA auf Antrag gem. § 172 II FamFG in Abstammungssachen.
- Beteiligung des JA oder des Landesjugendamtes gem. § 188 II FamFG auf Antrag in Adoptionssachen.
- Beteiligung des JA in Wohnungszuweisung gem. § 204 II FamFG o. Gewaltschutzsachen gem. § 212 FamFG auf Antrag.
- Fachliche Äußerung der Adoptionsvermittlungsstelle gem. § 189 FamFG.
- Mitteilung der Rechtshängigkeit einer Scheidungssache (§ 128 FamFG), wenn gemeinsame minderjährige Kinder vorhanden sind (§ 17 III SGB VIII), damit das JA ggf. Leistungen anbieten kann.
- Mitteilung über Bestellung von Vormund/Pfleger (§ 1851 I BGB).
- Mitteilung über Aufenthaltswechsel des Mündels (§ 1851 II BGB).
- Anhörung des JA bei Bestellung eines Vormunds nach Ausfallen des Berufenen (§ 1779 I BGB).
- Anhörung des JA bei Ablösung eines Vereins durch Einzelvormundschaft (§ 1887 III BGB).

Was hat das Jugendamt zu tun, wenn es gem. § 50 I S. 2 SGB VIII vom Familiengericht um Mitwirkung gebeten wird?

131

Die Unterstützungspflicht gegenüber dem FamG besteht in der Abgabe einer fachlichen tellungnahme. Zweck dessen ist, dem Gericht eine sachgerechte Entscheidung zu ermöglichen.
§ 50 II SGB VIII präzisiert die Aufgaben, die das JA hat, wenn es in Verfahren des FamG mitwirkt. Die Vorschrift führt aus, dass das JA »insbesondere« Folgendes zu tun hat:
– es unterrichtet über angebotene und erbrachte Leistungen,
– es bringt erzieherische und soziale Gesichtspunkte zur Entwicklung des Minderjährigen ein,
– es weist auf weitere Möglichkeiten der Hilfe hin.
Den Kern der Mitwirkung stellt die fachliche Äußerung zur psychosozialen Situation des Minderjährigen dar. Ferner ist zu berichten, was das JA selbst schon zur Veränderung der Situation beigetragen hat und was es künftig noch tun kann. Das Wort »insbesondere« macht deutlich, dass es darüber hinaus weitere Gesichtspunkte einbringen kann, wenn es dies unter fachlichen Aspekten für angezeigt hält. Dabei ist den datenschutzrechtlichen Bestimmungen Rechnung zu tragen.
In welcher Form und in welchem Umfang die Kooperation geschehen soll, führt das Gesetz nicht aus. Zweckmäßig erscheint eine schriftliche Äußerung, die eine fundierte Begründung der Erwägungen und fachlichen Einschätzung beinhaltet. Vorstellbar ist aber auch ein bloßes mündliches Einbringen der notwendigen Gesichtspunkte im Gerichtsverfahren selbst.
Gleich, welche Form vom JA gewählt oder zwischen JA und Gericht ausgehandelt wird: Es handelt sich um die Äußerung einer Fachbehörde, die die Qualität eines psychosozialen Gutachtens aufweist. Wenn das Jugendamt die erzieherische und soziale Entwicklung des Kindes einbringt, handelt es sich um eine fachlich zu treffende Prognoseentscheidung. Dass der Gutachter keine unabhängige Einzelperson ist, sondern ein Experte, der bei dem Jugendamt oder einem Verein beschäftigt ist, spielt für diese Frage keine Rolle.
Wie der BGH schon in seiner Entscheidung aus dem Jahre 1954[1] festgestellt hat, darf sich das JA nicht darauf beschränken, Tatsachen mitzuteilen. Vielmehr müsse es die Tatsache werten, den Sachverhalt würdigen, dazu Stellung nehmen und einen Vorschlag unterbreiten. Demnach hat das JA, wenn es sich schriftlich äußert, ein psychosoziales/sozialpädagogisches Gutachten abzugeben. Die Äußerung des Jugendamtes darf daher nicht als bloßer Bericht eingeordnet werden.

Welchen Inhalt sollte eine gutachtliche Stellungnahme gegenüber dem Familiengericht haben?

132

Wie schon unter Frage 131 ausgeführt, gibt das Gesetz nur Hinweise. Im Übrigen muss das Jugendamt als Fachbehörde selbst festlegen, was eine solche Stellungnahme enthalten soll. Unter Berücksichtigung der vorgenannten BGH-Entscheidung haben sich Standards herausgebildet, die den folgenden Inhalt verlangen[2]:
1. **Briefkopf** (Absender, Adressat, Betreff) mit Quellenangaben (d.h. der Aussage, woher die verwendeten Informationen stammen).
2. **Vorgeschichte und derzeitige Situation:** Chronologische Auflistung der problemrelevanten Einzelereignisse bis zum Zeitpunkt der Stellungnahme einschließlich der Benennung

1   FamRZ 1954, 219=ZblJugR 1954, 236.
2   Vgl. dazu *Oberloskamp/Borg-Laufs/Mutke*, S. 54.

der Leistungen, die das Jugendamt schon erbracht hat – Antwort auf die Frage: Was hat sich ereignet?

3. Psychosozialer Befund: Beschreibung des relativ konstanten Erlebens und Verhaltens der Betroffenen – Antwort auf die Frage: Wie lassen sich die Beteiligten und ihre Situation zum jetzigen Zeitpunkt charakterisieren?

4. Diagnose/Prognose: Erklärung oder Klassifikation des relativ konstanten defizitären Erlebens und Verhaltens der Betroffenen/Versuch, deren künftiges Erleben und Verhalten aufgrund der bisherigen Erkenntnisse und unter Einbeziehung weiterer Interventionsmöglichkeiten des Jugendamts einzuschätzen – Antwort auf die Frage: Warum haben die Betroffenen die Auffälligkeiten, und wie werden sich diese mit und ohne Intervention entwickeln?

5. Zusammenfassende Beurteilung: Subsumtion der gewonnenen Erkenntnisse unter den juristischen Tatbestand, um zu einer rechtlichen Folgerung zu gelangen; da hierbei meistens unbestimmte Rechtsbegriffe – z.B. Gefährdung, Kindeswohl – auszufüllen sind, besteht der Vorgang hauptsächlich in einem prognostischen Abwägen.

6. Entscheidungsvorschlag: Folgerung aus der zusammenfassenden Beurteilung, die sowohl justiziellen (in Anlehnung an den Tenor einer möglichen Gerichtsentscheidung) als auch sozialrechtlichen Charakter (Hilfe- und Förderungsangebote des Jugendamts) haben, die aber auch die Einschaltung anderer Sachverständiger empfehlen oder den Richter zu weiteren eigenen Aktivitäten auffordern kann.

Ein solcher Vorschlag wird immer dann zu machen sein, wenn das Jugendamt das Gericht gem. § 8a III S. 1 SGB VIII anruft. In den übrigen Fällen, wenn das Gericht das Jugendamt um Unterstützung oder Mitwirkung bittet, liegt es im fachlichen Ermessen des Jugendamts, einen Vorschlag zu machen oder nicht. Da das Jugendamt jedoch eine Fachbehörde ist, die die Ziele nach dem SGB VIII zu verfolgen hat, ist es nicht verständlich, warum es keinen Entscheidungsvorschlag machen sollte. In vielen Fällen wird das fachliche Ermessen sogar so schrumpfen, dass die Aufgabe des Jugendamts, das Kind zu schützen (»Wächteramt«), dieses dazu zwingt, Position zu beziehen.

Bei Trennung oder Scheidung hat das Gericht, wenn die Eltern keinen Antrag auf Sorgerechtsregelung stellen, nichts zu entscheiden. Genauso ist es auch, wenn die Eltern einvernehmlich die Übertragung der Alleinsorge auf einen Elternteil wünschen (§ 1671 II Nr. 1 BGB). Hier hat Gericht nur die Funktion eines »Notars«. Dass das Jugendamt dann nicht Stellung nehmen muss, ist klar. Zu äußern hat es sich jedoch, wenn ein Elternteil das Sorgerecht beantragt und der andere nicht zustimmt oder sogar selbst einen gegenläufigen Antrag stellt (§ 1671 II Nr. 2 BGB). Dass sich in diesen für das Kind besonders gravierenden und belastenden Fällen von idR existenzieller Bedeutung das Jugendamt auf das Berichten von Fakten zurückziehen können soll, kann nicht richtig sein. Gerade in sog. hochstreitigen Verfahren, in denen es Eltern häufig primär um die Durchsetzung eigener tatsächlicher oder vermeintlicher Rechte und weniger um das Wohl des Kindes geht, muss das Jugendamt Position beziehen und seine fachlichen Kompetenzen und Möglichkeiten einbringen. Nur wenn den Eltern oder einem Elternteil unmissverständlich verdeutlicht wird, welche möglichen Konsequenzen ihr bzw. sein Verhalten auf die seelische, emotionale und soziale Entwicklung des Kindes oder Jugendlichen hat, lassen sich bei Eltern ggf. unter Zuhilfenahme therapeutischer oder professioneller Hilfe beispielsweise in Form von Erziehungsberatung die Voraussetzungen schaffen, die zu einer einvernehmlichen und daher auch für die Zukunft tragbaren Regelung führen können.

XXVI. Mitwirkung in Verfahren nach dem Jugendgerichtsgesetz

Literatur: *Ostendorf*: Jugendgerichtshilfe in der Rolle der »Doppelagentin« – Chance oder programmiertes Versagen?, ZfJ 1991, 9; *L. M. Peschel-Gutzeit*: Jugendhilfe und Justiz – wozu (ge-)braucht die Justiz Jugendhilfe?, FuR 1993, 204; *Kröger*: Sozialdatenschutz im Verhältnis zum Strafverfolgungsinteresse, ZfJ 1993, 21; *Jaeger*: Jugendhilfe und Jugendstrafjustiz, JHilfe 1995, 339; *Viethen-Groß*: Die Anforderungen der Justiz an die Jugendgerichtshilfe, ZfJ 1997, 170; *Philipp*: Der Fachdienst »Jugendgerichtshilfe« – ein Auslaufmodell?, NDV 1998, 313; *S. Nonninger*: Anforderungen an die Jugendgerichtshilfe, JHilfe 1999, 130; *Th. Trenczek*: Stellungnahmen der Jugendhilfen im Strafverfahren, DVJJ 2003, 35; *J. Goerdeler*: Jugendgerichtshilfe durch freie Träger, ZJJ 2005, 422-429; *Th. Höynck/J. Goerdeler*: Kooperation auf Augenhöhe oder Schwarzer Peter?, JAmt 2006, 170-176; *H. Ostendorf*: Jugendhilfe und Justiz, ZJJ 2006, 155-163; *Th. Trenczek*: Verantwortungsgemeinschaft in der Jugendstrafällligenhilfe, ZKJ 2010, 142, *B. Paschke*: Jugendstrafrecht im 21. Jahrhundert, ZJJ 2010, 68.

Welche Aufgabe hat die Jugendgerichtshilfe (JGH)?   `133`

Sie soll die erzieherischen, sozialen und fürsorgerischen Gesichtspunkte im Strafverfahren gegen Jugendliche und Heranwachsende zur Geltung bringen (§§ 38 II S. 1 und 2; 43 I JGG).

Wie erledigt die JGH diese Aufgabe?   `134`

* Sie erforscht die Persönlichkeit, die Entwicklung und die Umwelt des Beschuldigten (§ 38 II S. 2 JGG).
* Sie ermittelt die Lebens- und Familienverhältnisse, den Werdegang, das bisherige Verhalten und alle übrigen Umstände, die zur Beurteilung seiner seelischen, geistigen und charakterlichen Eigenart dienen können (§ 43 I S. 1 JGG).
* Sie teilt das Ergebnis dieser Ermittlungen den beteiligten Behörden (Polizei, Staatsanwaltschaft, Gericht) mit und äußert sich zu den Maßnahmen, die zu ergreifen sind (§ 38 II S. 2 JGG).

Welche Rechte hat die JGH?   `135`

* Recht auf frühestmögliche Unterrichtung von der Straftat (§ 38 III S. 2 JGG).
* Recht auf Unterrichtung über Einleitung und Ausgang des Verfahrens (§ 70 I S. 1 JGG).
* Recht auf Mitwirkung im gesamten Verfahren (§ 38 III S. 1 JGG).
* Recht auf Umgang mit dem Beschuldigten in U-Haft (§ 93 III JGG).
* Recht auf Mitteilung von Ort und Zeit der Hauptverhandlung (§ 50 III S. 1 JGG).
* Recht auf Worterteilung in der Hauptverhandlung (§ 50 III S. 2 JGG). (besonders bedeutsam bei Kann- oder Soll-Vorschriften: Ausschluss des Jugendlichen und seines gesetzlichen Vertreters von der Hauptverhandlung, § 51 JGG, Anrechnung verbüßten Jugendarrestes, § 31 II S. 2 JGG etc.).
* Recht auf Stellungnahme vor der Erteilung von Weisungen (§ 38 III S. 3 JGG).
* Recht auf Stellung eines Antrags auf Strafmakelbeseitigung (§ 97 I S. 2 JGG).

136 **Was sollte der JGH-»Bericht« enthalten?**

Im Prinzip ist ein JGH-Bericht ebenso aufzubauen wie ein psychosoziales Gutachten für das Familiengericht. Darüber hinaus ist (evtl. nur bei Bedarf) zu den folgenden speziellen Fragen Stellung zu nehmen:

- Strafmündigkeit (§ 3 S. 1 JGG). Folge des Fehlens: Familiengerichtliche Maßnahmen (§ 3 S. 2 JGG).
- Zurechnungsfähigkeit (§§ 20, 21 StGB). Folge des Fehlens: Evtl. Unterbringung in einem psychiatrischen Krankenhaus (§ 63 StGB).
- Verantwortlichkeit von Heranwachsenden (§§ 105, 106 JGG). Folge des Fehlens: Anwendung von Jugendstrafrecht (§ 105 JGG).
- Vorliegen von »schädlichen Neigungen« (§ 17 II JGG). Folge des Fehlens: Keine Jugendstrafe (§ 17 JGG). Folge der Nichtfeststellbarkeit: Schuldfeststellung (§ 27 JGG).

137 **Welche Sanktionen kann der Jugendgerichtshelfer vorschlagen?**

- Verhängung von Jugendstrafe ohne Bewährung (§§ 17-18 JGG).
- Verhängung von Jugendstrafe mit Bewährung, Bewährungszeit, Bewährungshelfer, Bewährungsauflagen (§§ 21-25 JGG).
- Verhängung eines Schuldspruchs, Bewährungszeit, Bewährungshelfer (§§ 27-30 JGG).
- Verhängung von Arrest (§ 16 JGG).
- Auferlegung der Inanspruchnahme von Hilfe zur Erziehung (12 JGG).
- Verhängung von Auflagen (§ 15 JGG).
- Ausspruch einer Verwarnung (§ 14 JGG).
- Erteilung von Weisungen (§ 10 JGG).
- Einstellung des Verfahren (§§ 45, 47 JGG).

Kapitel 9   Urkundstätigkeit

XXVII. Beurkundung und Beglaubigung

Literatur: *H. Deinert*: Das neue Kinder- und Jugendhilfegesetz und die Amtspflegschaft, DAVorm 1990, 489/492 f.; *D. Brüggemann*: Beurkundungen im Kindschaftsrecht, 4. Aufl., Köln 1994; *A. Grün*: Die Titulierung des freiwillig gezahlten Unterhalts, FF 2003, 235-237; *Graba*: Zur Abänderung der Jugendamtsurkunde, FamRZ 2005, 678; *Knittel*: Beurkundungen im Kindschaftsrecht, 6. Auflage, Köln 2005.

Was sind öffentliche Beurkundungen und öffentliche Beglaubigungen?   `138`

1. Eine öffentliche Beurkundung ist die protokollarische Niederlegung der vor der Urkundsperson abgegebenen Erklärung.
2. Eine öffentliche Beglaubigung ist die Bestätigung, dass die Unterschrift, die vor einer Urkundsperson vollzogen wird, von der die Unterschrift leistenden Person herrührt.

Was für Befugnisse hat das Jugendamt (JA) gem. § 59 SGB VIII?   `139`

In § 59 SGB VIII wird dem JA die Befugnis eingeräumt, Beamte und Angestellte des JA, die die Befähigung zum höheren oder gehobenen Verwaltungsdienst besitzen, zu ermächtigen, Beurkundungen und Beglaubigungen vorzunehmen, und vollstreckbare Ausfertigungen (§ 60 SGB VIII) auszustellen.
Das JA kann die Ermächtigung aussprechen, eine Verpflichtung besteht hierzu nicht. Da aber die Tätigkeit der Urkundspersonen für die Arbeit im JA von wesentlicher Bedeutung ist, muss jedes JA über Beamte oder Angestellte verfügen, die zur Beurkundung oder Beglaubigung der in § 59 SGB VIII genannten Erklärungen ermächtigt sind. Dies gilt besonders, weil in § 2 III Nr. 12, 13 SGB VIII Beurkundungen und Beglaubigungen als »andere Aufgaben« des JA ausdrücklich aufgeführt sind.

Welchen rechtlichen Charakter hat die Tätigkeit gem. § 59 SGB VIII?   `140`

Es handelt sich um eine hoheitliche Tätigkeit. Die Urkunde ist eine öffentliche Urkunde (§ 415 ZPO), der im Rechtsverkehr erhebliche rechtliche Bedeutung zukommt. Mit der Beurkundung und Beglaubigung der in § 59 SGB VIII genannten Erklärungen sowie mit der Erteilung einer vollstreckbaren Ausfertigung (§ 60 SGB VIII) ist große Verantwortung verbunden. Die in diesem Zusammenhang tätigen Beamten und Angestellten müssen gründliche Kenntnisse des Familien- und des Beurkundungsrechts haben; da in Deutschland Menschen mit anderen Staatsbürgerschaften leben, sind auch Kenntnisse ausländischen Rechts und des Internationalen Privatrechts erforderlich. Deshalb sieht das Gesetz vor, dass für diese Tätigkeit nur Beamte und Angestellte des höheren oder des gehobenen Verwaltungsdienstes in Betracht kommen.

Wer bestellt Mitarbeiter des Jugendamts (JA) zu Urkundspersonen?   `141`

§ 59 III S. 1 SGB VIII stellt fest, dass »das JA« geeignete Beamte und Angestellte ermächtigen kann. Nach § 70 I SGB VIII werden die Aufgaben des JA durch den Jugendhilfeausschuss und durch die Verwaltung des JA wahrgenommen. Abs. 2 präzisiert, dass »die Geschäfte der laufenden Verwaltung« vom Leiter der Verwaltung der Gebietskörperschaft oder in seinem Auftrag vom Leiter der Verwaltung des JA geführt werden. In jedem Fall ist die Führung der laufenden Geschäfte nur im Rahmen der Satzung, der Beschlüsse der Vertretungskörperschaft (kommunales Parlament) und des Jugendhilfeausschusses möglich. Die Bestellung von Urkundsbeamten wird als Geschäft der laufenden Verwaltung angesehen.[1] Die Bestellung ist – ebenso wie eine Ernennung oder Beförderung – ein Verwaltungsakt. Dasselbe gilt für eine Rücknahme und einen Widerruf.

142 Was ist zu beurkunden oder zu beglaubigen?

1. § 59 SGB VIII regelt in Abs. 1 Nrn. 1-9 die Beurkundungs- und Beglaubigungstätigkeiten des Jugendamts. § 59 I Nr. 1 SGB VIII betrifft die **Anerkennung der Vaterschaft**. Hier sind die Anerkennungserklärung des Vaters (§§ 1592 Nr. 2, 1594 BGB) und die Zustimmungserklärung der Mutter (§ 1595 I BGB) zu unterscheiden. Die Anerkennung bedarf auch der Zustimmung des Kindes (vertreten durch seinen gesetzlichen Vertreter), wenn der Mutter insoweit die elterliche Sorge nicht zusteht (§ 1595 II BGB). Alle Erklärungen bedürfen der öffentlichen Beurkundung (§ 1597 BGB). Ist die Mutter zum Zeitpunkt der Anerkennung der Vaterschaft noch mit ihrem bisherigen Ehemann verheiratet (§ 1599 II BGB), so muss auch dieser zustimmen (Abs. 2 S. 2).

Ist der Anerkennende, die Mutter, das Kind oder der Ehemann der Mutter nicht voll geschäftsfähig, so bedürfen sie grundsätzlich der Mitwirkung ihres gesetzlichen Vertreters. Hier ist zu unterscheiden:

1.1 Anerkennender ist nicht voll geschäftsfähig:
– Minderjähriger: Die eigene Erklärung und die Zustimmung des gesetzlichen Vertreters sind öffentlich zu beglaubigen (§§ 1596 I S. 2, 1597 BGB).
– Geschäftsunfähig: Anerkennung durch gesetzlichen Vertreter ist öffentlich zu beurkunden (§§ 1596 I S. 3, 1597 BGB), zudem ist die Genehmigung des Familiengerichts notwendig.
– Unter Betreuung stehend: An sich beeinträchtigt die Betreuung nicht die Geschäftsfähigkeit. Daher bleibt der Betreute grundsätzlich allein handlungsfähig. Ist jedoch ein Einwilligungsvorbehalt angeordnet, so hat der Betreute insoweit eine Rechtsstellung, die der eines beschränkt geschäftsfähigen Minderjährigen ähnelt, § 1903 BGB. Er braucht daher die Zustimmung des Betreuers, die öffentlich beglaubigt sein muss (§§ 1696 III, 1597, 1903 BGB).

1.2 Mutter ist nicht voll geschäftsfähig:
– Minderjährig: Wie beim Anerkennenden (§ 1596 I S. 4 BGB).
– Geschäftsunfähig: Wie beim Anerkennenden (§ 1596 I S. 4 BGB).
– Unter Betreuung stehend: Wie beim Anerkennenden (§ 1596 III BGB).

1.3 Kind ist nicht voll geschäftsfähig:
– Wenn das Kind volljährig ist, braucht nur das Kind und nicht auch die Mutter einzuwilligen.
– Geschäftsunfähig oder noch nicht 14 Jahre: Zustimmung des gesetzlichen Vertreters in öffentlich beglaubigter Form (§§ 1596 II S. 1, 1597 BGB).
– Minderjährig über 14 Jahre: Eigene Erklärung und öffentlich beglaubigte Zustimmung des gesetzlichen Vertreters (§§ 1596 II S. 2, 1597 BGB).

---

1   *Wiesner*, § 59 Rn. 8.

1.4 Ehemann der Mutter ist nicht voll geschäftsfähig:
Hier gelten die Vorschriften für den Anerkennenden entsprechend (§ 1599 II S. 2 BGB).
2. § 59 I Nr. 2 SGB VIII betrifft die Anerkennung der Mutterschaft. Diese Vorschrift berücksichtigt die Tatsache, dass ausländische Staaten – insbesondere im romanischen Rechtskreis – in ihren Gesetzen die **Anerkennung der Mutterschaft** fordern (Beurkundung).
3. § 59 I S. 1 Nr. 3 SGB VIII betrifft die Beurkundung der Erklärung einer **Unterhaltsverpflichtung.** Sie wird sich vorrangig auf minderjährige Kinder beziehen (§ 1612a BGB iVm §§ 642 ff. ZPO), es können aber auch die Unterhaltsansprüche volljähriger Kinder bis zur Vollendung des 21. Lebensjahres beurkundet werden, wenn diese minderjährigen Kindern gleichstehen (unverheiratet, im Haushalt mindestens eines Elternteils, in allgemeiner Schulausbildung).
4. Die Verpflichtungserklärung eines Vaters gegenüber der Mutter des Kindes auf **Unterhalt aus Anlass der Geburt** (§ 1615 I BGB) ist in § 59 I S. 1 Nr. 4 SGB VIII aufgeführt.
5. § 59 I 1 Nrn. 6 und 7 SGB VIII betreffen den Widerruf der Einwilligung des Kindes in seiner **Annahme** (§ 1746 II BGB) und die Erklärung des Verzichtes eines nicht ehelichen Vaters auf Sorgerechtsübertragung (§ 1747 III Nr. 3 BGB).

Woraus ergeben sich bei Beurkundung und Beglaubigung die sachliche und örtliche Zuständigkeit des Jugendamts (JA) und das Verhältnis zu anderen Urkundspersonen oder sonstiger Stellen?   **143**

1. Die sachliche Zuständigkeit des JA zur Erfüllung der Aufgaben nach § 59 SGB VIII ergibt sich aus § 85 I SGB VIII.
2. Die örtliche Zuständigkeit des JA ist in § 87e SGB VIII geregelt. Für Beurkundungen iSd § 59 SGB VIII sind die dazu ermächtigten Beamten oder Angestellten eines jeden JA zuständig (= funktionelle Zuständigkeit).
3. § 59 I S. 2 SGB VIII stellt fest, dass die sachliche Zuständigkeit anderer Urkundspersonen oder Stellen durch die Bevollmächtigung von Beamten oder Angestellten des JA nicht berührt wird. Dies betrifft insbesondere den **Notar,** dessen Zuständigkeit nach der Bundesnotarordnung (BNotO) und nach dem Beurkundungsgesetz (BeurkG) sämtliche Tätigkeiten der JA-Mitarbeiter iSv § 59 SGB VIII umfasst.
Nicht berührt ist auch die Kompetenz des **Standesbeamten,** der die Anerkennung der Vaterschaft, der Mutterschaft und der hiermit zusammenhängenden Erklärungen wie etwa die Zustimmung des Kindes beurkunden kann (§§ 29, 29a, 29b PStG). Sorgeerklärungen kann der Standesbeamte hingegen nicht beurkunden.

XXVIII. Erteilung vollstreckbarer Ausfertigungen

Literatur: S. o. XXVII.

Was ist Zwangsvollstreckung?   **144**

Zwangsvollstreckung ist die Verwirklichung vollstreckbarer Ansprüche durch staatliche Zwangsmaßnahmen gegen das Vermögen (Mobilien, Immobilien, Rechte) des Schuldners. Ansprüche sind dann vollstreckbar, wenn sie einen vollstreckungsfähigen Inhalt haben (also auf Leistung oder Duldung gerichtet sind) und in einer öffentlichen (gerichtlichen, notariellen oder behördlichen) Urkunde (z.B. Urteil, gerichtlicher Vergleich, notarielle Urkunde, Urkunde des Jugendamts) festgestellt sind. Gerichtliche Entscheidungen müssen in der Regel rechtskräftig sein; in notariellen oder behördlichen Urkunden muss sich der Schuldner der sofortigen Zwangsvollstreckung unterworfen haben.

145 **Unter welchen drei Voraussetzungen kann ein Gläubiger die Zwangsvollstreckung betreiben?**

Der Gläubiger benötigt
– einen vollstreckbaren Titel (s.o. Frage 144) (§§ 704, 794 ZPO),
– eine Vollstreckungsklausel auf dem Titel (§§ 725 ff ZPO),
– und die Zustellung des Titels an den Schuldner (§§ 166 ff ZPO).
Die Vollstreckungsklausel ist die vom Urkundsbeamten erteilte Bescheinigung über die Vollstreckbarkeit des Titels.

146 **Welche der im § 59 SGB VIII genannten Urkunden unterliegen der Zwangsvollstreckung?**

Gem. § 60 I S. 1 SGB VIII findet die Zwangsvollstreckung statt aus Urkunden, die eine Verpflichtung nach § 59 I S. 1 Nr. 3 oder 4 SGB VIII zum Gegenstand haben. § 59 I S. 1 Nr. 3 SGB VIII betrifft die Verpflichtung zur Erfüllung der **Unterhaltsansprüche** des Kindes. § 59 I S. 1 Nr. 4 SGB VIII bezieht sich auf die Verpflichtung zur Erfüllung der Ansprüche der Frau auf Zahlung von Unterhalt. In beiden Fällen muss sich der Schuldner nicht nur gem. § 59 SGB VIII urkundlich verpflichten, sondern sich zudem der sofortigen Zwangsvollstreckung unterwerfen.
Die Urkunde muss die Zahlung einer bestimmten Geldsumme betreffen. Das ist gegeben, wenn die Urkunde einen in Ziffern oder Worten benannten Betrag oder einen aus der Urkunde feststellbaren Geldbetrag enthält. Die in der Regelbetrag-VO genannten Rechengrößen mit Ab- und Zuschlägen entsprechen diesem Bestimmtheitsgebot.
Will der Schuldner aus dieser Urkunde Einwendungen gegen seine Zahlungsverpflichtungen erheben, so muss er das zuständige AmtsG anrufen und eine Vollstreckungsgegenklage erheben (§ 767 I ZPO).

147 **Wie erfolgt die Zwangsvollstreckung aus Jugendamtsurkunden?**

Auf die Zwangsvollstreckung aus den vom JA aufgenommenen vollstreckbaren Urkunden sind grundsätzlich die Vorschriften, die für die Zwangsvollstreckung aus gerichtlichen Urkunden nach § 794 I Nr. 5 ZPO gelten, anzuwenden (§ 60 S. 3 SGB VIII). Abweichungen ergeben sich aus den Nrn. 1 und 2 des § 60 S. 3 SGB VIII.
Demnach wird die vollstreckbare Ausfertigung der von der Urkundsperson des JA aufgenommenen Urkunde von den Beamten oder Angestellten des JA erteilt, denen die Beurkundung der Verpflichtungserklärung übertragen ist (Nr. 1). Dabei ist nicht erforderlich, dass die Urkundsperson des JA, die die Verpflichtungserklärung beurkundet hat, auch die Vollstreckungsklausel erteilt. Letzteres kann jede Urkundsperson des JA tun. Lehnt der Urkundsbeamte des JA die Erteilung einer Vollstreckungsklausel ab, so ist dagegen der Rechtsweg zu den ordentlichen Gerichten offen[2]. Über Einwendungen, die die Zulässigkeit der Vollstreckungsklausel betreffen, und über die Erteilung einer weiteren vollstreckbaren Ausfertigung entscheidet das für das JA zuständige AmtsG (Nr. 2).

---

2   KG v. 20.11.1973, DAVorm 1974 = FamRZ 1974, 211/213 = NJW 1974, 910, 912.

Kapitel 10 Sonstige Verpflichtungen des örtlichen Trägers öffentlicher Jugendhilfe

XXIX. Jugendhilfeplanung

Literatur: *Jacobs/Mager:* Jugendhilfeplanung, Soziale Arbeit 1991, 182; *B. Nikles:* Die Jugendhilfeplanung nach dem neuen KJHG als Steuerungsinstrument der Jugendhilfe, TuP 1991, 73; *V. Ronge:* Thema Jugendhilfeplanung, ZfJ 1991, 517; *Chr. Schrapper:* Zwischen Neuorientierung und Überforderung? NDV 1991, 287; *F. Krause:* Prozessorientierte Jugendhilfeplanung im Spannungsfeld von Verwaltung, freien Trägern, Öffentlichkeit und Politik, ZfJ 1992, 357; *M. Heck:* Jugendhilfeplanung – eine gesetzliche Pflichtaufgabe nach dem KJHG, DAVorm 1992, 261; *E. Jordan/R. Schone:* Jugendhilfeplanung, aber wie?, Münster 1992; *P. Kunkel:* Die Gesamtverantwortung des Trägers der öffentlichen Jugendhilfe – Grundsätze und Thesen, NDV 1992, 285; *E. Jordan:* Jugendhilfeplanung und Jugendhilfepolitik, ZfJ 1993, 483; *T. Schmieder:* Jugendhilfeplanung, Sozialpädagogik 1993, 258; *H. Junge:* Die Bedeutung der Jugendhilfeplanung für die stationären und teilstationären Einrichtungen der Jugendhilfe, Pädagogischer Rundbrief 1993, 1; *P. Ludemann:* Jugendhilfeplanung eine Herausforderung auch für die freien Träger der Jugendhilfe, ZfSH/SGB 1994, 506; *P. Frings:* Jugendhilfeplanung – eine Herausforderung für die freien Träger der Jugendhilfe, ZfSH/ SGB 1994, 506; *A. Hundsalz:* Aufgabe der Erziehungsberatung in der Jugendhilfeplanung, Jugendhilfe 1995, 3; *U. Bürger:* Jugendhilfeplanung, Planung der Hilfen zur Erziehung, ZfJ 1995, 95; *Bitzan/Daigler/Hilke/Rosenfeld:* Mädchen in der Jugendhilfeplanung, JHilfe 1995, 150; *Becher/Münder:* Rechtliche Aspekte von Jugendhilfeplanung und Jugendhilfeplänen, VSSR 1997, 343; *Steffan:* Jugendhilfeplanung und Förderung freier Träger, ZfJ 1997, 453; *Jordan/Schone:* Handbuch Jugendhilfeplanung, Münster 1998; *Markert:* Stand und Entwicklung der Jugendhilfeplanung in Deutschland, NDV 1998, 24; *Simon:* Jugendhilfeplanung in der Bundesrepublik Deutschland, DJ 1998, 70; *H. Leitner:* Hilfeplanung als Prozessgestaltung, 2001; *J. Münder:* Sozialraumkonzepte auf dem rechtlichen Prüfstand, ZfJ 2005, 89-98; *R. J. Wabnitz:* Autonomie und Wettbewerb der Träger der freien Jugendhilfe versus Steuerungsverantwortung der Träger der öffentlichen Jugendhilfe, ZKJ 2006, 326-333; *S. Maykus:* Handbuch Jugendhilfeplanung, 3. Aufl. Wiesbaden 2010.

Was ist Jugendhilfeplanung iSd SGB VIII?

148

Vorbemerkung: Der **Jugendhilfeplan** gem. § 80 SGB VIII ist nicht zu verwechseln mit dem Hilfeplan gem. § 36 II S. 2 SGB VIII. Ersterer betrifft das Förder- und Hilfeangebot einer Kommune schlechthin, letzterer die individuelle Hilfe zur Erziehung, auf die Eltern (§ 27 SGB VIII) oder junge Volljährige (§ 41) einen Rechtsanspruch haben. Hier wie dort drücken die Wörter »-plan« bzw. »-planung« unterschiedliche Stadien der Aktivitäten aus. **Planung** ist der **Prozess**, die Tätigkeit; **Plan** ist das **Ergebnis der Planung**, das in einem Papier zusammengefasst wird. Die §§ 80, 81 SGB VIII beschäftigen sich mit der Jugendhilfeplanung, an deren Ende kurz-, mittel- oder langfristige Jugendhilfepläne stehen. Jugendhilfeplanung ist ein ständiger Prozess, der auf Binnenkorrekturen an Normen, fachlichen Standards und Abläufen sowie nach außen auf politische Willensbildung und Entscheidungsvorbereitung gerichtet ist. Jugendhilfepläne dienen kommunalen Jugendpolitikern und Jugendbehörden als Steuerungsinstrumente bei der Wahrnehmung ihrer Gesamtverantwortung für die Jugendhilfe.

149 **Wie soll sich Jugendhilfeplanung nach den Vorstellungen des Gesetzgebers abspielen?**

§ 80 I SGB VIII umreißt die wesentlichen Schritte der Jugendhilfeplanung, nämlich die Feststellung des Bestands an Angeboten, Einrichtungen und Diensten, die Ermittlung des Bedarfs und die Festlegung der dafür notwendigen Vorhaben. Ein mittelfristiger Planungszeitraum sollte in Anlehnung an die mittelfristige Finanz- und Haushaltsplanung (4 Jahre ohne das laufende Haushaltsjahr) gewählt werden. Es bleibt den öffentlichen Trägern überlassen, eine darüber hinausgehende Planung anzustrengen. Die Planung soll flexibel sein. Dem trägt § 80 I Nr. 3 SGB VIII Rechnung, der eine Absicherung selbst unvorhergesehenen Bedarfs verlangt. § 80 II SGB VIII regelt wesentliche Ziele für die Planung von Einrichtungen, Diensten und Veranstaltungen. Abs. 2 Nr. 1 will sicherstellen, dass Planung bürgernah (»stadtteilorientiert«) geschieht. Nr. 2 unterstreicht die Bedeutung eines pluralen Angebotes. Nr. 3 betont die Dringlichkeit der Planung zugunsten junger Menschen und Familien in gefährdeten Lebens- und Wohnbereichen (soziale Brennpunkte). Nr. 4 nimmt einen besonderen Auftrag auf: Jugendhilfe soll einen Beitrag dazu leisten, dass Mütter und Väter Aufgaben in der Familie und Erwerbstätigkeit besser miteinander vereinbaren können. Abs. 3 betont eine langjährige Forderung anerkannter Träger freier Jugendhilfe, möglichst frühzeitig in die Planungsvorhaben der öffentlichen Träger eingeschaltet zu werden. Die Planungsverantwortung der öffentlichen Träger wird hier verbunden mit der Verpflichtung zur frühzeitigen Beteiligung freier Träger. Die in dieser Vorschrift enthaltenen Grundsätze über die Beteiligung der anerkannten Träger freier Jugendhilfe bedürfen einer Konkretisierung im Landesrecht (§ 80 III S. 3 SGB VIII). Abs. 4 will eine Vernetzung von Jugendhilfeplanungen mit den übrigen örtlichen und überörtlichen Planungen sicherstellen.

Die anspruchsvolle Aufgabe, die Jugendhilfeplanung bereits nach § 80 SGB VIII darstellt, wird durch § 81 SGB VIII noch gesteigert. In der Begründung der Bundesregierung heißt es hierzu[1]:

»Jugendhilfe ist kein homogener Aufgabenbereich, sondern **Teil einer Landschaft von Sozialisationsfeldern**, in denen familiale, schulische, berufliche und aus Tradition den JÄ übertragene Funktionen sich vielfältig überschneiden. Aus dieser besonderen Stellung der Jugendhilfe im Kontext mit anderen Leistungsträgern und Aufgaben ergibt sich ihre besondere Verpflichtung, mit diesen Trägern zusammenzuarbeiten und dabei Zuständigkeitsgrenzen, die sich historisch entwickelt haben, im Interesse einer ganzheitlichen Betrachtungsweise von Lebenslagen junger Menschen zu überwinden.«

Als besonders wichtig werden daher die Zusammenarbeit der öffentlichen Jugendhilfe mit der Schule und mit den Einrichtungen der beruflichen Aus- und Weiterbildung, den Gesundheitsämtern, der Arbeitsverwaltung, den Trägern der Sozialhilfe, den Polizei- und Ordnungsbehörden, den Justizvollzugsbehörden und schließlich der Aus- und Weiterbildung für Fachkräfte und der Forschung genannt. Eine Plattform für diese Zusammenarbeit ist der Jugendhilfeausschuss.

---

1 BT-Drucks. 11/5948, 102.

XXX.   Jugendhilfestatistik

Literatur: *H. Bertram/H. Bayer:* Bestand und Bedarf an statistischen Erhebungen im Bereich der »Jugendhilfe«, RdJB 1990, 270; *U. Hoffmann:* Neuordnung der Jugendhilfestatistik, Wirtschaft und Statistik 1991, 153; *Linder:* Die neue Jugendhilfestatistik als Grundlage der Jugendhilfeplanung, in: Schneider/Johrendt (Hrsg.): Kommunale Jugendberichterstattung und Jugendhilfeplanung, Bielefeld 1994, S. 213; *C. Lüders:* Ungenutzte Chancen. Thesen zum Umgang der Sozialpädagogik mit der Jugendhilfestatistik, in: *Richter/Coelen* (Hrsg.): Jugendberichterstattung, Weinheim 1997, S. 103; *Th. Rauschenbach/M. Schilling:* Die Kinder- und Jugendhilfe und ihre Statistik, 1997; *T. Rauschenbach:* Vom Aschenputtel zur Prinzessin? Ein Blitzlicht auf 20 Jahre Kinder- und Jugendhilfestatistik, KomDat Jugendhilfe, Jahrg.: 13, 2010, 1, aktuelle Jugendhilfestatistik unter: http://www.destatis.de.

Warum enthält das SGB VIII einen so ausgedehnten Katalog von Regelungen zum Thema Statistik?   **150**

§ 98 SGB VIII führt aus, dass es Zweck der Erhebung statistischer Daten sei, die Auswirkungen des SGB VIII zu beurteilen und seine Fortentwicklung durch laufende Erhebungen begleiten zu können. Demgegenüber wurden bislang Statistiken im Wesentlichen im Auftrag des Gesetzes über die Durchführung von Statistiken auf dem Gebiet der Sozialhilfe, der Kriegsopferfürsorge und der Jugendhilfe durchgeführt. Diese Erhebungen orientieren sich weitgehend an einer Situation der Jugendhilfe, wie sie vor 90 Jahren, als das RJWG in Kraft trat, herrschten. Sie war geprägt von überörtlichen Hilfen wie Fürsorgeerziehung und freiwillige Erziehungshilfe und von einer Situation, in der stationäre Hilfen eine große Rolle spielten, ambulante sich aber erst langsam etablierten. Heute entwickeln die §§ 98 ff. SGB VIII ein regelrechtes Programm:

– § 98 SGB VIII regelt Zweck, Umfang und Gegenstände der Erhebung. Er nennt insbesondere: Kinder und tätige Personen in Tageseinrichtungen und Tagespflege, Hilfe zur Erziehung und Hilfe für junge Volljährige, gesetzliche und bestellte Amtspflegschaft und Amtsvormundschaft sowie Beistandschaft des Jugendamts, Erteilung von Pflegeerlaubnis, sorgerechtliche Maßnahmen, Angebote der Jugendarbeit; sonstige Einrichtungen, Behörden und Geschäftsstellen in der Jugendhilfe und die dort tätigen Personen, Ausgaben und Einnahmen der öffentlichen Jugendhilfe und die Erhebung über Sorgeerhebungen.
– § 99 SGB VIII beschreibt die Erhebungsmerkmale, z.B. Geschlecht des Hilfeempfängers, seine Staatsangehörigkeit, Kindschaftsverhältnis, Träger der Leistung etc.
– § 100 SGB VIII legt Hilfsmerkmale fest, z.B. Name des Auskunftspflichtigen, Ansprechperson etc.

Die weiteren Vorschriften regeln Einzelheiten des Verwaltungshandelns, soweit es statistisch erfasst werden soll.

Zweiter Teil

Fälle

Kapitel 1   Aufgaben und Träger der Jugendhilfe

I. Aufgaben der öffentlichen Jugendhilfe

Fall 1:   Aufgaben des Jugendamtes

Das Jugendamt der Stadt X hat eine eigene Abt. Pflegekinder/-eltern mit fünf Fachkräften eingerichtet. Von hier aus wird die Suche nach geeigneten Pflegekindern/-eltern sowie die Beratung von Pflegefamilien intensiviert. Das Landesjugendamt möchte im Hinblick auf den Ausbau einer leistungsfähigen Pflegekindervermittlung zwischen den Jugendämtern seines Bezirks, dass alle Jugendämter entsprechende Abteilungen einrichten. Die Jugendämter der Städte A, B, C erklären, sie hätten kaum Pflegefamilien. Außerdem seien sie aufgrund der Finanzlage außerstande, diese Aufgabe auszubauen.

1. **Sind die Jugendämter A, B, C berechtigt, in ihrem Bereich keine Pflegeelternwerbung zu betreiben?**
2. **Kann das Landesjugendamt den Jugendämtern A, B, C auferlegen, mehr in diesem Bereich zu tun? Ggf. wie? Wer könnte die Jugendämter A, B, C zwingen, hier Aktivitäten zu entfalten? Ggf. wie? Wer könnte sonst noch Einfluss nehmen?**

Fall 2:   Verhältnis von SGB I, SGB X, SGB VIII zueinander

Der 15jährige J ist in eine Clique junger Leute geraten, wo viel geraucht, getrunken und verschiedentlich auch Drogen genommen werden. Seine Leistungen in der Schule haben stark nachgelassen. Mit seinen Eltern hat er ständig Streit, weil er zu spät nach Hause kommt, nicht für die Schule arbeitet,»freche Antworten« gibt und sich vor der Mithilfe im Hause drückt. Die Eltern würden gerne etwas mit ihrem Sohn unternehmen, wissen aber nicht, was. J merkt selber, dass er die an sich geplante Fachoberschulreife so sicher nicht schaffen kann. Er fühlt sich, seit er weiß, dass einige seiner Kameraden Haschisch rauchen, auch etwas unsicher in der Gruppe. Er meint allerdings, dass das Zerwürfnis mit seinen Eltern mehr auf deren Verständnislosigkeit ihm gegenüber als auf sein Verhalten zurückzuführen sei.

Als einer seiner Freunde aus der Clique Hilfe zur Erziehung in einem Heim erhält, beschließt er,»seinen Eltern ein Schnippchen zu schlagen« und ebenfalls zu versuchen, ins Heim zu kommen. Er schreibt ans Sozialamt und »stellt den Antrag, in einem Heim untergebracht zu werden«.

1. **Was hat das Sozialamt zu unternehmen?**
2. **Wie wird der Vorgang verfahrensmäßig ablaufen?**
3. **Wie wäre es, wenn nicht J, sondern seine Eltern einen entsprechenden Antrag beim Jugendamt gestellt hätten?**

Fall 3:   Ausschluss aus der Sitzung des Jugendhilfeausschusses (nach VG Münster, Entscheidung vom 30.10.2009, Az. 1 K 1335/09)

K ist als bestellter Vertreter der katholischen Kirche beratendes Mitglied im Jugendhilfe-ausschuss des Jugendamtes der Stadt J. Er ist zudem Vorsitzender des Kirchenvorstandes der Katholischen Kirchengemeinde I.L., die Trägerin von zwei Kindertageseinrichtungen in J. ist. Auf der Tagesordnung für die Sitzung des Jugendhilfeausschusses am 10.3. findet sich der Tagesordnungspunkt »Jugendhilfeplanung – Teilfachplanung Kindergarteneinrichtungen und Kindergartenpflege, hier: Bedarfsfeststellung und Entscheidung zur Kindertagesbetreuung für das kommende Kindergartenjahr«. Im Wesentlichen sind diese Planungen bereits abgeschlossen, lediglich über wenige strittige Fälle, die jedoch nicht die Einrichtungen betreffen, für die K tätig ist, soll in der Sitzung abgestimmt werden. Die Vorsitzende des Jugendhilfeausschusses erklärt vor dem Beginn der Beratungen dieses TOPs in der Sitzung am 10.3., dass der K wegen Befangenheit an den Beratungen nicht teilnehmen dürfe, und bittet ihn sich in den Zuhörerbereich zu begeben. Sie begründet dies damit, dass sich die Entscheidung des Jugendhilfeausschusses in diesem Punkt unmittelbar vor- oder nachteilig auf die Träger der Kindertageseinrichtungen auswirkt, die durch K vertreten werden. Der Träger sei individuell in seinen wirtschaftlichen Interessen betroffen.

Ist der Ausschluss von der Mitwirkung im Jugendhilfeausschuss rechtmäßig?

II. Die Wahrnehmung von Aufgaben der Jugendhilfe durch Träger freier Jugendhilfe

Fall 4:   Tätigkeitsbereiche freier Träger

Die Arbeiterwohlfahrt hat sich jahrelang mit offener Gruppen- und Gemeinwesenarbeit in einer Obdachlosensiedlung betätigt. Der Träger öffentlicher Jugendhilfe hat diese Arbeit jährlich mit 200 000 € unterstützt. Ein Konflikt, der geraume Zeit zwischen den Mitarbeitern in der Obdachlosensiedlung und ihrem Anstellungsträger schwelt, bricht eines Tages offen aus und führt zur sofortigen Kündigung sämtlicher dort Tätigen. Neue Mitarbeiter lassen sich nicht sogleich finden, die alten – inzwischen arbeitslosen – verkehren weiterhin in der Siedlung. Deshalb sieht sich der Träger schließlich nicht mehr in der Lage, auch künftig die Verantwortung für die Arbeit zu tragen. Er teilt dem Jugendamt ohne Vorankündigung mit, dass er die Arbeit nicht fortführen werde. Der Jugendhilfeausschuss nimmt dies zur Kenntnis und beschließt in derselben Sitzung, die Arbeit in der Obdachlosensiedlung nicht fortzuführen, und sie auch keinem andern freien Träger anzubieten. Vielmehr sollen die Kleinkinder fortan in die Pfarrkindergärten der Umgebung gehen, die Schulkinder sollen von der Schule und die Jugendlichen von den Jugendangeboten im Stadtgebiet aufgefangen werden. Diesen Adressaten gehen entsprechende Aufforderungen zu.

1. **Wie beurteilen Sie die Aufkündigung der Kinder- und Jugendarbeit in der Obdachlo-sensiedlung durch den freien Träger?**
2. **Haben die Bewohner der Obdachlosensiedlung eine Möglichkeit, auf einer Fortführung der Arbeit zu bestehen? Wem gegenüber könnten sie sie ggf. geltend machen?**

3. Können die in Anspruch genommenen Einrichtungen und Veranstaltungen der Umgebung durch die Aufforderung des Jugendamts verpflichtet werden, die Kinder und Jugendlichen aufzunehmen?

4. Wäre die Situation anders, wenn nicht der freie Träger die Arbeit aufgekündigt, sondern das Jugendamt dem freien Träger Folgendes mitgeteilt hätte:
Im Rahmen allgemeiner Sparmaßnahmen sei es nicht zu verantworten, das Projekt wie bisher weiterlaufen zu lassen. Der Personalapparat des JA reiche dazu aus, die gesetzlichen Pflichten nach dem SGB VIII zu erfüllen. Die allgemeinen Hilfsangebote des JA gälten auch für die Bewohner der Obdachlosensiedlung. Ferner werde in jeder Siedlung einmal wöchentlich eine spezielle Sprechstunde abgehalten. Für die Kinder und Jugendlichen stünden ausreichend Pfarrkindergärten und Offene Türen in der Umgebung zur Verfügung.

Kapitel 2   Generelle Leistungen der Jugendhilfe

III. Jugendarbeit, Jugendsozialarbeit, erzieherischer Kinder- und Jugendschutz

Fall 5:   Anerkennung einer Kinderorganisation als freier Träger

Der Vorstand der vor einem Jahr gegründeten Kinderorganisation »Wehrsport fürs Vaterland« e. V., der kürzlich in der Stadt Z im Vereinsregister eingetragen worden ist, stellt beim Landesjugendamt (LJA) den Antrag auf Anerkennung als Träger freier Jugendhilfe gem. § 75 SGB VIII. Das LJA weist den Antrag zurück mit der Begründung, es sei nicht zuständig, der Verein habe nur lokale Bedeutung. Im Übrigen sendet das LJA den Vorgang an das zuständige JA und teilt diesem iSv § 75 SGB VIII seine Rechtsauffassung zum Antrag mit. Nunmehr stellt der Vereinsvorstand beim JA der Stadt Z Antrag auf Anerkennung als Träger der freien Jugendhilfe. Gestützt auf die Rechtsauskunft des LJA weist das JA den Antrag ebenfalls zurück. In seiner Begründung wird u. a. ausgeführt:
Es sei nicht gewährleistet, dass der Verein eine den Zielen des Grundgesetzes förderliche Arbeit leiste. In der Satzung des Vereins heiße es zwar u. a., dass seine Kinder- und Jugendarbeit durch Erziehung, Bildung und Gesellung zur Emanzipation des Menschen und der aktiven Mitgestaltung der Gesellschaft beitragen solle. Wahres Ziel der Organisation sei jedoch die ideologisch-politische Beeinflussung der 6-14jährigen in faschistischem Sinne, was sich daraus ergebe, dass die Vorstandsmitglieder alle der Y-Partei (faschistische Zielsetzung) angehörten und die Organisation Mitglied der »Internationalen Liga für Rassenreinheit« sei.

1. Wie beurteilen Sie die Ablehnung des Jugendamts?
2. Wie bewerten Sie die Ablehnung des LJA?
3. Wie könnte sich der Verein gegen die Entscheidung wehren?

Fall 6:   Förderung einer Jugendinitiative

In der Siedlung A der Stadt Z ist die Zahl der arbeitslosen Jugendlichen besonders hoch. Die Betroffenen lungern in Cliquen herum und wissen nichts mit sich anzufangen. G, der aktives Mitglied in der Gewerkschaft ist, erfährt von dieser problematischen Situation und beschließt, in seiner Freizeit in A einen JugendKlub zu organisieren. Er macht ein nicht mehr bewohntes Hinterhaus ausfindig, das sich zur Unterhaltung des Klubs eignet. Zusammen mit sechs Jugendlichen des Stadtteils erarbeitet er ein Konzept für den Klub. Nachdem einige Aktivitäten mit Erfolg durchgeführt worden sind, beschließt die Gruppe, das Jugendamt um finanzielle Unterstützung zu bitten. Dieses lehnt ab, mit der Begründung, die Gruppe sei kein Träger freier Jugendhilfe.

Wie beurteilen Sie die Ablehnung?

Fall 7: Haftung in der Jugendarbeit

Der 17½-jährige S, der die Jahrgangsstufe 12 des Gymnasiums besucht, wohnt in dem Dorf D. Er ist sehr beliebt im Ort und für seine Kameradschaft und Umsicht bekannt. Von Eltern verschiedener Jungen im Alter von 10-12 Jahren wird an ihn die Bitte herangetragen, gegen Übernahme der für ihn entstehenden Kosten mit einer aus diesem Anlass zu bildenden Gruppe in den großen Ferien etwas zu unternehmen. Er erklärt sich dazu bereit, und auch seine Eltern sind damit einverstanden. – So gehen schließlich 8 Jungen und S auf Radtour in die Berge. Dort machen sie eines Tages eine Wanderung, deren Krönung die Fahrt mit einem Doppelsessellift auf einen berühmten Berg ist.

Als der 12jährige Junge J – der im Übrigen als ruhig und bereitwillig gehorchend gilt – mit einem Kameraden im Lift sitzt, kommt er auf die »tolle« Idee, Steine, die er zuvor gesammelt hat, hinunterzuwerfen. Mit einem der Würfe trifft J den Spaziergänger D am Kopf. Dieser erleidet eine schwere Verletzung und muss stationär behandelt werden.

1. **Die Krankenkasse des D nimmt S in Regress. Zu Recht?**
2. **Für den Fall, dass er haftbar ist, will S die Eltern von J in Anspruch nehmen. Ist dies möglich?**
3. **Wie wäre es, wenn S Stammesführer des Stammes Y, einer Unterorganisation des Deutschen Pfadfinderbundes W e. V., gewesen, von der Krankenkasse des D in Anspruch genommen worden wäre und jetzt vom Verein Erstattung seiner Leistungen verlangte?**

IV. Förderung der Erziehung in der Familie

Sachverhalte, die den §§ 16-21 SGB VIII zuzuordnen sind, finden sich in den Fällen 22, 23, 51 und 62.

V. Tageseinrichtungen und Tagespflege

Fall 8: Trägerschaft bei Kindergärten

1. In der Stadt X, Stadtteil Y, wird ein zusätzlicher Kindergarten benötigt.

Wer hat die Pflicht, sich um die Einrichtung eines weiteren Kindergartens zu bemühen? Wer könnte Träger eines Kindergartens werden?

2. Nehmen Sie an, die katholische Kirchengemeinde hat den Kindergarten gebaut. Sie hat eine Leiterin und zwei Erzieherinnen angestellt. Außerdem hat sie zwei Praktikantinnen aufgenommen. In der Lokalzeitung gibt der Träger die Eröffnung des Kindergartens bekannt. Die Eltern werden aufgefordert, die 3-5jährigen anzumelden.

Wer muss in folgenden Fällen die Anmeldung vornehmen?
2.1 beim Kind verheirateter Eltern?
2.2 beim Kind einer ledigen Mutter?
2.3 beim Adoptivkind?
2.4 beim Pflegekind?
2.5 beim Kind, dessen Eltern getrennt leben?

2.6 beim Kind, dessen Eltern geschieden sind?
2.7 beim Stiefkind?

Begründen Sie Ihre Entscheidungen jeweils mit den gesetzlichen Bestimmungen.

3. **Wie wird die Zusammenarbeit mit den Eltern gestaltet?**
4. **Wie wäre die Situation, wenn eine Elterninitiative (e. V.) den Kindergarten eröffnet hätte?**
5. **Worin unterscheiden sich Kindertageseinrichtungen und Familienzentren nach dem Gesetz zur frühen Bildung und Förderung von Kindern NRW (KiBiz NRW)?**

Fall 9: Einrichtung einer Kinderkrippe durch Elterninitiative

Sie sind tätig in der Behörde für Soziales und Familie in der Abteilung »Kindertagesbetreuung«. Zu Ihnen kommen Vertreter einer Elterninitiative, die im Stadtteil X eine Kinderkrippe, d.h. eine Kindertageseinrichtung für Kinder unter 3 Jahren, eröffnen möchten. Sie möchten eine erste Information hinsichtlich der Möglichkeiten der Umsetzung dieser Idee.

Was teilen Sie den Eltern mit?

Fall 10: Entzug der Erlaubnis zur Kindertagespflege[1]

Sie sind in der Behörde für Soziales und Familie in der Abteilung »Kindertagesbetreuung« tätig und u.a. zuständig für die Erteilung der Erlaubnis zur Kindertagespflege nach § 43 SGB VIII. Ihnen ist zugetragen worden, dass Frau K – die eine Erlaubnis zur Kindertagespflege im vergangenen Jahr erhalten hat – aktives Mitglied der Scientology Kirche Deutschland e.V. und des dazugehörigen »Landesverbandes« ist. Frau K. hatte dies weder Ihnen noch den Eltern mitgeteilt. Sie fragen sich, ob Sie die Erlaubnis nach § 43 SGB VIII entziehen müssen.

Welche Überlegungen stellen Sie an?

Fall 11: Haftung in einer Kindertageseinrichtung

Die Erzieherin E und die Praktikantin P gehen mit einer Gruppe eines Kindergartens in Trägerschaft der Elterninitiative X e.V. spazieren.
P führt die Gruppe an, E geht am Schluss. Jede hat zwei der kleinsten Kinder an der Hand. Plötzlich greift der Junge J, der in der Mitte der Gruppe läuft, blitzschnell einen Stock vom Straßenrand auf und schleudert ihn dem Mädchen M vor die Füße. P merkt nicht sofort, was los ist, weil sie in Gehrichtung schaut. E dagegen sieht zwar, was sich abspielt, denkt aber, das schaffe ich sowieso nicht mehr und unternimmt nichts. Tatsächlich hätte sie J den Stock mit größter Wahrscheinlichkeit noch aus der Hand schlagen können. M stolpert über den Stock, bricht sich den Arm und zerreißt sich den Mantel beim Sturz.

---

1 Vgl. Bay. VGH, Entscheidung vom 31.5.2010, Az. 12 BV 09.2400.

1. Wer haftet für die entstandenen Schäden?
2. Wie wäre die Rechtslage, wenn nicht die Elterninitiative, sondern die Stadt Y beziehungsweise
3. die Kirchengemeinde Z Träger des Kindergartens wäre?

Fall 12: Amtshaftung wegen gesundheitlicher Schädigung eines Kindes in einer Pflegefamilie[2]

Bei einem unangemeldeten Hausbesuch fanden Mitarbeiter des Jugendamtes den damals sechs Wochen alten J – Sohn einer drogenabhängigen, wohnungslosen Frau – in einer schmutzigen Decke in Gesellschaft zweier Männer. Die Mutter war nicht anwesend. Auf Veranlassung des Jugendamtes wurde das Kind am selben Tag in einer »Notaufnahmefamilie« untergebracht. Die leibliche Mutter, die inzwischen erschienen war, stimmte der Inobhutnahme zu. Die Pflegemutter, Kinderkrankenschwester und selbst Mutter von drei Kindern, war auf die Versorgung eines Säuglings eingestellt, die Familie bereits als Pflegefamilie eingesetzt worden. Nach acht Tagen wurde das Kind mit schwersten Kopfverletzungen ins Krankenhaus eingeliefert. Es ist seitdem zu 100 % schwerbehindert. Nach Angaben der Pflegemutter war das Kind durch unglückliche Umstände von der Wickelauflage gefallen und dabei mit dem Kopf an ein Waschbecken gestoßen. Die Krankenkasse und die Pflegekasse, bei denen das Kind versichert ist und dessen Ansprüche nach § 116 I SGB X auf diese übergegangen sind, machen gegen den Landkreis als Träger des Jugendamtes Schadensersatzansprüche aus § 839 BGB iVm. Art. 34 GG geltend.

Zu Recht?

---

2 Vgl. BGH, Entscheidung vom 23.2.2006, Az. III ZR 164/05.

Kapitel 3 Individuelle Leistungen der Jugendhilfe: Hilfe zur Erziehung in der eigenen Familie

VI. Ambulante erzieherische Betreuung

Fall 13: Alkoholkranke Mutter

Der 10jährige David Müller ist das eheliche Kind seiner 48jährigen Mutter und seines 51jährigen Vaters. Er hat guten Kontakt zu seiner Schwester, die 15 Jahre älter ist, nicht mehr in der Familie, jedoch im selben Ort wohnt, verheiratet ist und drei kleine Kinder hat. Die Mutter ist seit mindestens sechs Jahren alkoholkrank. Weil aufgrund ihres Zustandes immer wieder Krisensituationen in der Familie aufgetreten sind, ist der Allgemeine Soziale Dienst des Jugendamts schon verschiedentlich tätig geworden. Eine Besserung der Situation ist aufgrund des Verhaltens der Mutter jedoch nicht zu erzielen gewesen.

Nunmehr kommt Herr Müller in den Allgemeinen Sozialen Dienst und teilt mit, dass er sich endgültig von seiner Frau getrennt und David mit Zustimmung der Mutter mitgenommen habe. Er werde demnächst einen Antrag auf Scheidung stellen. David hänge immer noch sehr an seiner Mutter, obwohl sie ihn häufig sehr schlecht behandelt habe und er vieles habe tun müssen, was über sein Alter und seine Kräfte weit hinausgegangen sei. David sehe zwar ein, dass es zusammen mit der Mutter nicht so weitergehe. Seelisch komme er aber nicht von ihr los. Er sei häufig geistesabwesend, könne sich in der Schule und bei den Hausaufgaben nur mit Mühe konzentrieren, esse schlecht und sehe, obwohl der Arzt nichts finden könne, richtig krank aus. Im Moment sei offen, ob er, Herr Müller, David im Hause behalten oder ihn in eine Pflegefamilie geben werde. Möglicherweise ziehe er demnächst mit einer neuen Partnerin zusammen. Dann könne David selbstverständlich bei ihm bleiben. Herr Müller bittet den zuständigen Sozialarbeiter, ihm dabei zu helfen, dass David die Trennung von der Mutter und die Krise meistert. Bei einem Gespräch mit David gewinnt der Sozialarbeiter den Eindruck, dass dieser überdurchschnittlich begabt, über sein Alter reif, sehr sensibel ist und Gesprächen über seinen Kummer keinen nennenswerten Widerstand entgegensetzen wird.

Sollte der Sozialarbeiter Davids Vater Hilfe zur Erziehung gewähren und wenn ja, welche?

VII. Beratung und Beratungsdienste

Fall 14: Träger von Erziehungsberatungsstellen

Sie sind Sozialarbeiter und wohnen privat in einem Neubau-Viertel, wo dringend eine Erziehungsberatungsstelle benötigt wird. Mit Bekannten organisieren Sie eine Bürgerinitiative zur Förderung einer solchen Einrichtung.

1. An wen können Sie sich wenden, damit eine Erziehungsberatungsstelle eingerichtet wird?
2. In welcher Rechtsform könnte sie betrieben werden?

Fall 15:   Pflegekind in der Erziehungsberatung

Eine Mutter kommt mit dem 15jährigen K, der ihr Pflegekind ist, in die Erziehungsberatungsstelle. Der Sozialarbeiter hat Bedenken, die Beratung durchzuführen.

1. Hat M einen Anspruch auf Erziehungsberatung?
2. Von der Pflegemutter erfährt der Sozialarbeiter, dass die leiblichen Eltern sich strikt gegen eine Erziehungsberatung ausgesprochen haben, dass allerdings dem Vater die elterliche Sorge gem. §§ 1666, 1666a BGB entzogen wurde und die Mutter wegen einer psychischen Erkrankung unter rechtlicher Betreuung steht.

Fall 16:   Schweigepflicht des Arztes

Der Psychologe in der Erziehungsberatungsstelle kommt zu dem Ergebnis, dass bei dem vorgestellten Kind eine leichte Intelligenzminderung vorliegen könnte. Aus den Andeutungen der Mutter weiß er, dass bereits ein fachärztliches Gutachten eingeholt worden ist. Dem Sozialarbeiter gelingt es herauszubekommen, welcher Arzt dieses erstellt hat. Er wendet sich an den Arzt, der frei praktiziert und bittet um Übersendung des Gutachtens. Dieser weigert sich.

Zu Recht?

Fall 17:   Amtshilfe und Datenschutz zwischen Behörden

Die Eltern E des 8jährigen Jungen J kommen in die Erziehungsberatungsstelle der Stadt Bonndorf, weil das Kind zunehmend starke Verhaltensauffälligkeiten zeigt. Nach Gesprächen mit dem Minderjährigen und dessen Eltern sind Sie als Mitarbeiter der Einrichtung der Meinung, dass der Junge einen hirnorganischen Schaden haben könnte. Bei einem sich anschließenden Gespräch mit der Oma des Kindes, die ebenfalls im Haushalt lebt, erfahren Sie (was die Eltern Ihnen offenbar bewusst verschwiegen haben), dass J bereits mehrere Monate in Behandlung der Erziehungsberatungsstelle der Nachbarstadt Rundlingen (anderes Bundesland), in der die Familie vorher gewohnt hat, gewesen sei. Hier sei die Therapie jedoch abgebrochen und die Empfehlung ausgesprochen worden, das Kind in der Jugendpsychiatrie vorzustellen. Dies hätten die Eltern aber abgelehnt. Kurze Zeit danach habe der dortige Schulpsychologische Dienst J wegen seiner starken Verhaltensauffälligkeiten ebenfalls untersucht und ihn in diesem Zusammenhang in der Jugendpsychiatrie (Träger: Landschaftsverband) vorgestellt. Aufgrund dieses Ergebnisses, dessen Einzelheiten Sie nicht kennen, habe J in eine Sonderschule für Verhaltensgestörte umgeschult werden sollen. Daraufhin hätten die Eltern eine Wohnung in der Stadt Bonndorf genommen, wo Herr E sowieso arbeitet, und den Jungen wieder in eine Grundschule in Bonndorf eingeschult. Hier sei die Lehrerin bereits nach zwei Wochen der Meinung, dass J für die Klassengemeinschaft untragbar sei.
Sie hätten nunmehr gern, bevor Sie über die Durchführung einer Therapie entscheiden, die Untersuchungsergebnisse der Erziehungsberatungsstelle, des Schulpsychologischen Dienstes

und der Jugendpsychiatrie in Rundlingen. Sie wenden sich an zunächst »kollegial« an die Erziehungsberatungsstelle in Rundlingen und bitten um entsprechende Informationen.

1. **Ist die Erziehungsberatungsstelle in Rundlingen verpflichtet, Ihnen die gewünschte Auskunft zu geben?**
2. **Wäre die Situation anders, wenn es sich bei der Erziehungsberatungsstelle in Rundlingen um eine in Trägerschaft des Diakonischen Werkes (DW) gehandelt hätte?**
3. **Wie wäre die Sachlage, wenn es sich bei der nunmehr aufgesuchten Erziehungsberatungsstelle in Bonndorf um eine in Trägerschaft des Caritasverbands (CV) handelte und diese die kommunale Erziehungsberatungsstelle in Rundlingen um Auskunft bäte?**

Fall 18: Meldepflichten freier Träger

Aufgrund einer bei dem 15-jährigen Jugendlichen J durchgeführten Erziehungsberatung weiß der Sozialarbeiter in der Erziehungsberatungsstelle des Caritasverbands, dass J einen Kaufhausdiebstahl größerer Art begangen hat, der jedoch nicht entdeckt worden ist.

1. **Ist der Sozialarbeiter verpflichtet, Polizei oder Staatsanwalt davon in Kenntnis zu setzen?**
2. **Wäre es anders, wenn es sich um eine kommunale Erziehungsberatungsstelle handelt?**

Fall 19: Zeugnisverweigerungsrecht des Sozialarbeiters (SA)

Während J (siehe Fall 18) in der Erziehungsberatungsstelle der Kommune noch in Therapie ist, verübt er einen weiteren Diebstahl und wird gefasst. Es wird ein Jugendstrafverfahren eingeleitet. Der Sozialarbeiter wird als Zeuge geladen und soll zu der Frage aussagen, ob J schon früher Diebstähle begangen hat. Der Sozialarbeiter weigert sich.

1. **Zu Recht?**
2. **Wäre die Situation anders, wenn es sich um eine Erziehungsberatungsstelle des Caritasverbands handelte?**
3. **Wäre die Situation anders, wenn es sich um eine Erziehungsberatungsstelle eines freien nicht kirchlichen Trägers handelte?**
4. **Wäre die Situation anders, wenn der Sozialarbeiter nicht in einem Jugendstrafverfahren, sondern im Verfahren nach § 1671 BGB im Zusammenhang mit der Frage der Erziehungsfähigkeit der Eltern des J nach evtl. Straftaten des J befragt worden wäre?**
5. **Kann der Jugendrichter (Frage 1 bis 3) etwas tun, um eine Aussage des Sozialarbeiters zu erhalten?**

Fall 20: Schwangerschaftsabbruch einer Minderjährigen[1]

Die 15jährige Schülerin S, die sowohl körperlich als auch geistig mehr als altersgemäß entwickelt ist, stellt fest, dass sie schwanger ist. Sie wendet sich an die »Beratungsstelle für schwangere Frauen in Konfliktsituationen«, die in der Stadt X vom Diakonischen Werk unterhalten wird. Hier trägt sie der Sozialarbeiterin Folgendes vor: Sie sei mit ihrem 19jährigen Freund F, dem Vater des Kindes, nach reiflicher Überlegung zu der Überzeugung gekommen, dass es für alle Beteiligten besser sei, das Kind nicht zur Welt zu bringen. Beide Eltern seien

---

1   Nach AmtsG Schlütern v. 2.9.1997, FamRZ 1998, 968.

gegen die Beziehung gewesen und würden eine Heirat nie billigen. F habe gerade sein Studium begonnen und könne sich um ein Kind nicht kümmern. Sie selbst besuche noch das Gymnasium und wolle danach unbedingt eine Ausbildung machen. Sie fühle sich auch nicht stabil genug, die Auseinandersetzungen mit ihren Eltern durchzustehen, um das Kind austragen zu können. Ihr Vater sei eine bekannte Persönlichkeit in der Stadt und würde ihr diesen »Fehltritt« nie verzeihen. Einerseits würde er zu einem Abbruch seine Zustimmung nicht geben, andererseits würde er sicher nichts tun, um ihr das Austragen des Kindes zu erleichtern. Das Kind anschließend versorgen würden ihre Eltern sowieso nicht. Und alle diese Schwierigkeiten durchzumachen, nur um das Kind nachher fremden Leuten zu geben, das wolle sie nicht.

1. **S möchte eine Bescheinigung über die soziale Beratung gem. § 218 a I Nr. 1 StGB und bittet dringend darum, ihre Eltern nicht zu informieren. Die Sozialarbeiterin weiß nicht, ob sie dieser Bitte nachkommen darf.**
2. **S möchte ferner Auskunft, ob der Abbruch selbst ohne Einwilligung ihrer Eltern vorgenommen werden könnte.**
3. **Wie wäre die Situation, wenn die Minderjährige mit dem Wunsch in die Beratungsstelle käme, ihr bei der Austragung entgegen dem Willen ihrer Eltern behilflich zu sein?**

Fall 21: Beschlagnahme von Unterlagen einer Drogenberatungsstelle[2]

Der Caritasverband der Stadt A unterhält eine Suchtkrankenberatungsstelle, der als Kontaktzentrum eine »Teestube« angegliedert ist. Nachdem sich verschiedene Anhaltspunkte dafür ergeben haben, dass in der Beratungsstelle mit Drogen gehandelt werde, ordnet das AG auf Antrag der Staatsanwaltschaft deren Durchsuchung an (§§ 102, 103, 105 StPO). Gleichzeitig wird in der »Teestube« eine polizeiliche Razzia durchgeführt. Bei der Durchsuchung stellt die Staatsanwaltschaft eine Reihe von Klientenakten sicher, die später gem. §§ 94, 98 StPO gerichtlich beschlagnahmt werden. Die Beschlagnahme erfolgt, nachdem sich aus den sichergestellten Unterlagen Anhaltspunkte für einen strafbaren Erwerb und Besitz von Rauschgift durch die Klienten der Beratungsstelle ergeben haben. Der ursprüngliche Verdacht, in der Beratungsstelle werde mit Drogen gehandelt, ist hingegen nicht mehr Grundlage der Beschlagnahmeanordnung, die vom LG bestätigt wird.

Der Caritasverband, der Vorsitzende des Caritasverbands, der Leiter der Drogenberatungsstelle und einige seiner Klienten legen gegen den Durchsuchungsbefehl und die Beschlagnahmeanordnung Verfassungsbeschwerde ein.

Fall 22: Beratung in Unterhaltsfragen

Frau S erscheint im Jugendamt und bittet um Hilfe. Sie sei – so trägt sie vor – alleinerziehende Mutter des 2jährigen H. Sie sei geschieden. Ihr geschiedener Mann habe sich in einem Scheidungsfolgenvergleich verpflichtet, monatlich 400,-- € für sie und 200,-- € für H zu zahlen. Vor zwei Monaten habe er die Zahlungen eingestellt. Sie habe mehrfach mit ihm gesprochen und ihm einige Male geschrieben. Er habe gesagt, dass er freiwillig keinen Cent mehr herausrücke.
Sie bittet darum, dass das Jugendamt seine Mittel einsetzen möge, damit ihr und dem Jungen Unterhalt gezahlt werde. Notfalls müssten gerichtliche Schritte eingeleitet werden.

---

2   Nach BVerfG v. 24.5.1977, NJW 1977, 1489 = NDV 1978, 48.

1. **Was hat das JA zu tun?**
2. **Kann das JA Frau S bzw. H**
   a) außergerichtlich
   b) gerichtlich
   helfen, den Unterhalt zu bekommen?
3. **Wäre die Antwort anders, wenn Frau S ledig wäre und der Vater von H, Herr V,**
   a) sich beim JA urkundlich zur Zahlung von 200,-- € monatlich für H
   b) sich notariell
   c) sich schriftlich
   zur Zahlung von 400,-- € monatlich für Frau S ab Getrenntleben verpflichtet hätte?

Fall 23:   Beratung in Fragen des Umgangs

Herr und Frau S sind seit Juni 2004 geschieden. Herr S wohnt in K, Frau S mit der gemeinsamen Tochter N (5 Jahre) ebenso. Frau S ist alleinige Inhaberin der elterlichen Sorge gem. § 1671 II Nr. 1 BGB.

Der Umgang zwischen Herrn S und N wurde vom Familiengericht dahingehend geregelt, dass Herr S berechtigt ist, N alle zwei Wochen am Wochenende zu sich zu nehmen. Anfangs verliefen die Besuchswochenenden ohne Schwierigkeiten. Seit Februar 2010 entstand bei Herrn S der Eindruck, dass N ihn immer widerwilliger besuche. Er hatte den starken Verdacht, dass seine geschiedene Frau negativ auf N einwirkte. Er sprach seine geschiedene Frau deswegen an. Dies führte jedoch nicht weiter; sie tat nichts, um den Umgang zu fördern. N sperrte sich immer mehr. Herr S gab schließlich entnervt auf: Er verzichtete faktisch auf die Ausübung des Umgangs.

Als N sich auch Weihnachten 2010 geweigert hatte, ihn wenigstens anlässlich des Weihnachtsfestes zu besuchen, wurde der Zustand für ihn unerträglich. Er ging Anfang Januar 2011 zum Jugendamt, um um Hilfe zu bitten. Dort wollte er auch wissen, wie er evtl. sein Recht auf Umgang gerichtlich geltend machen könne.

1. **Woraus ergibt sich, dass das JA verpflichtet ist, Herrn S zu helfen?**
2. **Was genau ist Aufgabe des JA? Erläutern Sie dies anhand der einschlägigen Rechtsvorschriften!**
3. **Hat das JA Herrn S auch die rechtlichen Möglichkeiten, die er hat, darzulegen und ein Vorgehen zu empfehlen? Die zuständige Sozialarbeiterin, Frau K, sagt, dies dürfe sie nicht, weil dies im Gesetz nicht vorgesehen sei. Er solle sich an einen Rechtsanwalt wenden.**
4. **Unabhängig von der Antwort auf Frage 3: Welche Möglichkeiten hätte Herr S? Legen Sie diese unter Berücksichtigung der Tatsache, dass das Gericht das Umgangsrecht schon einmal geregelt hat, anhand des Gesetzes genau dar.**

Ende Januar 2011 teilte Frau K Herrn S mit, sie sehe keine Möglichkeit, Frau S dazu zu bewegen, N zum Umgang mit ihrem Vater anzuhalten. Er möge ggf. die Hilfe des Familiengerichts in Anspruch nehmen. Dies machte Herr S.

In einer mündlichen Anhörung bei Gericht am 1.3.2011, bei der auch Frau K anwesend war, konnte kein Einvernehmen zwischen Herrn und Frau S erzielt werden. Frau S trug vor, N sei ihrem Vater inzwischen völlig entfremdet. Sie sehe keinen Sinn darin, dass das Kind den Vater besuche. Der Richter erließ daraufhin folgenden Beschluss:

1. Es wird begleiteter Umgang angeordnet.
2. Frau K vom Jugendamt wird verpflichtet, den Umgang nach näherer Bestimmung durch sie in den Räumen des Jugendamts zu begleiten.

Den Einwand von Herrn und Frau S, sie legten Wert darauf, dass der Sozialdienst katholischer Frauen (SKF) in seinen Räumen den Umgang begleite, nahm der Richter nicht zur Kenntnis. Auch Frau K wendete ein, sie sei nicht bereit, den Umgang zu begleiten. Die Eltern hätten das Recht, sich den Träger auszusuchen, der den Umgang begleitet.

5. Steht der Beschluss des Gerichts mit dem geltenden Recht in Einklang?
6. Wer könnte gegen den Beschluss des Gerichts ein Rechtsmittel einlegen und welches?

VIII. Soziale Gruppenarbeit

Fall 24: Segelfahrt im Ijsselmeer

Es geht um L, nicht ehelich geboren, Vater unbekannt. L wächst zunächst bei seiner Mutter auf, die im Haushalt ihrer Eltern lebt. Als L 5 Jahre alt ist, verunglückt seine Mutter im Straßenverkehr und stirbt acht Tage später an den Folgen. Das Jugendamt wird Amtsvormund. L versteht nicht, dass seine Mutter nicht mehr wach wird, und macht dies seinen Großeltern zum Vorwurf. Diese versuchen, ihm das Missverständnis auszureden, was nur stärkere Aggressionen erzeugt. Die Großeltern wenden sich an das Jugendamt. Sie seien überfordert mit L. Sie bitten, ihn anderswo unterzubringen. Sie empfehlen Familie F, wo L bekannt sei.

Die F nehmen L auf. Da es sich voraussichtlich um eine längere Unterbringung handelt, werden die F gem. § 1630 III BGB zum Personensorgerechtspfleger bestellt.

L wird eingeschult. Er ist ein guter Schüler, wenngleich immer allein. Das bleibt auch auf dem Gymnasium. Als er 16 Jahre alt wird und im ersten Halbjahr der 10. Klasse ist, erklärt er, er wolle Kapitän (Hochseeschifffahrt) werden. Dafür brauche er kein Latein und kein weiteres Wissen, das auf dem Gymnasium vermittelt werde.

Die Pflegeeltern nehmen diesen Wunsch nicht ernst und verlangen, dass er weiter das Gymnasium besucht. Eines Tages meldet sich die Schule und teilt mit, L fehle fast täglich im Unterricht. Mitschüler hätten gesagt, er halte sich am Hafen auf und warte auf eine Gelegenheit, als Schiffsjunge mitgenommen zu werden. L wird zu Hause zur Rede gestellt und gibt alles zu. Er habe ja gesagt, er wolle zur Schifffahrt und nicht mehr ins Gymnasium.

Die Pflegeeltern wenden sich ans JA und schildern L als kaum beeinflussbar. Er mache ihnen Sorgen, da er keine Freunde habe und nur seiner Idee: »Ich will Kapitän werden« anhänge. L sei ihnen ein lieber Pflegesohn, aber sie brauchten Hilfe bei seiner Erziehung. Sie fragen, ob das Jugendamt nicht irgendeine Ferienmaßnahme wisse, wo L erfahren könne, dass Schifffahrt nicht nur ein schöner Traum sei, sondern harte Disziplin erfordere.

Das zuständige Jugendamt bietet einmal jährlich für gefährdete Jugendliche mit erheblichen Verhaltensstörungen die Teilnahme an einer Segelfahrt im Ijsselmeer an. Voraussetzung ist die Bereitschaft des Jugendlichen, vor der Fahrt einen Grundkurs im Segeln mitzumachen und zwar zusammen mit anderen Jugendlichen, die an der Fahrt teilnehmen wollen. Diese Teilnahme gilt als Test für die Bereitschaft und Fähigkeit, sich für 14 Tage auf die Segelfahrt in einer Gruppe von 10 Jugendlichen einzulassen. L, befragt, ob er so etwas mitmachen wolle, ist ambivalent. Er kenne ja niemand von den anderen. Außerdem wolle er zur Hochseeschifffahrt.

Welche Hilfe zur Erziehung möchten Sie den F anraten?

IX. Erziehungsbeistandschaft, Betreuungshilfe

Fall 25:   Voraussetzungen für die Bestellung eines Erziehungsbeistandes

M, eine junge Italienerin, ist mit 14 Jahren Mutter von K geworden. Die Vaterschaft ist nicht geklärt. Mittlerweile ist das Kind 3 Jahre alt und geht in den Kindergarten. M macht eine Lehre als Friseurin. Ihre Eltern, ebenfalls Italiener, versorgen K mit. In der Großfamilie gibt es dauernd Schwierigkeiten. M will die Ratschläge ihrer Eltern nicht annehmen; um das Kind kümmert sie sich kaum. Ständig wechselnde Freunde nehmen sie neben der Ausbildung, in der sie sich mit Mühe über Wasser hält, völlig in Anspruch. K's Kontakte mit den Kindern im Kindergarten erschöpfen sich darin, dass er sich mit ihnen prügelt, sie beim Spielen ärgert oder das Spielzeug zerstört. Zu Hause ist er ständig bockig und macht alles kaputt, was nicht niet- und nagelfest ist. Die Eltern von M wenden sich an das Jugendamt mit der Bitte, für M und K einen Erziehungsbeistand zu bestellen.

1. Nach welchen gesetzlichen Bestimmungen ist das Jugendamt zuständig?
2. Kann für M und K ein Erziehungsbeistand bestellt werden?

Fall 26:   Rechtsmittel gegen die Ablehnung der Bestellung eines Erziehungsbeistandes

Der Sozialarbeiter eines freien Trägers der Jugendhilfe hat sich ausführlich mit dem Fall des 16-jährigen J befasst und ist zum Ergebnis gekommen, dass die Bestellung eines Erziehungsbeistands die angemessene Hilfe wäre. Nach seiner Meinung liegen »die Tatbestandsmerkmale des § 30 SGB VIII« vor. Er empfiehlt den Personensorgeberechtigten, einen entsprechenden Antrag beim Jugendamt zu stellen. Dies geschieht, der Antrag wird jedoch abgelehnt. Die Personensorgeberechtigten und J sind nicht einmal gehört worden. In der Begründung heißt es lapidar, die Voraussetzungen für Bestellung eines Erziehungsbeistands lägen nicht vor.

Die Betroffenen fragen den Sozialarbeiter, was sie dagegen tun könnten.

Fall 27:   Erziehungsbeistandschaft, wenn nur ein Elternteil Hilfe zur Erziehung beantragt

J, 15 Jahre, macht seiner Mutter M große Schwierigkeiten. Da er nach der Schule meist nicht nach Hause und nachts erst spät zurückkommt, im Übrigen sehr verschlossen ist, wünscht sie sich Hilfe zur Erziehung. Die Eltern leben getrennt. Eine gerichtliche Regelung hinsichtlich der e. S. ist nicht erfolgt. Die Mutter, die mit J im Jugendamt war, hat Antrag auf Bestellung eines Erziehungsbeistands gestellt. Der Vater, der im Ausland wohnt, reagiert nicht auf das Schreiben der M, in dem sie um seine Zustimmung bittet.

Kann dem J dennoch ein Erziehungsbeistand bestellt werden?

X. Sozialpädagogische Familienhilfe

Fall 28:   Versagen der Mutter bei Erziehung und Versorgung

Frau A ist seit 2008 geschieden und lebt mit ihren vier Kindern in der Einliegerwohnung im elterlichen Haus, bestehend aus zwei Schlafräumen, Wohnzimmer, Küche, Bad. Sie hat die Alleinsorge. Der geschiedene Mann ist verschwunden, Unterhalt zahlt er keinen. Frau A ist nicht in der Lage, für eine gesunde, vitaminreiche Ernährung und für regelmäßiges Essen zu sorgen. Die Hauptmahlzeiten für die Familie bestehen aus Dosen- und Fertiggerichten. Am Wochenende wird die Familie von der Großmutter bekocht. Frau A bezieht Arbeitslosengeld II.

Zwischen Frau A und ihrer Mutter besteht ein sehr intensiver Kontakt. Die nachbarlichen Beziehungen von Frau A sind durch starkes Mitteilungsbedürfnis ihrerseits gekennzeichnet; sie versteht es, viele Menschen aus ihrer Umgebung für ihre Bedürfnisse einzuspannen. Frau A erscheint oft nervös und zerfahren. Häufig klagt sie über Unterleibsschmerzen. Dann bleibt sie manchmal tagelang im Bett. Die Kinder hängen sehr an ihrer Oma. Das Verhältnis der Kinder zu ihrer Mutter ist vor allem von Unsicherheit gekennzeichnet. Untereinander unterstützen sie sich, so gut sie das können.

Der Gesundheitszustand der Kinder ist nicht gut. Alle vier sind fast ständig erkältet. Der 12jährige Sohn besucht wegen körperlicher und geistiger Retardierungen die Sonderschule. In der Familie nimmt er eine Außenseiterposition ein.

Die 11jährige Tochter geht zur Hauptschule. Sie ist altersgemäß entwickelt und macht als Einzige einen – abgesehen von den Erkältungen – gesunden Eindruck.

Der 10jährige Sohn zeigt Schwierigkeiten im sprachlichen Bereich. Er stammelt und ist für seine Umgebung kaum zu verstehen. Seine Nicht-Einschulung ist bislang niemand aufgefallen.

Der 9jährige Sohn hat einen angeborenen Hirnschaden. Er ist untergewichtig und sehr oft krank. Seit seiner Geburt wird in kurzen Abständen immer wieder eine Einweisung in die Kinderklinik erforderlich. Während dieser Krankenhausaufenthalte wird er vom Pflegepersonal gefördert und zeigt immer wieder Entwicklungsfähigkeit. Diese Ansätze können von der Mutter nicht ausgebaut werden, weshalb sein Entwicklungsstand ungefähr bei dem eines 2jährigen Kindes liegt.

Kürzlich hat die Hauptschule mitgeteilt, dass die 11jährige seit einigen Wochen höchst unregelmäßig zur Schule kommt. Diese Nachricht ist der Mutter mit der Aufforderung zugegangen, in der Hauptschule beim Klassenlehrer vorzusprechen. Hierfür ist ein Termin mitgeteilt worden. Da die Mutter nicht erschienen ist und keine Erklärung abgegeben hat, ist der Tatbestand dem örtlichen Jugendamt mitgeteilt worden. In der Mitteilung heißt es, die Schule habe Anlass zu der Vermutung, dass die erzieherische Versorgung der Kinder unzulänglich sei.

Die zuständige Sozialarbeiterin des Allgemeinen Sozialen Dienstes hat daraufhin einen Hausbesuch bei den N's gemacht und anschließend unverzüglich Kontakt zur Sozialstation des Ortscaritasverbandes aufgenommen. Frau A hat bei dem Besuch geäußert, dass sie zwar alles gerne besser machen möchte, sich aber so krank und überfordert fühle, dass sie dazu nicht imstande sei.

Frau A. möchte vom Jugendamt Hilfe haben.

Kapitel 4 Individuelle Leistungen der Jugendhilfe: Hilfe zur Erziehung außerhalb der eigenen Familie

XI. Annahme als Kind

Fall 29: Träger freier Jugendhilfe als Adoptionsvermittlungsstelle

Das Diakonische Werk X unterhält eine Beratungsstelle nach § 219b StGB. Nach einer fachlichen Beratung und dem Aufzeigen aller vorhandenen rechtlichen und sonstigen Hilfsmöglichkeiten entscheiden sich viele Frauen dafür, ihr erwartetes Kind auszutragen und zur Adoption freizugeben. Die Beratungsstelle steht daher vor der Aufgabe, jedes Jahr für ca. 15 Säuglinge Eltern zu suchen. Bisher hat sie sich der Hilfe verschiedener Jugendämter und freier Träger der Jugendhilfe bedient. Die Leiterin der Stelle ist nunmehr zu der Einsicht gekommen, dass es wegen der notwendigen vertrauensvollen Zusammenarbeit mit den Müttern sinnvoller wäre, wenn die Stelle die Kinder selbst vermittelte.

Ist dies möglich?

Fall 30: Voraussetzungen, Wirkungen und Verfahren einer Annahme als Kind

Die 17jährige ledige Schülerin Lena bringt das Kind Sophie zur Welt, deren Vater der wegen einer psychischen Erkrankung unter Betreuung stehende 20jährige Ralf ist. Da Ralf sich weigert, die Vaterschaft anzuerkennen, hat das Jugendamt als Amtsvormund von Sophie Vaterschaftsfeststellungsklage erhoben. Lena und ihre Eltern wollen Sophie auf keinen Fall behalten. Die Eheleute Zach, die sich an die Adoptionsvermittlungsstelle des Jugendamts in A gewandt haben, möchte die fünf Wochen alte Sophie, die sich noch im Krankenhaus befindet, adoptieren. Herr Zach ist 30, Frau Zach 29 Jahre alt. Sie haben eine einjährige Tochter, die körperbehindert ist. Aus medizinischen Gründen werden die Eheleute Zach keine weiteren Kinder bekommen.

1. **Unter welchen Voraussetzungen können die Eheleute Z die S als Kind annehmen?**
2. **Welche Wirkungen hat die Adoption?**
3. **Wie würden das Adoptionsvermittlungsverfahren und das Annahmeverfahren ablaufen?**

Fall 31: Verweigerung der Einwilligung in die Adoption des Kindes

Die unverheiratete Laura Lebe hat einen Sohn namens Isidor. Ihre Berufsausübung als Barbesitzerin lässt es ihrer Meinung nach nicht zu, Isidor angemessen zu versorgen. Der Vater ist unbekannt. Frau Lebe hat Isidor daher gleich nach der Geburt in ein Heim gegeben. Sie bezahlt pünktlich die Heimkosten, kümmert sich aber im Übrigen kaum um das Kind. Zu Weihnachten und seinem Geburtstag besucht sie ihn immer mit einer großen Kiste Spielsachen und Süßigkeiten, ansonsten nimmt sie keinen Kontakt zu ihm auf. Isidor ist jetzt 2 Jahre alt und hat keinerlei Beziehung zu seiner Mutter. In seiner Entwicklung ist er stark retardiert.

Der Heimleiter Helge Heinrich hat Frau Lebe bei ihrem letzten Besuch angesprochen und gefragt, ob sie Isidor zur Adoption geben wolle; er könne ihn in eine gute Familie vermitteln, die Isidors Entwicklungsrückstände aufarbeiten könnte. Frau Lebe will von einer Adoption nichts wissen. Sie glaubt, dass sie ohnehin in wenigen Jahren aus Altersgründen in ihrem Beruf wird kürzertreten müssen. Dann werde sie Isidor vielleicht zu sich nehmen. Die angesprochenen Entwicklungsverzögerungen bei ihm seien nicht tragisch; sie selbst sei auch eine »Spätentwicklerin« gewesen.

In seiner nächsten Mitteilung an das Landesjugendamt, die auf der Basis von § 12 AdVermiG zwischen Helge Heinrich und Landesjugendamt vereinbart worden ist, teilt Herr Heinrich mit, dass Isidor seiner Meinung nach dringend in einer Adoptivfamilie untergebracht werden müsse und dass er ohne positives Ergebnis mit Frau Lebe darüber gesprochen habe.

Was wird das Landesjugendamt veranlassen?

Fall 32:   Rechtsfolgen der Einwilligungserklärung der leiblichen Eltern und der Inobhutnahme des Kindes durch Adoptiveltern

Die Einwilligung der Frau Lebe in die Annahme des nun 3jährigen Kindes Isidor durch die Eheleute Ricci ist vom Familiengericht ersetzt worden. Der Beschluss wird dem Ehepaar Ricci am 1. März, der Frau Lebe am 3. März zugestellt. Am 9. März (Wochenende) soll Isidor in die Familie Ricci kommen. Am 5. März erkrankt er jedoch an einer akuten Blinddarmentzündung und wird ins Krankenhaus eingeliefert, wo er operiert wird. Drei Wochen danach wird er entlassen und kommt in die Familie Ricci mit dem Ziel der späteren Adoption.

Bitte beantworten Sie im Hinblick auf die verschiedenen im Sachverhalt vorkommenden Zeitabschnitte folgende Fragen:

1. **Wer hat die elterliche Sorge für Isidor?**
2. **Darf Frau Lebe Isidor noch besuchen?**
3. **Wer zahlt den Unterhalt für Isidor?**
4. **Wer bekommt für Isidor Kindergeld?**
5. **Wessen Krankenkasse zahlt die Kosten des Krankenhausaufenthaltes?**
6. **Familie Ricci wohnt in Y, 500 km vom Ort X entfernt, in dem Isidor bisher im Heim und im Krankenhaus war. Die Riccis holen Isidor mit dem Zug ab und müssen auch einmal in X übernachten. Können sie die hierdurch entstandenen Kosten von der Steuer absetzen?**

Fall 33:   Die Freiheit freier Träger

Der Sozialdienst katholischer Frauen e. V. (SkF e.V.) der Stadt N (NRW) unterhält u. a. einen Allgemeinen Sozialen Dienst und seit einiger Zeit auch eine Schwangerschaftskonfliktberatungsstelle. Im Rahmen beider Dienste kommt es immer wieder vor, dass dem Verein Kinder zur Adoptionsvermittlung angeboten werden. Bisher haben die Sozialarbeiterinnen und Sozialarbeiter der betroffenen Abteilungen die Kinder absprachegemäß dem Jugendamt der Stadt N zur Vermittlung überlassen.

Nun überlegt der Vorstand des SkF e.V., ob der Verein nicht selbst eine Adoptionsvermittlungsstelle einrichten soll.

Sie sind als Praktikant im Praxissemester und als solche beim SkF tätig. Der Vorstand beauftragt Sie zu überprüfen, inwieweit ein solcher Schritt zur Unabhängigkeit des SkF vom Jugendamt führt.

XII. Vollzeitpflege

Fall 34: Pflegekind im Sinne des SGB VIII

Ist für folgende Kinder eine Pflegeerlaubnis gem. §§ 43 I, 44 I S. 1 SGB VIII erforderlich?

1. Nachbarn nehmen ein Kind gelegentlich zu sich, während die Eltern einkaufen.
2. Die Mutter eines Kindes bringt dieses bei ihren Eltern unter.
3. Berufstätige Eltern bringen ihr Kind während der Arbeitszeit bei einer befreundeten Familie unter.
4. Ein 17jähriger wohnt bei seinem Arbeitgeber.
5. Eine verwitwete junge Mutter, die berufstätig ist, gewinnt die Cousine ihres verstorbenen Mannes, die selbst ein Kind hat, dafür, sich während der Woche/täglichen Arbeitszeit gegen eine Bezahlung von 300,-- € um ihr Kind zu kümmern.
6. Eine ledige minderjährige Frau hat bereits vor der Geburt ihres Kindes die Freundin ihrer verstorbenen Mutter gem. § 1774 S. 2 BGB zum Vormund für ihr Kind bestellen lassen. Nach der Geburt lässt sie das Kind über die Woche/tagsüber von dieser Frau gegen eine Unkostenerstattung von 100 € betreuen.
7. Ein 15jähriger fährt für die Zeit der großen Ferien auf den Bauernhof einer mit seinen Eltern befreundeten Familie. Die Eltern erstatten die tatsächlich entstandenen Kosten.
8. Eine 12jährige besucht das Gymnasium in der Stadt X und wohnt in dem der Schule angeschlossenen Internat (alternativ: bei einer Familie, die schon seit langer Zeit Zimmer an Gymnasiasten vermietet).
9. Ein Ehepaar nimmt ein 15jähriges Mädchen und dessen Baby auf. Beide sind gemeinsam in einem Zimmer untergebracht.
10. Der SkF e.V. hat eine eigene Abteilung »Pflegekinder«. Er hat für das Kind K eine Dauerpflegestelle gefunden, die Familie fachlich überprüft, und ist zu dem Ergebnis gekommen, dass die Familie und K zusammenpassen.
11. Das Diakonische Werk e.V. ist anerkannte Adoptionsvermittlungsstelle. Nach Überprüfung der Bewerber B möchte es das Kind K in die Familie zur Adoptionspflege geben.
12. Familie F hat ein eigenes Kind (K1) und ein Dauerpflegekind (K2) sowie ein Kind (K3) zur Tagespflege. Da K1-K3 in die Schule gehen, möchte Frau F noch ein weiteres Tagespflegekind (K4) aufnehmen. Die berufstätige Frau N aus der Nachbarschaft möchte ihr Kind gerne bei ihr unterbringen.

Fall 35: Ablehnung der Erteilung einer Pflegeerlaubnis

Die Eltern A wollen wegen ihrer Berufstätigkeit ihre 2jährige Tochter tagsüber fünf Tage die Woche zu den Eltern B geben, die schon mehrfach Tagespflegekinder aufgenommen haben. Die Eltern B sollen dafür monatlich 800,-- € bekommen. Die Eltern B stellen einen Antrag auf Erteilung der Pflegeerlaubnis. Das Jugendamt lehnt den Antrag ab mit der

Begründung, für das Kind sei keine Schlafgelegenheit vorhanden. Außerdem seien die Pflegeeltern katholisch, die leiblichen Eltern jedoch muslimisch.

Sie sind Sozialarbeiter/in und werden von den Eltern B gefragt, was sie gegen diese Entscheidung machen könnten.

Fall 36: Haftung bei fehlender Pflegeerlaubnis

Die Eltern A geben ihr dreijähriges Kind K zu den Pflegeeltern B, ohne dass diese die erforderliche Erlaubnis des Jugendamtes eingeholt haben.
1. Sie hatten nie vor, eine Erlaubnis einzuholen. Das Pflegekind K fügt dem Jungen J beim Spielen eine Körperverletzung zu, während Frau B auf einer Parkbank ein Buch liest. Die Krankenkasse der Eltern des Jungen J verlangt von den Pflegeeltern Ersatz des entstandenen Schadens. Diese weigern sich.
2. Die Eheleute A hatten zwar vor, eine Pflegeerlaubnis einzuholen, haben aber versäumt, rechtzeitig vorher einen Antrag zu stellen. Eine Woche nach Inpflegenahme beantragten sie die Erlaubnis. Der unter 1. geschilderte Sachverhalt spielt sich ab, nachdem die Erlaubnis beantragt, jedoch bevor sie erteilt ist. Nach dem Eintritt des Schadensfalles schickt das Jugendamt die Erlaubnis.

Fall 37: Informationen für Pflegeeltern

Sie sind Berufsanfänger im Jugendamt der Stadt K. Der Jugendamts-Leiter bittet Sie, ein Merkblatt zu entwerfen, das das Jugendamt (potenziellen) Pflegeeltern zur Information über Pflegekinder geben kann.

Was würden Sie in das Merkblatt schreiben?

Hinweis: Weitere Problemdarstellungen zum Bereich Familienpflege enthalten die Fälle 1, 15, 42, 45-48.

XIII. Heimerziehung, sonstige betreute Wohnform

Fall 38: Voraussetzungen einer Heimunterbringung

Die ledige Mutter M des Kindes K (1 Jahr alt) möchte wieder Vollzeit arbeiten gehen. Sie hat noch keine dauerhafte Betreuungsperson gefunden. Sie versucht zunächst, K bei Nachbarn und Freunden unterzubringen. Dies klappt jedoch nur teilweise. K ist daher vormittags und nachmittags abwechselnd bei verschiedenen Leuten. Für K ist die Situation offenbar belastend, er reagiert zunehmend aggressiv und unwillig. Die Nachbarn verweigern daher zunehmend ihre Hilfe.
M weiß keinen anderen Ausweg, wendet sich deshalb an das Jugendamt und bittet um Auskunft, unter welchen Voraussetzungen sie K in einem Heim unterbringen kann.

Fall 39: Ersetzung der Freiwilligkeit

Der fünfjährige K wird von seinem Vater, der ständig betrunken ist, immer wieder verprügelt. Die Mutter kümmert sich kaum um K und wird vom Vater ebenfalls geschlagen. Sie ist mehr mit sich selbst beschäftigt. Die Eltern haben das gemeinsame Sorgerecht. Im Kindergarten ist K lieb und anhänglich, allerdings sehr schreckhaft, ängstlich und häufig nicht in der Lage, sich auf ein Spiel zu konzentrieren.
Die Erzieherin im Kindergarten informiert das Jugendamt über die Verhältnisse und ihre Eindrücke von K, weil sie das Wohl des Kindes gefährdet sieht. Der Sozialarbeiter beim Jugendamt kommt zu dem Ergebnis, dass eine Herausnahme von K dringend notwendig, eine geeignete Pflegefamilie aber nicht vorhanden ist. Außerdem sind die Eltern unter keinen Umständen bereit, ihre Einwilligung zu einer anderweitigen Unterbringung zu geben.

Was sollte der Sozialarbeiter unternehmen?

Fall 40: Verfahren und Auswahl der Hilfe bei Fremdunterbringung

Der 16jährige Johann hat seit seiner Schulentlassung vor 10 Monaten auf dem Bau gearbeitet. Einen Ausbildungsplatz hat er trotz guter Noten nicht gefunden. Nach etwa 8 Monaten ging er zunächst immer unregelmäßiger, schließlich gar nicht mehr arbeiten. Seinen Arbeitslohn hat er nur für seine häufigen Kneipenbesuche mit seinen Kumpels ausgegeben, die ihn zum Trinken animierten. Seiner Mutter hat er die vereinbarten 200,€ Haushaltsgeld nicht mehr gegeben. Der Arbeitgeber hat der Mutter, die verwitwet ist, nunmehr die Kündigung geschickt. Daraufhin ist Johann nur noch herumgestreut und kaum nach Hause gekommen. Gestern teilte die Polizei der Mutter mit, ihr Sohn sei bei Einbrüchen erkannt worden. Die Mutter, die kränklich ist und seit dem Tod ihres Mannes vor drei Jahren an Depressionen leidet, ist willens, alles Nötige für Johann zu tun. Dieser ist ihr jedoch völlig entglitten. Ein Vertrauensverhältnis zwischen Mutter und Sohn besteht nicht mehr. Johann ist ganz unter den Einfluss seiner Clique geraten. Die Mutter kommt ins Jugendamt, erzählt den vorstehend geschilderten Sachverhalt und bittet um Hilfe.

Was wird die Sozialarbeiterin veranlassen?

XIV. Intensive sozialpädagogische Einzelbetreuung

Fall 41: Minderjähriger in einer besonders gefährdeten Lebenssituation

Der heute 17jährige J hat seit seinem 4. Lebensjahr zunächst in wechselnden Pflegefamilien und seit seinem 12. Lebensjahr in zwei verschiedenen betreuten Wohngruppen gelebt. Mit zunehmendem Alter hatte er vermehrt Schwierigkeiten sich den Gegebenheiten anzupassen und zeigte Verhaltensauffälligkeiten. Hinzu kamen besondere Veränderungen in den Pflegefamilien. In der 1. Pflegestelle verunglückte der Pflegevater tödlich, als J gerade Vertrauen gefasst hatte. In der 2. Pflegestelle wurden ein Jahr nach seiner Aufnahme Zwillinge geboren. Die Pflegeeltern hatten zuvor noch keine Kinder gehabt. Vom Zeitpunkt der Geburt der Zwillinge an fühlte sich J zurückgesetzt. Er entwickelte heftige Aggressionen gegen die Kleinkinder, die von den Pflegeeltern als bedrohlich für das Leben der Kinder empfunden wurden.

Das Jugendamt vermittelte J daraufhin (er war inzwischen 9 Jahre alt) in eine sog. heilpädagogische Pflegestelle, der er sich allerdings durch mehrfaches Fortlaufen entzog. Daraufhin wurden J's Auffälligkeiten als »drohende Verwahrlosung« (so die Akte, die noch die Terminologie des ehemaligen § 64 JWG benutzt) eingestuft, und es wurde die Unterbringung in einer betreuten Wohngruppe geplant. Seine Mutter hatte bisher immer noch die elterliche Sorge, weil sie zuvor allen Maßnahmen zugestimmt hatte. Dieses Mal war sie jedoch nicht mehr mitwirkungsbereit. Sie war allerdings wegen ihrer psychischen Erkrankung nicht bereit und in der Lage, J wieder bei sich aufzunehmen. Es wurde ihr daher die Personensorge gem. § 1666 BGB durch das Familiengericht entzogen. Der Amtsvormund veranlasste sodann die stationäre Unterbringung in einer Wohngruppe. In dieser wurden die Situation und das Verhalten von J nicht besser. Er verweigerte zudem vermehrt den Schulbesuch. Er nahm sich vor zu beweisen, dass er dieser Unterbringung ebenfalls entkommen könne. Er lief mehrmals fort und wurde anschließend in zwei weitere Wohngruppen verlegt, die sich in einer ländlicheren Region befanden.

Inzwischen ist J 17 Jahre. Er gilt als gefährdet, im Straßenmilieu der Nichtsesshaften-, Drogen- oder Kriminellenszene zu landen.

Der Sozialarbeiter im Jugendamt, der für J zuständig ist, überlegt, ob er für diesen nun eine intensive sozialpädagogische Einzelbetreuung (InspE) gem. § 35 SGB VIII empfehlen soll. Da für eine InspE in jedem Fall die Abteilung »Wirtschaftliche Jugendhilfe« zustimmen müsste, überlegt der Sozialarbeiter, wie er seine Vorstellungen für J begründen soll.

XV. Ausführungen von Fremdunterbringungen

Fall 42: Rechte der Pflegeeltern

Die Pflegeeltern B, die eine Pflegeerlaubnis des Jugendamts besitzen, wollen
1. das 3jährige Pflegekind K unter Vorlage der Erlaubnis im Kinderladen anmelden. Die Leiterin der Einrichtung verlangt die Einwilligung der Eltern.
2. dem K die Polypen herausnehmen lassen. Der Arzt verlangt die Einwilligung der Personensorgeberechtigten.
3. den krebskranken K chemotherapeutisch behandeln lassen. Das Krankenhaus fragt nach der Einwilligung der Eltern. Diesen ist das Aufenthaltsbestimmungsrecht entzogen worden, und das Jugendamt ist insoweit als Pfleger gesetzlicher Vertreter.
4. das 5jährige Pflegekind K, das wegen einer Alkoholembryopathie geistig und seelisch behindert ist, in einer teilstationären Einrichtung zur Frühförderung unterbringen.

Dürfen sie dies?

Fall 43: Elternrecht – Erziehungsrecht des Heimes/der Wohngruppe

Der zehnjährige Jonas ist gem. §§ 27, 34 SGB VIII in einer betreuten Wohngruppe untergebracht. Die Leitung will, ohne die Personensorgeberechtigten zu fragen, folgende Maßnahmen durchführen:
1. J soll zum Erlernen des Verantwortlichseins in einer Gemeinschaft in den Sommerferien an einem Zeltlager teilnehmen.

2. J soll sich einer Operation unterziehen, damit seine Ohren nicht mehr abstehen und er somit nicht mehr ständig von anderen Kindern verspottet werden kann.
3. J soll nicht auf die Gesamtschule, sondern auf das Gymnasium gehen.
4. J ist bei einem von X durch Fahrlässigkeit verursachten Verkehrsunfall leicht verletzt worden. Die Wohngruppe will Strafantrag wegen fahrlässiger Körperverletzung (§ 230 StGB) stellen.
5. J soll von seinem ersparten Taschengeld eine Gitarre kaufen, damit er – seinem Wunsch und seiner Begabung entsprechend – seine Freizeit sinnvoll nutzen kann.
6. J (16 Jahre alt) soll statt bei der Firma X bei der Firma Y, die derselben Branche angehört, arbeiten.
7. Der J (17 Jahre alt) hat eine geistige Behinderung und soll im Blick auf seine nahende Volljährigkeit gem. § 1908a BGB unter Betreuung gestellt werden.

Wer entscheidet über diese Fragen?

Fall 44: Grundrechte Minderjähriger in der Heimerziehung

Folgende Maßnahmen werden von der Wohngruppenleitung H bzw. dem zuständigen Erzieher E gegen den 15jährigen J ergriffen:
1. Er bekommt Ohrfeigen, als E ihn – entgegen wiederholtem Verbot – mit einer Zigarette im Bett ertappt.
2. Über ihn wird eine Woche Arrest verhängt, weil er abends heimlich die Wohngruppe verlassen und sich mit seiner 14jährigen Freundin getroffen hat.
3. Seine gesamte Post wird kontrolliert, weil er auf dem Briefweg Kontakte zu einer Punkergruppe hat.
4. Er wird sonntags mit Gewalt in die Messe gebracht, weil seine streng katholischen Eltern großen Wert darauf legen, dass er regelmäßig den Gottesdienst besucht.
5. Es wird ihm verboten, sein Zimmer mit Plakaten von jungen Mädchen zu schmücken.

Ist hierin ein Verstoß gegen normierte Grundrechte zu sehen?

XVI. Zuständigkeit und Kostentragung

Fall 45: Höhe des Pflegegeldes

Die Pflegeeltern A haben seit drei Jahren ein 10jähriges Pflegekind K aus Z, wo die Eltern von K leben, in Dauerpflege. Sie wechseln ihren Wohnort von X nach Y. Bisher hatten sie monatlich 547,-- € Pflegegeld erhalten. In Y sind nur 450,-- € üblich. Das Jugendamt will ihnen auch nur in dieser Höhe zahlen.

Die Pflegeeltern möchten von Ihnen wissen, ob sie sich mit dieser Auskunft zufriedengeben müssen, oder was sie ggf. unternehmen können.

Fall 46:   Pflegegeld für das Kind eines Pflegekindes

Die Pflegeeltern B nehmen das 15-jährige Mädchen M und dessen 1-monatigen Säugling S auf (s.o. Fall 34, Nr. 9). Sie beantragen für M und S das altersentsprechende Pflegegeld. Das Jugendamt lehnt in Bezug auf S ab, da dieser kein Pflegekind iSd § 44 SGB VIII sei.

Sie sind Sozialarbeiter/Sozialpädagoge bei der Arbeiterwohlfahrt und werden von den Pflegeeltern B um Rat gefragt.

Fall 47:   Verwandtenpflegestelle[1]

Frau G hatte mit ihrer Tochter T und deren Ehemann M sowie deren zwei ehelichen Kindern (nunmehr 12 und 14 Jahre alt) zusammen in einem Haushalt gewohnt. Als die Kinder 4 und 6 Jahre alt waren, ließen T und M sich scheiden. Sie zogen beide aus dem Haus von G aus und ließen die Kinder dort. G wurde Vormund der Kinder. Da die Eltern für die Kinder keinen Unterhalt zahlen können, beantragt G vom zuständigen Jugendamt Pflegegeld. Das Jugendamt ist der Auffassung, G habe keinen Anspruch auf Zahlung von Pflegegeld aufgrund ihrer engen verwandtschaftlichen Beziehung zu den beiden Kindern und der daraus resultierenden Unterhaltspflicht.

1. **Wird Frau G, wenn sie sich gegen die Ablehnung der Zahlung von wirtschaftlicher Jugendhilfe zur Wehr setzt, Erfolg haben?**
2. **Könnte Frau G – unterstellt, es bestünde ein Anspruch auf Pflegegeld – diesen überhaupt geltend machen?**

Fall 48:   Heranziehung Unterhaltspflichtiger

Von der Abteilung »Pflegekinder/Adoptionsvermittlung« des Jugendamts wird der »Wirtschaftlichen Jugendhilfe« am 8.3.2011 mitgeteilt, dass das Kind K in der Pflegefamilie P am 7.3.2011 untergebracht worden ist. Es wird um Gewährung von Pflegegeld gebeten. K ist am 1.1.2011 in der Universitätsklinik N nicht ehelich geboren. In der Zeit vom 8.1.2011 bis 7.3.2011 lebte das Kind bei der Mutter in N. Die Abteilung »Amtspflegschaft/Amtsvormundschaft« ist z. Zt. bemüht, den Vater des Kindes festzustellen.
Die Mutter wollte die Erziehung und Versorgung ihres Kindes ab dem 8.3.2011 nicht mehr sicherstellen, weil sie »genug habe von der Aufregung mit Schwangerschaft und Geburt und das Kind erst mal nicht mehr sehen möchte«. Lieber gehe sie wieder ihrem Beruf als Friseuse nach. Da habe sie nur an 5 Tagen der Woche Arbeit, aber das sei recht abwechslungsreich. Mit einem Kind sei man 24 Stunden unausgesetzt »verheiratet«. Das passe ihr nicht. Es sei ihr recht, dass das Kind so früh schon zu anderen Leuten komme. Da könne es erfahren, was Familie sei. Das könne sie, die Mutter, dem Kind nicht bieten.

Haben die Eltern zu den Kosten der Unterbringung beizutragen?

---

1   Nach BVerwG v. 4.9.1997, FamRZ 1998, 551.

XVII. Erteilung von Betriebserlaubnissen und weitere Aufgaben des Landesjugendamtes

Fall 49: Einrichtungen unter Erlaubnisvorbehalt

Handelt es sich bei den folgenden Einrichtungen um solche, die eine Erlaubnis zum Betrieb benötigen?

1. Säuglingsheim
2. Kindergarten
3. Ein von einer Betreuerin im Freien durchgeführter Kinderspielkreis
4. Jugendherberge
5. Wohngemeinschaft für Jugendliche
6. Erziehungsheim
7. Nachbarschaftsgruppe, bei der die Eltern sich bei der Betreuung der Kinder abwechseln
8. Kinderkrankenhaus
9. Familienferienheim
10. Jugendhotel

Fall 50: Erteilung der Betriebserlaubnis

In der Stadt X ist eine »Initiative zum Schutz misshandelter Kinder« entstanden. Sie hat einen Verein gegründet und sich ins Vereinsregister eintragen lassen. Ein Mäzen hat ein altes Haus und einen größeren Geldbetrag zur Verfügung gestellt, sodass sichergestellt ist, dass allein mit der gespendeten Summe ein Heim für 20 Kinder über einen längeren Zeitraum betrieben werden kann. Der Vereinsvorstand stellt beim Landesjugendamt Y gem. § 85 II Nr. 6 SGB VIII den Antrag auf Erteilung einer Betriebserlaubnis.

Das Landesjugendamt lehnt den Antrag mit folgenden Begründungen ab:
– Es bestehe kein Bedarf für ein solches Heim,
– dem Heim stünden zu wenige Fachkräfte zur Verfügung.

1. Wie beurteilen Sie die Ablehnungsgründe?
2. Wie kann sich der Verein gegen die Versagung zur Wehr setzen?

Kapitel 5   Hilfen für junge Volljährige und behinderte junge Menschen

XVIII. Sozialisationshilfen

Fall 51:   Hilfe für ein junges Paar mit Kind

Der 17jährige J (Vorgeschichte siehe Fall 41) wurde vom Sozialarbeiter gem. § 35 SGB VIII in Intensive sozialpädagogische Einzelbetreuung (InspE) übernommen. Dabei stellte sich heraus, dass J längst in der Nichtsesshaftenszene verkehrt. Er hat dort die 18jährige M kennengelernt, die ein Kind von ihm erwartet. M ist sich sicher, dass J der Erzeuger ist, und J stimmt dem gern zu. Im Übrigen hat M bereits ein inzwischen 3jähriges Kind, das in einer Pflegefamilie lebt. M steht unter Betreuung, die vom Jugendamt ausgeführt wird. Dieser ging eine Minderjährigenvormundschaft voraus, die eingerichtet wurde, als der G die elterliche Sorge gem. §§ 1666, 1666a BGB entzogen werden musste, weil sie M misshandelt hatte. Nachdem ein medizinisches Gutachten festgestellt hatte, dass M geistig wesentlich behindert ist und an Epilepsie leidet, wurde sie mit Erreichung der Volljährigkeit unter Betreuung des Jugendamts gestellt. Der Aufgabenkreis umfasst die Wahrnehmung aller Angelegenheiten außer der Einwilligung in eine Sterilisation. Für den gesamten Aufgabenkreis ist Einwilligungsvorbehalt gem. § 1903 BGB angeordnet.

M und J wollen sich nicht trennen lassen. Der Sozialarbeiter erkennt, dass er J nur betreuen kann, wenn er M mit in den Hilfeprozess einbezieht. Das ist in dem Lehrlingsheim, wo J vorübergehend Aufnahme gefunden hat, nicht möglich, weil hier nur junge Männer leben. Schließlich bekommt der Sozialarbeiter eine Zusage vom »Kolping International«, die in ihrem Hotelbereich ein Apartment zur Verfügung stellen wollen.

Der Sozialarbeiter teilt die Entwicklung des Falles J der »Wirtschaftlichen Jugendhilfe« mit und »beantragt« zusammen mit einer entsprechenden Erklärung von J die Zusage zu dieser Art der Unterbringung. Gleichzeitig teilt er dem Jugendamt als Betreuer der M mit, was er mit M vorhabe. Die »Wirtschaftlichen Jugendhilfe« antwortet, J sei in 2 Monaten volljährig. Eine Fortsetzung der **intensiven sozialpädagogischen Einzelbetreuung** komme nicht in Betracht, weil J weder eine Schul- noch eine Berufsausbildung fortsetzen wolle. Außerdem könne nicht J, sondern nur sein Personensorgeberechtigter einen solchen Antrag stellen. Der Betreuer von M verlangt, dass sichergestellt werden müsse, dass M auch nach der Entbindung im »Kolping International« wohnen könne. »Kolping International« lehnt ab.

Der Sozialarbeiter überlegt, was für J und M und das erwartete Kind zu tun ist.

Fall 52:   Heimunterbringung nach SGB VIII oder SGB XII

Der 16jährige J ist ein Jugendlicher, um den sich in den ersten Lebensjahren nur die Mutter kümmerte. Sie verwöhnte ihn stark. Er fiel im Alter von 11 Jahren bereits durch ausgedehnten Konsum von Süßigkeiten und durch Rauchen auf. Mit 14 Jahren tat sich J zu Hause und in der Schule durch aggressives Verhalten gegen Mitschüler und Leistungsverweigerung hervor. Er musste mehrfach wegen stärker werdender Verhaltensauffälligkeiten vom Unterricht beurlaubt werden. Auf Anraten der Schule wurde J mit 15 Jahren unter Mitwirkung des

Gesundheitsamtes durch seine Eltern in einem Krankenhaus für Kinder- und Jugendpsychiatrie zur Untersuchung und Beobachtung untergebracht.

Das Gutachten stellte fest, dass die geistige und emotionale Entwicklung von J stark verzögert und gehemmt sei. Abschließend hieß es im Gutachten, J sei als seelisch wesentlich behindert iSd § 53 SGB XII zu beurteilen und benötige Hilfe iSd § 97 II, III SGB XII.

Der Sozialarbeiter des Jugendamts kommt zu dem Ergebnis, dass eine Heimunterbringung für J das einzig Angemessene wäre. Er kennt ein Heim, das auch therapeutische Leistungen iSd § 27 III SGB VIII erbringen kann. Er spricht mit den Eltern von J und will diese davon überzeugen, dass eine Heimunterbringung das Beste für J wäre. Allerdings müssten sie den Antrag stellen und zur Mitarbeit bereit sein. Der Vater lässt die nötige Bereitschaft erkennen unter der Bedingung, dass J nicht in eine »Klapsmühle« komme. Der Erziehungszustand seines Sohnes sei durch die verwöhnende Haltung der Mutter ausgelöst worden. Jetzt sei eine straff geführte Heimerziehung nötig und nichts anderes. Die Mutter ist uneinsichtig. J habe einen schlechten Charakter, vielleicht sei er auch nicht normal. Sie wolle von all dem nichts mehr wissen, sie habe sich genug bemüht in all den Jahren.

Der Sozialarbeiter bringt den Fall in eine Dienstbesprechung im Jugendamt ein, bei der der Amtsleiter anwesend ist. Dieser spricht sich für Eingliederungshilfe nach §§ 53; 97 II, III SGB XII aus. Dann sei die extrem kostspielige Angelegenheit beim überörtlichen Träger. Der Sozialarbeiter hat Bedenken, weil er die Meinung der Eltern kennt. Von einem befreundeten Juristen lässt er sich sagen, grundsätzlich seien Leistungen nach dem SGB VIII vorrangig, wenn es sich um eine seelische Behinderung handele. Der Vater und auch J selbst hätten Anspruch auf Hilfe nach dem SGB VIII. Was die Mutter anbelange, so könne ein Antrag nach §§ 1666, 1666a BGB beim Familiengericht gestellt werden. Dann sei die Unterbringung und Hilfen möglich.

Wie beurteilen Sie diese Empfehlung, wenn Sie unterstellen, dass bei M die Voraussetzungen nach § 1666 BGB erfüllt sind?

Kapitel 6   Vorläufige Maßnahmen

XIX.   Inobhutnahme Minderjähriger

Fall 53:   Rechtsgrundlage der Inobhutnahme

In welchen der nachstehenden Fälle ist eine Inobhutnahme des Minderjährigen durch das Jugendamt (ohne vorherige familiengerichtliche Genehmigung) möglich?

1. Die 15jährige M lebt seit Jahren in der Familie eines mit ihren Eltern befreundeten Gastwirtes, dessen Frau seit einiger Zeit öffentlich der Prostitution nachgeht.
2. Der 16jährige J ist zu Hause »getürmt« und hält sich ohne Wissen seiner Eltern in einer Jugendkommune in Düsseldorf auf.
3. Der 17jährige A wird morgens obdachlos auf den Stufen des Jugendamts in Münster angetroffen. Er gibt an, aus einem Erziehungsheim in Hessen entwichen zu sein.
4. Die 14jährige M wächst in einer Internatsschule auf, weil ihre ledige Mutter berufstätig ist. Jetzt verunglückt die Mutter tödlich. Der Vater kommt ins Internat und will die Tochter in seine Familie mitnehmen. Er sei jetzt ihr Nächster, sagt er. M will im Internat bleiben. Da sie weiß, dass der Vater 50% der Internatskosten gezahlt hat, meint sie, er könne Rechte geltend machen. Um der Gefahr zu entgehen, läuft sie fort. Nachts trifft eine Polizeistreife sie an einem Autobahnrastplatz und bringt sie in die Jugendschutzstelle des nächstgelegenen Ortes. Sie wehrt sich gegen die Unterbringung, weil sie meint, als Nächstes folge jetzt die Unterbringung bei ihrem Vater. »Lieber will ich da sein, wo meine Mutter jetzt ist«, weint sie und stellt in Aussicht, der Schutzstelle zu entfliehen. Der Sozialarbeiter möchte M einschließen, zögert aber, weil das Freiheitsberaubung ist.
5. Der 10jährige J, der mit einem Flugzeug aus Bangladesh nach Köln geflogen ist, hängt sich dort nach seinem Aussteigen einen Zettel um, auf dem in englischer Sprache steht: »Niemand will mich. Ich möchte hier bleiben!« Bei der Passkontrolle stellt sich heraus, dass er keinerlei Dokumente bei sich hat und auch nicht sagen kann oder will, aus welchem Land er kommt. Das Flughafenpersonal ruft das Jugendamt Köln an.

Fall 54:   Die Inobhutnahme und mögliche Folgen

1. Im Jugendamt geht freitags (20.8.), kurz vor Feierabend, bei der Sozialarbeiterin, Frau Hilfreich, ein Anruf des Stationsarztes Dr. Medikus der benachbarten Kinderklinik ein. Er teilt mit, dass am Vormittag von der Polizei ein 1½-jähriges Kind, der kleine Moritz Molle, eingeliefert worden sei. Der Körper sei voller Hämatome, die auf Einwirkung mit stumpfen Gegenständen hinwiesen. Ebenfalls seien mehrere Knochenbrüche diagnostiziert worden. Moritz sei abgemagert und nicht altersgemäß entwickelt. Das Kind sei jetzt in der Klinik und müsse dringend weiter medizinisch versorgt werden. Die Eltern seien jetzt bei ihm auf der Station und verlangten das Kind heraus. Er befürchte Schlimmes, wenn das Kind in diesem Zustand entlassen würde.

Kann Frau H rechtlich verhindern, dass die Eheleute M das Kind aus der Klinik nehmen?

2. Am Montag (23.8.) geht ein Polizeiprotokoll ein, aus dem sich ergibt, dass am vorletzten Samstag (14.8.) eine Polizeistreife von Nachbarn der Familie M gerufen worden sei, um deren Familienstreit zu schlichten. In der Wohnung habe ein fürchterliches Chaos geherrscht. Herr M habe auf seine Frau eingeschlagen. Der kleine M habe wimmernd neben seinem Bettchen gelegen. Man habe ihn schließlich mit Zustimmung der Eltern in die Klinik gebracht.

Bei einem Hausbesuch von Frau H noch am gleichen Montag (23.8.) geben die Eheleute M zu, regelmäßig dem Alkohol zuzusprechen. Keiner von beiden geht kontinuierlicher Arbeit nach. Die Wohnung macht einen total verschmutzten Eindruck. Beide räumen ein, das Kind sei ihnen hin und wieder lästig. Auf die Verletzungen angesprochen, kommt es zu widersprüchlichen Aussagen. Herr M sagt, das Kind sei die Treppe hinuntergefallen, Frau M, ihr Ehemann habe in seinem »besoffenen Kopp« auf den Kleinen eingedroschen, was er im Übrigen häufiger mache, wenn das Kind ihn störe. Frau H stellt noch fest, dass in der Wohnung total verschmutzte Kinderkleidung herumliege. Ihre Frage, ob das Jugendamt ihnen in irgendeiner Weise helfen könne, beantworten Eheleute M mit einem kategorischen Nein.

Frau H gewinnt bei einem Besuch im Krankenhaus in Gesprächen mit dem Arzt den Eindruck, dass Moritz von seinen Eltern nicht die notwendige Zuwendung erfährt. Frau H bespricht die Angelegenheit im Rahmen der wöchentlichen Fallkonferenz mit ihrem Teammitgliedern im Jugendamt. Eine Auswertung aller gesammelten Fakten und gewonnenen Eindrücke im Jugendamt führt zu dem Ergebnis, dass Moritz zumindest eine Zeit lang aus der Familie herausgenommen werden müsste. Die Eheleute M lehnen es ab, dazu ihre Einwilligung zu geben.

Haben das Jugendamt bzw. das Familiengericht etwas zu veranlassen?

3. Unterstellen Sie, dass Moritz bei der Familie Schmitz in Familienpflege gegeben wird. Beim nächsten Hausbesuch nach einigen Wochen erfährt Frau H, Eheleute M hätten sich telefonisch nach dem Befinden von Moritz erkundigt und für den nächsten Tag ihren Besuch angemeldet. Sie seien allerdings nicht erschienen.

Bei einem unverzüglich durchgeführten erneuten Hausbesuch bei den Eheleuten M wird noch einmal die Hilfe des Jugendamtes angeboten und auf die dringende Notwendigkeit der Kontaktaufnahme zu Moritz hingewiesen. Frau H weist auch auf die Gefahr der Entfremdung bei einem so kleinen Kind hin.

Da Frau H erlebt, wie Moritz immer mehr in die Pflegefamilie hineinwächst, spricht sie bei den Eheleuten M das Thema einer »Abgabe« von Moritz an. Entrüstet weisen beide dieses Ansinnen zurück.

Nach fast zwei Jahren stellt Frau H fest, dass Herr und Frau M nicht ein einziges Mal ihr Kind besucht haben. In ihrer Familie hat sich nichts positiv verändert. Die Pflegeeltern Sch haben Moritz inzwischen so lieb gewonnen, dass sie ihn gerne für immer bei sich behalten möchten. Auch Moritz fühlt sich in der Familie erkennbar wohl und hat eine gute und intensive Bindung zu den Pflegeeltern aufgebaut.

Legen Sie aus der Sicht der Sozialarbeiterin dar, welches die geeignete Hilfe für Moritz ist.

Kapitel 7 Rechtliche Fürsorge durch Vormundschaft, Pflegschaft und Beistandschaft

XX. Vormundschaft und Pflegschaft

Fall 55:   Beginn der Vormundschaft

Die ledige 17jährige Laura bringt das Kind K zur Welt. Die Hebamme, die bei der Geburt zugegen war, zeigt dies dem Standesbeamten an (§ 17 I Nr. 2 PStG). Der Standesbeamte teilt die Geburt dem Jugendamt mit (§ 21b PStG).

Was hat das Jugendamt zu veranlassen?

Fall 56:   Scheinvaterschaft

Lara Alt ist mit Klaas Jung verheiratet und bringt in der Ehe einen Sohn Samuel zur Welt. Klaas, der während der gesetzlichen Empfängnis als Matrose auf hoher See war, ficht seine Vaterschaft in Bezug auf Samuel an. Das Gericht kommt zu dem Ergebnis, dass er nicht der Vater des Samuel ist.

1. Wer sind die Beteiligten im Anfechtungsverfahren?
2. Wer hat nach erfolgreicher Anfechtung die elterliche Sorge für Samuel?
3. Wie wäre es mit der elterlichen Sorge (gewesen), wenn Lara sowohl bei der Geburt von Samuel als auch bei Rechtskraft des Anfechtungsbeschlusses minderjährig gewesen wäre?
4. Wie wäre es dann, wenn sie nunmehr volljährig würde?

Fall 57:   Betreute/verwitwete Mutter

Die ledige 18jährige Jana bringt das Kind K zur Welt. Wenige Monate nach der Geburt bekommt sie wegen Schizophrenie einen rechtlichen Betreuer.

1. Wie ist es mit der elterlichen Sorge vor und nach der Betreuungsanordnung?
2. Wie wäre es, wenn Jana gleich nach der Geburt des in der Ehe geborenen K Witwe geworden wäre?

Fall 58:   Ausschluss der Amtsvormundschaft

Sara, ledig, minderjährig, erwartet ein Kind. Vater ist der 18jährige Mario, der überall mit seinem »Erfolg« prahlt. Freundinnen haben Sara nun erzählt, dass »das Amt« Vormund für ihr Kind wird. Sie findet den Gedanken fürchterlich und möchte gerne wissen, was das bedeutet und ob man etwas dagegen unternehmen kann. Sie geht in das Stadtteilbüro von der Arbeiterwohlfahrt und fragt die Sozialarbeiterin.

Was sollte diese ihr sagen?

Fall 59:   Ausländische ledige minderjährige Mutter mit Kind

Die ledige Türkin Ilknur, 16 Jahre, lebt seit ein paar Monaten in der Bundesrepublik. Sie bringt, als sie 17 Jahre alt ist, ein Kind zur Welt, dessen Vater der Deutsche Kai H. ist.

Wer hat die elterliche Sorge für das Kind?

XXI. Beistandschaft

Fall 60:   Helfer für Alleinerziehende

Manuela ist geschieden und hat das Sorgerecht für die Kinder Kai und Paula. Anfangs kommt der Ex-Ehemann Kalle seiner Unterhaltspflicht gegenüber ihr und den Kindern regelmäßig nach. Nach etwa zwei Jahren jedoch stellt er alle Zahlungen ein und beruft sich auf Leistungsunfähigkeit.

M möchte nicht sofort einen Anwalt einschalten, ist jedoch ratlos, was sie tun soll.

1. **Welche Möglichkeiten hätte M?**
2. **Wäre die Situation anders, wenn M nicht mit Kalle verheiratet gewesen wäre, vielmehr dieser von Anfang an bei beiden Kindern seine Vaterschaft geleugnet und weder für die Kinder noch für M Unterhalt bezahlt hätte?**

Kapitel 8   Mitwirkung in Gerichtsverfahren

XXII. Mitwirkung in Verfahren vor den Vormundschafts- und Familiengerichten

Fall 61:   Befugnisse des Jugendamts[1]

Laura war mit Karlo L. verheiratet, hatte aber, seiner ständigen beruflichen Seefahrerei überdrüssig, einen Antrag auf Scheidung und Übertragung des Alleinsorgerechts auf sie gestellt. Karlo hatte nicht der Scheidung, wohl aber dem Sorgerechtsantrag ausdrücklich widersprochen. Einen eigenen Antrag hat er allerdings nicht gestellt. Das Familiengericht hatte das JA mit Verfügung v. 17.12.2010 vom Verfahrensgegenstand unterrichtet und darum gebeten, sich gutachtlich zu der Frage zu äußern, welchem Elternteil das Sorgerecht über das Kind Ignaz belassen werden solle.

Im Laufe des Dezembers erhielt Laura einen Brief von ihrem Anwalt, in dem es hieß, dass »sie sich vom JA nicht im Hause herumschnüffeln lassen brauche«. Diesen Brief sandte der Anwalt in Kopie an das JA. Daraufhin rief die zuständige Sozialarbeiterin am 26.1.2011 beim FamG an und erkundigte sich, in welchem Umfang sie tätig werden solle. Der Familienrichter bat sie ausdrücklich, auch aufgrund ihres persönlichen Eindrucks über das Verhältnis des Kindes zu den Eltern zu berichten. Über das mit dem JA geführte Gespräch verfasste der Richter einen Aktenvermerk.

Als die Sozialarbeiterin am 1.2.2011 bei Laura einen angemeldeten Hausbesuch machen wollte, ließ diese sie nicht herein. Durch die geschlossene Tür ließ sie wissen, ihr Anwalt habe ihr gesagt, sie brauche keine Besuche des JA hinzunehmen. Als die Sozialarbeiterin erklärte, der Richter habe sie ausdrücklich beauftragt, einen Hausbesuch zu machen, teilte Laura mit, dass sie diese »Anweisung« anfechten werde.

1. **Hat das JA die Befugnis, Hausbesuche zu machen und insbesondere mit Personen, zu denen es sich gutachtlich äußern soll, persönlichen Kontakt aufzunehmen?**
2. **Kann sich das JA bei Dritten (Großeltern, Nachbarn, Schulen etc.) die gewünschten Informationen holen?**
3. **Kann Laura die »Anweisung« des Gerichts an das JA anfechten?**

Fall 62:   Inhalt der Unterrichtung gem. § 50 SGB VIII

Laura (s. o. Fall 61) hat sich zusammen mit Karlo auf Scheidungsberatung durch das JA eingelassen. In sechs Sitzungen hat sich das JA bemüht, mit den beiden ein einvernehmliches Konzept zu erarbeiten, damit auch nach der Scheidung das Kindeswohl bestmöglich gewahrt ist.

a) Laura und Karlo haben Einigkeit erzielt, dass Laura das Sorgerecht erhält, dass Karlo jedoch während seiner Heimaturlaube ungehindert die Kontakte zu dem Kind Ignatz pflegen und ausbauen darf.

b) Der Versuch der Erarbeitung eines einvernehmlichen Konzeptes ist gescheitert. Karlo

---

1   Nach OLG Köln v. 13.2.1981, FamRZ 1981, 599.

bleibt dabei, dass Laura völlig ungeeignet zur Erziehung von Ignatz sei. Er möchte Ignatz bei seinem Bruder unterbringen, der in demselben Stadtviertel wohnt und eine etwas ältere Tochter hat.

Der zuständige Richter des Familiengerichts fragt telefonisch an, wann mit einer Mitteilung gem. § 50 SGB VIII zu rechnen sei.

Die Sozialarbeiterin möchte wissen, was sie dem FamG inhaltlich (je nach Fallkonstellation a) oder b)) schreiben soll.

Fall 63: Verschiedene Wohnsitze von Vater und Mutter[2]

Laura (s.o. Fall 61) ist mit Ignaz in Köln geblieben, während Karlo nach St. Pauli in Hamburg gezogen ist. Das AmtsG Köln, bei dem das Scheidungsverfahren anhängig ist, bittet das JA Köln um »Berichterstattung«. Dieses spricht sich für eine Übertragung der elterlichen Sorge auf Laura aus. Das AmtsG Köln sendet eine Kopie der Stellungnahme an das JA Hamburg-Mitte und bittet ebenfalls um »Berichterstattung«. Dieses teilt dem AmtsG Köln mit, dass es sich mangels Zuständigkeit in dieser Angelegenheit nicht äußern werde. Das AmtsG Köln beschwert sich daraufhin bei der Rechtsaufsichtsbehörde des JA Hamburg-Mitte. Nunmehr legt das JA Hamburg-Mitte gegen die gerichtliche Verfügung der Berichterstattung Beschwerde ein.

Durfte das JA die »Berichterstattung« verweigern?

XXIII. Mitwirkung in Verfahren nach dem Jugendgerichtsgesetz

Fall 64: Nichterscheinen der Jugendgerichtshilfe zur Hauptverhandlung[3]

In der Hauptverhandlung vor dem Jugendrichter des AmtsG erschien der Vertreter der Jugendgerichtshilfe (JGH) nicht, obwohl der Richter ihn unter Hinweis auf Säumnisfolgen förmlich zur Hauptverhandlung hatte laden lassen. Daraufhin vertagte der Jugendrichter die Hauptverhandlung und erlegte der Trägerin der JGH (Kommune) die infolge der Vertagung entstandenen Kosten auf. Hiergegen erhob die Kommune Beschwerde.

Wird sie damit Erfolg haben?

Fall 65: Beschlagnahme von Akten der Jugendgerichtshilfe des Jugendamtes[4]

Dem jugendlichen Angeklagten A, der jahrelang in Heimerziehung und verschiedenen Wohngruppen war und der unter Amtsvormundschaft steht, werden zum einen mehrere Einbruchs- und Fahrraddiebstähle sowie eine Sachbeschädigung infolge einer Brandstiftung

---

2 Nach OLG Köln v. 13. 9. 1985, FamRZ 1986, 707.
3 Nach LG Frankfurt v. 15. 5. 1984, ZfJ 1984, 435.
4 Nach LG Hamburg, Beschl. v. 3.3.1992, NStZ 1993, 401 ff.

im Keller seines Wohnhauses und zum anderen sexueller Missbrauch von Kindern zur Last gelegt. Da sein Verhalten insgesamt Auffälligkeiten aufwies, ordnete der Jugendrichter die Erstellung eines psychiatrischen Sachverständigengutachtens zur Frage seiner strafrechtlichen Verantwortlichkeit an.

Die JGH erstellte eine ausführliche gutachtliche Stellungnahme zur Entwicklung und zu den persönlichen Verhältnissen des A, aus dem hervorging, dass dieser vor einiger Zeit nach einem Suizidversuch in der Kinder- und Jugendpsychiatrie des Universitätskrankenhauses (UKH) behandelt worden war. Hierüber war ein Krankenbericht zur Jugendamtsakte gelangt. Um dem Sachverständigen den Bericht zugänglich zu machen, forderte der Jugendrichter das Jugendamt auf, dem Gericht den Krankenbericht zu übersenden. Dieses verwies den Richter darauf, den Bericht direkt vom Krankenhaus anzufordern.

Daraufhin ordnete der Richter auf Antrag der Staatsanwaltschaft (StA) die Beschlagnahme der Jugendamtsakte an. Hiergegen legte das Jugendamt unter Hinweis auf das Sozialgeheimnis Beschwerde ein.

Wird es damit Erfolg haben?

Dritter Teil

Lösungen

Kapitel 1   Aufgaben und Träger der Jugendhilfe

I. Aufgaben der öffentlichen Jugendhilfe

Fall 1:   Aufgaben des Jugendamtes

1. Gem. § 2 II Nr. 4 SGB VIII gehört es zu den Leistungen der Jugendhilfe, Hilfe zur Erziehung gem. § 33 SGB VIII zu gewähren. Gem. § 27 I SGB VIII besteht auf diese Leistung ein Rechtsanspruch (»... hat Anspruch auf Hilfe ... «). Dieser Anspruch, insbesondere iVm dem Wunsch- und Wahlrecht der Leistungsberechtigten gem. § 5 SGB VIII, kann aber nur befriedigt werden, wenn ausreichend Pflegestellen vorhanden sind. Diese lassen sich häufig nur finden, wenn geworben wird. Somit ist festzustellen, dass die JÄ A, B, C verpflichtet sind, eine angemessene Werbeaktivität zu entfalten, um über ausreichend geeignete Pflegestellen zu verfügen. Die Behauptung der Finanznot greift insbesondere insoweit nicht, als die »Bewerbung« dieser Pflegestellen nicht zwangsläufig kostenintensiv sein muss, da hier beispielsweise über Pressearbeit – also ein Interview für den lokalen Fernsehsender, ein Artikel in der Regionalzeitung, der auf die Misere aufmerksam macht und das Modell »Pflegestelle« bekannt macht – ebenfalls eine Werbung stattfinden kann.
2. Die Landesjugendämter sind nicht vorgesetzte Behörden der Jugendämter. Die Kontrolle, ob die Jugendämter geltendes Recht verletzen (Rechtsaufsicht), liegt bei den kommunalen Aufsichtsbehörden (in NRW z.B.: Regierungspräsident – RP). Der RP könnte tätig werden, z.B. durch entsprechende Hinweise, durch eine Visitation oder durch weitergehende Maßnahmen. Dem Landesjugendamt dagegen, dem nach § 85 II SGB VIII die Sicherung der gleichmäßigen Erfüllung der Aufgaben der Jugendhilfe obliegt, stehen nur Maßnahmen mit empfehlendem Charakter zur Verfügung. Dem Landesjugendamt bleibt es jedoch unbenommen, durch finanzielle Zuwendungen den Aufbau der gewünschten Pflegekinderwerbung zu ermöglichen. Dies gilt besonders im Hinblick auf die Aufgabe des Landesjugendamtes nach § 85 II Nr. 5 SGB VIII, wo ihm die Beratung des Jugendamtes insbesondere für die Vermittlung einer Pflegeperson in schwierigen Einzelfällen obliegt. Mit Rücksicht auf den Gleichheitsgrundsatz müsste das Landesjugendamt allerdings jedes Jugendamt bei Vorliegen der Voraussetzungen fördern. Ein Anspruch seitens der Jugendämter A, B, C auf finanzielle Zuwendung besteht nicht.

Fall 2:   Verhältnis von SGB I, SGB X, SGB VIII zueinander

1. Reaktion des Sozialamtes
1.1 Das Sozialamt wird zunächst prüfen, ob es für einen derartigen Antrag überhaupt zuständig ist (= sachliche Zuständigkeit). Gem. § 97 SGB XII sind die Träger der Sozialhilfe für die Gewährung von Sozialhilfe zuständig. Dazu kann in Einzelfällen auch die Unterbringung in einem Heim gehören (z.B. im Rahmen der §§ 53 und 67 SGB XII). Diese Tatbestände sind hier jedoch nicht einschlägig. Zudem bestimmt § 10 IV SGB VIII, dass Leistungen nach dem SGB VIII grundsätzlich den Leistungen nach dem SGB XII vorgehen. Einschlägig sind vorliegend die §§ 2 II Nr. 4, 34, 85 SGB VIII. Zuständig ist hier das Jugendamt. Gem. §§ 14, 16 I SGB I wird das Sozialamt daher dem J mitteilen, dass es für die Gewährung von Heimunterbringung nicht zuständig ist und dass es den Antrag gem. § 16 II SGB I an das zuständige Jugendamt weiterleitet.

2. Verfahrensmäßiger Ablauf beim Jugendamt

2.1 Das Jugendamt wird prüfen, ob der 15jährige J eine Heimunterbringung beantragen kann.

J ist 15 Jahre alt, somit beschränkt geschäftsfähig. Er hat daher nur dann Rechte, die er eigenständig ausüben kann, wenn ein Gesetz ihm dies erlaubt.

§ 34 SGB VIII befasst sich mit der von J gewünschten Heimerziehung. Dazu sagt § 27 SGB VIII, dass die Personensorgeberechtigten den Antrag zu stellen haben. Der Minderjährige wird nicht erwähnt.

§ 36 II SGB I dagegen führt aus, dass, wer das 15. Lebensjahr vollendet hat, Anträge auf Sozialleistungen stellen kann. Die Gewährung einer erzieherischen Hilfe ist gem. §§ 11, 12, 27 SGB I eine Sozialleistung iSd SGB.

Die Frage ist nun, in welchem Verhältnis § 36 SGB I und §§ 27, 34 SGB VIII zueinander stehen. § 37 SGB I bestimmt sinngemäß, dass das SGB I gilt, sofern sich aus dem SGB VIII nichts Abweichendes ergibt (S. 1), dass jedoch eine Reihe von Vorschriften, u.a. § 36 SGB I, in jedem Fall Vorrang behält (S. 2). Es ist daher zu klären, was »nichts Abweichendes« in S. 1 meint. Bedeutet es, dass es dem Gesetzgeber verwehrt sein soll, in den besonderen Teilen des SGB überhaupt abweichende Regelungen zu schaffen, oder lediglich, dass der Mindeststandard der genannten Normen durch Spezialnormen nicht aufgehoben werden darf? Mit Sicherheit ist davon auszugehen, dass Letzteres gelten soll; es wäre ja auch kein Grund ersichtlich, warum der Gesetzgeber bei der Gewährung von Sozialleistungen, die ja freiwillig in Anspruch genommen werden, in den einzelnen Büchern nicht dem Bürger günstigere Regelungen sollte vorsehen dürfen. Daher ist es z.b. zulässig, dass das SGB VIII in den §§ 61-68 Datenschutzregelungen enthält, obwohl § 37 S. 2 SGB I festlegt, dass der Vorbehalt des S. 1 nicht für das 2. Kapitel von SGB X (= Schutz der Sozialdaten) gilt; denn die §§ 61-68 SGB VIII realisieren das Recht auf informationelle Selbstbestimmung der Art. 1, 2 GG[1] in stärkerem Maße als die §§ 67-85 SGB X.

Im vorliegenden Fall ist nun Folgendes zu beachten: Das SGB VIII enthält keine Regelung hinsichtlich des Alters von jungen Menschen, die Leistungen der Jugendhilfe in Anspruch nehmen möchten. Das ist auch nicht nötig, weil Leistungsberechtigte nach der Konzeption des SGB VIII nicht die Minderjährigen, sondern die Erziehungsberechtigten sind. Das Recht des Minderjährigen aus § 36 SGB I kann daher nur den Inhalt haben, dass er das Jugendamt auf diese Weise zwingen kann, den Personensorgeberechtigten ein Leistungsangebot zu machen. Ob diese es annehmen, obliegt allerdings den Eltern. Erst wenn feststeht, dass der Minderjährige gefährdet ist, muss das Jugendamt gem. § 8a III SGB VIII das Familiengericht einschalten und dann dem Minderjährigen mit Einwilligung eines Pflegers die begehrte Leistung erbringen.[2]

2.2 Das Jugendamt wird die Eltern von J und J selbst anschreiben und zum Gespräch bitten.

Dieser Aufforderung brauchen die Eltern nicht nachzukommen; denn die §§ 60, 61 SGB I gelten nur für denjenigen, der die Sozialleistung beantragt hat. Das sind die Eltern gerade nicht. Sprechen die Schilderungen von J allerdings dafür, dass er zu Hause gefährdet ist, so darf das Jugendamt entgegen dem sonst geltenden Grundsatz auch bei anderen Personen als den Betroffenen Informationen einholen, § 62 III Nr. 2d iVm § 8a III SGB VIII, und dann ggf. das Familiengericht in Kenntnis setzen.

Kommen die Eltern zu dem Gespräch, so hat das Jugendamt sie gem. § 14 SGB I iVm § 36 I SGB VIII zu beraten. Die Hilfen zur Erziehung nach §§ 27 ff. SGB VIII sind zu erbringen,

---

1   So das Volkszählungsurteil vom 15.12.1983, NDV 1984, 4, 155.
2   So im Ergebnis *Coester*, FamRZ 1991, 253/257.

wenn eine dem Wohl des Kindes/Jugendlichen entsprechende Erziehung nicht gewährleistet ist und die Hilfe für seine Entwicklung geeignet und notwendig ist (§ 27 I SGB VIII). Art und Umfang der Hilfe richten sich nach dem erzieherischen Bedarf (§ 27 II S. 2 SGB VIII). Das Jugendamt wird in dem Gespräch mit J und seinen Eltern die Sachlage klären und versuchen den erzieherischen Bedarf und ggf. die passende Hilfe zur Erziehung zu ermitteln. Ggf. wird es die Leistung nach § 34 SGB VIII anbieten, wenn dies die notwendige und geeignete Hilfe ist. Sollten die Eltern trotz einer in dem Gespräch und ggf. weiterer Ermittlungen des Jugendamtes festgestellten Gefährdung von J nicht bereit sein, die Hilfe zur Erziehung anzunehmen, muss das Jugendamt das Familiengericht anrufen (§ 8a III SGB VIII).

3. Antrag der Eltern

Wenn nicht J, sondern seine Eltern den Antrag auf Gewährung einer Heimerziehung gestellt hätten, wäre dies im Rahmen von §§ 27, 34 SGB VIII geschehen. Hinsichtlich der Beratung durch die Behörde und der Aufklärungspflicht des Antragstellers würden sich keine Änderungen ergeben. §§ 8 I, 8a I S. 2, 36 II S. 2 SGB VIII sehen vor, dass auch der Minderjährige zu beraten, an der Auswahl der Einrichtungen und an der Ausgestaltung eines Hilfeplanes beteiligt werden muss. In den JÄ weiß man zudem, dass es nicht zielführend ist, gegen den Willen eines Minderjährigen nur mit den Personensorgeberechtigten eine Heimerziehung zu vereinbaren. Die Heime sind heute so offen konzipiert, dass der Minderjährige sich leicht dieser Heimunterbringung entziehen kann, wenn er den Hilfeplan nicht akzeptiert. J ist also aktiv an allen Planungen zu beteiligen.

Fall 3:   Ausschluss aus der Sitzung des Jugendhilfeausschusses[3]

K hat als beratendes Mitglied des Jugendhilfeausschusses ein Recht auf Mitwirkung an der Beratung im Jugendhilfeausschusses (vgl. beispielsweise § 5 I Nr. AG KJHG NRW). Für den Ausschluss von der Mitwirkung müsste es einen Grund geben. Generell gilt ein Mitwirkungsverbot (vgl. z.B. § 31 II Gemeindeordnung NRW), d.h. das Verbot an einer Angelegenheit beratend oder entscheidend mitzuwirken, auch, wenn der Betreffende bei einer juristischen Person oder Vereinigung, der die Entscheidung einen unmittelbaren Vor- oder Nachteil bringen kann, gegen Entgelt beschäftigt ist und nach den tatsächlichen Umständen, insbesondere der Art der Beschäftigung ein Interessenwiderstreit anzunehmen ist, oder wenn der Betreffende Mitglied des Vorstandes, des Aufsichtsrates oder eines gleichartigen Organs einer juristischen Person oder Vereinigung ist, der die Entscheidung einen unmittelbaren Vor- oder Nachteil bringen kann. Allerdings ist vorliegend zu beachten, dass die Mitwirkung von Vertretern der Kirchen im Jugendhilfeausschuss explizit vorgesehen ist, diese werden jedoch regelmäßig auch Angebote im Rahmen der Kinder- und Jugendhilfe machen, sodass hier Einschränkungen des Mitwirkungsverbotes notwendig sind. Eine Interessenkollision wird im Rahmen der finanziellen Förderung von Einrichtungsträgern dann anzunehmen sein, wenn es um gezielte Förderung des von dem jeweiligen Mitglied vertretenen Rechtsträgers als Empfänger von bestimmten Leistungen geht. Sobald allein spezielle Interessen eines einzelnen Einrichtungsträgers zur Diskussion stehen, ist der Vertreter des Trägers grundsätzlich als befangen anzusehen. Dies ist bei K jedoch nicht der Fall. Die Planung ist lt. Sachverhalt so gut wie abgeschlossen, lediglich einzelne, strittige Fälle sollen noch beraten werden. Jedoch betreffen diese nicht die Einrichtungen, die durch K vertreten werden. Daher war der Ausschluss rechtswidrig.

---

3   Vgl. VG Münster, Entscheidung vom 30.10.2009, Az. 1 K 1335/09.

II. Die Wahrnehmung von Aufgaben der Jugendhilfe durch Träger freier Jugendhilfe

Fall 4: Tätigkeitsbereiche freier Träger

1. Aufkündigung

Es handelt sich bei der Arbeiterwohlfahrt um einen Träger freier Jugendhilfe. Dieser ist grundsätzlich frei, übernommene Aufgaben nicht weiterzuführen. Jedoch könnte sich aus den §§ 4, 74, 80 SGB VIII etwas anderes ergeben. Hiernach soll die öffentliche Jugendhilfe mit der freien Jugendhilfe **partnerschaftlich zusammenarbeiten** (§ 4 I SGB VIII), die freie Jugendhilfe fördern (§§ 4 III, 74 II SGB VIII) und sie, sofern es anerkannte Träger sind, in allen Phasen ihrer Planung frühzeitig beteiligen (§ 80 III S. 1 SGB VIII). Zwar verpflichten diese Vorschriften nur den öffentlichen Träger, § 3 II S. 2 SGB VIII. Das Jugendamt kann der Verpflichtung aber nur nachkommen, wenn der freie Träger dem JA gegenüber eine Bindung eingeht, die sein Handeln für das JA kalkulierbar macht.

Im vorliegenden Fall ist der freie Träger jahrelang tätig gewesen. Er ist hierbei in erheblichem Umfang durch den öffentlichen Träger unterstützt worden. Dass das Jugendamt und die Arbeiterwohlfahrt einen Vertrag gem. § 77 S. 1 SGB VIII abgeschlossen haben, sagt der Sachverhalt nicht. Aber auch wenn keine Vereinbarung iSd Vorschrift vorliegt, kann juristisch eine durch konkludentes Verhalten entstandene vertragliche Beziehung vorhanden sein, die die Beachtung des § 242 BGB (Handeln nach Treu und Glauben) erforderlich macht. Danach kann ein freier Träger, der jahrelang im Blick auf bestimmte Einrichtungen gefördert worden ist, nicht »von heut auf morgen« aus der Beziehung aussteigen. Hier liegt jedoch ein außergewöhnlicher Fall vor. Die sofortige Kündigung aller Mitarbeiter macht die Weiterarbeit unmöglich. Das Jugendamt hat dies akzeptiert, sodass von einer einverständlichen Beendigung der Arbeit des freien Trägers ausgegangen werden kann.

Es bleibt die Frage, ob das Jugendamt die Arbeit hätte fortsetzen müssen. Die bisher von dem freien Träger wahrgenommenen Aufgaben waren solche nach § 2 II Nrn. 1-3 SGB VIII. Bei diesen, wie bei allen Aufgaben nach § 2 SGB VIII ist das JA verpflichtet, den **Bedarf festzustellen** und entsprechende Einrichtungen und Veranstaltungen anzuregen (§ 4 III SGB VIII). Erst wenn sich trotz Anregung und Angebot der Förderung kein freier Träger findet, die für erforderlich gehaltene Einrichtung oder Veranstaltung zu schaffen, muss das Jugendamt selbst tätig werden (§§ 4 II, 79, 80 SGB VIII). Allerdings liegt es jetzt immer noch im pflichtgemäßen Ermessen des JA, in welcher Weise es aktiv werden will. Es ist nicht gehalten, eine bestimmte Art von Veranstaltung anzubieten. Hier hat das JA den Bedarf in der Obdachlosensiedlung so eingeschätzt, dass eine Fortführung der Arbeit in der bisherigen Form nicht mehr erforderlich erscheint. Es verweist auf andere Einrichtungen im Stadtgebiet. Mit diesem Hinweis hat das JA seiner Verpflichtung Genüge getan, wenn die benannten Einrichtungen und Dienste tatsächlich die erforderlichen Kapazitäten haben.

2. Anspruch auf Fortführung der Arbeit

Die Bewohner der Obdachlosensiedlung könnten nur dann auf einer Fortführung der Arbeit bestehen, wenn sie darauf einen **Rechtsanspruch** hätten. Das ist im vorliegenden Fall aus zwei Gründen nicht der Fall:

a) Auf Leistungen nach § 2 II Nrn. 1-3 SGB VIII besteht nur im Rahmen der §§ 17, 18 und 21 SGB VIII ein einklagbarer Anspruch (»haben Anspruch auf Beratung und Unterstützung«). In allen anderen Fällen handelt es sich lediglich um ein soziales **Reflexrecht**, d.h., die Begünstigten sind Objekte einer Pflicht, die dem Jugendamt ihnen gegenüber obliegt.

Die Pflichterfüllung durch das Jugendamt kann der einzelne Bürger nicht einklagen. Es steht ihm allerdings frei, über den Jugendhilfeausschuss politischen Einfluss auszuüben.

b) Wenn die vom öffentlichen Träger als Alternative angebotenen Einrichtungen und Dienste mit den nötigen Kapazitäten vorhanden sind, hätten die Bewohner der Siedlung höchstens über § 5 SGB VIII die Möglichkeit, die bisherigen Einrichtungen und Dienste zu fordern. Diese Vorschrift betrifft aber nur das Wählen-Können zwischen schon vorhandenen Angeboten. Sie zwingt den öffentlichen Träger nicht, Angebote zu schaffen, damit gewählt werden kann, insbesondere nicht, wenn Einrichtungen und Dienste freier Träger plötzlich nicht mehr zur Verfügung stehen, ohne dass dies im Verantwortungsbereich des öffentlichen Trägers läge.

3. Verpflichtung zur Aufnahme von Kindern

Ob die in Anspruch genommenen Einrichtungen, Dienste und Veranstaltungen der Umgebung verpflichtet werden können, die Kinder und Jugendlichen aufzunehmen, hängt von ihrer Trägerschaft ab. Die **Schule** ist in der Wahrnehmung ihres Auftrags, Schüler zu unterrichten und schwache Schüler zu fördern, nur den Schulbehörden gegenüber verpflichtet. Die Schule braucht z.B. keine Schulaufgabenhilfe in Sonderveranstaltungen anzubieten. Der **Pfarrkindergarten** ist als Veranstaltung eines freien Trägers frei in der Auswahl der Kinder, die er aufnehmen will. Im Übrigen legt der Rat der Einrichtung die »Grundsätze für die Aufnahme von Kindern fest« (§ 7 I S. 2 GTK NRW).

Für die **Jugendangebote** im Stadtgebiet gilt Entsprechendes, soweit es Veranstaltungen freier Träger sind. Lediglich soweit es sich um Jugendangebote des Jugendamtes handelt, könnte der JA-Leiter durch entsprechende Anweisung dienstrechtliche Verpflichtungen schaffen. Sollten alle angesprochenen Träger sich weigern, die ihnen angetragene Aufgabe wahrzunehmen, müsste das Jugendamt erneut den Bedarf prüfen und ggf. für entsprechende Angebote sorgen.

Erfolgen Weigerungen der freien Träger, obwohl sie über entsprechende Kapazitäten verfügen, könnte dies eine Reduzierung der Förderung (s. § 74 SGB VIII) zur Folge haben.

4. Streichung der Förderung des freien Trägers durch das Jugendamt

Bei den bisher in der Obdachlosensiedlung durchgeführten Aufgaben handelt es sich – wie schon gesagt – weitgehend um Leistungen, auf die die Bürger keinen Rechtsanspruch haben. Trotzdem sind es alles »Aufgaben der Jugendhilfe«, die das Jugendamt im Rahmen seiner finanziellen Möglichkeiten wahrzunehmen hat. Für alle Aufgaben trägt es die **Planungsverantwortung**, § 79 SGB VIII, die Wahrnehmungsverantwortung hat es nur, soweit der Bedarf nicht durch Angebote freier Träger gedeckt ist (§ 4 II SGB VIII).

Nur wenn das Jugendamt aufgrund pflichtgemäßer Prüfung zu dem Ergebnis kommt, dass ein Bedarf an erzieherischen Hilfen existiert, stellt sich die Frage, ob ein freier Träger die Aufgabe zu übernehmen bereit ist. Besteht zwar ein Bedarf, kann dieser aber durch vorhandene Einrichtungen und Veranstaltungen anderer freier Träger oder der Kommune selber gedeckt werden, so ist das Jugendamt befugt, die bisherige spezielle Förderung einzustellen. Unter dem Gesichtspunkt der Wirtschaftlichkeit ist es dazu u. U. sogar verpflichtet. Wenn der freie Träger daher seine spezielle Obdachlosenarbeit fortführen will, muss entweder feststehen, dass die vom Jugendamt zunächst ins Auge gefassten Möglichkeiten (z.B. Pfarrkindergärten) doch nicht zur Verfügung stehen oder dass die erzieherischen Bedürfnisse der Betroffenen nur durch einen bestimmten Arbeitsansatz (z.B. gemeinwesenorientiert) fachlich abgesichert befriedigt werden können.

Kapitel 2 Generelle Leistungen der Jugendhilfe

III. Jugendarbeit, Jugendsozialarbeit, erzieherischer Kinder- und Jugendschutz

Fall 5: Anerkennung einer Kinderorganisation als freier Träger[1]

1. Ablehnung der Anerkennung durch das Jugendamt

Das SGB VIII befasst sich in § 75 SGB VIII mit der öffentlichen Anerkennung als Träger freier Jugendhilfe. In § 75 I Nrn. 1-4 SGB VIII sind vier Kriterien genannt, bei deren Vorliegen eine Anerkennung erfolgen kann:

a) Tätigkeit isv § 1 SGB VIII (Nr. 1)

Gefordert wird eine Tätigkeit, die geeignet ist, den Minderjährigen zu Eigenverantwortlichkeit und Gemeinschaftsfähigkeit zu erziehen. § 1 SGB VIII betont die Subjektstellung des Kindes und Jugendlichen im Erziehungsprozess. In der amtlichen Begründung[2] wird an dieser Stelle *Erichsen*[3] zitiert:»Erziehung soll hier nicht von der Warte und der Rechtsposition des Erziehenden betrachtet werden, sondern aus der Sicht des zu Erziehenden, des Kindes. Nicht das Recht der Eltern zur Erziehung, erst recht nicht andere Interessen, etwa an der Heranziehung der Kinder zu gesellschaftlicher und staatsbürgerlicher Tüchtigkeit stehen im Mittelpunkt des Norminteresses, sondern die eigene, ursprüngliche, subjektive Rechtsstellung des Kindes, die zu verwirklichen Aufgabe und Ziel jeder am Menschenbild des Grundgesetzes orientierten Erziehung ist.« – Sport ist an sich durchaus geeignet, zum Erziehungsziel des § 1 SGB VIII beizutragen. Sport erzieht zur Konzentration, zum Durchhalten, zur Rücksichtnahme, zur Fairness. Ob jedoch die Kinderorganisation »Wehrsport fürs Vaterland« dem Leitbild des § 1 SGB VIII entspricht, erscheint fraglich und bedarf näherer Prüfung, für die die Fallschilderung zu wenig hergibt.

b) Gemeinnützigkeit (Nr. 2)

Gemeinnützige Ziele[4] werden verfolgt, wenn die Tätigkeit ausschließlich und unmittelbar darauf gerichtet ist, die Allgemeinheit auf materiellem, geistigem oder sittlichem Gebiet selbstlos zu fördern. Die Voraussetzungen einer Anerkennung sind in den §§ 51-58 AO geregelt. Ob dies im vorliegenden Fall zutrifft, prüft das Finanzamt mithilfe der Satzung und stellt ggfs. eine entsprechende Bescheinigung aus, die das Jugendamt seiner Entscheidung zugrunde legt.

c) Wesentlicher Beitrag zur Erfüllung der Aufgaben der Jugendhilfe (Nr. 3)

Gem. § 75 I Nr. 3 SGB VIII ist vom Jugendamt zu prognostizieren, ob aufgrund der fachlichen und personellen Voraussetzungen des Trägers damit gerechnet werden kann, dass dieser

---

1 Vgl. auch VG Berlin, Entscheidung vom 20.11.2009, Az. 20 A 267.06 – Zuwendung für die politische Arbeit eines parteinahen Jugendverbandes.
2 BT-Drucks. 503/89, 44.
3 Elternrecht, Kindesrecht, Staatsgewalt, Berlin 1985, 95.
4 Körperschaften, die ausschließlich gemeinnützigen, mildtätigen oder kirchlichen Zwecken dienen, sind steuerfrei. Spenden für diese Zwecke können bei der Einkommensteuer als Sonderausgaben berücksichtigt werden.

einen nicht unwesentlichen Beitrag zur Erfüllung der Aufgaben der Jugendhilfe zu leisten imstande ist. Auch dieser Punkt kann ohne Kenntnis der Satzung und der Organisation des Vereins nicht beurteilt werden.

d) Gewähr für eine den Zielen des Grundgesetzes förderliche Arbeit (Nr. 4)

Für die Beantwortung der Frage, was diese Formulierung beinhaltet, sind die vom BVerwG[5] aufgestellten Grundsätze zu berücksichtigen[6]. Danach ist entscheidend für die Feststellung, ob eine Organisation diese Voraussetzung erfüllt, wie sich ihr Gesamtverhalten im Hinblick auf das GG bewerten lässt. Nicht von Bedeutung ist, ob bereits Maßnahmen aufgrund von Art. 9 II und 18 GG (Verbot verfassungswidriger Vereinigungen, Verwirkung von Grundrechten) ergriffen worden sind. Gewähr für eine den Zielen des GG förderliche Arbeit ist somit mehr als eine dem GG nicht widersprechende Arbeit[7]. Vielmehr bietet die fragliche Gewähr nur, wer nach seinem Gesamtverhalten keinen Anlass gibt, dass seine **grundgesetzfreundliche Einstellung** bezweifelt werden kann, und wer in seiner Gesamtarbeit bei aller erlaubten Kritik auch die Normen des GG verteidigt und für sie eintritt. Was zu den unabdingbaren Grundwerten des GG gehört, hat das BVerfG in ständiger Rechtsprechung dargelegt: der Grundsatz der freiheitlich demokratischen Grundordnung, der Volkssouveränität, die Gewaltenteilung, die Verantwortlichkeit der Regierung, die Gesetzmäßigkeit der Verwaltung, das Mehrparteienprinzip, die Chancengleichheit für alle politischen Parteien, das Recht auf verfassungsmäßige Bildung und Ausübung einer Opposition. Inwieweit im vorliegenden Fall der Kinderorganisation »Wehrsport fürs Vaterland« e.V. ihr Gesamtverhalten Anlass gibt, an ihrer Grundgesetzfreundlichkeit zu zweifeln, kann aufgrund des wenig ergiebigen Sachverhalts nicht abschließend beurteilt werden. Allerdings sind die Tatsache, dass ihre Vorstandsmitglieder alle der Y-Partei angehören, die eindeutig faschistische Ziele verfolgt, und das Faktum, dass die Organisation Mitglied der »Internationalen Liga für Rassenreinheit« ist, starke Indizien dafür, dass tatsächlich eine Gewähr für eine den Zielen des GG förderliche Arbeit nicht gegeben ist.

Unterstellt jedoch, alle vier Voraussetzungen lägen vor, so hätte der Verein »Wehrsport fürs Vaterland« immer noch keinen Anspruch auf Anerkennung, da § 75 I SGB VIII lediglich eine Kann-Bestimmung ist. Der Verein hätte lediglich einen **Anspruch auf fehlerfreie Ermessensausübung** (§ 39 I SGB I). Diese müsste sich im schriftlich erlassenen Verwaltungsakt aus der Begründung ergeben (§ 35 I SGB X). Einen Rechtsanspruch würde der Verein allerdings erwerben, wenn er bei Erfüllung der Voraussetzungen des § 75 I Nrn. 1-4 SGB VIII das Vorliegen der Voraussetzung Nr. 3 durch dreijährige Tätigkeit auf dem Gebiet der Jugendhilfe nachgewiesen hätte (§ 75 II SGB VIII).

2. Ablehnung der Anerkennung durch das Landesjugendamt

Das SGB VIII regelt diese Frage für den hier anstehenden Sachverhalt der Anerkennung als Träger freier Jugendhilfe nicht. Das SGB VIII gehört als ein Gesetz der »öffentlichen Fürsorge« iSv Art. 74 Nr. 7 GG zur konkurrierenden Gesetzgebung des Bundes. Für diesen Gesetzgebungsbereich haben die Länder nach Art. 72 I GG die Befugnis zur Gesetzgebung, solange und soweit der Bund von seiner Befugnis keinen Gebrauch macht. Sie bedürfen dafür keiner besonderen Ermächtigung. Für die Voraussetzungen öffentlicher Anerkennung wird außerhalb besonderer Ermächtigung Landesrecht erlassen. Für NRW ist dies mit § 25 AG-KJHG NRW geschehen.

---

5 Urteil vom 20. 6. 1969, NJW 1969, 1784: betreffend die Förderungswürdigkeit des Sozialistischen Deutschen Studentenverbandes (SDS).

6 Bestätigt durch BVerwG v. 16. 2. 1978, FEVS 1978, 265.

7 So auch OVG Münster v. 21. 8. 1968, DVBl. 1969, 51.

Dort ist in § 25 I geregelt, dass es für die Frage, ob Jugendamt oder Landesjugendamt für die Anerkennung zuständig sind, darauf ankommt, ob der freie Träger in einem oder mehreren Jugendamts-Bezirken tätig ist. Da der Verein vorliegend nur lokale Bedeutung hat, ist das Jugendamt der Stadt Z, wo der e.V. seinen Sitz hat, zuständig.

3. Möglichkeiten des Vereins, sich gegen die Entscheidung zu wehren
Die Ablehnung der Anerkennung ist (gleichgültig, ob sie auf Unzuständigkeit oder auf sachliche Argumente gestützt ist) – ebenso wie die Anerkennung selbst – ein Verwaltungsakt (vgl. § 31 SGB X). Gegen diesen kann der Verein bei der erlassenden Behörde innerhalb eines Monats Widerspruch einlegen, §§ 68 II, 70 VwGO, und bei ablehnendem Widerspruchsbescheid innerhalb eines Monats beim VG Verpflichtungsklage erheben, §§ 74, 113 IV VwGO.[8] In einigen Bundesländern, beispielsweise NRW ist dieses sog. Vorverfahren abgeschafft, sodass gleich eine Klageerhebung möglich ist.

Fall 6:   Förderung einer Jugendinitiative

Es handelt sich hier um Jugendarbeit iSv § 11 SGB VIII, die von einer Initiative von Jugendlichen angeboten wird, § 11 II S. 1 SGB VIII, und zwar – soweit ersichtlich – mit Schwerpunkten, wie sie in § 11 III SGB VIII genannt werden.

Die Bitte an das Jugendamt um finanzielle Unterstützung ist ein Antrag auf Förderung gem. § 74 SGB VIII. Damit ihm stattgegeben werden kann, müssen die fünf Tatbestandsmerkmale dieser Vorschrift erfüllt sein. Das Vorhandensein einer Anerkennung kommt – anders als früher im Jugendwohlfahrtgesetz – dabei nicht vor. Die Frage der Anerkennung ist in § 75 SGB VIII als Grundlage für die (institutionelle) Zusammenarbeit zwischen öffentlicher und freier Jugendhilfe geregelt[9].

Wenn die Gruppe zunächst nur eine Unterstützung für »jetzt« wünscht, steht der Förderung nichts im Wege, es sei denn, aus den Tatbestandsmerkmalen Nrn. 1-5 ergäben sich Hindernisse, was zu prüfen ist:

1. »Fachliche Voraussetzungen« (Nr. 1) kann man hier als im erforderlichen Umfang gegeben ansehen. Üblicherweise werden derartige Clubs ehrenamtlich geleitet. Gem. § 73 SGB VIII soll das Jugendamt diese Tätigkeit anleiten, beraten und unterstützen.

2. Weiter ist zu prüfen, ob der Club für eine zweckentsprechende und wirtschaftliche Verwendung der Mittel Gewähr bietet (Nr. 2) und ob vielleicht in diesem Rahmen die Gründung eines rechtsfähigen Vereins gefordert werden kann. Nicht rechtsfähige Vereine leiden oftmals daran, dass bei ihnen die Mitgliedsfluktuation sehr stark ist und von diesen häufigen Wechseln auch der an sich verantwortliche Vorstand betroffen sein kann. Deshalb regt die Literatur teilweise an – und die Praxis handhabt es teilweise so –, Rechtsfähigkeit zu verlangen[10].

Diese Bedenken muss man jedoch nicht teilen. Bei beiden Arten von Vereinen muss ein Vorstand da sein[11]. Folglich ist gewährleistet, dass juristisch jemand zur Erstellung eines Jahresberichts und zur Abrechnung verpflichtet ist und somit auch haftbar gemacht werden kann. Bei kleinen Vereinen ist die Gefahr, dass das einzelne Mitglied vermögenslos

8   Vgl. zu den Einzelheiten *Papenheim* u.a., Verwaltungsrecht für die soziale Praxis, Kap. 50.4.2.
9   BT-Drucks. 503/89, 96.
10 *Schellhorn*, SGB VIII, § 74 Rn. 5 ff.
11 Vgl. § 26 S. 1 BGB für den eingetragenen Verein und RG v. 16.5.1928, HRR 1928 Nr. 1555 für den nicht eingetragenen Verein.

ist, nicht größer als die Gefahr, dass kein Vereinsvermögen als Haftungsmasse mehr da ist. Schließt man sich der Ansicht an, dass keine Rechtsfähigkeit verlangt werden kann, ist die Ablehnung im vorliegenden Fall zu Unrecht erfolgt, wenn sich nicht aus den Nrn. 3-5 Bedenken anderer Art ergeben.

3. Dass der Club »gemeinnützige Ziele« verfolgt (Nr. 3), kann aufgrund der Sachverhaltsschilderung angenommen werden (s. hierzu o. Fall 5).

4. Als »angemessene Eigenleistung« (Nr. 4) wird die von den Clubmitgliedern eingebrachte Eigeninitiative anerkannt. Einige Aktivitäten sind ja schon mit Erfolg durchgeführt worden, bis jetzt ohne Förderung des Jugendamts.

5. Auch hinsichtlich der Verfassungsfreundlichkeit (Nr. 5) bestehen hier keine Bedenken. Die fünf Voraussetzungen des § 74 I S. 1 SGB VIII liegen somit vor. In diesem Fall soll der Träger öffentlicher Jugendhilfe den freien Träger fördern. Das bedeutet, dass er ihn idR zu fördern hat und dass er nur bei Nachweis eines atypischen Falles die Förderung verweigern kann. Allerdings betrifft § 74 I S. 1 SGB VIII keine stabile Dauerförderung. Wird diese angestrebt, so muss idr die Anerkennung als freier Träger gem. § 75 SGB VIII erfolgen (§ 74 I S. 2 SGB VIII). Hierfür könnte es vorliegend an Abs. 1 Nr. 3 (»nicht unwesentlicher Beitrag«) fehlen. § 75 I Nr. 2 SGB VIII dagegen kann die Jugendinitiative erfüllen, weil auch nicht rechtsfähige Vereine als gemeinnützig anerkannt werden können. Voraussetzung dafür ist lediglich eine körperschaftliche Struktur.

In jedem Fall ist die Begründung des Jugendamts falsch und die Ablehnung unter diesem Gesichtspunkt zu Unrecht ergangen. Ob die Ablehnung unter anderen Aspekten gerechtfertigt wäre, ergibt sich aus § 74 II-VI SGB VIII, die hier nicht geprüft werden können.

Fall 7:   Haftung in der Jugendarbeit

Schaubild 6: Haftung in der Jugendarbeit

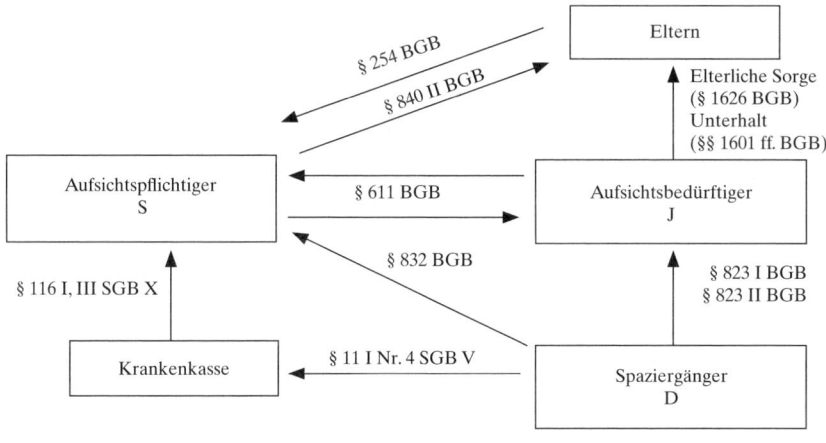

1. Die Krankenkasse des D nimmt S zu Recht gem. § 116 SGB X in Regress, wenn S dem D zivilrechtlich haftet.

1.1 Anspruch des D gegen S aus § 832 BGB

a) Es müsste eine **aufsichtspflichtige Person** da sein. Dies trifft für S zu.

b) Seine **Aufsichtspflicht** dürfte nicht nur moralischer Art (Gefälligkeit) sein, sondern müsste **auf Gesetz** (Abs. 1) **oder Vertrag** (Abs. 2) **beruhen.** S hat mit den Eltern von J vereinbart, dass J mit S auf Radtour gehen und während dieser Zeit von S beaufsichtigt werden soll. Als Gegenleistung sollen dem S seine Unkosten bezahlt werden, wobei die Eltern von J sich an der Unkostentragung beteiligen (zu welchem Bruchteil hängt von der Verabredung der Eltern untereinander ab). Diese Abrede ist als Dienstvertrag iSd §§ 611 ff. BGB zu qualifizieren, der dem J zugutekommen soll, § 328 I BGB. Da die Eltern des noch minderjährigen S hiermit einverstanden waren (§ 107 BGB), ist dieser Vertrag auch wirksam. S ist daher kraft Vertrages zur Führung der Aufsicht verpflichtet.

c) Es müsste eine **aufsichtsbedürftige Person** da sein. Minderjährige sind grundsätzlich aufsichtsbedürftig, vgl. § 1631 I BGB. Dies trifft auch für J zu.

d) Der Aufsichtsbedürftige müsste **einem Dritten Schaden zugefügt** haben. Dies ist bei J der Fall. Die von ihm durch den Steinwurf verursachte Rechtsgutverletzung (Körper, Gesundheit) hat bei D einen Schaden hervorgerufen.

e) Diese Schadenszufügung müsste **widerrechtlich** sein. Grundsätzlich ist jede Rechtsgutverletzung widerrechtlich, es sei denn, dem Schädiger stünde ein Rechtfertigungsgrund zur Seite (z.b. Notwehr, Notstand, Einwilligung des Verletzten). J hatte keinen juristisch relevanten Grund, dem D einen Stein auf den Kopf zu werfen, daher war sein Vorgehen widerrechtlich.

Hinweis: Die Punkte a.-e. müssen als sogenannte Klage begründende Tatsachen von der Krankenkasse bewiesen werden. Die noch folgenden Punkte f.-g. dagegen werden dann zu ihren Gunsten vermutet. S kann sich jedoch entlasten, indem er nachweist, dass einer der Punkte f. oder g. nicht vorliegt.

f) Der Aufsichtspflichtige müsste seine **Aufsichtspflicht verletzt** haben. Die Art der Aufsichtsführung hängt von der Aufsichtsbedürftigkeit ab. Diese wiederum ist bei Minderjährigen abhängig vom Alter und sonstigen Eigenheiten. Zu der Frage, ob die Aufsichtspflicht verletzt wurde, gibt der Sachverhalt zu wenig her, als dass er abschließend beurteilt werden könnte. Zwei Gründe für eine Aufsichtspflichtverletzung kommen hier in Betracht:

– Man könnte ihm vorwerfen, dass er J nicht überwacht hat. Daran ist zwar richtig, dass sich der Jugendgruppenleiter in der Regel nicht von der Gruppe oder von Teilen der Gruppe trennen darf. Es gibt jedoch Situationen (z.B. Betreuung eines erkrankten Teilnehmers), in denen eine Trennung unvermeidbar ist. So liegt es auch hier. Die Benutzung eines Sessellifts ist nun einmal nur möglich, wenn sich die Gruppe auflöst. Die Trennung als solche ist dem S daher nicht vorzuwerfen.

– Man könnte ihm anlasten, dass er die Gruppe vorher nicht genügend darauf hingewiesen hat, wie sie sich bei der Benutzung des Lifts verhalten muss. Trifft das zu, liegt in der Tat eine Aufsichtspflichtverletzung vor. In einem solchen Fall wäre weiter zu prüfen:

g) Die **Aufsichtspflichtverletzung** muss für den entstandenen **Schaden ursächlich** sein. Ebenso wie bei § 823 I BGB genügt es bei § 832 BGB nicht, dass die Aufsichtsverpflichtung den Schaden im naturwissenschaftlichen Sinn verursacht hat; denn es kann nicht Zweck einer Norm sein, Verursacher jeder Art von Folgen haftbar zu machen. Die Rspr. hat daher die **Lehre von der adäquaten Kausalität** (sog. Adäquanztheorie) entwickelt. Diese besagt, dass eine Ursache nur dann zur Haftung für Folgen führen kann, wenn deren Eintritt nach der Lebenserfahrung nicht völlig unwahrscheinlich war. Die Ursache, die gesetzt worden ist, muss also »generell geeignet« sein, den eingetretenen Erfolg herbeizuführen.

In der Regel ist bei einer Gruppe, die im Allgemeinen keine Schwierigkeiten macht (dies ist hier besonders deswegen anzunehmen, weil sie sich auf freier Vereinbarung unter persönlicher Absprache konstituiert hat), davon auszugehen, dass Anweisungen, deren Sinn den grundsätzlich einsichtigen Betroffenen erläutert wird, befolgt werden. Daher kann man auch hier vernünftigerweise annehmen, dass J sich anders verhalten hätte, wenn er vorher entsprechend ermahnt worden wäre, zumal er sonst als »bereitwillig gehorchend« beschrieben wird. Außerdem hätte ihn sicher bei Vergessen der Anweisung sein Kamerad daran erinnert oder ihn vom Werfen abgehalten.

Ergebnis: S würde dem D gem. § 832 BGB haften.

2. S nimmt die Eltern von J zu Recht in Anspruch, wenn
– J dem S ausgleichspflichtig ist und
– die Eltern von J diesem den Betrag schulden.
2.1 Eine Ausgleichspflicht zwischen J und S könnte sich aus § 840 II BGB iVm § 823 I oder § 823 II BGB ergeben.
2.1.1 Anspruch des D gegen J aus § 823 I BGB
a) J müsste ein **Rechtsgut** des D **verletzt** haben. Er hat Körper und Gesundheit des D beschädigt.
b) Die Rechtsgutverletzung müsste durch ein positives Tun oder durch ein Unterlassen, obwohl eine **Rechtspflicht** (nicht **moralische** Pflicht) zum Handeln bestand, herbeigeführt worden sein. Das Werfen mit Steinen ist positives Tun.
c) Zwischen dem Tun (Haftungsgrund) und dem Schaden müsste adäquate **Kausalität** bestehen. Adäquate Kausalität bedeutet, dass nur die Ereignisse als ursächlich und somit als haftungsbegründend gewertet werden, die im Allgemeinen – und nicht nur unter besonders eigenartigen, unwahrscheinlichen Umständen (z.B. fahrlässiges leichtes Anfahren eines Bluters, der daran stirbt) – geeignet sind, einen Schaden der vorliegenden Art herbeizuführen[12]. Im vorliegenden Fall konnte vernünftigerweise erwartet werden, dass durch »blinde« Steinwürfe aus dem Sessellift Spaziergänger getroffen und verletzt werden.
d) Die Verletzung des fremden Rechtsgutes müsste **widerrechtlich** (= rechtswidrig) sein. Widerrechtlich ist jede Rechtsgutverletzung, die nicht von einem Rechtfertigungsgrund getragen ist[13]. Im vorliegenden Fall ist kein Rechtfertigungsgrund erkennbar.
e) Die Rechtsgutverletzung müsste **schuldhaft** sein.
– Schuldhaftes Handeln im Zivilrecht setzt **Schuldfähigkeit**[14] voraus. Diese kann gem. §§ 827, 828 BGB ausgeschlossen sein. Hier kommt, da J erst 12 Jahre alt ist, § 828 BGB in Betracht. Zunächst ist Abs. 2 S. 1 zu prüfen, da der Sessellift eine »Schwebebahn« ist. Da J jedoch schon 12 Jahre alt ist, kommt diese Vorschrift, die ihn von seiner Verantwortlichkeit befreien könnte, nicht in Betracht. Auf die weitere Frage, ob es sich vorliegend überhaupt um die vom Gesetzgeber mit der Norm gemeinte Überforderungssituation[15] handelt, kommt es daher gar nicht mehr an. Entscheidend für die Verantwortlichkeit ist demnach gem. Abs. 3 nur, ob der Minderjährige bei der Begehung der schädigenden Handlung die zur Erkenntnis der Verantwortlichkeit erforderliche Einsicht hatte. Von einem 12jährigen Jungen, der im Übrigen keinerlei Auffälligkeiten zeigt und als ruhig geschildert wird, kann man erwarten, dass er übersieht, was er für Schäden mit dem ungezielten Werfen von Steinen verursachen kann. J ist daher schuldfähig.

---

12 Vgl. für alle: *Palandt/Heinrichs*, BGB, Vorbem. § 249, Rn. 57.
13 S.o. 1.1 Buchst. c.
14 Im Strafrecht geht es um Strafmündigkeit (§ 3 JGG) und Zurechnungsfähigkeit (§§ 20,21 StGB).
15 BGH v. 30.11.2004, FamRZ 2005, 338.

– Schließlich müsste der Schädiger in zurechenbarer Weise, d.h. vorsätzlich oder fahrlässig gehandelt haben.

Vorsatz ist das Wissen und Wollen des rechtswidrigen Erfolgs, wobei das Wissen und Wollen der Verletzung des geschützten Rechtsgutes genügt, sich also nicht auf den Schaden zu erstrecken braucht. Vorsätzlich hat J nicht gehandelt; denn er wollte D nicht an Körper und Gesundheit verletzen.

Fahrlässigkeit ist das Außerachtlassen der im Verkehr (= objektiv) erforderlichen Sorgfalt, § 276 I S. 2 BGB; bei vernünftiger Überlegung hätte ein vergleichbarer Jugendlicher in dieser Situation die Steine nicht wahllos in die Gegend geworfen. Demnach hat J fahrlässig gehandelt.

Ergebnis: J würde dem D gem. § 823 I BGB haften.

2.1.2 Anspruch des D gegen J aus § 823 II BGB

Demnach würde J haften, wenn er gegen ein den Schutz eines anderen bezweckendes Gesetz verstoßen hätte.

Schutzgesetze sind alle Rechtsnormen des privaten und öffentlichen Rechts, die nur oder zumindest auch (neben der Allgemeinheit) dem Schutz des Einzelnen dienen[16]. Beispiele: Jugendschutzgesetze, bau- und gesundheitsrechtliche Vorschriften, Mieterschutzgesetze, strafrechtliche Bestimmungen.

Hier liegt § 230 StGB (fahrlässige Körperverletzung) vor, weil J fahrlässig die Körperverletzung des D verursacht hat[17].

Ergebnis: J würde dem D auch gem. § 823 II BGB iVm § 230 StGB haften.

2.1.3 Gemeinsame Haftung von J und S

Wie sich aus den obigen Erörterungen ergibt, haftet S gem. § 832 BGB und J gem. § 823 I und II BGB für den Schaden, der dem D entstanden ist. Demnach sind sie gem. § 840 I BGB Gesamtschuldner. Gem. § 421 BGB spricht man von Gesamtschuld, wenn die Schuldner in der Weise schulden, dass jeder die ganze Leistung zu bewirken verpflichtet, der Gläubiger die Leistung aber nur einmal zu fordern berechtigt ist. Liegt ein solcher Fall vor, so sind die Gesamtschuldner gem. § 426 I S. 1 BGB im Verhältnis zueinander zu gleichen Anteilen verpflichtet, soweit nicht ein anderes bestimmt ist. Eine derartige andere Bestimmung ist § 840 II BGB. Hiernach haftet bei einer Verantwortlichkeit des einen aus § 832 BGB und des anderen aus § 823 BGB der unmittelbare Schädiger gem. § 823 BGB allein.

Daher hat im vorliegenden Fall J im Innenverhältnis den Schaden alleine zu tragen, und S kann den an die Krankenkasse gezahlten Betrag von ihm zurückverlangen.

2.1.4 Mitverschulden des S gem. § 254 BGB

Dem Anspruch des S gegen J könnte J jedoch entgegenhalten, dass den S ein Mitverschulden an der Entstehung des Schadens treffe, das schwerer als die eigene Schuld wiegt (§ 254 BGB). Denn
– zwischen den Eltern des J und S sei ein Beaufsichtigungsvertrag (§ 611 BGB) zugunsten des J geschlossen worden,
– und diesen Vertrag habe S schlecht erfüllt.
Zwar ist es richtig, dass zwischen den Eltern des J und dem S ein Dienstvertrag zugunsten des J bestand, den S dadurch verletzt hat, dass er versäumt hat, der Gruppe vor der Fahrt mit dem Sessellift Anweisungen zu geben. Dieses Fehlverhalten hat zur Verursachung des

---

16 Vgl. *Palandt/Sprau*, BGB, § 823 Rn. 56, 57.
17 Zu den Einzelheiten s. o. unter 2.1.1.

Schadens beigetragen. S hätte sich auch sagen müssen, dass durch ein solches Unterlassen bedingt Schadenersatzansprüche wegen Aufsichtspflichtverletzung auf ihn zukommen. In einem solchen Fall, in dem der Gläubiger quasi gegen ein Gebot des eigenen Interesses verstoßen hat, kann der Schuldner nicht automatisch von seiner Verpflichtung freigestellt werden. Vielmehr gebietet es § 254 BGB abzuwägen, inwieweit der Schaden vorwiegend von dem einen oder dem anderen Teil verursacht worden ist. Der Pflichtverletzung des S ist daher das Verhalten des J gegenüberzustellen.

J hat sich in einer Situation, in der S nicht mehr eingreifen konnte, ausgesprochen unsinnig verhalten. Er hätte sich sagen müssen, dass das ziellose Werfen mit Steinen dazu führen könnte, Wanderer zu verletzen. J hat somit die Sorgfalt außer Acht gelassen, die nach Lage der Sache erforderlich erschien, um sich selbst vor Schaden (hier: Schadensersatzansprüchen) zu bewahren[18]. Selbst unter Berücksichtigung des Alters von J muss man zu dem Ergebnis kommen, dass sein Fehlverhalten erheblich schwerer wiegt als das des S. Daher kann J den Anspruch des S weder ausschließen noch einschränken.

J schuldet dem S somit gem. § 840 II BGB die Summe, die dieser an die Krankenkasse des D zu zahlen hat.

2.2 Verpflichtung der Eltern, dem J den geschuldeten Betrag zur Verfügung zu stellen
Eine solche könnte sich aus der Unterhaltspflicht der Eltern ergeben, §§ 1602 ff., 1610 BGB.

J und seine Eltern sind zwar in gerader Linie miteinander verwandt. Möglicherweise ist J auch bedürftig und sind die Eltern leistungsfähig. Die Befriedigung von Gläubigern gehört jedoch nach einhelliger Meinung nicht zum Lebensbedarf, den § 1610 II BGB meint. Deshalb haben die Eltern für den Schaden, den J zu ersetzen hat, im Rahmen ihrer Unterhaltspflicht nicht aufzukommen.

Ergebnis: S kann sich nicht an die Eltern halten. Lediglich J schuldet ihm die Summe, die er an die Krankenkasse des D zu zahlen hat. Da J vermögenslos sein wird, wird S das Nachsehen haben. Ihm bleibt höchstens die Möglichkeit, gegen J einen vollstreckbaren Titel zu erwirken (z.B. ein Anerkenntnisurteil), sodass er den Anspruch noch 30 Jahre lang durchsetzen kann (§ 197 I Nr. 3 BGB).

3. Erstattungsanspruch des S gegen den eingetragenen Verein
Die gestellte Frage soll nur kurz auf der Basis einer Entscheidung des BGH[19] beantwortet werden, ohne dass die sonst zu dem Problem vertretenen Meinungen im Detail berücksichtigt werden.

Zunächst stellt der BGH klar, dass die Beziehung Stammesführer – Verein kein Arbeitsverhältnis sei, da der Stammesführer nur ehrenamtlich tätig werde. Auf diese Beziehung seien jedoch weitgehend die Bestimmungen des Auftrags (§§ 662 ff. BGB) anzuwenden.

Da die Vereine auf ehrenamtliche Mitarbeit von Mitgliedern angewiesen seien, gehe es in der Regel nicht an, den Beauftragten mit dem vollen Risiko der im Interesse des Geschäftsherrn ausgeübten Tätigkeit zu belasten. Gerade bei der Verfolgung pfadfinderischer Ziele (einfaches Leben, sportliches Verhalten, Mut, Entschlossenheit z.B.) seien Jugendleiter in verstärktem Maße der Gefahr ausgesetzt, die ihnen übertragenen Aufsichts- und Überwachungspflichten zu verletzen und sich dadurch schadensersatzpflichtig zu machen. Aus diesem Grund sei es gerechtfertigt, die im Arbeitsrecht entwickelten Gedanken der Risikozurechnung und der »gefahrengeneigten Tätigkeit« auf das Auftragsverhältnis zu Ehrenamtlichen zu übertragen. Wenn der Stammesführer weder vorsätzlich noch grob

---

18 Vgl. *Palandt/Heinrichs*, BGB, § 254 Rn. 1.
19 V. 5.12.1983, NJW 1984, 789 m. Anm. *Lippert*, NJW 1984, 2266 und *Löwisch*, JZ 1984, 622.

fahrlässig gehandelt habe, sei sein Freistellungsanspruch dem Grunde nach gerechtfertigt. Ob er damit auch gänzlich freigestellt werde oder sich sein Fehlverhalten wenigstens zum Teil anrechnen lassen müsse, sei abzuwägen. Als Ergebnis ist damit festzuhalten, dass der BGH den Anspruch des Stammesführers gegen den eingetragenen Verein auf Aufwendungsersatz gem. § 670 BGB bejaht hat.

4. Nachtrag
Unabhängig davon, wer nun im Endergebnis den Schaden zu tragen hat, wäre dem S zu raten gewesen, vor der Fahrt eine **Haftpflichtversicherung** abzuschließen. Bei Jugendgruppen empfiehlt sich das Jugendversicherungswerk[20]. Diese Versicherung hätte Schäden aus der vertraglich übernommenen Aufsichtspflicht (§ 832 BGB) und die Ansprüche der Veranstaltungsteilnehmer untereinander – nicht dagegen Ansprüche Dritter gegen einzelne Veranstaltungsteilnehmer – abgedeckt. Um das letztgenannte Risiko aufzufangen, bedürfte es des Abschlusses einer allgemeinen Haftpflichtversicherung der Eltern der Teilnehmer für diese.

IV. Förderung der Erziehung in der Familie

Siehe die Lösungen der Fälle 22, 23, 51 und 62.

V. Tageseinrichtungen und Tagespflege

Fall 8:   Trägerschaft bei Kindergärten

1. Schaffung eines Kindergartens
1.1 Nach §§ 22, 24, 79 SGB VIII hat das Jugendamt dafür zu sorgen, dass die erforderlichen Kindergärten zur Verfügung stehen.
1.2 Das Jugendamt muss gem. § 4 II SGB VIII ermitteln, wer bereit wäre, die Trägerschaft für einen Kindergarten zu übernehmen.
1.3 Als Träger kommen gem. § 6 KiBiz NRW (Gesetz zur frühen Bildung und Förderung von Kindern NRW) in Betracht:
a)   anerkannte Träger der freien Jugendhilfe
b)   Jugendämter
c)   die sonstigen kreisangehörigen Gemeinden sowie Gemeindeverbände
d)   andere Träger, z.B. Unternehmen, privat-gewerbliche Träger und nicht anerkannte Träger der freien Jugendhilfe.
1.4 Gemäß dem im § 4 II SGB VIII verankerten Subsidiaritätsprinzip haben freie Träger – soweit sie die gesetzlichen Voraussetzungen erfüllen – Vorrang vor den öffentlichen Trägern. Erst wenn kein geeigneter freier Träger vorhanden ist, soll der öffentliche Träger tätig werden.

2. Anmeldung
Das Recht der Anmeldung zum Kindergarten ist Teil des elterlichen Sorgerechts (Erziehung und Aufenthaltsbestimmung). Deshalb sind zuständig gemäß:
2.1 §§ 1626a I Hs.1 a.e.c., 1626 I, 1629 I, 1631 I BGB: beide Eltern.

---

20 Wegen der Einzelheiten siehe *Seipp*, S. 75 ff.

2.2 Hier kommt es darauf an, wer das Sorgerecht hat. Haben die Eltern Sorgeerklärungen abgegeben (§§ 1626a I Nr.1, 1626b ff. BGB), müssen beide Eltern einwilligen. Anderes könnte nach § 1687 I S. 2 BGB gelten, wenn die Eltern nicht zusammenleben und es sich bei der Anmeldung in den Kindergarten um eine Angelegenheit des täglichen Lebens handelte. Nach Satz 3 sind das Angelegenheiten, die häufig vorkommen und keine schwer abzuändernden Auswirkungen auf das Kind haben. Ob dies ist für die Kindergartenanmeldung anzunehmen ist, ist fraglich, aber wohl eher zu verneinen. Wenn beide das Sorgerecht haben, müssen sie beide einwilligen, gleich, ob sie zusammenleben oder nicht.
Haben die Eltern dagegen keine Sorgeerklärung abgegeben, so ist die Mutter allein sorgeberechtigt (§ 1626a II BGB) und meldet das Kind daher allein an.
2.3 § 1754 III iVm §§ 1626 I, 1629 I, 1631 I BGB: die Adoptiveltern
2.4 Wenn weder das Gericht etwas angeordnet noch die Eltern etwas erklärt haben, ist der »Auffangtatbestand« des § 1688 I BGB ausschlaggebend. Es ist dann wieder – wie bei den getrenntlebenden sorgeberechtigten Eltern – entscheidend, ob man eine Anmeldung zum Kindergarten zur Alltagsangelegenheit zählt oder nicht.
2.5 und **2.6** sind seit der Kindschaftsrechtsreform gleichzubehandeln. Es kommt darauf an, ob das Familiengericht das Sorgerecht ganz oder in diesem Teil in eine Alleinsorge überführt hat (§ 1671 I BGB). Ist das nicht der Fall, haben die Eltern trotz Getrenntlebens (gleich, ob mit oder ohne Scheidung) weiterhin gemeinsam das Sorgerecht und entscheiden gemeinsam, es sei denn, man betrachtet die Anmeldung als Alltagsangelegenheit, die der Obhutsberechtigte allein entscheiden darf (§ 1687 I S. 2 BGB).
2.7 Das Stiefkind lebt mit einem leiblichen, in der Regel sorgeberechtigten Elternteil und dessen Ehegatten, mit dem es verschwägert ist (§ 1590 BGB), zusammen. Ferner gibt es in der Regel noch einen nicht obhutsberechtigten Elternteil, der möglicherweise aber sorgeberechtigt ist. Bei allen Konstellationen, die denkbar sind, hat jedoch der Stiefelternteil kein Sorgerecht und kann daher das Kind nicht anmelden.

3. Zusammenarbeit mit den Eltern
Gemäß § 9 I KiBiz NRW arbeitet das Personal der Kindertageseinrichtungen (sowie Tagesmütter und -väter) partnerschaftlich und vertrauensvoll mit den Eltern zusammen. Die Eltern haben einen Anspruch auf regelmäßige Information über den Stand des Bildungs- und Entwicklungsprozesses ihres Kindes. Zur Förderung der Zusammenarbeit werden in jeder Kindertageseinrichtung die Elternversammlung, der Elternbeirat und der Rat der Kindertageseinrichtung gebildet (§ 9 II KiBiz NRW). Das Verfahren über die Zusammensetzung der Gremien und die Geschäftsordnung werden vom Träger im Einvernehmen mit den Eltern festgelegt. Die Eltern bilden die Elternversammlung. Die Elternversammlung wählt die Mitglieder des Elternbeirates (§ 9 III KiBiz NRW). Der Elternbeirat vertritt die Interessen der Elternschaft gegenüber dem Träger und der Leitung der Einrichtung, er ist über wesentliche personelle Veränderungen bei pädagogisch tätigen Kräften zu informieren; seine Gestaltungshinweise sind angemessen vom Träger zu berücksichtigen (§ 9 IV KiBiz NRW).

4. Elterninitiative
Wenn der **Träger des Kindergartens ein eingetragener Verein** sein soll, kann er seine Tätigkeit erst aufnehmen, wenn er als juristische Person existent ist.
Dafür ist Folgendes erforderlich.
- Gründung des Vereins (7 Mitglieder), §§ 56, 59 BGB
- Schaffung einer Satzung, §§ 25, 57-59 BGB
- Wahl eines Vorstandes, §§ 26, 59 II Nr. 2 BGB
- Anmeldung des Vereins zur Eintragung im Vereinsregister, §§ 21, 55, 59 BGB
- Eintragung und Bekanntmachung der Eintragung, §§ 64-66 BGB.

Ist ein eingetragener Verein Träger des Kindergartens, ist Funktion und Stellung der Elternversammlung problematisch. Dann sind nämlich Elternversammlung und Mitgliederversammlung gemäß BGB identisch. Nach der Konzeption des Gesetzgebers hat die Elternversammlung gegenüber der »Kindergarten-Politik« des Trägers eine Kontrollfunktion. Wenn der Träger faktisch etwas außerhalb des Kindergartens Stehendes ist (z.B. wenn Träger die Kommune oder eine Kirchengemeinde ist), ist dies gut möglich. Wenn die Elternversammlung jedoch gleichzeitig Träger ist, kann sie sich nicht selber kontrollieren. Weil das Gesetz aber Elternversammlung, Elternbeirat und Rat der Einrichtung zwingend vorschreibt, ist es in einem solchen Fall notwendig, als Träger des Kindergartens nicht die Mitgliederversammlung, sondern den Vorstand fungieren zu lassen.

5. Kindertageseinrichtung und Familienzentrum
Nach § 16 KiBiz NRW sind Familienzentren Kindertageseinrichtungen, die zusätzliche Aufgaben übernehmen. Dies sind insbesondere:
5.1. die Bündelung und Vernetzung von Beratungs- und Hilfsangeboten für Eltern und Familien,
5.2. Angebote von Hilfe und Unterstützung bei der Vermittlung von Tagesmüttern und -vätern und zu deren Beratung und Qualifizierung,
5.3. Gewährleistung bzw. Vermittlung der Betreuung von unter dreijährigen Kindern und Kindergartenkindern außerhalb üblicher Öffnungszeiten von Kindertageseinrichtungen,
5.4. Angebote von Sprachförderung für Kinder und ihre Familie, die über die übliche Sprachförderung hinausgeht (§ 13 V KiBiz NRW).
Zudem müssen die Familienzentren über das Gütesiegel »Familienzentrum NRW« verfügen.

Fall 9:   Einrichtung einer Kinderkrippe durch Elterninitiative

Eine Verpflichtung des Jugendamts zur Beratung der Eltern könnte sich aus § 14 SGB I ergeben. Aus dem Grundsatz, wonach das speziellere Gesetz das allgemeinere verdrängt, ist hier jedoch das SGB VIII anwendbar, das die Beratungspflicht regelt. Nach § 25 SGB VIII sollen Mütter, Väter und andere Erziehungsberechtigte, die die Förderung von Kindern selbst organisieren wollen, beraten werden. Zunächst muss sich die Elterninitiative hinsichtlich des Bedarfs klar werden, d.h. wie viele Kinder sollen wie lange betreut werden. Dann werden sie den Eltern mitteilen können, ob ein entsprechender Bedarf besteht. Dies richtet sich nicht nur nach der Anzahl der Kinder, sondern auch nach der Vielfalt des bestehenden pädagogischen Angebots, den derzeitigen Öffnungszeiten der bestehenden Einrichtungen und der Entwicklung der Kinderzahlen (z.B. wenn es sich um ein Zuzugsgebiet handelt). Weiter wird zu klären sein, ob für die Krippe möglicherweise kommunale Gebäude genutzt werden können. Sie werden die Eltern darüber informieren, dass sie in der Regel eine Betriebserlaubnis nach § 45 SGB VIII benötigen werden. Zur Erlangung der Betriebserlaubnis muss entsprechendes Fachpersonal vorhanden sein (die Anzahl richtet sich nach Gruppengröße und Alter), es müssen entsprechende Räumlichkeiten und das Sachmaterial (insbesondere Spiel- und Beschäftigungsmaterial) zur Verfügung stehen. Weiter wird zu überlegen sein, wie die Trägerschaft zu organisieren ist, z.B. über die Gründung eines eingetragenen Vereins. Zudem muss ein Finanzierungsplan erstellt werden und die pädagogische Konzeption der Einrichtung überlegt werden. Über die staatliche Förderung insbesondere die Investitionskostenförderung werden Sie die Eltern ebenfalls informieren (vgl. auch § 74 SGB VIII).

Fall 10:   Entzug der Erlaubnis zur Kindertagespflege[21]

Grundlage für den Entzug der Erlaubnis zur Kindertagespflege könnte § 48 I S. 1 SGB X sein. Danach kommt eine Aufhebung der Erlaubnis zur Tagespflege dann in Betracht, wenn in den tatsächlichen oder rechtlichen Verhältnissen, die bei der Erteilung der Erlaubnis zur Tagespflege vorgelegen haben, eine wesentliche Änderung eingetreten ist.

Zu diesen tatsächlichen Verhältnissen zählen auch sogenannte **innere Tatsachen**, sodass wesentliche Änderungen auch darin liegen können, dass die subjektive Bereitschaft des Betroffenen zu einer nach § 43 II S. 2 Nr. 1 SGB VIII erforderlichen Kooperation mit den Eltern wegfällt und diese Änderung tatsächlich feststellbar ist. Eine solche wesentliche Änderung liegt immer dann vor, wenn die Tagespflegeperson ihre ursprüngliche Kooperationsbereitschaft iSd des § 43 I S. 2 Nr. 1 SGB VIII ganz oder teilweise aufgibt. Nach § 43 I S. 2 Nr. 1 SGB VIII setzt die Erlaubnis zur Kindertagespflege voraus, dass die Pflegeperson geeignet ist. Geeignet ist sie nach dem folgenden Satz 2 dann, wenn sie sich durch ihre Persönlichkeit, Sachkompetenz und durch Kooperationsbereitschaft mit den Erziehungsberechtigten und anderen Tagespflegepersonen auszeichnet. Bei nicht speziell ausgebildeten Kindertagespflegepersonen ist auf das Gesamtbild der Persönlichkeit und deren soziale und kommunikative Kompetenz abzustellen. Tagespflegepersonen müssen nicht nur zur Kooperation bereit sein, sondern sich dadurch auszeichnen. Dazu gehört die Verpflichtung, das Jugendamt über wichtige Ereignisse, die für die Betreuung des oder der Kinder bedeutsam sind, zu unterrichten, ebenso wie die Fähigkeit zum angemessenen und transparenten Austausch mit den Erziehungsberechtigten im Rahmen der Elternarbeit. Denn es ist nicht nur das Recht der Eltern am Geschehen in der Tagespflegestelle angemessen beteiligt zu werden, sondern auch eine pädagogische Notwendigkeit. Im Sinne einer Erziehungspartnerschaft muss die Tagespflegeperson für eine Mitgestaltung der Eltern offen sein. Aus dieser Kooperationsgemeinschaft leitet sich die Pflicht der Tagespflegeperson zur Offenlegung persönlicher Verhältnisse her, wenn es sich um Angelegenheiten handelt, die die Erziehung von Kindern und Jugendlichen im Kern betreffen, denn es ist allein der Entscheidung der Erziehungsberechtigten überlassen, ob sie unter welchen Voraussetzungen diese Umstände akzeptieren. Ein Verschweigen solcher Verhältnisse schließt die Eltern aus der erzieherischen Mitverantwortung aus und führt zur Ungeeignetheit der Tagespflegeperson.

Vorliegend hat K weder den Eltern noch der zuständigen Behörde ihre Mitgliedschaft bei der Scientology Kirche Deutschland e.V. mitgeteilt. Dies ist nunmehr der zuständigen Behörde »zugetragen« worden, d.h., dies ist auch nicht im Nachhinein von K mitgeteilt worden. Eine Kooperationsbereitschaft im oben dargestellten Sinne liegt damit nicht vor.

Des Weiteren lässt allein die aktive Mitgliedschaft einer Pflegeperson bei der Scientology Kirche Deutschland e.V. Zweifel an der Geeignetheit aufkommen. Denn die Mitgliedschaft bei diesen Organisationen, die das in der Menschenwürde (Art. 1 I GG) angelegte Recht von Kindern, sich frei von Einflussnahmen zu einer eigenverantwortlichen Persönlichkeit innerhalb der sozialen Gemeinschaft entwickeln zu können, nicht achten, lässt die Ungeeignetheit annehmen. Ob es sich bei diesen Organisationen nach deren Selbstverständnis um Kirchen handelt, ist dabei unerheblich, denn auch kirchliche Organisationen haben die Menschenwürde zu achten.

Fraglich bleibt vorliegend – auch wenn die Kooperationsbereitschaft oben verneint wurde –, ob der Entzug der Erlaubnis tatsächlich angemessen ist, oder ob hier nicht vielmehr die nachträgliche Erteilung einer Auflage zur Sicherstellung des Erlaubniszweckes möglicherweise ausreichend sein kann. Dies müsste im Zuge einer weiteren Sachverhaltsaufklärung geklärt werden. Sie sollten also K zu den Umständen um Stellungnahme bitten und dann entscheiden.

---

21 Vgl. Bay. VGH, Entscheidung vom 31.5.2010, Az. 12 BV 09.2400.

Fall 11:   Haftung in einer Kindertageseinrichtung

1. Haftung, wenn die Elterninitiative X e.V. Träger des Kindergartens ist.

1.1 Ansprüche der M gegen J gem. § 823 I BGB

a) **Rechtsgutverletzung:** Körper, Gesundheit, Eigentum von M sind beeinträchtigt;

b) durch **positives Tun** des J, indem er nämlich der M einen Stock vor die Füße schleudert und sie zu Fall bringt;

c) **adäquate Kausalität** zwischen Schaden und Tun ist vorhanden;

d) das Tun ist **rechtswidrig**, da kein Rechtfertigungsgrund vorliegt;

e) **Verschulden:** J ist nicht verantwortlich gem. § 828 I BGB;

f) *Ergebnis:* Keine Haftung des J.

1.2 Ansprüche der M gegen J gem. §§ 823 I, 829 BGB

Dies ist ganz zum Schluss zu prüfen, da die Anwendung des § 829 BGB nur möglich ist, wenn kein anderer haftet.

1.3 Ansprüche der M gegen P gem. § 832 II iVm § 832 I BGB

a) Der Kindergarten hat kraft Vertrages zwischen M, vertreten durch ihre Eltern, und dem e.V., vertreten durch den Vorstand, die Aufsicht über J übernommen und diese Pflicht (vertraglich) auf P übertragen.

b) J ist minderjährig und bedarf daher der Aufsicht (vgl. §§ 1626, 1631 BGB).

c) J hat einem Dritten, der M (das gilt auch, wenn sie zur Gruppe gehört), Schaden (Körper, Gesundheit, Eigentum) zugefügt.

d) Dies war widerrechtlich, da J keinen Rechtfertigungsgrund hatte.

e) P hat jedoch ihre Aufsichtspflicht nicht verletzt. Sie konnte nicht überall gleichzeitig sein und hatte eine zweite Aufsichtsperson mit.

f) *Ergebnis:* Keine Haftung der P.

1.4 Ansprüche der M gegen E gem. § 832 II iVm § 832 I BGB

a) -d) wie bei 1.3.

b) E hat ihrer **Aufsichtspflicht nicht genügt.** Sie hätte versuchen müssen, M vor den Schlägen des J zu bewahren.

c) Zwischen dem Nichterfüllen der Aufsichtspflicht und dem eingetretenen Schaden liegt **adäquate Kausalität** (vgl. zu dem Begriff Fall 7, 1.1 g). Wenn E sofort eingegriffen hätte, wäre der Schaden verhindert worden.

d) *Ergebnis:* E haftet auf Ersatz der Arztkosten und des zerrissenen Mantels.

1.5 Ansprüche der M gegen den Träger für E gem. § 31 BGB

a) Dann müsste E **»verfassungsmäßig berufener Vertreter«** (= Organ) des e.V. sein. Die Rspr. legt den Organbegriff weit aus, um zu verhindern, dass durch Ausschluss des § 31 BGB und über die Anwendbarkeit des § 831 BGB Haftungsansprüche vereitelt werden. Sie sieht daher nicht einmal vor, dass die Tätigkeit des Vertreters in der Satzung vorgesehen sein muss. »Es genügt, dass dem Vertreter durch die allgemeine Betriebsregelung und Handhabung bedeutsame wesensmäßige Funktionen der juristischen Person zur selbstständigen, eigenverantwortlichen Erfüllung zugewiesen sind und er die juristische Person insoweit repräsentiert[22].« Nicht einmal eine Weisungsgebundenheit im Innenverhältnis steht der Anwendung der §§ 30, 31 BGB entgegen, sofern der Vertreter nach außen selbstständig auftritt.[23] Ob E in diesem Sinne Organ ist, kann nicht abschließend beantwortet werden.

---

22 *Palandt/Heinrichs*, BGB, § 31 Rn. 6.

23 Beispiel: Chefarzt einer organisatorisch unselbständigen Klinik, der im medizinischen Bereich weisungsfrei arbeitet – BGH v. 22.4.1980, NJW 1980, 1901.

Von der Leiterin eines Kindergartens wird man dies evtl. annehmen können, von einer einzelnen Erzieherin eher nicht. Unterstellt, E sei Organ:

b) Sie müsste **einem Dritten Schaden zugefügt** haben durch eine zum Schadenersatz verpflichtende Handlung. Dies könnte in Form deliktischen oder vertragsverletzenden Handelns geschehen. Eine zum Schadenersatz verpflichtende Handlung liegt vor, da sie den Tatbestand des § 832 BGB erfüllt hat.

c) Die Schadenszufügung müsste **in Ausführung** (Gegensatz wäre: anlässlich der Ausführung) **der ihr zustehenden Verrichtung** erfolgt sein. Dies trifft ebenfalls zu.

d) *Ergebnis:* Der Verein haftet, wenn E Organ ist. Ist sie es nicht, gilt Folgendes:

1.6 Ansprüche der M gegenüber dem Träger für E gem. Kindergarten-Vertrag iVm § 278 BGB

a) Der Träger müsste **Schuldner** und M müsste **Gläubiger** sein. Das trifft aufgrund des Kindergarten-Vertrages zu.

b) E müsste »**Erfüllungsgehilfe**« sein. Erfüllungsgehilfe ist nach einhelliger Auffassung, wer nach den tatsächlichen Gegebenheiten des Falles mit dem Willen des Schuldners bei der Erfüllung einer diesem obliegenden Verbindlichkeiten als seine Hilfsperson tätig wird.[24] Dabei ist die Art der Beziehung zwischen Schuldner und Helfer völlig gleichgültig. Der Helfer kann selbstständig oder auch subaltern sein. Auch Weisungsgebundenheit ist nicht notwendig. In diesem weiten Sinn ist E für den e.V. tätig, da sie Aufgaben wahrnimmt, die der Erfüllung des Kindergarten-Vertrages dienen.

c) Den Erfüllungshilfen müsste ein **Verschulden**, das zur Vertragsverletzung führt, treffen. Dies ist, wie unter 1.4 dargestellt, der Fall.

d) *Ergebnis:* Der Verein muss für den Schaden einstehen.

1.7 Ansprüche der M gegen den Träger für E gem. § 831 BGB

a) E müsste »**Verrichtungsgehilfe**« sein. Verrichtungsgehilfe ist, wem von einem anderen, von dessen Weisungen er mehr oder weniger abhängig ist, eine Tätigkeit übertragen worden ist.[25] Auch hier ist die Art der Beziehung zwischen Geschäftsherrn und Gehilfen ohne Bedeutung, allerdings muss er weisungsgebunden sein. Dies trifft für eine Erzieherin im Verhältnis zu ihrem Arbeitgeber zu.

b) E müsste einem **Dritten Schaden zugefügt** haben. Das ist zu bejahen, denn durch die Verletzung ihrer Aufsichtspflicht ist sie mittelbar für die Schadenszufügung ursächlich und verantwortlich.

c) Die Schadenszufügung müsste **in Ausführung der Verrichtung** erfolgt sein. Auch dies trifft zu.

d) Die Schadenszufügung müsste **widerrechtlich** sein. E hatte keinen Rechtfertigungsgrund dafür, nichts zur Hilfe der M zu unternehmen.

e) Der Geschäftsherr (e.V.) müsste es **versäumt haben**, die E **sorgfältig auszuwählen und/ oder zu überwachen.** Zu diesem Punkt kann bei dem vorliegenden Sachverhalt nichts gesagt werden. In der Praxis ist es jedoch in der Regel so, dass sich der Geschäftsherr entlasten (»exkulpieren«) kann und dann nicht haftet.

1.8 Ansprüche der M gegen den Träger der gesetzlichen Unfallversicherung gem. § 26 I, II Nr. 1 SGB VII

a) Gemäß dem »**Gesetz über die Unfallversicherung für Schüler und Studenten sowie Kinder in Kindergärten**« v. 18.3.1971 unterstehen Kindergarten-Kinder – ohne Rücksicht auf die Trägerschaft des Kindergartens – gem. § 2 I Nr. 8a SGB VII dem Schutz des § 26 SGB VII.

---

24 Vgl. für alle *Palandt/Heinrichs*, BGB, § 278 Rn. 7.

25 Vgl. für alle *Palandt/Sprau*, BGB, § 831 Rn. 6.

b) Die Versicherung **übernimmt** Schäden, für die Träger und Personal **einzustehen** haben. Hier haften der e.V. gem. § 278 BGB und E gem. § 832 BGB. Diese Haftung übernimmt die Versicherung.

c) Die Haftung nach SGB VII bezieht sich allerdings nur auf **Körperschäden**. Daher muss die Versicherung nur für den Armbruch einstehen, den zerrissenen Mantel kann sie nicht ersetzen. Der Schaden, für den die Versicherung haftet, darf nicht vorsätzlich herbeigeführt sein, § 104 II S. 2 Alt. 1 SGB VIII. Das trifft hier zu.

d) Der Schaden darf **nicht bei der »Teilnahme am allgemeinen Verkehr«** entstanden sein, § 104 II S. 2 Alt. 2 SGB VII. Das wäre z.B. dann der Fall, wenn eine Erzieherin ein Kind in ihrem PKW mitgenommen hätte und in einen Unfall verwickelt worden wäre. Dann würden die Schäden, die über das hinausgehen, was nach SGB VII zu zahlen ist, von der Kfz-Haftpflichtversicherung getragen. Diese Konstellation ist hier nicht gegeben.

e) M dürfte **kein »Dritter«** sein, für diese sieht SGB VII keine Haftung vor. M ist im Verhältnis zu J zwar Dritter, aber »dritte« Kindergarten-Kinder fallen auch unter den Schutz des Gesetzes, vgl. § 105 SGB VII.

f) *Ergebnis:* Die gesetzliche Unfallversicherung haftet für die Kosten des Armbruchs.

1.9 Gesamtergebnis, wenn die Elterninitiative e.V. Träger des Kindergartens ist
M bekommt die Kosten des Armbruchs von der Unfallversicherung ersetzt, den zerrissenen Mantel wahlweise vom Träger oder der Erzieherin. Diese haften nämlich als Gesamtschuldner (§§ 840, 421 BGB). Weil der Träger in der Regel zahlungskräftiger ist, wird sie sich an diesen halten.

Die Versicherung kann nicht Regress nehmen, da weder E noch der e.V. vorsätzlich oder grob fahrlässig gehandelt haben.

Der Träger könnte versuchen, bei E **aus dem Arbeitsvertrag Rückgriff** zu nehmen. Das ist aber nur dann möglich, wenn der Träger wirklich Schadenersatz leisten muss. Das ist nicht der Fall, wenn er privat haftpflichtversichert ist oder selber unter die nach SGB VII Versicherten fällt. Ist er jedoch nicht versichert, kommt ein Regress in Betracht. Der Arbeitnehmer haftet dem Arbeitgeber bei betrieblichen Tätigkeiten, (also insbesondere Tätigkeiten, zu denen er arbeitsvertraglich verpflichtet ist), bei Vorsatz volle Haftung, bei Fahrlässigkeit kommt es auf den Einzelfall an. Der Umfang der Haftung hängt von der Abwägung aller Schadensrisiken ab, also beispielsweise auch, ob die zu leistende Arbeit gefahrgeneigt ist, d.h., wegen ihrer Art eine große Wahrscheinlichkeit in sich birgt, dass Fehler unterlaufen und dadurch Schäden entstehen, die im unangemessenen Verhältnis zum Arbeitsentgelt stehen. Ist dies der Fall, kann der Arbeitnehmer im Rahmen der Haftungsbeschränkung vom Arbeitgeber Freistellung verlangen.[26] Bei pädagogischer Tätigkeit/Tätigkeit als Erzieherin kann man hiervon sicherlich ausgehen.

2. Haftung, wenn die Kommune Träger des Kindergartens ist[27]

2.1 Haftung der E gem. § 832 BGB, wenn sie Angestellte ist.
Ergebnis wie oben unter 1.4.

2.2 Haftung der E gem. § 839 BGB, wenn sie Beamtin ist
a) Beamtin
b) Amtspflicht gegenüber Dritten: Das Erziehen und Bilden von Kindern im Vorschulalter.

---

26 Siehe zum Ganzen: *Palandt/Weidenkaff*, BGB, § 611, Rn. 156 ff.; *Palandt/Heinrichs*, BGB, § 276, Rn. 44.
27 Vgl. hierzu *Papenheim* u.a., Verwaltungsrecht für die soziale Praxis, Kap. 48.3.2.

c) Verschulden: Da E lediglich fahrlässig gehandelt hat, gilt Abs. 1 S. 2: E haftet nur, wenn kein »anderer« haftet. Als »anderer« kommt die Kommune in Betracht.[28]

2.3 Haftung der Gemeinde gemäß dem Kindergarten-Vertrag iVm § 278 BGB

a) Zwischen der Kommune und M, vertreten durch ihre Personensorgeberechtigten, besteht ein Kindergarten-Vertrag.[29]
b) E ist Erfüllungsgehilfin.[30]
c) Sie hat schuldhaft (fahrlässig) Vertragspflichten (Aufsichtsführung) verletzt und so einen Schaden herbeigeführt.
d) *Ergebnis:* Die Gemeinde haftet, wie wenn sie »in Person« gehandelt hätte.

2.4 Haftung der Gemeinde gem. Art. 34 GG iVm § 839 BGB (Beamtin) oder § 832 BGB (Angestellte)

a) Jemand (= Beamter, Angestellter, Arbeiter): E fällt darunter.
b) Innehabung eines öffentlichen Amtes: Erziehung, Bildung und Betreuung von Kindern im Vorschulalter für die Kommune.
c) Verletzung der ihm Dritten gegenüber obliegenden Amtspflicht bei Ausübung des Amtes: Bei dem Spaziergang mit den Kindern ist nicht ordnungsgemäß beaufsichtigt worden.
d) *Ergebnis:* Die Gemeinde haftet.

2.5 Haftung des Trägers der gesetzlichen Unfallversicherung gem. § 26 I SGB VII
Hier gilt das zu 1.8 Ausgeführte.

2.6 Gesamtergebnis, wenn die Kommune Träger des Kindergartens ist
Die gesetzliche Unfallversicherung haftet für den Körperschaden. E und die Kommune haften wegen des Mantels, wobei die Kommune die Haftung der E übernehmen muss. Gem. Art. 34 S. 2 GG kann sie auch nicht Rückgriff nehmen, da E nicht grob fahrlässig gehandelt hat.

3. Haftung, wenn die Kirchengemeinde Träger des Kindergartens ist
3.1 Haftung der E gem. § 832 BGB
Hier gilt das zu 1.4 Ausgeführte.

3.2 Haftung der Kirchengemeinde gem. §§ 89, 31 BGB
Diese ist, wie unter 1.5 dargelegt, grundsätzlich möglich. Jedoch ist es hier noch unwahrscheinlicher als dort, dass E »Organ« ist.

3.3 Haftung der Kirchengemeinde gemäß Kindergarten-Vertrag iVm § 278 BGB und gem. § 831 BGB
Wenn E nicht Organ ist, gilt alles, was zu 1.6 und 1.7 dargestellt wurde.

3.4 Haftung der gesetzlichen Unfallversicherung gem. 26 I SGB VII
Hier gelten die Ausführungen zu 1.8.

3.5 Gesamtergebnis, wenn die Kirchengemeinde Träger des Kindergartens ist
Hinsichtlich des gebrochenen Armes haftet die gesetzliche Unfallversicherung. Hinsichtlich des Mantels haftet die Kirchengemeinde gem. § 278 BGB und gem. § 832 BGB. Wegen der Gesamtschuldnerschaft und des möglichen Rückgriffs gelten die Ausführungen zu 1.9.

---

28 S. u. 2.3 und 2.4.
29 Öffentlich-rechtlicher Vertrag: OVG Berlin v. 25. 9. 1976, FamRZ 1976, 539.
30 S. o. 1.6.

Fall 12:   Amtshaftung wegen gesundheitlicher Schädigung eines Kindes in einer Pflegefamilie[31]

Damit ein Anspruch nach § 839 BGB iVm Art. 34 GG bestünde, müssten die Mitarbeiter des Jugendamtes eine Amtspflicht verletzt haben.
Rechtliche Grundlage für die Herausnahme des Kindes aus der Wohnung war § 42 SGB VIII. An dem Vorliegen der Tatbestandsvoraussetzungen des § 42 SGB VIII bestehen keine Zweifel, da eine Kindeswohlgefährdung vorlag und die Mutter als Erziehungsberechtigte der Inobhutnahme zustimmte (§ 42 I Nr. 2a SGB VIII). Fraglich ist, ob die Auswahl der Pflegefamilie und die Unterbringung bei einer »geeigneten« Person nach § 42 I S. 2 SGB VIII erfolgte. Hier griff das Jugendamt auf eine erfahrene und auf die Versorgung eines Säuglings eingestellte Pflegemutter zurück. Fraglich ist weiter, ob der Landkreis nach Amtshaftungsgrundsätzen für ein Fehlverhalten der Pflegemutter, unter deren Händen das Kind verletzt worden sei, einstehen müsse, weil die Pflegemutter die Pflege in Ausübung einer ihr hierzu anvertrauten hoheitlichen Aufgabe durchgeführt habe und während der Dauer der Pflege im haftungsrechtlichen Sinne Beamter gewesen sei. Dies ist jedoch zu verneinen. Das Jugendamt selbst ist hoheitlich tätig geworden, weil es sich bei der Inobhutnahme im Kern um eine auf dem staatlichen Wächteramt (Art. 6 II S. 2 GG) beruhende Intervention handelt. Jedoch werden einer Pflegefamilie in diesem Zusammenhang weder hoheitliche Befugnisse verliehen noch ist sie als Verwaltungshelferin in ein Verwaltungsverfahren eingebunden. Ihre auf die Betreuung und Versorgung des Kindes ausgerichtete Tätigkeit unterscheidet sich von der Tätigkeit, die sonst von den leiblichen Eltern ausgeübt wird, nicht. Zwar untersteht auch diese Betreuung weiterhin der Aufsicht des Jugendamtes, sie liegt aber prinzipiell in der Verantwortung der Pflegeeltern. Es besteht kein hinreichender Grund, den amtshaftungsrechtlichen Schutz bei einer Inobhutnahme auf allgemeine Lebensbereiche des Kindes auszudehnen.
Der Landkreis bzw. das Jugendamt haftet damit nicht aus § 839 BGB iVm Art. 34 GG.

---

31 Vgl. BGH, Entscheidung vom 23.2.2006, Az. III ZR 164/05.

Kapitel 3   Individuelle Leistungen der Jugendhilfe: Hilfe zur Erziehung in der eigenen Familie

VI. Ambulante erzieherische Betreuung

Fall 13:   Alkoholkranke Mutter

Gem. § 27 I SGB VIII hat Davids Vater Anspruch auf Hilfe zur Erziehung, wenn
1. eine dem Kindeswohl entsprechende Erziehung nicht gewährleistet ist,
2. Hilfe zur Erziehung für die Entwicklung des Kindes geeignet und notwendig ist,
3. der Personensorgeberechtigte die Hilfe wünscht.

1. Ist bei David eine dem Kindeswohl entsprechende Erziehung nicht gewährleistet?

1.1 Anzuwendende Norm und ihre abstrakte Interpretation
Ob eine dem Kindeswohl entsprechende Erziehung nicht gewährleistet ist, ist unter **objektiven** Gesichtspunkten festzustellen. Dies ist immer dann der Fall, wenn eine relevante »Mängellage im Erziehungsprozess« (so die Formulierung in der Gesetzesbegründung[1]) vorliegt. Diese, nicht ein der Mängellage zugrundeliegender Faktor, ist Auslöser für das staatliche Hilfeangebot. Es kommt also nicht darauf an, ob die Mängellage auf Unfähigkeit bei den Eltern, deren Bösartigkeit oder Egoismus zurückzuführen ist. Entscheidend ist einzig, dass der Optimalstand des § 1 I SGB VIII nicht erreicht ist und dass die Eltern ohne die Hilfe gem. § 1 III SGB VIII ihre Pflichten aus § 1 II SGB VIII, die dem Erreichen des Ziels nach § 1 I SGB VIII dienen, nicht erfüllen können.
Da – wie das BVerfG wiederholt betont hat – die Pflicht des Staates gem. Art. 6 GG nicht erst dann einsetzt, wenn die Familie bereits hilfebedürftig geworden ist, sondern auch darin besteht, Hilfebedürftigkeit zu verhindern (= Prävention), liegt eine Mängellage iSd § 27 I SGB VIII auch schon dann vor, wenn das Nichterreichen von Zielen iSd § 1 I SGB VIII lediglich droht.
Die »Messlatte« für die Feststellung der Mängellage ist in jedem Fall § 1 I SGB VIII. In diesem Sinne ist »normal« die eigenverantwortliche und gemeinschaftsfähige Persönlichkeit, die am Ende des Erziehungsprozesses stehen soll. Das vorherige Auftreten von Mängellagen kann das Erreichen dieses Ziels verzögern oder gänzlich verhindern. Das verspätete Erreichen oder das Verfehlen des Ziels wird vermutlich dann eintreten, wenn altersentsprechende Teilziele bereits vorher nicht bewältigt sind.
Eine dem Kindeswohl entsprechende Erziehung ist daher dann nicht gewährleistet, wenn der Erziehungsstand eines Minderjährigen unter Berücksichtigung seines Alters, seiner Veranlagung und seiner schichtorientierten Sozialisationsbedingungen nicht angemessen ist.
Dass **Alter** und **Anlage** bei der Beurteilung des Erziehungsstandes zu berücksichtigen sind, ist in Fachkreisen unstreitig. Kontrovers ist allerdings die Frage der Berücksichtigung von **Sozialisationseinflüssen**.

---

1   BT-Drucks. 11/5948, S. 68.

In der Rspr. hat sich das OLG Hamm[2] in anderem Zusammenhang (zu §§ 1748, 1666 BGB) eindeutig für eine Berücksichtigung ausgesprochen. Es heißt dort[3] u.a.: »Aber das soziokulturelle Milieu der Eltern, in welches ein Kind hineingeboren wird und dessen positiven wie negativen Gegebenheiten es schicksalhaft ausgesetzt ist, darf bei Entscheidungen nach § 1748 BGB ebenso wie nach § 1666 BGB nicht unberücksichtigt bleiben ... wird die schicksalhafte Bindung eines Kindes an ein mit gewissen Mängeln behaftetes erzieherisches Milieu von der Rechtsordnung – weil unvermeidlich – hingenommen, solange die Mängel den Grad einer unvertretbaren Gefährdung des Erziehungszwecks noch nicht erreichen ... «

Derselben Meinung sind *Jans/Happe*[4], wenn sie auf die sozialen Unterschiede in der Bevölkerung hinweisen und einen »mittelschichtorientierten« Beurteilungsmaßstab ablehnen.

Da die Sozialisation für den Menschen ein genauso wichtiger Faktor wie die Veranlagung ist, sind – auch wenn ihre Gewichtung nicht unstreitig ist – beide bei der Frage des angemessenen Erziehungsstandes zu berücksichtigen.

1.2 Subsumtion

Es ist nun also zu prüfen, ob Davids Erziehungsstand nicht mehr »normal« iSd § 27 SGB VIII ist oder ob er zumindest abzuweichen droht.

Von David ist bekannt, dass er

- häufig geistesabwesend ist,
- sich nur schwer konzentrieren kann,
- schlecht isst,
- krank aussieht.

Ob diese Symptome dafür sprechen, dass David schon vom »Normalen« abweicht, ist fraglich. Sein »abweichendes Verhalten« hat bislang keinen gravierenden Umfang angenommen. Er ist beispielsweise nicht aggressiv, weder gegen sich noch gegen andere. Die Gefahr des Abweichens besteht jedoch; denn wenn man ihm aus diesem Zustand nicht »heraushilft«, könnten ihm Schäden im zwischenmenschlichen, schulischen und körperlichen Bereich drohen. Dies genügt, um öffentliche Jugendhilfe eingreifen lassen zu können.

Als Zwischenergebnis ist daher festzuhalten, dass eine dem Wohl Davids entsprechende Erziehung nicht gewährleistet ist.

2. Ist Hilfe zur Erziehung für die Entwicklung von David geeignet und notwendig?

2.1 Bedarf und Ressourcen

In der Frage der Erforderlichkeit von Hilfe zur Erziehung führt § 27 II S. 2 SGB VIII aus, dass diese sich nach dem erzieherischen Bedarf unter Berücksichtigung des engeren sozialen Umfeldes richtet.

a) Erzieherischer Bedarf: Nach der Sachverhaltsbeschreibung spricht vieles dafür, dass der 10jährige David eine Art Trauerarbeit leistet. Er liebt seine Mutter, weiß aber, dass er sich innerlich von ihr lösen muss, weil er in ihrem Krankheitszustand nicht bei ihr bleiben kann. Wegen dieses »Rückzugs« fühlt er sich schuldig. Er macht sich Vorwürfe, dass er die Mutter allein lässt. Diese Situation wird David allein kaum bewältigen können. Er braucht vielmehr einen einfühlsamen Gesprächspartner, der ihm vermittelt, dass er keine Schuldgefühle zu haben braucht, und dass die Mutter es ohne ihn schaffen muss, ihr Leben verantwortlich zu gestalten.

b) Ressourcen der Personensorgeberechtigten: Diesen Gesprächsbedarf kann der Vater, der im Übrigen guten Willens ist, nicht befriedigen, weil er selbst in dem Problem gefan-

---

2   Beschluss v. 17.1.1984, ZfJ 1984, 364.

3   Beschluss v. 17.1.1984, ZfJ 1984, 370.

4   *Jans/Happe/Sauerbier*, § 1 Rdn. 110.

gen ist. Die Tatsache, dass er sich an das Jugendamt wendet, zeigt seine Hilflosigkeit, aber gleichzeitig seine Bereitschaft, alles Erforderliche für seinen Sohn mitzutragen. Die Mutter als diejenige, die die Probleme des Kindes verursacht hat, ist als Ansprechpartnerin offensichtlich ungeeignet. Ob sie der Gewährung einer erzieherischen Hilfe zustimmen würde, geht aus dem Sachverhalt nicht hervor. Ggf. müsste eine Schlichtung nach § 1628 BGB, eine familiengerichtliche Sorgerechtsregelung nach § 1671 BGB oder im äußersten Notfall ein Sorgerechtsentzug gem. §§ 1666, 1666a BGB angestrebt werden. Dies alles könnte das Jugendamt veranlassen. Solange die Mutter jedoch nicht ausdrücklich protestiert, kann man davon ausgehen, dass sie – da ihr das Wohl des Kindes sicher am Herzen liegen wird – mit einer Hilfe des Jugendamts einverstanden ist.

c) Sonstige Ressourcen im Umfeld: Dass das sonstige nähere Umfeld irgendwelche stabilisierende Faktoren für David bereithielte, ist dem Sachverhalt nicht zu entnehmen (z.B. liebevolle Großeltern oder ein einfühlsamer Lehrer). Die Schwester könnte wegen ihrer eigenen eingeschränkten Möglichkeiten allenfalls stabilisierend im Hintergrund wirken. Daher muss Hilfe zur Erziehung angeboten werden.

d) Zwischenergebnis: Unter Berücksichtigung des sozialen Umfeldes ist ein erzieherischer Bedarf gegeben, weil nicht zu erwarten ist, dass sich das Problem von alleine behebt.

2.2 Art der Hilfe

a) Die geeignete Hilfe zu finden bedeutet, die vom Gesetz zur Verfügung gestellten »Prototypen« (§§ 28-35 SGB VIII) durchzuprüfen und für den Fall, dass diese nicht genügen sollten, seiner pädagogischen Fantasie freien Lauf zu lassen und das Wort »insbesondere« in § 27 II SGB VIII auszuschöpfen. Man könnte die Frage auch mit der Sprache der Medizin formulieren: **Welche Hilfe ist** – angesichts eines bestimmten Befundes und der Erklärung der Auffälligkeiten (= Diagnose) **indiziert?** Man könnte es auch schlichter formulieren, wie *Schrapper* u.a.[5] es schon zu Zeiten des Jugendwohlfahrtgesetzes taten: **Welche Hilfe ist die richtige?** Die Antwort hängt jedenfalls vom erzieherischen Bedarf und dem sozialen Umfeld ab. Juristisch betrachtet ist die Hilfe die richtige, die dem **Grundsatz der Verhältnismäßigkeit** entspricht. Das bedeutet, dass die Hilfe so wirksam wie nötig sein muss, aber so wenig wie möglich in die Privatautonomie der Betroffenen eingreifen darf. Nach diesem Grundsatz haben ambulante Hilfen Vorrang vor stationären (vgl. § 1666a BGB).

b) Es ist daher als erstes zu prüfen, ob ein **Milieuwechsel** notwendig ist. Eine Herausnahme aus einer Familie kommt **theoretisch** u.a. insbesondere dann in Betracht,
– wenn die Bedrohung/Gefahr von den Eltern ausgeht, oder
– wenn die elterliche Unfähigkeit keine Änderung der Situation zulässt, oder
– wenn das das Kind umgebende sonstige Milieu bedrohlich ist und die Eltern es nicht davor schützen können.

Alle diese Konstellationen liegen hier nicht vor. Da der Vater ausgezogen ist und sich sehr um das Kind bemüht, genügt auf jeden Fall eine ambulante, familienunterstützende Hilfe.

Ergebnis: Eine ambulante erzieherische Betreuung wäre also die richtige Hilfe für David. An **ambulanten** Hilfen stehen nach dem Gesetz zur Verfügung:

- Erziehungsberatung, § 28 SGB VIII,
- soziale Gruppenarbeit, § 29 SGB VIII,
- Erziehungsbeistand, § 30 SGB VIII,
- sozialpädagogische Familienhilfe, § 31 SGB VIII.

Darüber hinaus lässt das Wort »insbesondere« in § 27 II S. 1 SGB VIII den Einsatz aller möglichen anderen Hilfen zu, die pädagogisch sinnvoll sind.

---

5   *Schrapper* u.a.: Welche Hilfe ist die richtige?, 1987.

Im vorliegenden Fall kann die **sozialpädagogische Familienhilfe** sofort ausgeschieden werden, da sie für Fälle gedacht ist, in denen auch unter Versorgungsgesichtspunkten einer Fremdunterbringung vorgebeugt werden soll.

Eine Erziehungsberatung könnte dann in Betracht gezogen werden, wenn es bei David darum gehen sollte, die Ursachen (drohenden) Fehlverhaltens aufzudecken und evtl. therapeutisch zu bearbeiten. Im vorliegenden Fall sind die Ursachen von Davids Verhalten weitgehend bekannt. Dass bei seiner Symptomatik eine Therapie notwendig ist, erscheint nicht zwingend. Vielmehr deuten Begabung, Reife, Sensibilität und Verbalisierungsfähigkeit von David darauf hin, dass es sich um eine Krise handelt, die ein Sozialarbeiter ohne Zusatzausbildung mit seinem methodischen Handwerkszeug bewältigen kann. Erziehungsberatung kommt daher nicht infrage.

Bei der sozialen Gruppenarbeit steht vor allem das soziale Lernen im Vordergrund. Da David auf diesem Gebiet keine Defizite aufweist – eher im Gegenteil zu viel Verantwortungsbewusstsein für sein Alter an den Tag legt –, kommt diese Art der Hilfe auch nicht in Betracht.

Die **Erziehungsbeistandschaft** dient vorwiegend der Bewältigung von Entwicklungsproblemen eines Minderjährigen und soll seine Verselbstständigung fördern. Bei der beschriebenen Krise von David kommt diese Hilfe ebenfalls nicht in Betracht.

Aus dem Katalog der »benannten« Hilfen ist daher keine für David geeignet. Übrig bleibt der Einsatz des Wörtchens, »**insbesondere**«. In der Praxis der JÄ hat die sogenannte **ambulante erzieherische Betreuung (AeB)** eine große Bedeutung. Die JÄ benutzen sie als Art Auffanghilfe in den Fällen, in denen pädagogisch geholfen werden muss, das Gesetz aber nichts »Passendes« vorsieht. Diese Hilfe wäre auch hier angemessen, weil sie es erlaubt, mit völlig unkonventionellen Mitteln zu reagieren. Z.B. könnte David angeboten werden, dass er – ohne vorgegebenen Rhythmus – den Sozialarbeiter im Jugendamt »besucht«, wenn er besonders traurig oder besonders zornig auf seine Mutter ist oder wenn er in der Schule große Schwierigkeiten hat.

Ergebnis: Den Eltern von David ist als Hilfe zur Erziehung eine ambulante erzieherische Betreuung des Sohnes anzubieten.

3. Beansprucht der Personensorgeberechtigte diese Hilfe?

3.1 § 27 SGB VIII spricht davon, dass der Personensorgeberechtigte Anspruch auf Hilfe hat. Die Frage ist, ob immer ein Antrag gestellt werden muss, oder ob man die Sozialleistung auch ohne Antrag erhalten kann. Da das SGB VIII ein besonderer Teil des Sozialgesetzbuches ist, für den die Regeln des SGB I gelten, könnte hier eine Antwort zu finden sein. In § 16 I SGB I steht, dass Anträge auf Sozialleistungen, zu denen nach § 27 I Nr. 4 SGB I auch Hilfe zur Erziehung gehören, bei zuständigen Leistungsträgern zu stellen sind. Das heißt jedoch nicht, dass unbedingt ein Antrag zu stellen ist. Es kommt also darauf an, was im jeweiligen besonderen Teil des SGB steht. In § 27 SGB VIII steht nichts von einem Antrag. Aber das Wort »Anspruch haben« bedeutet, dass man sein Recht geltend machen muss, d.h., es bedarf einer eindeutigen Willensbekundung des Personensorgeberechtigten, dass er Hilfe zur Erziehung in Anspruch nehmen will. Eine bloße Kenntnisnahme des Jugendamts allein reicht nicht aus. Das Jugendamt darf Hilfe zur Erziehung nicht von Amts wegen gewähren. Ggf. ist es aber Pflicht des Jugendamts, dem Personensorgeberechtigten ein Angebot zu unterbreiten. Die Leistung wird einem aber nicht aufgezwungen.

3.2 Zu klären ist jetzt, wer »der Personensorgeberechtigte« ist. Hier enthält § 7 SGB VIII, der eine Reihe Begriffsbestimmungen aufzählt, eine Antwort. Nach Abs. 1 Nr. 5 ist Personensorgeberechtigter, wem allein oder gemeinsam mit einer anderen Person nach den Vorschriften des BGB die Personensorge zusteht. Es ist also zu prüfen, wem im konkreten Fall die elterliche Sorge für ein bestimmtes Kind zusteht. Diese Person oder Personenmehrheit ist »der Personensorgeberechtigte«. Im vorliegenden Fall handelt es sich um ein eheliches Kind, für das Vater und Mutter gemeinsam das Sorgerecht haben (§ 1626a I a.e.c. BGB). Die Eltern müssten also gemeinsam den Antrag stellen.

Der **Vater** hatte sich ans Jugendamt gewandt und um Hilfe gebeten. Das ist noch kein Antrag im Sinne des § 27 SGB VIII, da sich der Antrag auf eine konkrete Hilfe beziehen muss. In der Praxis kommt es nicht selten vor, dass Hilfeempfänger nur eine ganz bestimmte Hilfe im Blick haben und mit nichts anderem einverstanden sind. Dann ist u.U. der entsprechende Antrag nicht vorhanden. Vorliegend müsste also zunächst mit dem Vater gesprochen und ihm die Hilfe erläutert werden. Wenn er damit dann einverstanden ist, wäre dies – jedenfalls was seine Person betrifft – der erforderliche Antrag. Dann ist aber immer noch zu prüfen, ob auch die **Mutter** zustimmt. Da die Mutter mit ihrer Alkoholkrankheit wahrscheinlich nicht geschäftsunfähig ist, liegt bei ihr kein Fall des § 1673 BGB (Ruhen der elterlichen Sorge) vor. Es handelt sich auch nicht um eine Verhinderung iSd § 1674 BGB. Wenn die Mutter der Hilfe widerspricht, ist allerdings ein Fall des § 1628 BGB gegeben, in dem der Richter einen der Eltern mit der Alleinentscheidung betrauen kann. Dieser Weg ist juristisch in Ordnung, aber umständlich. Die Praxis würde wahrscheinlich anders verfahren. Man würde der Mutter einen freundlichen Brief schreiben und ihr mitteilen, dass man von ihrer Zustimmung ausgehe, wenn sie nicht innerhalb einer bestimmten angemessenen Frist widerspreche. Wahrscheinlich wird sie nicht widersprechen.

4. Anmerkungen

4.1 Auch wenn die ambulante erzieherische Betreuung völlig formlos und im Gesetz nicht einmal vorgesehen ist, wird – um des Klienten willen und der eigenen Kontrolle wegen – dringend empfohlen, sich auch hier gewisse Förmlichkeiten aufzuerlegen. So sollte im **Hilfeplan** z.B. nicht nur Beginn und anvisiertes Ziel bzw. Ende der Hilfe festgehalten werden, sondern auch das Grobziel der Betreuung sowie die **abgesprochenen** Modalitäten des Vorgehens. Nach jedem Kontakt mit dem Klienten sollte ein **Aktenvermerk** über das Tun und das Erreichte gefertigt werden. Dies ermöglicht eine bessere Überprüfung des eigenen professionellen Handelns und dient auch als Grundlage für eine Überprüfung der im Hilfeplan festgelegten Ziele. Nur so kann vermieden werden, dass die ambulante Betreuung zur belastenden Daueraufgabe wird, in die nach und nach u.U. ganze Generationen mit immer wieder den gleichen Symptomen einbezogen werden.

4.2 Wie bereits angedeutet, ist die gewissenhafte **Aktenführung** Teil guten methodischen Arbeitens. Dabei dürfen die festgehaltenen Aspekte nicht nur – wie bei der Sachverhaltsschilderung geschehen – Befundcharakter haben, sondern müssen konkrete **Einzelfakten** benennen. Deshalb würde es nicht genügen zu vermerken, dass David überdurchschnittlich reif und sensibel ist. Stattdessen wäre etwa festzuhalten: David brachte zum Ausdruck, dass er seine Mutter trotz des Trinkens lieb habe und er ihr gerne helfen möchte.

VII. Beratung und Beratungsdienste

Fall 14:   Träger von Erziehungsberatungsstellen

1. Gem. § 28 iVm § 2 II Nr. 4 SGB VIII ist Erziehungsberatung in entsprechenden Beratungsstellen eine Aufgabe der JÄ. Traditionsgemäß gehört jedoch die Erziehungsberatung zu den Aufgaben, die primär von freien Trägern angeboten werden. Die öffentliche Jugendhilfe soll nur dann Erziehungsberatung anbieten, wenn anerkannte Träger freier Jugendhilfe keine Erziehungsberatung anbieten können (§ 4 II SGB VIII: **Subsidiaritätsprinzip**). Zunächst

ist aber das Jugendamt Ansprechpartner für das Anliegen, denn das Jugendamt ist gem.
§ 3 II S. 2 SGB VIII Leistungsverpflichteter.

Die Kommune als Träger öffentlicher Jugendhilfe hat gem. § 79 I SGB VIII die **Gesamt-verantwortung** einschließlich der **Planungsverantwortung** für die Erfüllung der Aufgaben nach dem SGB VIII. Sie muss den Bestand an Einrichtungen und Diensten und den Bedarf feststellen (§ 80 I SGB VIII), Einrichtungen und Dienste, die gebraucht werden, planen (§ 80 II SGB VIII) und die freien Träger in die Bedarfsfeststellung und -deckung einbeziehen (§ 80 III SGB VIII). Die Bürgerinitiative sollte sich daher an die zuständige Abteilung des Jugendamts (= Verwaltung) und darüber hinaus an Mitglieder des Jugendhilfeausschusses wenden, der ausdrücklich für die Jugendhilfeplanung zuständig ist (§ 71 II Nr. 2 SGB VIII). Das Jugendamt wird zunächst vorhandene freie Träger fragen, ob sie diese Aufgabe über-nehmen können. Wenn sich hier niemand findet und es auch nicht gelingt, den Bedarf auf andere Weise zu befriedigen, muss das Jugendamt selbst eine Erziehungsberatungsstelle eröffnen. Jedenfalls ist das Betreiben einer Erziehungsberatungsstelle keine Angelegenheit, die von einer Bürgerinitiative oder einer Selbsthilfegruppe getragen werden kann.

2. Die Erziehungsberatungsstelle wird idR nicht »in einer Rechtsform« betrieben, d.h., sie ist normalerweise nicht selbstständige juristische Person, die am Rechtsleben teilnimmt. Vielmehr ist es gewöhnlich so, dass sie eine Einrichtung (»unselbstständige Anstalt) eines anderen Rechtsträgers ist. Dieser Rechtsträger kann ein freier oder ein öffentlicher Träger sein.

Als freie Träger kommen in Betracht:
- Wohlfahrtsverbände,
- Juristische Personen (e.V., Stiftungen, GmbH),
- Kirchen.

Als öffentliche Träger kommen u.a. in Betracht:
- Kreise und kreisfreie Städte (§ 69 I SGB VIII), ggf. auch kreisangehörige Gemeinden (§ 69 II SGB VIII),
- Körperschaften, Anstalten oder Stiftungen des öffentlichen Rechts.

Fall 15:   Pflegekind in der Erziehungsberatung

1. Normalerweise hat der Personensorgeberechtigte zu entscheiden, ob das Kind EB in Anspruch nehmen soll. Durch eine Inpflegegabe des Kindes wird das Personensorgerecht grundsätzlich nicht eingeschränkt.

Die leiblichen Eltern übertragen jedoch durch den **Pflegevertrag** Erziehungsfunktionen (allerdings widerruflich) auf die Pflegeeltern, soweit es der Erziehungszweck erfordert. Dazu gehört, dass die Pflegeeltern notfalls auch eine EB aufsuchen können.

Ist kein ausdrücklicher Pflegevertrag abgeschlossen worden, ergibt sich **aus dem Gesetz direkt**, nämlich aus § 1688 I S. 1 BGB eine Regelung. Der Besuch einer Erziehungsberatung ist heutzutage zu den Rechtsgeschäften des täglichen Lebens zu zählen und kann damit von Pflegeeltern veranlasst werden.

2. Ein Hindernis für die Geltendmachung eines Rechtes gem. § 1688 I S. 1 BGB könnte sich im vorliegenden Sachverhalt aus § 1688 III 1 BGB ergeben. Denn beide Eltern haben sich gegen die Inanspruchnahme von Erziehungsberatung ausgesprochen. Allerdings hat der Vater aufgrund des Eingriffs nach §§ 1666, 1666a BGB keine elterliche Sorge mehr. Wenn die Mutter unter rechtlicher Betreuung steht, berührt das an sich ihre elterliche Sorge nicht; denn obwohl ihr Betreuer ihr gesetzlicher Vertreter ist (§ 1902 BGB), bleibt sie selbst voll geschäftsfähig, es sei denn, es lägen die Voraussetzungen des § 104 Nr. 2 BGB vor. Sie kann

daher der Durchführung der Erziehungsberatung rechtswirksam widersprechen, mit der Folge, dass diese nicht durchgeführt werden kann.
Ist allerdings die Durchführung sehr wichtig für das Pflegekind und die Weigerung der Mutter ein Missbrauch der elterlichen Sorge, dann hat das Jugendamt gem. § 8a III SGB VIII das Familiengericht einzuschalten, damit die Hilfe zur Erziehung für das Kind geleistet werden kann.

Fall 16:   Schweigepflicht des Arztes

Der Arzt weigert sich zu Recht, wenn ein Preisgeben des Gutachtens das unbefugte Offenbaren eines fremden Geheimnisses darstellt, das ihm anvertraut oder sonst bekannt geworden ist (§ 203 I StGB).
Ein **Geheimnis** ist jede Tatsache, die sich auf natürliche oder juristische Personen bezieht und die nicht allgemein bekannt oder ohne Weiteres zugänglich ist[6]. **Tatsachen** sind Eigenschaften einer Person wie Name, Alter, Krankheiten, äußerlich sichtbare Verhaltensweisen, aber auch Meinungen, Wertungen, Diagnosen u. dgl.
Anvertraut ist ein Geheimnis, wenn es der Person im Blick auf ihre berufliche Qualifikation in der Erwartung mitgeteilt worden ist, dass diese es vertraulich behandele. Die Mitteilung kann auf jede beliebige Weise erfolgen.
Sonst bekannt geworden ist ein Geheimnis, wenn es dem Helfer zwar nicht gezielt mitgeteilt, aber im Rahmen seiner beruflichen Tätigkeit zugänglich geworden ist.
Offenbart ist ein Geheimnis, wenn es irgendwie an eine andere Person oder Stelle gelangt und diese die Herkunft der Information zuordnen kann. Eine solche Offenbarung liegt auch bei der Mitteilung innerhalb einer Behörde oder Einrichtung vor.
Unbefugt ist die Offenbarung, wenn kein Recht zur Offenbarung besteht. Eine solche Befugnis kann sich ergeben aus:
– Einwilligung
– mutmaßlicher Einwilligung (GoA gemäß § 677 ff. BGB)
– einer gesetzlichen Meldepflicht (Infektionsschutzgesetz)
– einer gesetzlichen Anzeigepflicht (§ 138 StGB)
– Notwehr (§ 32 StGB)
– Notstand (§ 34 StGB)
– aus sonstigen Rechtfertigungsgründen.
Im vorliegenden Fall kommt nur Einwilligung in Betracht. Die Personensorgeberechtigten waren mit der Durchführung der EB einverstanden. Ein allgemeines Einverständnis zur Durchführung von EB deckt alle üblichen und im konkreten Fall notwendigen Maßnahmen ab (z.B. Auskünfte bei Schulen etc.), wohl aber nicht die Einholung von Gutachten, die Befragung von Nachbarn und dgl. Hier sollte – auch im Interesse einer vertrauensvollen Zusammenarbeit mit den Personensorgeberechtigten – deren gesonderte Einwilligung eingeholt werden. Im vorliegenden Fall gilt dies ganz besonders, da die Mutter offensichtlich bewusst vermieden hat, der Erziehungsberatungsstelle den begutachtenden Arzt zu benennen.

---

6 S. auch *Papenheim* u.a., Kap 32.1.2.

Fall 17:   Amtshilfe und Datenschutz zwischen Behörden

1. Verpflichtung der kommunalen Erziehungsberatungsstelle

1.1 Die Erziehungsberatungsstelle in Rundlingen könnte gem. Art. 35 I GG verpflichtet sein, der Erziehungsberatungsstelle in Bonndorf entsprechende Auskunft zu geben. Dieser Vorschrift zufolge haben alle Behörden des Bundes und der Länder sich gegenseitig Rechts- und Amtshilfe zu leisten. Nach einhelliger Ansicht sind von dieser Verpflichtung auch die kommunalen Behörden betroffen.[7]

1.2 Art. 35 I GG gilt jedoch nur insoweit unmittelbar, als andere Gesetze ihn nicht konkretisieren. Solche Konkretisierungen enthält das SGB X in den §§ 3-7. Hiernach sind Behörden von Sozialleistungsträgern (§ 12 SGB X) verpflichtet, einander Amtshilfe zu gewähren, wenn die ersuchende Behörde nicht oder nicht auf sinnvolle Weise in der Lage ist, die von ihr verfolgten Ziele mit eigenen Mitteln zu erreichen, § 4 I SGB X. Erziehungsberatungsstelle in kommunaler Trägerschaft, somit auch die in Rundlingen, sind unselbstständige Einrichtungen von Behörden, die nach dem SGB zur Amtshilfe verpflichtet sind. Müsste die Erziehungsberatungsstelle in Bonndorf alle Untersuchungen durchführen, ohne auf die in Rundlingen zurückgreifen zu können, wäre dies mit **unverhältnismäßigem Aufwand** verbunden (§ 4 I Nr. 5 SGB X). Die Erziehungsberatungsstelle in Bonndorf könnte die in Rundlingen daher um ihre Untersuchungsergebnisse bitten.

1.3 Trotz Vorliegens dieser Voraussetzungen des § 4 I SGB X darf die ersuchte Behörde die Hilfe nicht leisten, wenn sie hierzu **aus rechtlichen Gründen** nicht in der Lage ist (§ 4 II S. 1 Nr. 1 SGB X) oder wenn (bei Urkunden, Akten oder Auskünften) die Vorgänge nach einem Gesetz oder ihrem Wesen nach geheimgehalten werden müssen (§ 4 II S. 2 SGB X). Der Aufzählung in S. 2 kommt jedoch keine eigenständige Bedeutung zu; inhaltlich ist sie schon in S. 1 Nr. 1 enthalten. Es handelt sich bei S. 2 also nur um eine Hervorhebung wegen der großen praktischen Bedeutung.

Hier kommt als Rechtsgrundlage für eine Geheimhaltungspflicht § 35 I S. 1 SGB I in Betracht. Dieser bestimmt, dass jeder ein Recht darauf hat, dass die ihn betreffenden Sozialdaten (§ 67 I SGB X) von den Leistungsträgern (§ 12 SGB I) nicht unbefugt erhoben, verarbeitet oder genutzt werden (**Sozialgeheimnis**[8]). Was Erheben, Verarbeiten und Nutzen bedeutet, ist in § 67 V-VII SGB X definiert. Demnach ist die Übermittlung (früher hieß dies: Offenbarung) eine Unterart der Verarbeitung (§ 67 VI Nr. 3).

Wann eine Übermittlung von Daten zulässig ist, wird von § 35 II SGB I iVm §§ 67a-78 SGB X sowie den §§ 64, 65 SGB VIII präzisiert.

a) Nach § 67b Abs. 1 Alt. 3 SGB X dürfen Sozialdaten nur verarbeitet werden,»soweit der Betroffene eingewilligt hat«. Hierfür ist die vorherige schriftliche Zustimmung erforderlich (Abs. 2 S. 3). Im vorliegenden Fall wollten die Eltern offenbar gerade keine Einwilligung geben, sonst hätten sie der Erziehungsberatungsstelle in Bonndorf die Informationen von der Erziehungsberatungsstelle in Rundlingen nicht verschwiegen.

b) Des Weiteren kommt § 69 SGB X als Übermittlungsgrund infrage. Dieser sieht u.a. vor, dass eine Übermittlung von Sozialdaten zulässig ist, soweit sie ... für die Erfüllung einer gesetzlichen Aufgabe nach diesem Gesetzbuch (= SGB) erforderlich ist. Diese Aufgabe kann der übermittelnden Stelle oder dem Empfänger, wenn er eine in § 35 SGB I genannte Stelle ist, obliegen.

Die Leistung von Erziehungsberatungsstellen und das Anbieten anderer erforderlicher Hilfen, falls ein Minderjähriger aus medizinischen Gründen nicht erziehbar und ihm deshalb

---

7   *Maunz/Düring*, Grundgesetz, Art 35, Rdn. 4.

8   Zu den Einzelheiten s. *Papenheim* u.a., Kap. 33.

gem. § 53 SGB XII Eingliederungshilfe zu leisten ist, gehört zu den Aufgaben nach dem SGB. Die Stadt Rundlingen hat diese nicht mehr zu erfüllen, weil die Personensorgeberechtigten ihnen diesen Auftrag entzogen haben. Die Erziehungsberatungsstelle in Bonndorf soll jetzt allerdings diese Leistung erbringen. Demnach dürfte die Erziehungsberatungsstelle in Rundlingen die gewünschten Auskünfte geben. Fraglich ist jedoch, ob sie dies im Rahmen der Amtshilfe müsste. Der Gesetzeswortlaut spricht dagegen, der Zweck des Gesetzes jedoch dafür. Der Gesetzgeber sieht nämlich die Träger von Sozialleistungen als Einheit an, die alle die Zielsetzung des § 1 SGB I verwirklichen. Deswegen kann es nicht sein Wille gewesen sein, es in die Entscheidungsbefugnis des jeweiligen Trägers zu stellen, ob er die anderen Träger an seinen Erkenntnissen teilhaben lässt. Man wird daher die Verpflichtung zur Auskunft, die § 68 SGB X für harte Daten gegenüber bestimmten Behörden vorsieht, auch auf die §§ 69-78 SGB X erstrecken dürfen, wenn die Übermittlung im Rahmen eines Amtshilfeersuchens erbeten wird[9]. Demnach müsste die Erziehungsberatungsstelle in Rundlingen der in Bonndorf die gewünschten Mitteilungen machen.

Als **Zwischenergebnis** ist daher festzuhalten, dass die Erziehungsberatungsstelle in Rundlingen der Erziehungsberatungsstelle in Bonndorf ihre Untersuchungsergebnisse mitteilen müsste.

1.4 Dieses Ergebnis hat aber deswegen möglicherweise keinen Bestand, weil es im Bereich der Erziehungsberatungsstelle weitere Normen gibt, die spezieller als die §§ 68-78 SGB X sind. Es handelt sich um die §§ **61-68 SGB VIII**. Diese Bestimmungen können wegen § 37 SGB I (s. dazu o. Fall 2) nicht in Widerspruch zu den §§ 67 ff. SGB X stehen, sie dürfen jedoch das Grundrecht auf informelle Selbstbestimmung aus Art. 1, 2 GG (so das BVerfG im sog. Volkszählungsurteil von 1983) stärker schützen, als es das SGB X macht. Sie können deshalb die Übermittlungsbefugnis des SGB X weiter einschränken und gehen dann insoweit als **bereichsspezifische Regelung** dem SGB X vor.

Es ist daher zu prüfen, ob die §§ 64, 65 SGB VIII die an sich gem. § 69 SGB X zulässige Übermittlung doch nicht gestatten.

a) § **64 II SGB VIII**, dies ist von § 64 der einzige Tatbestand, der im vorliegenden Sachverhalt in Betracht kommt, bestimmt, dass eine Übermittlung, die nach § 69 SGB X zulässig ist, nach SGB VIII trotzdem nicht erlaubt ist, wenn dadurch der Erfolg einer zu gewährenden Leistung infrage gestellt wird. Mit »Leistung« sind die Leistungen der Jugendhilfe (nicht die nach § 11 SGB I) gemeint, die in § 2 II SGB VIII aufgezählt sind; denn Adressat der Norm sind nicht alle Leistungsträger iSd § 12 SGB I, sondern nur der Träger der öffentlichen Jugendhilfe. Bei der Gewährung von Erziehungsberatung dreht es sich um eine solche Leistung. Daher dürfte die Übermittlung der Untersuchungsergebnisse der Erziehungsberatungsstelle in Rundlingen gegenüber der Erziehungsberatungsstelle in Bonndorf nur dann erfolgen, wenn dadurch der Erfolg der Erziehungsberatung durch die Erziehungsberatungsstelle in Rundlingen (nicht der in Bonndorf) nicht infrage gestellt wird. Da diese Beratung bereits abgebrochen ist, kann der Erfolg nicht mehr infrage gestellt werden. Also wäre gem. § 64 II SGB VIII die Übermittlung gem. § 69 SGB X nicht verboten.

b) Des Weiteren ist nun zu prüfen, ob sich ein **Übermittlungshindernis** aus § **65 SGB VIII** ergibt. Normadressat des § 65 SGB VIII ist nicht der Sozialleistungsträger, sondern »der Mitarbeiter eines Trägers der öffentlichen Jugendhilfe«. Der Kreis der Betroffenen geht also weiter als in § 203 StGB, der nur für bestimmte Berufsgruppen eine Schweigepflicht anordnet. Die Frage ist nun, ob § 65 SGB VIII, der dem Mitarbeiter eine bestimmte Verhaltensweise vorschreibt, auch für die Behörde gilt. Dies muss unbedingt bejaht werden; denn es ist nicht vorstellbar, dass der Träger etwas offenbaren darf, was der einzelne Mitarbeiter verschweigen

---

9   So auch *Giese*, ZfF 1980, 217/220.

muss. Die weiteren Einschränkungen des § 65 SGB VIII müssen daher auch für ein Jugendamt und seine unselbstständigen Einrichtungen wie Erziehungsberatungsstellen gelten. Es sind deshalb die Voraussetzungen eines Übermittlungshindernisses des § 65 SGB VIII zu prüfen.

- Die Untersuchungsergebnisse der Erziehungsberatungsstelle Rundlingen sind »ihn betreffende Sozialdaten« (s. § 35 I S. 1 SGB I).
- Diese sind dem Mitarbeiter der Erziehungsberatungsstelle Rundlingen »anvertraut« worden. Anvertraut ist ein Geheimnis, wenn es dem Mitarbeiter in innerem Zusammenhang mit der Ausübung des Berufs schriftlich, mündlich oder auf andere Weise unter Umständen mitgeteilt wird, aus denen sich die Anforderung des Geheimhaltens ergibt. Dies trifft nicht nur zu für die Fakten, die der Klient dem Mitarbeiter mitteilt, sondern auch für die fachlichen Folgerungen, die der Mitarbeiter aus den Fakten zieht, gleichgültig, ob der Klient die Folgerungen akzeptiert – oder wie hier – bestreitet. Daher fallen Untersuchungsergebnisse der Erziehungsberatungsstelle unter die anvertrauten Daten.
- Diese personenbezogenen Daten sind dem Mitarbeiter »zum Zweck persönlicher und erzieherischer Hilfe« anvertraut worden; denn EB ist gem. §§ 27, 28 SGB VIII eine Hilfe zur Erziehung.

Die zu diesem Zweck anvertrauten Daten dürfen grundsätzlich nicht, ausnahmsweise in **fünf** Fällen, übermittelt werden:

- Mit Einwilligung des Anvertrauenden. Dies liegt hier gerade nicht vor; denn die Eltern des J haben der Erziehungsberatungsstelle in Bonndorf diese Informationen bewusst verschwiegen.
- Gem. § 8a II SGB VIII, wenn angesichts einer Gefährdung des Kindeswohls ohne diese Mitteilung eine für die Gewährung von Leistungen notwendige gerichtliche Entscheidung nicht ermöglicht werden könnte. Dieser Fall ist hier ebenfalls nicht gegeben, da es nicht um eine Mitteilung an das Familiengericht, sondern an eine andere Erziehungsberatungsstelle geht.
- Dem Mitarbeiter, der aufgrund eines Wechsels der Fallzuständigkeit im Jugendamt oder aufgrund eines Wechsels der örtlichen Zuständigkeit für die Gewährung oder Erbringung der Leistung verantwortlich ist, wenn Anhaltspunkte für eine Gefährdung des Kindeswohls gegeben sind und die Daten für eine Abschätzung des Gefährdungsrisikos notwendig sind. Dieser Fall ist hier ebenfalls nicht gegeben.
- An die Fachkräfte, die zum Zwecke der Abschätzung des Gefährdungsrisikos nach § 8a SGB VIII hinzugezogen werden. Auch dieser Fall ist hier nicht gegeben, da es nicht um ein Verfahren nach § 8a SGB VIII geht.
- Unter den Voraussetzungen, unter denen eine der in § 203 StGB genannten Personen dazu befugt wäre. Eine solche Befugnis ist nach der strafrechtlichen Rechtsprechung und Literatur[10] in folgenden Fällen vorhanden:
  • Mutmaßliche Einwilligung des Betroffenen (Geschäftsführung ohne Auftrag, §§ 677 ff. BGB).
  • Gesetzliche Anzeigepflicht (z.B. § 138 StGB, InfektionsschutzG, BtMG, §§ 87 f. AufenthG).
  • Einschaltung als Sachverständiger (z.B. Arzt, Psychologe, Sozialarbeiter),
  • Prozessuale Zeugnispflicht gem. § 52 StPO,
  • Rechtfertigender Notstand gem. § 34 StGB,
  • Informationspflicht gegenüber den Eltern gem. Art. 6 II GG iVm §§ 1 II, 9 SGB VIII.
- Alle diese Ausnahmen greifen hier nicht ein.

---

10 Vgl. z.B. *Fischer*, StGB, 57. Auflage, München 2010; *Lackner/Kühl*, StGB, 27. Auflage, München 2010, jeweils § 203 mwN.

Da also keine der in § 65 SGB VIII genannten Übermittlungsbefugnisse gegeben ist, besteht die Pflicht zur Verschwiegenheit mit der Folge, dass die Erziehungsberatungsstelle Rundlingen der Erziehungsberatungsstelle Bonndorf keine Auskunft geben darf.

Endergebnis: Die Erziehungsberatungsstelle in Rundlingen darf der Erziehungsberatungsstelle in Bonndorf unter keinen rechtlichen Gesichtspunkt die gewünschten Untersuchungsergebnisse geben.

2. Die ersuchte Erziehungsberatungsstelle in Rundlingen in Trägerschaft des Diakonischen Werkes

Das SGB X gilt gemäß seinem § 1 nur für Behörden. Deshalb müssen gem. §§ 3-7 SGB X nur öffentliche Sozialleistungsträger Amtshilfe leisten, ebenso wie Abs. 35 GG nur **öffentliche** Stellen zur Amts- und Rechtshilfe verpflichten kann. Bei der unter 2. vorliegenden Konstellation ist die ersuchende Stelle eine Behörde, die ersuchte Stelle ein freier Träger. Da die Erziehungsberatungsstelle des Diakonischen Werkes kein Sozialleistungsträger iSd SGB ist, kann für sie keine Verpflichtung zur Amtshilfe bestehen. Auch die Erwähnung der freien Träger in §§ 17 III, 27 II, 28 II SGB I ändert daran nichts[11]. Umgekehrt sind Klienten solcher Stellen auch nicht gem. § 35 SGB I geschützt, da die Verpflichtung zur Wahrung des Sozialgeheimnisses nur Sozialleistungsträger iSd SGB betrifft. Allerdings unterliegt der freie Träger als solcher kraft des mit ihm abgeschlossenen Beratungsvertrages und seine Mitarbeiter gem. § 203 StGB der Schweigepflicht, sofern die Betroffenen sie nicht hiervon entbinden. Die Erziehungsberatungsstelle des Diakonischen Werkes ist daher nicht verpflichtet, ihre Erkenntnisse an einen öffentlichen Träger weiterzugeben; berechtigt ist sie dazu, wenn der Betroffene im Einzelfall eingewilligt hat.

3. Die ersuchende Erziehungsberatungsstelle in Bonndorf in Trägerschaft des Caritasverbands

Bei dieser Konstellation ist die ersuchende Stelle ein freier Träger, die ersuchte Stelle eine Behörde. Da nicht nur die **Pflicht** zur Leistung von Amtshilfe an die Behördeneigenschaft gebunden ist, sondern auch das **Recht auf Amtshilfe**, ist das Ergebnis dasselbe wie bei der vorausgehenden Fallkonstellation:
Der Caritasverband kann vom öffentlichen Träger die gewünschten Auskünfte nur erhalten, wenn der Betroffene eingewilligt hat (§§ 35 II SGB I iVm 67 S. 1 Nr. 1 SGB X).[12]

Fall 18: Meldepflichten freier Träger

1. Erziehungsberatungsstelle des Caritasverbands

Für den Caritasverband als freien Träger gelten zwar die datenschutzrechtlichen Bestimmungen des SGB I, SGB X und SGB VIII nicht, wohl aber trifft ihn aufgrund seines Beratungsvertrages die Nebenpflicht (aus § 242 BGB), personenbezogene Daten nicht unbefugt zu offenbaren. Für den einzelnen Mitarbeiter ergibt sich diese Pflicht aus § 203 StGB. Beide, sowohl Träger als auch Sozialarbeiter, dürfen solche Daten daher nur dann weitergeben, wenn eine Übermittlungsbefugnis besteht.
Eine Übermittlungsbefugnis besteht zum einen dann,
– wenn der Betroffene einwilligt,
zum anderen,

---

11 So auch *André*, Verwaltungsverfahren im Sozialgesetzbuch, NDV 1981, 8.
12 Zu Abschn. 2 und 3 vgl. *K. Hümmerich* in: Mörsberger: Datenschutz im sozialen Bereich, 122.

– wenn gesetzliche Normen dies verlangen oder
– zumindest gestatten.

Da hier nach einer Verpflichtung des Sozialarbeiters gefragt ist, kommen nur § 138 StGB, gesetzliche Auskunfts- und Meldepflichten[13] oder Pflichten gegenüber dem öffentlichen Träger aus einem evtl. Subventionsverhältnis in Betracht. Letztere betreffen nicht Polizei oder Staatsanwaltschaft. Auskunfts- oder Meldepflicht sind ebenfalls nicht ersichtlich. Und eine Anzeigepflicht gem. § 138 StGB scheitert daran, dass es sich weder um eine der in § 138 StGB genannten Straftaten handelt, noch dass die Begehung der Straftat noch verhindert werden könnte.

2. Erziehungsberatungsstelle der Kommune
Wenn es sich um eine kommunale Erziehungsberatungsstelle handelt, wäre das Ergebnis das gleiche. Hier würde sich die Pflicht zur Verschwiegenheit für den Träger aus § 35 SGB I iVm §§ 67-85a SGB X iVm §§ 61-68 SGB VIII ergeben, für den einzelnen Mitarbeiter ebenfalls aus § 203 StGB und zusätzlich aus § 65 SGB VIII. Ein Rechtfertigungsgrund iSd § 203 StGB oder ein Übermittlungsgrund iSd § 65 SGB VIII ist nicht ersichtlich.

Fall 19: Zeugnisverweigerungsrecht des Sozialarbeiters (SA)

1. Weigerung des Sozialarbeiters bei der Kommune
1.1 Gem. § 53 I StPO gehören Sozialarbeiter/Sozialpädagogen nicht zu den **Berufsgruppen**, denen der Gesetzgeber allein wegen der Zugehörigkeit zu diesen Gruppen ein Zeugnisverweigerungsrecht (ZVR) eingeräumt hat. Diese Regelung, soweit sie den SA betrifft, ist – so das BVerfG in seinem Beschluss v. 19. 7. 1972[14] – nicht verfassungswidrig, weil das Interesse des Staates an einer Strafverfolgung höher zu bewerten ist als das Geheimhaltungsinteresse des Klienten.[15] Demnach müsste der SA aussagen.
1.2 Gem. § 53 I StPO gibt es neben den Berufsgruppen auch noch einige **Stellen**, die für alle in ihnen Arbeitenden ein Zeugnisverweigerungsrecht vorsehen. Dazu gehören die Beratungsstellen für Schwangerschaftskonflikte (Nr. 3a) und Drogenberatungsstellen (Nr. 3b). SA, die dort arbeiten, haben also ein Zeugnisverweigerungsrecht. Erziehungsberatungsstellen sind aber nicht genannt, deshalb müsste der SA auch unter Berücksichtigung dieses Gesichtspunkts vor Gericht aussagen.
1.3 Ist jedoch der SA – gleichgültig, ob im Beamten- oder Angestelltenverhältnis – im **öffentlichen Dienst** tätig, so gilt für ihn § 54 I StPO. Das bedeutet, er kann das Zeugnis so lange verweigern, wie sein Dienstherr ihm keine Aussagegenehmigung erteilt hat. Der Dienstherr wiederum darf nur in bestimmten Fällen eine Aussagegenehmigung erteilen, nämlich wenn er damit nicht das Sozialgeheimnis verletzt. Wann dies der Fall ist, regeln die §§ 67 ff. SGB X und die §§ 61 ff. SGB VIII.
Hier kommen als Normen, bei deren Vorliegen das Sozialgeheimnis nicht verletzt wird, die §§ 69, 73 SGB X sowie die §§ 64, 65 SGB VIII in Betracht.
a) Nach § 69 I Nr. 1 SGB X sind personenbezogene Daten zu übermitteln[16], soweit dies zur Erfüllung gesetzlicher Aufgaben nach dem SGB erforderlich ist. Die Formulierung lässt offen, wer die gesetzliche Aufgabe zu erfüllen hat, der Übermittelnde oder der Datenempfänger. Also kann dies für beide der Fall sein. Da Empfänger vorliegend das Gericht wäre

13 S. Fall 17.
14 NDV 1972, 331.
15 Vgl. zu dieser Entscheidung und der dazu erschienenen Literatur *Fieseler/Herborth*, 237 ff.
16 Zu der Auslegung »ist zulässig« als Pflicht s. Fall 18.

und dieses kein Sozialleistungsträger ist, ist hier nur zu prüfen, ob die Kommune mit der Übermittlung eine Aufgabe nach dem SGB erfüllte. Wie sich aus § 8a III SGB VIII ergibt, kann auch die Information eines Gerichts die Erbringung einer Jugendhilfeleistung sein. Ob das aber zutrifft, muss der Jugendhilfeträger selber entscheiden. Das Gericht kann auf diese Weise keine Informationen erzwingen. Gem. § 69 I Nr. 1 SGB X iVm § 54 StPO kann das Strafgericht also keine Informationen erhalten. Deshalb muss der SA im Verfahren nicht auszusagen.

b) Gem. **§ 73 I SGB X** ist eine auf richterliche Anordnung erfolgte Übermittlung von Sozialdaten im Rahmen eines Strafverfahrens zulässig, soweit sie erforderlich ist zur Aufklärung
- eines Verbrechens (§ 12 StGB),
- einer sonstigen Straftat von erheblicher Bedeutung.

Handelt es sich um eine sonstige Straftat von nicht erheblicher Bedeutung, so ist nur die Übermittlung der in § 72 I SGB X genannten »harten« Daten (Name, ...) zulässig (§ 73 II SGB X).

Insgesamt bedeutet diese Regelung, dass ein SA im öffentlichen Dienst in der Regel nur bei Verbrechen und Vergehen von erheblicher Bedeutung zu Aussage verpflichtet, im Übrigen durch ein Zeugnisverweigerungsrecht geschützt ist.

Im vorliegenden Fall handelt es sich nicht um ein Strafverfahren wegen eines Verbrechens. Dass es sich bei dem Kaufhausdiebstahl um eine »sonstige Straftat von erheblicher Bedeutung« handelt, kann auch nicht angenommen werden. Denn auch wenn dieser Begriff so unscharf ist, dass er wegen nicht vorhandener Normenklarheit möglicherweise verfassungswidrig ist[17], so ist doch davon auszugehen, dass nur gravierendere Delikte wie falsche uneidliche Aussage, Kindesmisshandlung, Freiheitsberaubung, Kindesentziehung, schwerer Diebstahl[18] etc. darunter fallen.

1.4 Ergebnis: Es bleibt also dabei, dass der SA vor Gericht nicht aussagen muss.

1.5 Ergänzung: Selbst wenn ein SA nach § 73 I SGB X aussagepflichtig ist, sind zwei weitere Gesichtspunkte zu prüfen:
- Auch bei Vorliegen eines Verbrechens oder eines Vergehens von wesentlicher Bedeutung ist zu prüfen, ob die Übermittlung der Sozialdaten durch den SA wirklich »erforderlich« ist. Wenn nämlich dem Richter zur Durchführung des Strafverfahrens andere Erkenntnisquellen zur Verfügung stehen, ist die Datenübermittlung nicht erforderlich. Die Erforderlichkeit prüft der entscheidende Dienstherr in eigener Verantwortung.
- Es kann sein, dass sich zugunsten des nach § 73 SGB X aussagepflichtigen SA doch noch ein Zeugnisverweigerungsrecht aus den **§§ 64, 65 SGB VIII** ergibt.

2. Weigerung des Sozialamtes beim Caritasverband

Handelt es sich um einen freien kirchlichen Träger, so gelten die gleichen Ausführungen wie zu 1. Zwar spricht § 54 StPO nur von Personen des öffentlichen Dienstes; Kirchen und ihre Untergliederungen als Körperschaften des öffentlichen Rechts dürften aber ebenfalls unter diesen Begriff fallen, sodass der SA beim Caritasverband nicht aussagen muss, wenn er keine Aussagegenehmigung seines Trägers hat.

3. Weigerung des Sozialamtes bei einem freien, nicht kirchlichen Träger

Handelt es sich um einen freien, nicht kirchlichen Träger, so gilt zwar § 53 StPO, nicht aber § 54 StPO. Das führt dazu, dass SA bei freien, nicht kirchlichen Trägern und somit Klienten bei diesen Trägern schlechter stehen als bei öffentlichen bzw. kirchlichen Trägern. Dieses Ergebnis stößt unter dem verfassungsrechtlichen Gebot der Gleichbehandlung (Art. 3 GG)

---

17 So *Proksch*, 114.
18 In Anlehnung an *Papenheim* u.a., Kap. 33.6.4.

auf große Bedenken[19], muss aber – solange das Gesetz nicht geändert oder § 53 StPO nicht für verfassungswidrig erklärt worden ist – hingenommen werden.

4. Verfahren gem. § 1671 BGB
In diesem Fall würde es sich nicht um ein Strafverfahren handeln, sondern um einen **Rechtsstreit vor dem Familiengericht.** Für derartige Verfahren gilt § 383 ZPO. Hier sind zwar als Berechtigte, das Zeugnis zu verweigern, Sozialarbeiter/Sozialpädagogen auch nicht ausdrücklich genannt. Sie lassen sich aber unter Abs. 1 Nr. 6 subsumieren (Personen, denen kraft ihres Amtes, Standes, ...Tatsachen anvertraut sind, deren Geheimhaltung ... durch gesetzliche Vorschrift geboten ist – diese wäre hier § 203 StGB sowie beim öffentlichen Träger zusätzlich § 65 SGB VIII) und besitzen somit ein Zeugnisverweigerungsrecht, sofern ihnen, im Vertrauen darauf, dass Dritte darüber nicht informiert werden, persönliche Geheimnisse anvertraut worden sind[20].

5. Erzwingung der Aussage
Gem. § 70 StPO kann gegen Zeugen, die zu Unrecht die Aussage verweigern, ein **Ordnungsgeld**, notfalls **Ordnungshaft** bis zu sechs Monaten verhängt werden. Im vorliegenden Fall kommt dies nicht in Betracht, da ja der Sozialarbeiter sein Zeugnis zu Recht verweigert.

Fall 20:   Schwangerschaftsabbruch einer Minderjährigen

1. Bescheinigung über Sozialberatung
Die S ist minderjährig und steht daher unter e.S. Im Rahmen dieser Schutzbeziehung zwischen Kindern und Eltern haben diese in der Regel einen Anspruch darauf, an allen rechtsrelevanten Entscheidungen beteiligt und von Dritten über alle das Kind betreffenden Angelegenheiten informiert zu werden. Dieses Elternrecht endet allerdings dort, wo das Kind ein eigenständiges Recht hat. Z.B. haben Eltern, deren 15jähriger Sohn im Internat ist, kein Recht gegenüber der Schule zu erfahren, ob der Sohn regelmäßig den Sonntagsgottesdienst besucht, da er gem. § 5 RelKErzG religionsmündig ist.
Im vorliegenden Fall ist daher zu prüfen, ob **erstens** die Sozialarbeiterin eine Bescheinigung gem. § 219 II S. 2 StGB ohne Zustimmung der Eltern ausstellen darf, und wenn ja, ob **zweitens** die Eltern hiervon wenigstens in Kenntnis zu setzen sind.
1.1 Eine **Beratung ohne nachfolgende Ausstellung** einer Bescheinigung ist einer Beratung bei Telefonseelsorge, Kindertelefon oder ähnlichen Einrichtungen für Menschen in Konfliktsituationen vergleichbar. Die Sozialberatung ist nach allgemeiner Ansicht auch für Minderjährige generell zugänglich. Eine minderjährige Schwangere bedarf daher für die Beratung nicht der Zustimmung ihres gesetzlichen Vertreters; der Anspruch auf Beratung ist höchstpersönlicher Art.
Da die Sozialberatung in allen Bundesländern **kostenfrei** zu erteilen ist, entsteht auch nicht die Frage nach einer Kostenübernahme durch öffentliche Kostenträger oder private Versicherungsträger.
1.2 Grundsätzlich anders ist die Situation, wenn **der Beratung rechtsrelevante Maßnahmen folgen.** Um eine solche handelt es sich z.B., wenn eine Therapie eingeleitet werden soll. Gleiches gilt im vorliegenden Fall, da die Ausstellung einer Bescheinigung gem. § 219 StGB die Möglichkeit eines straflosen Schwangerschaftsabbruchs eröffnet (s. § 218a StGB). Hier müssen die Eltern einwilligen, wenn nicht spezielle Normen vorhanden sind, die den Minderjährigen für die jeweilige Situation handlungsfähig machen.

---

19 *Papenheim* u.a., Kap. 36.2.2.
20 So ausdrücklich OLG Hamm, JMBl. NW 1991, 282.

Im vorliegenden Fall könnte § 8 III SGB VIII von der Notwendigkeit der Einwilligung befreien, der einem Minderjährigen – ohne Altersgrenzen nach unten – Beratung ohne Kenntnis des Personensorgeberechtigten zubilligt, wenn die Beratung aufgrund einer Not- und Konfliktlage erforderlich ist, solange durch die Mitteilung an den Personensorgeberechtigten der Beratungszweck vereitelt würde.

Gegen die Anwendung dieser Norm bestehen jedoch deswegen Bedenken, weil sie im Kinder- und Jugendhilferecht steht und daher eindeutig für Hilfe- und Fördermaßnahmen im erzieherischen Bereich Geltung haben soll. Beratung zwecks Schwangerschaftsabbruchs fällt nicht darunter. § 8 III SGB VIII ist daher **nicht** anwendbar.

Des Weiteren könnte § 36 I S. 1 SGB I als Ausnahmebestimmung in Betracht kommen. Dieser setzt voraus, 1. dass der Minderjährige das 15. Lebensjahr vollendet hat, und 2. dass er eine »Sozialleistung« begehrt. Was dies ist, bestimmt § 11 SGB I. Hiernach zählen zu den Sozialleistungen Sach-, Geld- und Dienstleistungen, wobei zu den Dienstleistungen die persönlichen und erzieherischen Hilfen gehören. Beratung ist eine persönliche Hilfe. Wegen ihrer besonderen Bedeutung erwähnt § 14 SGB I diese ausdrücklich. Demnach besteht Anspruch auf Beratung selbst dann, wenn in den einzelnen Büchern des SGB eine Beratung nicht ausdrücklich erwähnt ist.

Schwangerschaftskonfliktberatung (Beratung über die zur Verfügung stehenden öffentlichen und privaten Hilfen für Schwangere, Mütter und Kinder), die nach dem Gesetz gem. § 219 StGB iVm §§ 5-7 Schwangerschaftskonfliktgesetz durchzuführen ist, ist eine Hilfe in einer besonderen Lebenslage, und zwar zur Überwindung einer besonderen Schwierigkeit iSd § 67 SGB XII. In der Verordnung zur Durchführung des § 67 SGB XII werden in § 1 II verschiedene besondere Lebensverhältnisse aufgezählt, denen jedoch »vergleichbare nachteilige Umstände gleichstehen«. Der Schwangerschaftskonflikt kann darunter fallen. Konfliktberatung ist, wie oben dargelegt, keine Leistung der Jugendhilfe, da es nicht um Aspekte der Erziehung, sondern um das Austragen des Kindes geht. Geleistet wird sie in der Regel von eigens dafür eingerichteten Stellen in öffentlicher oder privater Trägerschaft. Dass diese Art von Beratung aufgrund einer Vorschrift außerhalb des SGB (nämlich § 219 StGB iVm §§ 5-7 SchKG) erbracht wird, ändert nichts daran, dass es sich um eine Sozialleistung iSd SGB handelt.

Die Beratung nach § 219 StGB, d.h. einschließlich der Erteilung der Bescheinigung, ist also eine Sozialleistung, die von S, da sie 15 Jahre alt ist, ohne Einwilligung ihrer Eltern in Anspruch genommen werden kann. Dass S sich hier an das Diakonische Werk wendet, »Sozialleistungen« aber nur von Sozialleistungsträgern iSd SGB gewährt werden müssen, spielt hierbei keine Rolle. Denn wenn Sozialleistungen in Form von Dienstleistungen gemäß dem Grundsatz der Subsidiarität von freien Trägern angeboten werden, sind sie in dem Umfang zu erbringen wie von öffentlichen Trägern.[21]

1.3 Zu prüfen ist weiter, ob die Schwangerschaftskonfliktberatungsstelle **nachträglich den gesetzlichen Vertreter** von der durchgeführten Beratung **informieren** muss. § 36 I S. 2 SGB I bestimmt, dass »der Leistungsträger den gesetzlichen Vertreter über die Antragstellung und die erbrachten Sozialleistungen« unterrichten soll. Diese Formulierung drückt zwar aus, dass der Behörde ein gewisser Spielraum zusteht, dass sie aber nur in ganz gewichtigen Ausnahmefällen von der grundsätzlichen Mitteilungspflicht absehen darf.

Hier stellt sich nun grds. die Frage, ob der Ausschluss der Informationspflicht verfassungsgemäß ist, oder ob nicht die Eltern, gestützt auf Art. 6 II S. 1 GG – einen uneingeschränkten Informationsanspruch haben. Mit diesem Problem, jedoch in Verbindung mit einer

---

21 So im Ergebnis auch *Moritz*, Bedeutung des Elternvotums für den Abbruch der Schwangerschaft Minderjähriger, ZfJ 1999, 92.

anderen Rechtsnorm, hatte sich das BVerfG[22] zu beschäftigen[23]. In dem dortigen Fall ging es um § 13 II S. 3 des Bremischen Schulverwaltungsgesetzes. Dieser bestimmt, dass sog. Schulberater neben der beamten- und dienstrechtlichen Schweigepflicht einer besonderen Schweigepflicht unterliegen, die auch gegenüber den Erziehungsberechtigten gilt, falls deren Unterrichtung Gesundheit und Wohlergehen des betroffenen Minderjährigen gefährden würde. Zu dieser Regelung führt das BVerfG aus, dass sie verfassungswidrig weit oder verfassungskonform eng interpretiert werden könne und dass sie daher eng auszulegen sei. Dies bedeute, dass die Eltern grundsätzlich zu informieren seien. Eine Nichtinformation komme normalerweise nicht in Betracht. Jedenfalls setze sie immer eine Abwägung aller Umstände des Einzelfalls, etwa des Alters und der Reife des betroffenen Schülers, seiner familiären Beziehungen und sonstiger Abhängigkeiten innerhalb und außerhalb der Schule voraus. Der Berater müsse ferner das Elternhaus so gut kennen, dass er die Folgen einer Information aufgrund konkreter Tatsachen richtig einschätzen könne. Erscheine die Familie nicht gänzlich verständnislos, so werde es zunächst Aufgabe des Beraters sein, auf die Eltern einzuwirken, sich der Probleme des Kindes anzunehmen. Als verfassungskonform könne eine Auslegung des § 13 II BremSchulVwG nur angesehen werden, die das Schweigerecht des Beraters gegenüber den Erziehungsberechtigten auf die Ausnahmefälle begrenze, in denen konkrete Tatsachen vorlägen, welche bei Information der Erziehungsberechtigten die unmittelbare und gegenwärtige Gefahr einer körperlichen oder seelischen Schädigung des Kindes wahrscheinlich mache.

Diese Ausführungen lassen sich sinngemäß auf die grundsätzliche Informationspflicht der Behörde gem. § 36 I S. 2 SGB I übertragen. Allerdings wird man hier differenzieren müssen, je nachdem, um welche Sozialleistungen es sich handelt. Ein Schulberater hat die Möglichkeit, über die Lehrer manches über das Elternhaus des Kindes in Erfahrung zu bringen, ohne dass die Eltern bemerken müssen, dass ihr Kind einen Berater aufgesucht hat. Der Schwangerschaftskonfliktberater wird sich mit geringeren Wahrscheinlichkeiten begnügen müssen und dürfen, denn er hat in der Regel kaum die Möglichkeit, Recherchen über die Eltern anzustellen, ohne gleichzeitig preiszugeben, dass jemand aus der Familie bei ihm um Rat nachgesucht hat. Er ist also darauf angewiesen, der Klientin zu glauben oder nicht. Allerdings wird er die als wahr angenommenen Fakten ebenso sorgfältig abwägen müssen wie der Schulberater. Desgleichen wird auch von ihm zu fordern sein, dass bei einer Information der Erziehungsberechtigten die unmittelbare und gegenwärtige Gefahr einer körperlichen oder seelischen Schädigung des minderjährigen Klienten nicht wahrscheinlich sein darf. Eine solche Gefahr wird insbesondere dann drohen, wenn die Minderjährige in schwere Konflikte mit ihren Eltern geraten wird, etwa weil diese eine Abtreibung zwar verurteilen, aber auch keinesfalls bereit sein werden, der Minderjährigen psychischen und materiellen Beistand zu gewähren.

Im vorliegenden Fall wird daher die Sozialarbeiterin die Eltern von S nicht zu informieren brauchen.

1.4 Hinweis: Gem. § 16 I Nr. 3 SchKG muss die Beratungsstelle nach dem Alter der zu Beratenden fragen, da sie verpflichtet ist, für die Bundesstatistik hierüber Angaben zu machen. Gem. § 6 II SchKG kann die Schwangere auf ihren Wunsch gegenüber der sie beratenden Person anonym bleiben. Selbst wenn die Beraterin also weiß, dass die Ratsuchende minder-

---

22 V. 9.2.1982, FamRZ 1982, 463. Anm. *Fehnemann*, FamRZ 1982, 753=JZ 1982, 325 m. Anmerkung *Starck*, JZ 1982, 329.

23 Die Frage, warum diese Entscheidung nicht schon unter 1.2 herangezogen worden ist, lässt sich dadurch beantworten, dass sie sich auch nur mit der nachträglichen Information befasst hat. § 8 III SGB VIII, der diese Entscheidung zum Vorbild hatte, ist über sie hinausgegangen und hat für den Bereich der Jugendhilfe auch die vorherige Information als nicht nötig bezeichnet.

jährig ist und wenn sie zu dem Ergebnis kommt, dass sie die Eltern informieren muss, kann dies – legalerweise – an der Minderjährigen scheitern. Die Beraterin sollte dann jedoch zu ihrer eigenen Entlastung einen **Aktenvermerk** machen.

2. Abbruch

In Bezug auf **Körperverletzungen** steht die h.M.[24] auf dem Standpunkt, dass sich die Einwilligungsfähigkeit von Minderjährigen nicht nach der zivilrechtlichen Geschäftsfähigkeit richtet, sondern ausschließlich nach der Fähigkeit, Wesen, Bedeutung und Tragweite des Eingriffs voll zu erfassen und seinen Willen danach zu bestimmen. Ob dies auch für Schwangerschaftsabbrüche gilt, die ja mehr als Körperverletzungen sind, da sie nicht nur die individuelle körperliche Integrität, sondern die Tötung eines ungeborenen Menschenlebens betreffen, wird nicht so einmütig bejaht. Das OLG Hamm[25] kommt zu dem Ergebnis, dass eine Minderjährige zur Vornahme eines Schwangerschaftsabbruchs in jedem Fall der Zustimmung des gesetzlichen Vertreters bedarf. Zwar handele es sich nicht um eine rechtsgeschäftliche Willenserklärung, sondern um die Gestattung einer tatsächlichen Handlung, bei der das Selbstbestimmungsrecht der Minderjährigen zu beachten sei. Dieses konkurriere aber mit dem Elternrecht, und diesem gebühre der Vorrang. Die vorhandene höchstrichterliche Rspr., die anders entschieden habe, beziehe sich nur auf Körperverletzungen und stamme außerdem aus einer Zeit, als das Volljährigkeitsalter noch bei 21 Jahren lag. Sie sei deshalb nicht verwertbar. Im Übrigen schütze das Recht die Minderjährige schon im vermögensrechtlichen Bereich so stark (§§ 106 ff. BGB), dass es nicht zu verantworten sei, die Minderjährige bei einer weitaus schwerwiegenderen Frage, wie es der Schwangerschaftsabbruch ist, allein zu lassen[26].

Gegen diese Position spricht Folgendes: Wenn schon Einigkeit darüber besteht, dass – wie auch sonst im strafrechtlichen und grundrechtlichen Bereich – die Geschäftsfähigkeit nicht das entscheidende Kriterium ist, dann ist es nicht nachvollziehbar, warum trotzdem die Regeln der Geschäftsfähigkeit starr angewendet werden, statt auf die individuelle Einsichts- und Handlungsfähigkeit abzustellen. Die Behauptung des OLG Hamm, dass bei Konkurrenz von Elternrecht und Selbstbestimmungsrecht der jungen Frau das Elternrecht Vorrang habe, ist durch nichts belegt.

Geht man also davon aus, dass die individuelle Entwicklung der Maßstab ist, dann stellt sich die Frage, ob es – wie sonst im Strafrecht vorzufinden – Faustregeln hinsichtlich der Reife gibt. Hier wird verbreitet die Meinung vertreten, junge Menschen über 16 Jahren seien generell einwilligungsfähig, bei Personen zwischen 14 und 16 müsse es geprüft werden, bei jüngeren müsse von einer Unfähigkeit ausgegangen werden. Diese Ansicht scheint angesichts der Vielfalt der Probleme, die beim Austragen oder Abbrechen auftreten können, viel zu vereinfachend. Dieser Meinung sind auch *Belling/Eberl*[27], die ein differenziertes System von Prüfungsfragen entwickelt haben, das man mit »Die Reifeprüfung« überschreiben könnte.

Legt man dieses System, das hier wegen des Umfangs nicht referiert werden kann, dem vorliegenden Sachverhalt zugrunde, so wäre das Ergebnis mit einiger Sicherheit die Einwilligungsfähigkeit von S.

---

24 Vgl. *Fischer*, StGB, 2010, Vor § 32, Rdn. 3a ff. mwN.
25 V. 16.7.1998, NJW 1998, 3424.
26 So vor allem *Scherer*, Schwangerschaftsabbruch bei Minderjährigen und elterliche Zustimmung, FamRZ 1998, 589 und FamRZ 1998, 11.
27 Der Schwangerschaftsabbruch bei Minderjährigen, FuR 1995, 287.

3. Hilfe zur Austragung

Die Absicht, eine Schwangerschaft auszutragen, erfordert keinen juristischen relevanten, sondern lediglich einen natürlichen Willen. Einen solchen hat auch eine Minderjährige mit der Folge, dass ihre Entscheidung ausschlaggebend ist. Anderes muss lediglich dann gelten, wenn sich die Minderjährige mit einem solchen Entschluss ernsthaft gesundheitlichen Gefahren aussetzen würde.

4. Nachtrag

Bei Zugrundelegung dieser Lösung ist in Umkehrung auch die Frage zu beantworten, wann ein Sozialarbeiter seine Schweigepflicht gem. § 203 StGB verletzt, wenn er den Eltern eines Minderjährigen von dessen Besuch in einer Beratungsstelle in Kenntnis setzt. Der Sozialarbeiter offenbart dann unbefugt ein fremdes Geheimnis, wenn die Minderjährige in dem betroffenen Bereich selbst zuständig ist. Für eine schlichte Beratung ist die Minderjährige selbst rechtszuständig. Deshalb darf der Sozialarbeiter die Eltern hierzu nicht informieren. Das gilt sowohl dann, wenn die Minderjährige in der Beratung einen Abbruch intendiert, als auch dann, wenn sie Schutz vor ihren abbruchwilligen Eltern erbittet.

Fall 21: Beschlagnahme von Unterlagen einer Drogenberatungsstelle

1. Zulässigkeit der Verfassungsbeschwerden

1.1 Gem. § 13 Nr. 8a BVerfGG iVm Art. 93 I Nr. 4a GG kann jedermann mit der Behauptung, durch die öffentliche Gewalt in einem seiner Grundrechte verletzt zu sein, Verfassungsbeschwerde zum BVerfG erheben. Allerdings kann sie gem. § 90 II S. 1 BVerfGG in der Regel erst dann eingelegt werden, wenn der Rechtsweg erschöpft ist. Ausnahmsweise ist eine Erschöpfung der Rechtswege nicht notwendig, wenn die Verfassungsbeschwerde von allgemeiner Bedeutung ist oder dem Beschwerdeführer bei vorheriger Ausschöpfung des Rechtsweges schwere Nachteile entstünden, § 90 II S. 2 BVerfGG.

1.2 Im vorliegenden Fall wollen sich die Betroffenen gegen die Durchsuchung der Drogenberatungsstelle gem. §§ 102, 103, 105 StPO und gegen die Beschlagnahme der Klientenakten gem. §§ 94, 98 StPO zur Wehr setzen. Der Durchsuchungsbefehl und die Beschlagnahmeanordnung sind richterliche Beschlüsse, die von den Beschuldigten gem. § 304 I StPO mit dem Rechtsmittel der Beschwerde angefochten werden können. Dies ist bei dem Gericht einzulegen, das den Beschluss erlassen hat, § 306 I StPO. Hält er sie für unberechtigt, gibt es sie weiter an das Beschwerdegericht. Gegen dessen Entscheidung ist nur in Ausnahmefällen eine weitere Beschwerde möglich, § 310 StPO.

Die **Beschlagnahmeanordnung** des Amtsgerichts ist vom Landgericht bestätigt worden. Eine weitere Beschwerde dagegen ist nicht möglich. Im Hinblick auf die Beschlagnahme ist also der Rechtsweg erschöpft, sodass die Verfassungsbeschwerde insoweit zulässig ist.

Der **Durchsuchungsbefehl** wurde zunächst nicht mit dem Rechtsmittel der Beschwerde angegriffen. Jedoch ist das BVerfG in vorliegendem Fall davon ausgegangen, dass dieser Teil der Verfassungsbeschwerde von allgemeiner Bedeutung sei, sodass sich die Erschöpfung des Rechtsweges insoweit erübrigt.

1.3 Neben der Erschöpfung des Rechtsweges muss für die Zulässigkeit der Verfassungsbeschwerde eine **Grundrechtsverletzung** behauptet werden und möglich sein.

Die Beschwerdeführerin zu 1 ist der Caritasverband, der Beschwerdeführer zu 2 der Vorsitzende des Caritasverbands, der zu 3 der Leiter der Drogenberatungsstelle. Die weiteren Beschwerdeführer sind Klienten.

Dass Rechte der Beschwerdeführer zu 2 und 3 verletzt sein könnten, ist nicht ersichtlich.

Die Klienten könnten durch die Beschlagnahme der Akten, nicht durch die Durchsuchung, in ihrer Intim- und Privatsphäre betroffen sein. Der Caritasverband könnte in seiner allgemeinen Handlungsfreiheit beeinträchtigt sein.

1.4 *Zwischenergebnis*: Die Verfassungsbeschwerde des Caritasverbands und der Klienten sind im beschriebenen Umfang zulässig.

2. Begründetheit der Verfassungsbeschwerden
2.1 Der Durchsuchungsbefehl

Gem. Art. 13 I GG kann ein eingetragener Verein Träger von Grundrechten sein. Der gegen ihn gerichtete Durchsuchungsbefehl ist im vorliegenden Fall (insoweit ist der Sachverhalt nicht klar genug) rechtswidrig, weil er keinerlei tatsächliche Angaben über den Inhalt des Tatvorwurfs enthalten hat und zudem weder die Art noch den denkbaren Inhalt der Beweismittel, denen die Durchsuchung gilt, hat erkennen lassen. Ein solcher Durchsuchungsbefehl entspricht nicht rechtsstaatlichen Mindestanforderungen (abgeleitet aus Art. 20 GG).

2.2 Die Beschlagnahmeanordnung

Sie könnte den Caritasverband in seinem Grundrecht aus Art. 2 I GG (allgemeine Handlungsfreiheit) und die Klienten in ihrem Grundrecht aus Art. 2 I, 1 I GG (Achtung der Intim- und Privatsphäre) jeweils iVm dem **Grundsatz der Verhältnismäßigkeit** verletzen. Diese angesprochenen Grundrechte stehen den Betroffenen grundsätzlich zu. In Ausnahmesituationen kollidieren jedoch deren Rechte mit anderen schutzwürdigen Interessen. In solchen Fällen muss abgewogen werden, welche Interessen schwerer wiegen.

Vorliegend steht **auf der einen Seite** das Interesse der Allgemeinheit an der Gewährleistung einer funktionstüchtigen Strafrechtspflege (Art. 2 II GG). Diese soll auch die von Drogen ausgehenden Suchtgefahren bekämpfen und darf dafür u.a. das Zwangsmittel der Beschlagnahme einsetzen.

Auf der anderen Seite sind die Belange der ebenfalls im Gemeinwohlinteresse geforderten Gesundheitsfürsorge zu berücksichtigen (Art. 20 I GG, Sozialstaatsprinzip). Hier wirken staatliche und freie Kräfte im öffentlichen Interesse zusammen. Die spezielle Hilfe für Suchtkranke und Gefährdete wird von Drogenberatungsstellen geleistet. Diese können nur arbeiten, wenn ein Vertrauensverhältnis zwischen Berater und Klienten besteht. Wenn der Klient damit rechnen muss, dass seine Äußerungen – einschließlich des Geständnisses strafbarer Handlungen Dritten zugänglich werden, wird er die Hilfe nicht in Anspruch nehmen.

Bei der **Gewichtung** der Interessen ist Folgendes zu berücksichtigen:

– Die Beschlagnahme von Akten ist nur eines der Instrumente, die den Strafverfolgungsbehörden zur Verfügung stehen.
– Drogenabhängige geben so gut wie nie die Namen von Händlern preis, sodass die Chance, in Akten Namen zu finden, gering ist.
– Drogenabhängige, die Drogen erwerben, stehen – im Vergleich zu den Händlern – gemäß dem BtMG nur unter geringen Strafandrohungen.
– § 203 I Nr. 4 StGB schützt das Vertrauen der Klienten auf die Geheimhaltung von Angaben, die in der Beratung gemacht werden.
– Bund, Länder und Kommunen manifestieren ihr Interesse an einer Funktionsfähigkeit von Drogenberatungsstellen, indem sie diese mit beträchtlichen Mitteln fördern.
– Beratungsstellen, die öffentlich anerkannt sind (vgl. § 203 I Nr. 4 StGB), können nicht ohne Weiteres als Drogenumschlagplätze verdächtigt werden.
– Beratungsstellen, die erkennbar Vorkehrungen gegen Drogenhandel getroffen haben, können nicht aufgrund der Tatsache, dass ihre Klienten sich Drogen besorgen, der Gefahr der Aktenbeschlagnahme ausgesetzt werden; denn bei dem Ausreichen eines solchen »Betriebsverdachts« würde das Beratungswesen zusammenbrechen.

Aus all diesen Überlegungen folgt, dass die Strafrechtspflege keineswegs immer über der Gesundheitsfürsorge steht, dass sie im Einzelfall aber durchaus Vorrang haben kann. Ob dies der Fall ist, hängt von den jeweiligen Umständen ab.
Im vorliegenden Fall verstößt die Beschlagnahme gegen den Grundsatz der Verhältnismäßigkeit und ist daher verfassungswidrig. Das Amtsgericht stützte seine Anordnung nämlich nur auf den – durch die Existenz der Beratungsstellen bereits bewiesenen – »Verdacht«, dass die Klienten Drogen bezogen haben. Auch das Landgericht begründete seine Bestätigung der Anordnung lediglich mit dem selbstverständlichen »Verdacht«, dass – wo Süchtige seien – auch Händler sein müssten.

2.3 Ergebnis

Die Verfassungsbeschwerde des Caritasverbands ist sowohl hinsichtlich des Durchsuchungsbefehls als auch hinsichtlich der Beschlagnahmeanordnung begründet. Die Verfassungsbeschwerde der Klienten wird in Bezug auf die Beschlagnahme Erfolg haben.

Fall 22:   Beratung in Unterhaltsfragen

1. Was hat das Jugendamt zu tun?

1.1 Gem. § 18 SGB VIII hat das JA Elternteile, die allein für ein Kind zu sorgen haben oder sorgen, bei der Ausübung der Personensorge, einschließlich der Geltendmachung von Unterhaltsansprüchen, zu beraten und zu unterstützen. Dies bedeutet, dass Frau S erklärt bekommen muss,
– wie es materiell-rechtlich
– und wie es verfahrensrechtlich mit der Durchsetzung ihres und des Kindes Unterhaltsanspruch aussieht
– und ob ggf. die Unterhaltsansprüche auf andere Weise sichergestellt werden können.
1.2 Zunächst einmal ist festzuhalten, dass Frau S nicht gleich gefragt werden muss, ob sie die Alleinsorge für das Kind hat. Die Vorschrift lässt es genügen, dass der Elternteil tatsächlich allein für das Kind sorgt. Auf die Rechtsfrage der Alleinsorge kommt es nicht an.
Ferner ist Frau S zu vermitteln, dass das JA – wie der Name schon sagt – für junge Menschen und nicht für Erwachsene zuständig ist. § 18 SGB VIII gibt deshalb auch nur einen Beratungsanspruch in Bezug auf Kinder und Jugendliche. Um ihren eigenen Unterhaltsanspruch muss sich Frau S daher alleine kümmern und ggf. einen Rechtsanwalt einschalten.
1.3 Dass H materiell-rechtlich ein Unterhaltsanspruch zusteht, ergibt sich aus dem BGB (§§ 1601 ff. BGB). Berechtigung und Höhe stehen aber nicht mehr zur Diskussion, da sie Gegenstand eines gerichtlichen Vergleichs (vgl. 127a BGB) waren. Dieser stellt einen vollstreckbaren Titel dar (§ 794 I Nr. 1 ZPO). Dies bedeutet, dass mit seiner Hilfe – wenn er mit der Vollstreckungsklausel (§ 725 ZPO) versehen ist – das materielle Recht mit staatlicher Gewalt durchgesetzt, d.h. vollstreckt werden kann. Der Frau S ist also zu erklären, dass man zur Klärung des Anspruchs von H nichts zu unternehmen braucht, dass man jedoch zum Zwecke der Beitreibung des Geldes z.B. den Lohnanspruch des Vaters mit einem Pfändungs- und Überweisungsbeschluss des Vollstreckungsgerichts pfänden könnte.
Da das JA nicht nur beraten, sondern auch unterstützen soll, kann der Sozialarbeiter z.B. mit Frau S noch einmal ein Schreiben an den Vater aufsetzen und ihm die Sachlage und die möglichen rechtlichen Schritte erklären. Es kann den Brief jedoch nicht mit dem Kopf des JA an den Vater schicken.
1.4 Schließlich hat man Frau S zu erklären, dass – wenn der Vater nicht zahlt – das Kind vom JA **Unterhaltsvorschuss** erhalten kann. Das bedeutet, dass H bis zum Alter von 12 Jahren (§ 1 I Nr.1 UVG) längstens 72 Monate lang (§ 3 UVG) seinen Unterhalt vom JA erhält und

dieses sich den geschuldeten Betrag von Herrn S zurückholt. Das geschieht in der Weise, dass der materiell-rechtliche Anspruch auf das Land, das für die Kosten aufkommt, übergeht (§ 7 I UVG). Ein schon vorhandener Titel muss auf das Land umgeschrieben werden.

2. Kann das Jugendamt außergerichtlich/gerichtlich für Frau S bzw. H tätig werden?

2.1 Außergerichtliches Tätigwerden für jemand anders ist Rechtsdienstleistung. Dieses unterliegt dem RDG. Gem. § 8 I Nr. 2 sind Rechtsdienstleistungen erlaubt, die Behörden im Rahmen ihres Aufgaben- und Zuständigkeitsbereichs erbringen[28]. Das Auftreten nach außen für einen anderen (=Vertretung) oder die gerichtliche Vertretung ist dem JA danach nicht gestattet. Grundsätzlich müsste sich Frau S hier für H einen Anwalt nehmen.

2.2 Wenn Frau S allerdings der Meinung ist, dass das JA besser als ein Anwalt die Interessen ihres Sohnes wahrnehmen könnte, so hätte sie die Möglichkeit zu beantragen, dass das JA Beistand für H werden soll (§§ 1712 ff. BGB). Beistandschaft ist gesetzliche Vertretung, ohne dass die Befugnisse des Sorgeberechtigten dadurch eingeschränkt werden (§ 1716 BGB). Als Beistand kann das JA nach außen für H auftreten (Briefe mit Briefkopf des JA) und auch Unterhaltsprozesse für ihn führen (hier nicht mehr nötig) sowie die Zwangsvollstreckung betreiben. Sofern das JA allerdings das Kind in einem Unterhaltsprozess als Beistand vor dem Familiengericht vertritt, ist die Vertretung des Kindes durch den sorgeberechtigten Elternteil ausgeschlossen (§ 234 FamFG).

3. Situation bei Kind einer ledigen Mutter

3.1 Jugendamtsurkunde für H: Eine derartige Urkunde ist ebenfalls eine vollstreckbare Urkunde (§ 60 S. 1 SGB VIII). Aus ihr könnte auch die Zwangsvollstreckung betrieben werden. Dies müsste Frau S selbst, ein Rechtsanwalt oder das JA als Beistand machen.

3.2 Notarielle Urkunde für Frau S: Obwohl es sich hier wieder um Ansprüche von Frau S handelt, könnte die Situation jetzt anders sein als unter Frage 1. Da Frau S bei der Geburt des Kinds ledig war, ist es möglich, dass auch sie für ihren Unterhalt einen Beratungsanspruch nach § 18 I S. 2 SGB VIII[29] hat. Dieser setzt voraus, dass die Mutter nicht nur faktisch, sondern auch rechtlich alleinerziehend ist (§ 1626a II BGB). Ist das der Fall, kann ihr das JA erläutern, dass auch eine notarielle Urkunde eine vollstreckbare Urkunde ist (§ 795 I Nr. 5 ZPO), aus der sie z.B. den Lohnanspruch von V pfänden kann.

3.3 Schriftliche Verpflichtung durch Herrn V zugunsten von Frau S: Eine solche Verpflichtungserklärung mag zwar für die Empfängerin beruhigend sein. Sehr viel Nutzen bringt sie ihr allerdings nicht. Sie ist nichts als ein Dokument, mit dem Frau S beweisen kann, dass Herr V materiell-rechtlich etwas schuldet. Prozessual ist dieses Papier wertlos. Frau S müsste trotzdem einen Prozess führen. Mit dem Papier könnte sie ihren Anspruch beweisen. Aber erst aufgrund des Urteils könnte sie die Zwangsvollstreckung betreiben.

---

28 Siehe auch Einführung Kapitel 3, Frage 50.

29 Der Vater eines nichtehelichen Kindes ist gem. § 1615l II, III BGB verpflichtet, der Mutter, soweit von ihr wegen der Pflege oder Erziehung des Kindes eine Erwerbstätigkeit nicht erwartet werden kann, in den ersten drei Jahren nach der Geburt Betreuungsunterhalt zu zahlen. In Fällen grober Unbilligkeit kann Betreuungsunterhalt auch über diesen Zeitraum gewährt werden. S. auch *P.-Chr. Kunkel*: Jugendhilferecht, 6. Auflage, 2010.

Fall 23:   Beratung in Fragen des Umgangs

1. Verpflichtung des Jugendamts (JA)
Eine Verpflichtung des JA ist unter zwei Gesichtspunkten zu betrachten: unter dem der sachlichen und dem der örtlichen Zuständigkeit.
1.1 Gem. § 85 I SGB VIII ist für die Gewährung von Leistungen nach SGB VIII der örtliche Träger **sachlich** zuständig, soweit nicht der überörtliche Träger zuständig ist. Örtliche Träger sind die Kreise und kreisfreien Städte, die ein JA für die Wahrnehmung der Aufgaben des SGB VIII zu errichten haben (§ 69 SGB VIII).
Herr S begehrt eine Leistung, nämlich Beratung und Unterstützung im Zusammenhang mit der Wahrnehmung seines Umgangsrechts. Dies ist im SGB VIII in § 2 II Nr. 2 ivm § 18 III S. 3 als Leistung vorgesehen. Die sachliche Zuständigkeit ist also gegeben.
1.2 Örtlich ist hierfür gem. § 86 I S. 1 SGB VIII das JA zuständig, da beide Eltern im Bereich des JA ihren gewöhnlichen Aufenthalt haben.

2. Aufgabe des Jugendamtes
§ 18 III SGB VIII enthält Näheres zu den Verpflichtungen des JA im Zusammenhang mit der Ausübung des Umgangsrechts. Demnach haben sowohl der Minderjährige als auch die im BGB genannten Umgangsberechtigten Anspruch auf Beratung und Unterstützung bei der Ausübung ihres Rechts. Insbesondere bei der Ausführung gerichtlicher oder vereinbarter Umgangsregelungen soll das JA vermitteln und Hilfestellung leisten.
Im vorliegenden Fall geht es darum, dass Herr S, dem aufgrund einer gerichtlichen Umgangsregelung ein Umgangsrecht zusteht, dieses nicht ausüben kann, weil kind und/oder Mutter dies nicht wollen oder die Mutter dies zu verhindern versucht. Bei einer derartigen Vermittlung des JA ist einerseits zu berücksichtigen, dass Herr S nicht nur ein Recht zum Umgang, sondern auch die Pflicht hat (§ 1684 I Hs. 2 BGB). Zum anderen ist zu berücksichtigen, dass der Wille des Kindes zu respektieren ist, solange dies seinem Wohl nicht zuwiderläuft. Schließlich ist zu berücksichtigen, dass § 1684 II BGB den Eltern ausdrücklich auferlegt, alles zu unterlassen, was die Beziehung zum anderen Elternteil beeinträchtigt oder die Erziehung erschwert.
Ursprünglich hat es bei Ausübung des Umgangsrechts keine Schwierigkeiten gegeben. Das belegt, dass grundsätzlich keine Bedenken bestehen können, dass Herr S sein Umgangsrecht ausübt bzw. seine Umgangspflicht erfüllt. Das Gesetz sieht es als ganz wichtig an, dass auch dann, wenn Eltern und Kinder nicht zusammenleben, diese die faktischen Kontakte aufrechterhalten, weil es grundsätzlich für die Entwicklung eines Kindes bedeutend ist, Kontakte zu beiden Elternteilen zu haben und weil der nur Umgangsberechtigte eines Tages auch wieder sorgeberechtigt sein könnte (§ 1680 BGB). Gleichgültig, ob Eltern Sorgerecht haben oder nicht: Es gehört zu ihren Elternpflichten, dafür Sorge zu tragen, dass die Beziehungen zwischen dem Kind und dem anderen Elternteil gepflegt werden. Wenn es Schwierigkeiten beim Umgang gibt, hat das JA daher als Erstes mit den Eltern zu sprechen und ihnen zu verdeutlichen, dass das Umgangsrecht primär für das Kind wichtig ist und dass kein Elternteil ein Recht hat, das Kind dem anderen zu entfremden. Es hat auch mit dem Kind in Kontakt zu treten und zu versuchen herauszufinden, warum dieses den anderen Elternteil nicht sehen will. Es hat den Eltern seine Dienste anzubieten, damit der Umgang reibungslos stattfinden kann. Es hat darauf hinzuwirken, dass die Eltern Kompromisse finden, ohne das Gericht einzuschalten.

3. Rechtliche Beratung durch das Jugendamt
Gem. § 18 III SGB VIII hat das JA Eltern und Kind zu beraten und zu unterstützen. Beratung kann Lebensberatung oder rechtliche Beratung sein. Dass das JA Lebensberatung machen

darf, steht zweifelsfrei fest, weil sie zu den psychosozialen Tätigkeiten gehört. Deshalb gibt es die Fachbehörde JA überhaupt. Das Jugendamt darf aber auch außergerichtlich rechtlich beraten. Gem. §§ 1 iVm 8 I Nr. 2 RDG sind Behörden Rechtsdienstleistungen erlaubt, die diese im Rahmen ihres Aufgaben- und Zuständigkeitsbereichs erbringen. Das JA ist eine Behörde. Die Aufgaben des JA ergeben sich aus § 27 SGB I iVm § 2. Dort ist die rechtliche Beratung zwar nirgendwo ausdrücklich genannt. Wenn man sich jedoch ansieht, was ein JA im Einzelnen zu tun hat, wird deutlich, dass es die Absicht des Gesetzgebers war, hier eine Institution zu schaffen, die ganzheitlich helfen sollte. Die meisten der im SGB VIII genannten Probleme haben auch Rechtsfragen zum Gegenstand. Es wäre eine völlig unzureichende Hilfe, wenn das Recht ausgespart würde und bereits bei der Beratung (nicht erst bei der Vertretung) ein Rechtsanwalt einbezogen werden müsste. § 18 III SGB VIII bestimmt daher, dass die Eltern Anspruch auf Beratung und Unterstützung bei der Ausübung des Umgangsrechts haben. Ebenso legt schon § 14 S. 1 SGB I fest, dass jeder Anspruch auf **Beratung über seine Rechte** und Pflichten nach diesem Gesetzbuch hat.
Die Meinung der Sozialarbeiterin K, sie dürfe nicht rechtlich beraten, ist daher falsch.

4. Die rechtlichen Möglichkeiten des Herrn S
Es geht nicht darum, dass Herr S beanstandet, dass sich die Verhältnisse geändert haben und daher die ursprünglich ergangene Entscheidung unrichtig geworden wäre. Herr S sollte daher insoweit kein Abänderungsverfahren gem. § 1696 BGB anstreben.
Es ist auch nicht so, dass Herr S selbst die elterliche Sorge haben möchte, was gem. § 1696 BGB in Abänderung des § 1671 II Nr. 2 BGB möglich wäre. Dies wäre vorstellbar, wenn Herr S jetzt einen Übertragungsantrag stellen würde und das Gericht aufgrund des Verhaltens von Frau S (negative Beeinflussung des Kindes, möglicherweise **P**arental **A**lienation **S**yndrom) zu der Überzeugung käme, dass es das Beste wäre, wenn N beim Vater lebte.
Herr S stellt auch keinen Abänderungsantrag gem. § 1696 iVm §§ 1671 III, 1666 BGB. Allerdings könnte ein solches Verfahren auch von Amts wegen oder auf Anregung des JA (§ 8a III SGB VIII) betrieben werden, wenn sich das Verhalten der Mutter als Verstoß gegen § 1684 II iVm § 1666 BGB darstellte. Ob das vorliegt, ist aus dem Sachverhalt nicht zu entnehmen.
Da schon ein vollstreckbarer Titel (Umgangsregelung) vorliegt, könnte Herr S Ordnungsmittel gem. § 89 FamFG beantragen. Die Ordnungsmittel des § 89 FamFG lösen die bisherigen Zwangsmittel in § 33 FGG ab. Danach war nur die Erzwingung zukünftiger Handlungen möglich, also um den Verpflichteten mittels Zwangsgeld oder Zwangshaft dazu anzuhalten, künftig die Befolgung der gerichtlichen Anordnung anzuhalten. Konnte ein Umgangskontakt nicht mehr durchgesetzt werden, weil der Zeitraum abgelaufen war, für den die Festsetzung galt, schied eine Festsetzung von Zwangsmitteln aus. Mit der vollstreckungsrechtlichen Umstellung von Zwangsmitteln auf Ordnungsmittel kann nunmehr eine **zu verantwortende** Zuwiderhandlung u.a. gegen einen Vollstreckungstitel zur Regelung des Umgangsnachträglich durch Ordnungsgeld, und für den Fall, dass dieses nicht beigetrieben werden kann oder die Anordnung von Ordnungsgeld keinen Erfolg verspricht, durch Ordnungshaft sanktioniert werden (§ 89 I, IV FamFG). Durch ausdrücklichen Beschluss des Familiengerichts kommt auch eine Anwendung unmittelbaren Zwangs gegen die Mutter unter den Voraussetzungen des § 90 FamFG in Betracht. Die Anwendung unmittelbaren Zwangs gegen ein Kind darf hingegen nicht zugelassen werden, wenn das Kind herausgegeben werden soll, um das Umgangsrecht auszuüben (§ 90 II S. 1 FamFG). Im Übrigen darf unmittelbarer Zwang gegen ein Kind nur zugelassen werden, wenn dies unter Berücksichtigung des Kindeswohls gerechtfertigt ist und eine Durchsetzung der Verpflichtung mit milderen Mitteln nicht möglich ist (§ 90 II S. 2 FamFG).
Als weitere Möglichkeit käme ein Vermittlungsverfahren gem. § 165 FamFG in Betracht,

wonach das Gericht auf Antrag eines Elternteils zwischen den Eltern vermittelt, wenn dieser geltend macht, dass der andere Elternteil die Durchführung einer gerichtlichen Entscheidung oder eines gerichtlich gebilligten Vergleichs über den Umgang mit dem gemeinschaftlichen Kind vereitelt oder erschwert (§ 165 I S. 1 FamFG). Diese Sonderregelung zum Vermittlungsverfahren bei geltend gemachter Umgangsvereitelung oder -erschwerung wiederholt und konkretisiert die Vorgaben der »allgemeinen« Vorschrift zum Hinwirken auf Einvernehmen (§ 156 FamFG). Im Rahmen dieses Verfahrens würde das Familiengericht noch einmal mit all seiner Autorität versuchen, was dem JA als Fachbehörde nicht geglückt ist. Allerdings ist das »Schwert« des Gerichts schärfer als das des JA: Es kann mit Sanktionen drohen und diese auch umsetzen, die das JA nicht zur Verfügung hat (§ 165 II, III, V FamFG).

5. Die Legalität des Gerichtsbeschlusses
Eine Umgangsregelung kann nicht nur als Erstregelung erfolgen, sondern auch im Vermittlungsverfahren ergehen und somit eine frühere Entscheidung abändern § 165 IV S. 2 FamFG). Welche Regelungen möglich sind, ergibt sich aus § 1684 BGB.
Ein sog. begleiteter Umgang (»Dritter« anwesend) ist gem. § 1684 IV S. 3 BGB grundsätzlich möglich, wenn die Begleitung »mitwirkungsbereit« ist. Des Näheren führt § 1684 IV S. 4 BGB dazu aus, dass diese Begleitung auch ein Träger der Jugendhilfe oder ein Verein sein kann. Das bedeutet, dass als Begleiter eine natürliche Person, ein freier Träger der Jugendhilfe oder das JA in Betracht kommt. Wenn diese bestellt werden, müssen sie mitwirkungsbereit sein. Dies kann allerdings nicht für das JA gelten, da es sich für dieses gem. § 18 III S. 4 Alt. 3 (Hilfestellung bei der Ausführung von Umgangsregelungen) um eine Pflicht handelt. Das JA muss diese Aufgabe daher grundsätzlich übernehmen, es sei denn, es handelte sich um einen »ungeeigneten Fall«, was es dem Gericht darzulegen hätte.
Anderes könnte sich allerdings aus § 5 SGB VIII ergeben, wonach die Leistungsberechtigten das Recht haben, zwischen freien und öffentlichen Trägern zu wählen.
Leistungsberechtigte gibt es nur bei Leistungen der Jugendhilfe, nicht bei »anderen Aufgaben«. Die Beratung nach § 18 III SGB VIII ist eindeutig eine Leistung (§ 2 II Nr. 2). Ob die (gerichtlich angeordnete) Begleitung auch eine Leistung ist, ist nicht eindeutig. Da das JA die Aufgabe **dann** nicht zwingend übernehmen muss, wenn ein anderer mitwirkungsbereiter Dritter, z.B. ein freier Träger, dazu bereit ist, sollte dem Wunsch des Leistungsberechtigten Vorrang eingeräumt werden. Dafür spricht auch, dass Ziel eines begleiteten Umgangs letztlich ein unbegleiteter Umgang ist. Voraussetzung für ein Gelingen dieses Vorhabens ist aber u.a. ein hohes Vertrauen der Eltern in die fachliche Kompetenz des den Umgang begleitenden Dritten.

6. Rechtsmittel gegen den Beschluss des Familiengerichts
Mit Inkrafttreten des FamFG wurde das System der Rechtsmittel in Familiensachen neu geregelt. Die Neuregelung ersetzt die bisherige Regelung in ZPO und FGG vollständig. Die nunmehrige einheitliche Regelung kennt nur noch befristete Rechtsmittel, nämlich die befristete Beschwerde (§§ 58 ff. FamFG), die sofortige Beschwerde (§§ 567 ff. ZPO) und die Rechtsbeschwerde (§§ 70 ff. FamFG). Die befristete Beschwerde ist bei Endentscheidungen immer statthaft, soweit das Gesetz nicht ausdrücklich etwas anderes bestimmt. Die sofortige Beschwerde findet hingegen nur dann statt, wenn dies im Gesetz ausdrücklich vorgesehen ist. Die unbefristete Beschwerde, die Berufung und die weitere Beschwerde sind entfallen.[30] Beide Eltern können daher gegen den Beschluss des Familiengerichts (befristete) Beschwerde einlegen. Auch das Jugendamt ist gem. §§ 59 II, 162 III FamFG beschwerdebefugt.

---

30 Zur Übersicht über die Rechtsmittel in Familiensachen siehe *Finke* in: Meysen/Balloff/Finke/Kindermann/Niepmann/Rakete-Dombek/Stötzel, Das Familienverfahrensrecht-FamFG, Praxiskommentar, Köln, 2009, Vorbemerkungen § 58, Rdn. 11 und 12.

VIII. Soziale Gruppenarbeit

Fall 24:   Segelfahrt im Ijsselmeer

Die Eheleute F, die gem. § 1630 III BGB Personensorgerechtspfleger für L sind, erbitten
eine Ferienmaßnahme für L. Diese Bitte wird Erfolg haben, wenn die Voraussetzungen des
§ 27 SGB VIII erfüllt sind.

1. Einverständnis mit Hilfe
Als Personensorgerechtspfleger haben die F in diesem Bereich die Rechte von Eltern und
können daher auch um erzieherische Hilfe bitten.

2. Erzieherisches Defizit
Des Weiteren darf eine dem Wohl von L entsprechende Erziehung nicht gewährleistet sein.
Ob dies der Fall ist, wird an § 1 I SGB VIII gemessen.
Was abstrakt eine Abweichung von § 1 SGB VIII, d.h. eine defizitäre Lage ist, ist in Fall
13 unter 1.1 ausführlich dargestellt. Um festzustellen, ob L sich in einer solchen Situation
befindet, ist zunächst zusammenzutragen, was der Sachverhalt an Informationen zu diesem
Bereich enthält. Dort wird uns berichtet, dass er immer ein Einzelgänger war, eine fixe
Berufsidee hat (Hochseekapitän), seit längerer Zeit die Schule schwänzt, dass er absolut
schulunwillig ist und im Hafen versucht, sich anheuern zu lassen.
Wenn man diese Fakten an den Erziehungszielen des § 1 SGB VIII misst, so kommt man
zu folgendem Ergebnis: Ein vernünftiger 16jähriger wird zumindest das Schuljahr zu Ende
bringen, um einen Schulabschluss zu haben. Ein Gymnasialschüler, der vorher gute Noten
hatte, wird darüber hinaus versuchen, wenigstens die Fachhochschulreife zu bekommen. Im
Übrigen wird ein durchschnittlich entwickelter 16jähriger sich kundig machen, was in einem
Beruf, von dem er träumt, auf ihn zukommt. Im Übrigen ist ein 16jähriger in einem Alter,
in dem er die Gruppe sucht und sich darin übt, in einer Gruppe seinen Platz in Abgrenzung
zu anderen zu finden. All dies ist bei L nicht festzustellen. Es ist daher davon auszugehen,
dass sein Erziehungsstand defizitär ist.

3. Notwendigkeit und Geeignetheit der Hilfe
Bei der Prüfung dieses Punktes sind drei Aspekte zu berücksichtigen:
–   der konkrete erzieherische Bedarf,
–   die Ressourcen der Personensorgeberechtigten,
–   das übrige soziale Umfeld.
3.1 Eine Intervention in Form von Hilfe zur Erziehung ist notwendig, wenn nicht ersichtlich
ist, dass die vorhandene defizitäre Lage sich ohne Gewährung einer Hilfe von alleine bessern
wird. Die Pflegeeltern sind von alleine ins Jugendamt gekommen, weil sie der Situation nicht
gewachsen sind. Die Tatsache, dass sie Hilfe möchten, spricht dafür, dass sich die defizitäre
Lage von alleine nicht bessern wird. Aus dem übrigen sozialen Umfeld ist nicht viel bekannt.
Die Großeltern waren schon hilflos, als L noch kleiner war. Die Schule hat außer Kontrolle
nichts geboten. Eine Intervention scheint daher nötig.
3.2 Ob sie geeignet ist, ergibt sich vor allem aus dem erzieherischen Bedarf.
a) Ziele einer Intervention werden vor allem Folgende sein:
–   Das Erlernen von Gemeinschaftsfähigkeit, die gerade in Berufen notwendig ist, wo
    Menschen über längere Zeit auf engstem Raum zusammenleben müssen, wie es auf
    Schiffen der Fall ist. Im Übrigen scheint L nicht einmal eine »normale« Soziabilität
    entwickelt zu haben, die ihn befähigt, befriedigende Beziehungen zu Mitmenschen in
    unterschiedlicher Intensität zu unterhalten.

- Die Entwicklung einer realistischen Sichtweise und Einschätzung seiner beruflichen Fähigkeiten und Möglichkeiten und die Toleranz, auch Phasen durchzustehen, die dem Lustprinzip nicht entsprechen. Es ist nicht ersichtlich, aufgrund welcher Umstände L diese Dinge lernen könnte, wenn ihm nicht dabei geholfen wird. Es besteht also ein erzieherischer Bedarf, der durch die öffentliche Jugendhilfe gedeckt werden muss.

b)   Unter Berücksichtigung dieser Aspekte ist nach der geeigneten Hilfe zu suchen. Da die Pflegeeltern zunächst nur eine Ferienmaßnahme wünschen, sind lediglich die ambulanten, d.h., familienergänzenden Hilfen der §§ 28-32 SGB VIII in die Überlegungen einzubeziehen.

- In Betracht kommen könnte der Besuch einer **Erziehungsberatung** (§ 28 SGB VIII). In der EB könnte diagnostisch geklärt werden, inwieweit ein möglicher frühkindlicher Schock beim Tod der Mutter mitursächlich gewesen sein mag für seine Entwicklung zum Einzelgänger mit Verhaltensproblemen (Schulversäumnisse etc.). Evtl. könnte durch die EB eine Therapie angeboten werden. Für eine rasche Hilfe, die hier von den Pflegeeltern erbeten wird, ist jedoch eine EB z. Zt. nicht geeignet.

- Für die jetzt anstehende Frage, welche ambulante Hilfe als geeignet angeboten werden könnte, ist L's Hauptinteresse zur Orientierung heranzuziehen. Er möchte Kapitän werden und hat nur Schiffe im Sinn. Ob er bereits Gelegenheit gehabt hat, einmal mit einem Schiff zu reisen, teilt der Sachverhalt nicht mit. Im zuständigen Jugendamt gibt es einmal jährlich ein Angebot, das sich »Segelfahrt im Ijsselmeer« nennt. Es handelt sich dabei um soziale Gruppenarbeit, bei welcher gelegentlich einer Segelfahrt betrieben wird. Diese Art abenteuerorientierter Angebote der Jugendhilfe wird gern eingesetzt für Jugendliche, die im Umgang mit anderen Schwierigkeiten haben und auch durch ihr sonstiges Verhalten erkennen lassen, dass ihre Entwicklung nicht den »normalen« Verlauf nimmt. Rechtsgrundlage für ein solches Angebot der Jugendämter ist § 29 SGB VIII. Im vorliegenden Fall kommt es durchaus für L in Betracht. Da ein Vorkurs absolviert werden muss, kann seine grundsätzliche Haltung getestet werden, ob er bereit und fähig ist, sich in das Gruppengeschehen einzufügen. Wenn L, der gem. § 8 SGB VIII an der Auswahl der Hilfe zu beteiligen und gem. § 36 SGB VIII über alle Einzelheiten im Zusammenhang mit diesem Unternehmen zu beraten und aufzuklären ist, bereit ist, sich darauf einzulassen, kann er für die Segelfahrt zugelassen werden. Da gem. § 27 II S. 3 SGB VIII die Hilfe idR im Inland zu erbringen ist und nur dann im Ausland erbracht werden darf, wenn dies nach Maßgabe der Hilfeplanung zur Erreichung des Hilfeziels im Einzelfall erforderlich ist, muss das Jugendamt die vorgenannten Aspekte für diese Hilfeart, die die Erforderlichkeit belegen, deutlich herausarbeiten.

- Eine **andere Hilfe** ist vorläufig nicht in Betracht zu ziehen. Falls die soziale Gruppenarbeit nicht erfolgreich verläuft oder falls L aufgrund der Erfahrungen im Vorkurs nicht zu einer Teilnahme an der Segelfahrt bereit ist, muss erneut über eine andere Hilfe nachgedacht werden.

IX. Erziehungsbeistandschaft, Betreuungshilfe

Fall 25: Voraussetzungen für die Bestellung eines Erziehungsbeistandes

1. Zuständigkeit des Jugendamts X

1.1 Im Recht schlechthin unterscheidet man verschiedene Arten der Zuständigkeit, und zwar sowohl im Hinblick auf Gerichte als auch Behörden:

– **Internationale Zuständigkeit:** Sie regelt die Frage, ob deutsche Behörden/Gerichte in Fällen mit Auslandsberührung (z.b. ausländische Staatsangehörigkeit, Belegenheit von Vermögen im Ausland, Aufenthalt von Deutschen im Ausland, unerlaubte Handlung oder Vertragsabschluss im Ausland) tätig werden dürfen.

– **Sachliche Zuständigkeit:** Sie bestimmt, welches Gericht in erster Instanz für eine Angelegenheit bzw. welche Art von Behörde (Jugendamt/Ordnungsamt/Gesundheitsamt) sowie welche von gleichartigen Behörden (Jugendamt/Landesjugendamt) zuständig ist.

– **Örtliche Zuständigkeit:** Sie regelt die Frage, welche Behörde/welches Gericht die bzw. das geografisch zuständige ist.

– **Funktionelle Zuständigkeit:** Sie regelt die Frage, welches Rechtspflegeorgan/ Verwaltungsorgan (Verwaltung des Jugendamtes/Jugendhilfeausschusses) tätig werden muss.

1.2 **Im Rahmen des** SGB VIII spielt bei deutschen Minderjährigen die sachliche, örtliche und funktionelle, bei ausländischen Minderjährigen darüber hinaus die internationale Zuständigkeit eine Rolle.

– Die **sachliche Zuständigkeit** ist in § 85 I SGB VIII geregelt. Dieser bezieht sich für die inhaltliche Frage – also die Regelungsgegenstände – auf § 2 SGB VIII, soweit das Jugendamt zuständig ist; soweit das Landesjugendamt zuständig ist, sind die Regelungsgegenstände in § 85 II SGB VIII aufgezählt.

Weitere Vorschriften zur sachlichen Zuständigkeit enthält beispielsweise § 2 I AdVermiG.

– Die **örtliche Zuständigkeit** ist in §§ 86-88 SGB VIII geregelt. Sie ist grundsätzlich abhängig vom gewöhnlichen Aufenthalt der Eltern, hilfsweise vom überwiegenden bzw. tatsächlichen Aufenthalt des Kindes.

Normalerweise tritt kein Zuständigkeitswechsel ein, wenn das Kind/der Jugendliche seinen Aufenthalt wechselt. Lediglich nach § 86 VI SGB VIII wird statt des Jugendamts am gewöhnlichen Aufenthalt der Eltern das Jugendamt am g. A. der Pflegeeltern zuständig, wenn ein Minderjähriger zwei Jahre bei einer Pflegeperson lebt und sein Verbleib bei dieser Person dort auf Dauer zu erwarten ist.

– Die **internationale Zuständigkeit:** Die internationale Zuständigkeit ist zu unterscheiden vom anzuwendenden Recht. Im **Privatrecht** ist diese Unterscheidung sinnvoll, weil es sein kann, dass die deutschen Behörden ausländisches Recht auf einen Fall anzuwenden haben. Jedes Gericht auf der Welt kann anderes als sein eigenes Recht anwenden. Anders ist es im **öffentlichen Recht.** Im Rahmen der **Eingriffverwaltung** (z.B. Maßnahmen der Ordnungsbehörden, des Gesundheitsamtes, des Ausländeramtes) sind die deutschen Behörden immer international zuständig, wenn sich Ausländer hier befinden, und sie wenden immer deutsches Recht auf die Ausländer an. Das ergibt sich aus dem Charakter des öffentlichen Rechts, in dem das sog. Territorialitätsprinzip gilt.

Im Rahmen der **Leistungsverwaltung** muss, sofern der Ausländer eine Leistung (nach deutschem Recht) in Anspruch nehmen möchte, eine besondere Norm die internationale Zuständigkeit der deutschen Behörden vorsehen. Normen zur internationalen Zuständigkeit finden sich in internationalen Abkommen oder im nationalen Recht (§ 30 SGB I, § 6 II SGB VIII). Internationale Abkommen, die für den Bereich der Hilfen zur Erziehung gelten, sind das **Europäische Fürsorgeabkommen (EFA)** vom 11.12.1953, in Kraft für die Bundesrepublik seit dem 15.5.1956 sowie das **Haager Minderjährigenschutzabkommen (MSA)** v. 5.1.1961, in Kraft für die Bundesrepublik seit dem 17.9.1971. Das MSA ist für Deutschland gem. Art. 13 I auf alle Minderjährigen unabhängig von der Staatsangehörigkeit anzuwenden. Deshalb können allen ausländischen Minderjährigen erzieherische Hilfen gewährt werden. Gehören die Minderjährigen allerdings einem Staat an, der nur Mitglied des EFA ist, so ist die Hilfe nach dem EFA zu erbringen, was sachlich aber keinen Unterschied macht.

–   Die **funktionelle Zuständigkeit** wird bei der Frage nach einer einzelnen Leistung nur ganz begrenzt eine Rolle spielen. Für das Gewähren von Leistungen ist nämlich nie der Jugendhilfeausschuss, sondern immer die Verwaltung zuständig (vgl. §§ 70, 71 SGB VIII). Lediglich in einem Fall stellt sich die Zuständigkeitsfrage, und zwar bei der Adoptionsvermittlung. Hier ist nicht »das Jugendamt« zu handeln befugt, sondern eine vom Jugendamt eingerichtete Adoptionsvermittlungsstelle (§ 2 AdVermiG).

1.3 Im vorliegenden Fall sind also die internationale, die sachliche und die örtliche Zuständigkeit zu prüfen.

Internationale Zuständigkeit: Italien ist Mitglied des EFA. Also können italienische Minderjährige auf dieser Basis erzieherische Hilfen erhalten. Allerdings bezieht sich das EFA – wie sich aus seiner Geschichte ergibt – nur auf die Hilfen der Fremdunterbringung. Sollte sich daher herausstellen, dass nur eine ambulante Hilfe nötig ist, müsste die internationale Zuständigkeit auf das MSA gestützt werden. In diesem Fall sind die deutschen Behörden gem. Art. 1 MSA zuständig, wenn

(1) der Betroffene minderjährig ist (Art. 12 MSA: Minderjährigkeit iSd MSA = Minderjährigkeit aufgrund von Heimat- und Aufenthaltsrecht);

(2) es sich um eine Schutzmaßnahme handelt (Einzelmaßnahme, die von Behörden/Gerichten (= Verwaltungsakte/Verträge/Beschlüsse getroffen werden, um Person oder Vermögen des Minderjährigen zu schützen);

(3) der Minderjährige seinen gewöhnlichen Aufenthalt in einem Mitgliedsstaat hat (Art. 13 I MSA);

(4) die Schutzmaßnahme nicht willkürlich in ein gesetzliches Schutzverhältnis eingreift (Art. 3 MSA: sog. Anerkennungstheorie[31], Schutzverhältnisse sind Rechtsbeziehungen zum Schutz von Personen oder Vermögen der Minderjährigen, die kraft Gesetzes entstehen).

Die 17jährige und der 3jährige sind minderjährig iSd MSA. Die Gewährung einer ambulanten erzieherischen Hilfe ist eine Schutzmaßnahme. M und K haben ihren gewöhnlichen Aufenthalt in Deutschland. Die Gewährung von erzieherischer Hilfe bei pädagogischer Notwendigkeit ist kein willkürlicher Eingriff in das gesetzliche Schutzverhältnis der elterlichen Sorge, sondern eine Hilfsmaßnahme zum Schutz der Person von M und K. Somit wäre eine internationale Zuständigkeit aufgrund des MSA gegeben.

Sachliche Zuständigkeit: Die Prüfung der sachlichen Zuständigkeit ist gemäß den oben gemachten abstrakten Ausführungen die Prüfung der Frage, ob es auf den konkreten Fall bezogen im weitesten Sinne Dinge gibt, die das Jugendamt möglicherweise zu tun haben könnte. Welche Hilfe dann konkret ins Auge gefasst wird, ist Gegenstand der Prüfung der Begründetheit des Antrags.

---

31 Vgl. zu den Einzelheiten *Oberloskamp*, MSA, Art. 1 RdNrn. 150 ff.

Hinweis: Logisch muss zunächst nach möglichen Tätigkeiten **des Jugendamts schlechthin** gefragt werden, bevor die Frage nach der geografischen Zuständigkeit aufgeworfen wird. Daher ist die sachliche Zuständigkeit immer vor der örtlichen zu prüfen! Wenn noch offen ist, welche Hilfe in Betracht kommt, ist die sachliche Zuständigkeit auch vor der internationalen zu prüfen; denn es gibt keine internationale Zuständigkeit für Hilfen schlechthin, sondern nur im Blick auf bestimmte Hilfen. Da sowohl auf der Basis des EFA als auch des MSA erzieherische Hilfen nach deutschem Recht zu gewähren sind, ist also zu überlegen, welche Hilfen nach SGB VIII evtl. möglich wären.

Vorliegend kommt für M in Betracht:
- § 19 SGB VIII: Mutter-Kind-Einrichtung
- § 27 SGB VIII: Ambulante erzieherische Betreuung
- § 28 SGB VIII: Erziehungsberatung
- § 29 SGB VIII: soziale Gruppenarbeit
- § 30 SGB VIII: Erziehungsbeistandschaft

Für K kommt in Betracht:
- § 27 SGB VIII: Ambulante erzieherische Betreuung
- § 28 SGB VIII: Erziehungsberatung
- § 30 SGB VIII: Erziehungsbeistandschaft
- § 32 SGB VIII: Erziehung in einer Tagesgruppe
- § 33 SGB VIII: Pflegefamilie
- § 34 SGB VIII: Heimerziehung
- § 21 AdVermG: Annahme als Kind durch die Großeltern oder Fremde.

Jedenfalls ist das Jugendamt für Hilfen für M und K sachlich zuständig.

Hinweis: Wenn – wie hier – nach der Möglichkeit einer bestimmten Hilfe gefragt wird, braucht unter der sachlichen Zuständigkeit eigentlich nur die Frage in Bezug auf diese Hilfe beantwortet zu werden. Aus Übungsgründen und zum besseren Abwägen bei der Verhältnismäßigkeit sind vorliegend trotzdem alle theoretisch möglichen Hilfen aufgelistet.

Örtliche Zuständigkeit: § 86 SGB VIII stellt auf den »gewöhnlichen Aufenthalt« der Eltern ab. Dies ist – anders als der Wohnsitzbegriff des BGB (§ 11) – kein Rechtsbegriff. Vielmehr kommt es darauf an, wo die Eltern tatsächlich ihren **Lebensmittelpunkt** haben. Wenn M und deren Eltern ihren gewöhnlichen Aufenthalt im Bezirk des Jugendamts X haben, ist dieses örtlich zuständig.

2. Erziehungsbeistand für M gem. § 30 SGB VIII

In Fällen mit Auslandsberührung ist nicht nur nach der internationalen Zuständigkeit, sondern auch nach dem **anzuwendenden Recht** zu fragen. Denn – vgl. die Normen des EGBGB – es ist keineswegs selbstverständlich, dass beispielsweise der international zuständige deutsche Richter die Betroffenen auch nach deutschem Recht zu scheiden hat (vgl. Art. 17 EGBGB).

Vorliegend ergeben sich insoweit allerdings keine Schwierigkeiten, da sowohl auf der Basis des EFA (vgl. Art. 1: »... in gleicher Weise wie seinen eigenen Staatsangehörigen und unter den gleichen Bedingungen die Leistungen der ... Fürsorge ... zu gewähren ... «) als auch auf der des MSA (vgl. Art. 2 I: »Die nach Art. 1 zuständigen Behörden haben die nach ihrem innerstaatlichen Recht vorgesehenen Maßnahmen zu treffen«) deutsches Recht anzuwenden ist.

Es ist daher **nach deutschem Recht**, folglich **gem. §§ 27, 30 SGB VIII, zu prüfen**, ob der M ein Erziehungsbeistand bestellt werden kann.

Da nach der Systematik des SGB VIII nicht der Minderjährige einen Erziehungsanspruch gegen den Staat, sondern seine Eltern einen Hilfeanspruch gegen den Staat auf Unterstützung bei der Erziehung haben, ist im Folgenden zu prüfen, ob die Eltern von M einen Anspruch darauf haben, dass ihre Tochter einen Erziehungsbeistand erhält. Es müssen daher die in den §§ 27, 30 SGB VIII enthaltenen Voraussetzungen erfüllt sein.

2.1 Eine dem Wohl der Jugendlichen entsprechende **Erziehung** dürfte **nicht gewährleistet** sein. Ob eine dem Wohl der Jugendlichen entsprechende Erziehung gewährleistet ist, bemisst sich nach § 1 I SGB VIII, der die eigenverantwortliche und gemeinschaftsfähige Persönlichkeit als Ergebnis einer angemessenen Erziehung beschreibt.[32] Im vorliegenden Fall hat M bereits mit 14 Jahren ein Kind. Sie kümmert sich jedoch nicht darum, überlässt es vielmehr ihren Eltern, denen sie im Übrigen kein Vertrauen entgegenbringt. Statt an diese, lehnt sie sich an ständig wechselnde Freunde an und akzeptiert das, was die Eltern ihr empfehlen, in keiner Weise. In der Lehre zeigt sie auch kein Engagement, sie tut vielmehr nur gerade so viel, dass sie nicht hinausgeworfen wird.

Aus diesem Bild ergibt sich, dass M sich anders verhält, als viele vergleichbare Jugendliche dieses Alters. Zwar ist es für 13-17jährige entwicklungsentsprechend, sich von den Eltern abzulösen. Bei »normalen« Jugendlichen ist aber gerade der Wunsch, sich an einen anderen jungen Menschen zu binden, sehr stark, nicht dagegen das Bestreben, sich ständig neue Partner zu suchen. Bei ihr liegt daher möglicherweise eine gewisse Bindungsunfähigkeit, zumindest eine Bindungsscheu vor. Bei anderen Jugendlichen dieses Alters ist auch durchaus schon der Wunsch vorhanden, Verantwortung zu übernehmen und darin die Bestätigung ihrer Person zu finden. Hieran fehlt es bei M völlig.

M zeigt mit diesem Verhalten weder eine altersgemäße Eigenverantwortlichkeit noch eine angemessene Gemeinschaftsfähigkeit. Eine ihrem Wohl entsprechende Erziehung ist daher nicht gewährleistet.

2.2 Die ausgewählte Hilfe zur Erziehung, also die Erziehungsbeistandschaft, muss für die Entwicklung von M **geeignet und notwendig** sein. Dies ist zu prüfen auf der Basis
1. des erzieherischen Bedarfs,
2. des Willens der Bereitschaft und der Fähigkeit des Personensorgeberechtigten,
3. der Ressourcen des sonstigen sozialen Umfelds.

Mit dem Begriffspaar »geeignet und notwendig« umschreibt das Gesetz das im Verwaltungsrecht allgemein gültige Prinzip der Verhältnismäßigkeit.[33] Eine Maßnahme soll wirksam sein, aber dennoch nicht zu sehr in die Sphäre des Betroffenen eingreifen (so wenig wie möglich, so viel wie nötig).

2.2.1 In jedem Fall muss es jedoch nötig sein, dass **überhaupt Hilfe geleistet** wird. Selbst wenn nämlich aktuell ein erzieherischer Bedarf besteht, ist es nicht zwingend, dass das Jugendamt interveniert. Es kann z.B. sein, dass die Abweichung vom »Normalen« sich voraussichtlich von allein behebt (Kaufhausdiebstähle in der Pubertät) oder dass sich die Umstände so ändern, dass der erzieherische Bedarf vermutlich von alleine abklingen wird (kranke Mutter ist wieder gesund; Umzug, der mit Schulwechsel verbunden ist; positiver Einfluss einer Freundin etc.). In diesen Fällen wäre die Gewährung einer erzieherischen Hilfe nicht notwendig. Im vorliegenden Fall ist nicht ersichtlich, wodurch sich die Situation ohne Intervention verändern sollte.

2.2.2 Ist Hilfe notwendig, muss weiter geprüft werden, **welche Hilfe geeignet**, d.h. die richtige Hilfe ist. Vorliegend ist um eine Erziehungsbeistandschaft gebeten worden. Diese kann, da sie eine ambulante Hilfe ist, nur gewährt werden, wenn zur Beseitigung der Ge-

---

32 Zu den Einzelheiten siehe Fall 13.
33 Vgl. hierzu *Papenheim* u.a. Kap. 18.2.

fährdung **keine Herausnahme** des Minderjährigen aus dem gefährdenden Milieu und keine Bereitstellung des pädagogischen Schonraums einer Institution oder einer fremden Familie erforderlich sind und wenn es genügt, dass eine pädagogische Fachkraft die Familie und den jungen Menschen unterstützt.

- Für M würde eine Unterbringung in einem Erziehungsheim eine Trennung von K bedeuten. Dies würde für beide zu einer weiteren Entfremdung führen. M könnte nicht lernen, dass sie zwar aufgrund ihres Alters ein Recht darauf hat, ein eigenes Leben zu führen, das ihr die Entwicklung ihrer Persönlichkeit gestattet; dass sie aber wegen des Kindes keine solche Freiheit wie andere Jugendliche ihres Alters für sich in Anspruch nehmen kann, vielmehr auf K Rücksicht nehmen und zu diesem eine feste Beziehung entwickeln muss. Zwar wäre es denkbar, M zu empfehlen, K zur Adoption freizugeben. Aber diesen Schritt sollte das Jugendamt erst nach dem Scheitern eines anderen Hilfeversuchs tun. Wegen K wäre daher ein Verbleiben M's in der Familie erstrebenswert.
- Eine Unterbringung in einer Mutter-Kind-Einrichtung würde die Trennung von ihrem Kind vermeiden, würde aber stattdessen eine Trennung und damit weitere Entfremdung von den Eltern bedeuten. Da die Eltern jedoch gewillt zu sein scheinen, sich um das Kind zu kümmern, sollte eine Herausnahme von M und K aus dem Elternhaus vermieden werden.
- Vermutlich würde M auch ihre Lehrstelle verlieren, wenn sie außerhalb der Familie untergebracht werden müsste. Diese Überlegung spricht ebenfalls dafür, sie bei ihren Eltern zu belassen.
- Die Eltern sind auch kooperationsbereit, was sich darin äußert, dass sie sich freiwillig zum Jugendamt begeben und um Hilfe bitten.
- Schließlich hat sich offenbar bisher keine Fachkraft bemüht, die außerordentliche Situation aufzuarbeiten, die für M durch ihre frühe Mutterschaft entstanden ist. Auch die Frage, warum M so früh Kontakte zu Männern gesucht hat, müsste geklärt werden. Bevor auf diesem Wege keine Anstrengungen unternommen worden sind, sollte M nicht aus der Familie genommen werden.

Das Belassen der M in ihrer Familie wäre daher ausreichend.

2.2.3 Zu prüfen ist weiter, ob die Bestellung eines Erziehungsbeistands **geeignet** ist. Sie ist nicht geeignet, wenn eine andere, weniger einschneidende Maßnahme genügen würde. In Betracht kommt z.B.: Warnungen, Ermahnungen, Belehrungen durch das Jugendamt, Schule, Kirche, Jugendverbände, Wohlfahrtsverbände, Familiengericht oder ambulante erzieherische Betreuung, Erziehungsberatung, soziale Gruppenarbeit. Im vorliegenden Fall ist das Verhalten von M so, dass eine einmalige oder sporadische Intervention keinen Erfolg verspricht. Vielmehr braucht sie über längere Zeit eine feste Bezugsperson, die kontinuierlich zur Verfügung steht. Auch wäre es gut, wenn eine neutrale Person in die Familie käme, die bei dem doppelten Konflikt M's – einerseits Ablösung von den Eltern, andererseits Abhängigkeit von ihnen wegen K – vermitteln könnte. Aus diesen Gründen ist die Bestellung eines Erziehungsbeistands notwendig.

2.3 *Ergebnis*: Der Bitte der Eltern hinsichtlich M kann entsprochen werden.

3. Erziehungsbeistand für K gem. § 30 SGB VIII

3.1 Die Eltern von M, also Großeltern von K, haben für diesen um die Bestellung eines Erziehungsbeistandes gebeten. Hier ist zunächst zu prüfen, ob die Großeltern hierauf überhaupt einen Anspruch haben können.

Nach § 27 SGB VIII hat ein Personensorgeberechtigter **Anspruch auf Hilfe**. Wer Personensorgeberechtigter iSd SGB VIII ist, bestimmt § 7 I Nr. 5 SGB VIII. Danach ist Personensorgeberechtigter, wem allein oder gemeinsam mit einer anderen Person nach den Vorschriften des BGB die Personensorge zusteht. Nach dem BGB ist Personensorgerechtsinhaberin für ein nicht eheliches Kind die Mutter gem. § 1626a BGB. Ist diese allerdings minderjährig, ruht ihre elterliche Sorge in Teilbereichen, § 1673 II S. 2 BGB. Da M nicht zur Vertretung von K berechtigt ist, § 1673 II S. 2 Hs. 2 BGB, braucht K einen g. V., § 1773 I BGB. Dies ist seit seiner Geburt das Jugendamt als Amtsvormund, § 1791c I S. 1 BGB. M hat nur die **tatsächliche Personensorge,** diese übt sie neben dem Vormund aus, § 1673 II S. 2 Hs. 1 BGB. M und der Vormund sind daher beide iSd § 7 I Nr. 5 Personensorgeberechtigte. Die Großeltern sind es jedenfalls nicht. Diese Regelungen gelten allerdings zunächst nur für deutsche Mütter. Ob sie auch bei italienischen Müttern eingreifen, beantwortet das Internationale Privatrecht. Hier bestimmt Art. 21 EGBGB, dass das Rechtsverhältnis zwischen einem Kind und seinen Eltern dem Recht des Staates unterliegt, in dem das Kind seinen gewöhnlichen Aufenthalt hat. Danach gilt auch für italienische Mütter deutsches Recht. Diese Norm wird auch nicht durch die speziellere Regelung des Art. 3 MSA verdrängt, der vorsieht, dass ein Schutzverhältnis, das nach dem innerstaatlichen Recht des Staates, dem der Minderjährige angehört (= Italien), kraft Gesetzes besteht, in allen Vertragsstaaten anzuerkennen ist. Zwar wäre die elterliche Sorge nach italienischem Recht ein solches Schutzverhältnis, das der Aufenthaltsstaat anzuerkennen hätte. Diese Pflicht gilt nach der Rspr. des BGH[34] jedoch nur dann, wenn das gesetzliche Schutzverhältnis des Heimatstaates (= Italien) mit einer Schutz**maßnahme** des Aufenthaltsstaates (= Deutschland) konkurriert, nicht dagegen, wenn die Konkurrenz ein weiteres gesetzliches Schutz**verhältnis** des Aufenthaltsstaates ist. Es bleibt also dabei, dass K nach deutschem Recht unter gesetzlicher Amtsvormundschaft nach § 1791c I S. 1 BGB steht. Die Großeltern sind somit nicht Personensorgeberechtigte. Sie könnten jedoch Erziehungsberechtigte und in dieser Eigenschaft befugt sein, um Hilfe zu bitten. Wer Erziehungsberechtigter ist, regelt § 7 I Nr. 6 SGB VIII. Demnach ist Erziehungsberechtigter nicht nur der Sorgeberechtigte, sondern auch jede sonstige Person über 18 Jahren, soweit sie aufgrund einer Vereinbarung mit dem Personensorgeberechtigten nicht nur vorübergehend und nicht nur für einzelne Verrichtungen Aufgaben der Personensorge wahrnimmt. Die Großeltern betreuen und erziehen das Kind mit Zustimmung der Mutter und des Vormunds.

Die Frage ist nun, ob auch der **Erziehungsberechtigte Anspruch auf Hilfe** zur Erziehung hat oder nur der Personensorgeberechtigte. Das SGB VIII enthält in § 7 präzise Begriffsbestimmungen. Auf diese nimmt es in den verschiedenen Normen differenziert und abgestuft Bezug. Wenn es daher den Erziehungsberechtigten, die nicht Personensorgeberechtigte sind, einen Anspruch auf Hilfe zur Erziehung hätte einräumen wollen, so hätte es die Erziehungsberechtigten bestimmt ausdrücklich in § 27 SGB VIII genannt (wie z.B. in § 28 SGB VIII als Adressat von Erziehungsberatung). Die Großeltern haben daher keinen Anspruch auf Hilfe zur Erziehung.

Allerdings ist ihr »Antrag« nicht völlig wertlos. Der Wunsch der Großeltern ist als **Anregung an das Jugendamt** zu qualifizieren, den Personensorgeberechtigten erzieherische Hilfe anzubieten. Von deren Einverständnis hängt dann die Annahme ab. Allerdings wird ein solches Angebot nur erfolgen, wenn es sinnvoll erscheint. Deshalb ist zu prüfen, ob die M und der Vormund gem. §§ 27, 30 SGB VIII Anspruch darauf haben, dass dem K ein Erziehungsbeistand bestellt wird.

3.2 Eine dem Wohl von K entsprechende **Erziehung** dürfte **nicht gewährleistet** sein. Für die Beurteilung dieser Frage ist wieder § 1 SGB VIII heranzuziehen[35]. K's Verhalten weicht von dem anderer Kinder in dem Alter ab. Mit 3$^{1/2}$ Jahren hat sich ein Kind in der Regel

---

34 V. 2.5.1990, FamRZ 1990, 1103.
35 S. Fall 13.

von seinen Bezugspersonen so weit gelöst, dass es in der Lage ist, in den Kindergarten zu gehen. Diese Fähigkeit hat K. Er hat aber noch nicht gelernt, sich in die Gemeinschaft des Kindergartens einigermaßen einzufügen und zeigt ein aggressives Verhalten. Ihm fehlt daher das seinem Alter entsprechende Maß an Soziabilität.

Auch sein Verhalten zu Hause weicht von der Norm ab. K zeigt auch hier ein sehr aggressives Verhalten, indem er alles kaputt macht, was nicht niet- und nagelfest ist. Auf Aggressionen deuten auch seine permanenten Trotzreaktionen hin, die zeigen, dass er sich nicht verstanden fühlt.

Eine angemessene Erziehung ist somit nicht gewährleistet.

3.3 Der Erziehungsbeistand müsste für die Entwicklung von K die **geeignete und notwendige Hilfe** sein.

3.3.1 Hier ist wegen des Grundsatzes der Verhältnismäßigkeit (vgl. § 1666a I BGB) als Erstes zu prüfen, ob K **in der Familie bleiben** kann.

Das Kind hat bisher keine gesunden Beziehungen zu seiner Mutter entwickeln können. Nähme man es aus der Familie, fiele diese Möglichkeit endgültig fort. Außerdem beruht seine »Schädigung« wohl hauptsächlich darauf, dass die Mutter-Kind-Beziehung gestört ist. Diese Beziehung kann aber voraussichtlich nur normalisiert werden, wenn das Kind bei der Mutter bleibt. Von daher scheint es geradezu geboten, K nicht ins Heim oder eine Pflegefamilie zu geben.

Eine ambulante Hilfe ist aber nur dann sinnvoll, wenn diejenigen, bei denen sich das Kind befindet, mitwirkungsbereit und -fähig sind. Die derzeitige Beziehung M – K wäre nicht dazu geeignet, der M Positives zu attestieren. Es ist jedoch zu berücksichtigen, dass M einen Erziehungsbeistand erhalten soll, der wohl auch an dieser Problematik mit ihr arbeiten wird, und dass die Großeltern, bei denen sich M und K befinden, sich tatkräftig um beide bemühen. Es kann daher wohl von einigen erzieherischen Ressourcen ausgegangen werden, sodass es verantwortet werden kann, K in der Familie zu belassen.

3.3.2 Steht fest, dass eine ambulante Hilfe ausreicht, so ist weiter zu prüfen, ob ein Erziehungsbeistand **geeignet** ist.

Hier stellt sich zunächst die Frage, ob **bei bestehender Amtsvormundschaft** noch ein Erziehungsbeistand bestellt werden sollte. Grundsätzlich hat ein Vormund dieselben Rechte wie die elterlichen Sorgerechtsinhaber. Anders könnte es hier deshalb sein, weil die Amtsvormundschaft wegen Minderjährigkeit der Mutter besteht. In diesem Fall hat sie das Nebensorgerecht neben dem Vormund, und ihrer Meinung müsste sich der Vormund beugen, auch wenn er anderer Ansicht wäre (s. o. 3.1).

Hinzu kommt, dass der Vormund, insbesondere wenn er die tatsächliche Personensorge nur neben der M ausübt und das Kind bei der Mutter lebt, vorrangig Funktionen des gesetzlichen Vertreters und nicht des Erziehers ausübt. Auch ist zu bedenken, dass Amtsvormundschaften häufig nicht von pädagogischen Fachkräften, sondern von Verwaltungsfachkräften geführt werden. Dies dürfte bei »normalen« Kindern problemlos sein, bei Erziehungsschwierigen jedoch nicht genügen. Ebenso wie Eltern in solchen Fällen Hilfe zur Erziehung in Anspruch nehmen, muss dies auch der Vormund können. Daher bestehen gegen das Nebeneinander beider Funktionen keine Bedenken.

Die weitere Frage ist, ob die Erziehungsbeistandschaft die richtige Hilfe für K ist. Zwar sieht das Gesetz für keine der Hilfen Altersgrenzen vor, weder nach oben noch nach unten. Aber manche Hilfen eignen sich besser für größere, manche besser für kleinere Kinder. Beim Erziehungsbeistand spielt das Ziel der Verselbstständigung eine so wichtige Rolle, dass der Gesetzgeber es ausdrücklich in das Gesetz geschrieben hat. Das spricht dafür, Erziehungsbeistände vorrangig für Jugendliche zu bestellen.

Hinzu kommt, dass die Arbeit eines Erziehungsbeistands eher eine partnerschaftliche Erziehungsarbeit ist, gleichgültig ob sie als Einzelfallhilfe oder als Gruppenarbeit geleistet wird. Ein 3jähriges Kind braucht mehr einen fürsorglichen Helfer, der emotionale Nähe geben kann. Es sieht daher so aus, als wenn für K eher Erziehungsberatung z.B. in Form von Spieltherapie oder Erziehung in einer Kindergruppe in Betracht käme. Abschließend kann dies hier nicht beantwortet werden.

3.3.3 *Ergebnis:* Die Bestellung eines Erziehungsbeistands für K kommt wohl nicht in Betracht.

Fall 26: Rechtsmittel gegen die Ablehnung der Bestellung eines Erziehungsbeistandes (ErzB)

1. Die Bestellung eines Erziehungsbeistands gem. §§ 27, 30 SGB VIII und die Ablehnung der Bestellung sind Verwaltungsakte (vgl. § 31 S. 1 SGB X), die durch **Widerspruch** bei der erlassenden Behörde (§ 68 VwGO) und Klage beim VG angegriffen werden können. Im vorliegenden Fall der Ablehnung der Bestellung müsste nach dem Vorverfahren eine **Verpflichtungsklage** erhoben werden, da der Erlass eines Verwaltungsakts (Bestellung des Erziehungsbeistands und nicht nur die Aufhebung der Ablehnung) begehrt wird (§ 113 IV VwGO). Antrags- bzw. klageberechtigt sind die Personensorgeberechtigten, nicht der Sozialarbeiter des freien Trägers; denn er ist nicht in seinen Rechten betroffen. Darüber hinaus hat auch J gem. § 11 I Nr. 2 SGB X iVm §§ 36 I, 1 I SGB I das Recht, Widerspruch einzulegen bzw. Klage zu erheben.
2. Widerspruch bzw. Klage werden Erfolg haben, wenn der erlassene Verwaltungsakt **rechtswidrig** war und die Personensorgeberechtigten **Anspruch** auf Gewährung eines Erziehungsbeistands haben.
2.1 Der ablehnende Bescheid ist ergangen, ohne dass die Betroffenen angehört wurden. §§ 27, 30 SGB VIII, die sich mit der Hilfe zur Erziehung befassen, sagen nichts darüber aus, dass eine Anhörung stattfinden muss. Allerdings spricht § 36 SGB VIII davon, dass Personensorgeberechtigte und junger Mensch zu beraten sind (Abs. 1 S. 1) und dass bei Hilfe für längere Zeit zusammen mit Personensorgeberechtigten und Minderjährigem ein Hilfeplan aufzustellen ist (Abs. 2 S. 2). Wenn diesen Erfordernissen nicht nur rein formal Genüge getan werden soll, schließen sie ein, dass den Betroffenen Gehör gewährt wird. Enthalten die speziellen Vorschriften (SGB VIII – Hilfe zur Erziehung) keine spezifischen Regelungen, so ist bei den allgemeinen Vorschriften (SGB X oder SGB I) nach entsprechenden Regelungen zu suchen. § 24 I SGB X, der die Anhörungspflichten im Sozialverwaltungsverfahren beschreibt, nennt als Anzuhörende die Beteiligten, sofern in deren Rechte eingegriffen wird. Beteiligte sind gem. § 12 I SGB X u.a. die Antragsteller. Da gem. § 27 SGB VIII die Eltern den Anspruch stellen müssen und auch gestellt haben, hätten sie nach § 24 I SGB X angehört werden müssen, bevor ihr Antrag abgelehnt wurde[36]. Für die Anhörung Minderjähriger enthält das SGB X keine speziellen Bestimmungen, wohl aber das SGB VIII, in § 8 I S. 1. Dieser legt fest, dass Kinder und Jugendliche nicht nur anzuhören, sondern entsprechend ihrem Entwicklungsstand an allen sie betreffenden Entscheidungen der öffentlichen Jugendhilfe zu beteiligen sind. Der Sozialarbeiter des Jugendamts hätte daher mit J ein eingehendes Gespräch führen müssen. Da dies und die Anhörung der Eltern unterblieben ist, müsste der Verwaltungsakt aufgehoben werden.

---

36 *Papenheim* u.a., Kap 38.3.15.2 und 38.16.4, allerdings mit Verweis auf entsprechende Rspr., bei der Ablehnung des Antrags auf Leistung nur, wenn die Behörde von den Angaben des Antragstellers abweicht.

2.2 Der Personensorgeberechtigte des J und dieser selbst begehren die Bestellung eines Erziehungsbeistands. Erziehungsbeistand ist Hilfe zur Erziehung, auf die der Personensorgeberechtigte einen einklagbaren Anspruch hat, wenn die gesetzlichen Voraussetzungen vorliegen. Hier hat der Sozialarbeiter des freien Trägers festgestellt, dass die Voraussetzungen der §§ 27, 30 SGB VIII vorliegen. Dies ist allerdings für das Jugendamt, das für die Gewährung sachlich zuständig ist, **nicht** verbindlich. Es hat in eigener Verantwortung zu prüfen, ob dem Antrag stattzugeben ist.

Sowohl im Widerspruchs- als auch im Klageverfahren ist die Frage, ob eine dem Wohl des Kindes entsprechende Erziehung gewährleistet ist, vollinhaltlich durch Behörde bzw. Gericht nachprüfbar (so die h. M. in der Rspr.[37]). Anderes soll nur für die Frage gelten, ob die Hilfe notwendig und geeignet ist (Beurteilungsspielraum, also grundsätzlich nicht nachprüfbar). *Wiesner*[38] bestreitet die Richtigkeit dieser Ansicht in Bezug auf das Erziehungsdefizit. Dies sei eine Entscheidung ähnlich der Beurteilung von Prüfungsleistungen, den JÄ müsse daher insoweit ebenfalls ein Beurteilungsspielraum eingeräumt werden. Je nachdem, welcher Meinung man folgt, kommt man zu dem Ergebnis, dass die Entscheidung des Jugendamts hinsichtlich des Vorliegens eines Erziehungsdefizits nachgeprüft werden kann oder nicht. Im vorliegenden Fall wirkt sich dieser Streit aber deswegen nicht aus, weil die Nichtanhörung der Betroffenen sowieso fehlerhaft war und nachgeholt werden muss. Aufgrund der Ergebnisse der Anhörung muss neu entschieden werden.

Fall 27:　　Erziehungsbeistandschaft, wenn nur ein Elternteil Hilfe zur Erziehung beantragt

1. § 27 SGB VIII besagt, dass »ein Personensorgeberechtigter« Anspruch auf Hilfe zur Erziehung hat. Für die Frage, ob M **alleine** die Hilfe beantragen kann, ist daher entscheidend, was diese Formulierung bedeutet.

2. Grundsätzlich haben Eltern, die getrennt leben und keine besondere Sorgerechtsregelung veranlasst haben (§ 1671 BGB), die elterliche Sorge gemeinsam.

Das bedeutet, dass im Normalfall beide Elternteile gemeinsam für das Kind als gesetzliche Vertreter handeln müssen. Das SGB VIII benutzt den Begriff des gesetzlichen Vertreters gar nicht, sondern den des Personensorgeberechtigten, womit die Person gemeint ist, die im tatsächlichen und rechtlichen Bereich der Personensorge zu handeln befugt ist. Dies sind idR die Eltern gemeinsam. § 7 I Nr. 5 SGB VIII bestimmt denn auch: »Im Sinne dieses Buches ist ... Personensorgeberechtigter, wem allein oder gemeinsam mit einer anderen Person nach den Vorschriften des BGB die Personensorge zusteht.« Hiernach hätten J's Eltern – trotz Getrenntlebens der Eltern – immer noch gemeinsam das Sorgerecht inne.

3. Es ist zu prüfen, ob M aufgrund irgendeiner Ausnahmebestimmung vielleicht doch allein handlungsbefugt ist. Da M den V angeschrieben und dieser nicht geantwortet hat, könnte von einer Unerreichbarkeit des V ausgegangen werden, sodass man seine elterliche Sorge gem. **§ 1674 BGB** zum Ruhen bringen könnte, sodass die M gem. §§ 1675, 1678 BGB allein handlungsbefugt wäre. Dieser Weg ist jedoch nicht nur umständlich (Gerichtsverfahren), sondern auch keineswegs sicher. Es kann ja sein, dass V durchaus erreichbar ist, nur keine Lust hat zu antworten.

Theoretisch in Betracht kommt auch **§ 1666 BGB**. Dieser setzt allerdings eine konkrete Gefährdung von J voraus, was dem Sachverhalt nicht zu entnehmen ist.

37　Zu den Fundstellen vgl. *Wiesner*, § 27 Rdn 65 ff.
38　*Wiesner*, § 27 Rdn 65 ff.

Schließlich könnte sich aus **§ 1687 BGB** eine Handlungsbefugnis der Mutter ergeben. Nach dieser Vorschrift darf trotz grundsätzlich gemeinsamer Sorge der obhutsberechtigte Elternteil allein handeln, wenn es sich um eine Angelegenheit des täglichen Lebens handelt. Ob die Entscheidung über die Inanspruchnahme von Hilfe zur Erziehung zu den **Angelegenheiten des täglichen Lebens** oder zu denen von **grundsätzlicher Bedeutung** gehört, lässt sich nicht generell beantworten. Hilfen außerhalb der elterlichen Familie sind sicher Regelungen von grundsätzlicher Bedeutung und können nicht von einem Elternteil alleine veranlasst werden. Bei ambulanten Hilfen dürfte zu unterscheiden sein: Verlangt diese die Mitwirkung der Eltern, so kann wohl nicht über den Kopf eines Elternteils hinweg diese Hilfe gewährt werden. Ist dagegen seine Mitwirkung nachrangig, so wird der obhutsberechtigte Elternteil die Hilfe wohl alleine beantragen können.
4. Im vorliegenden Fall geht es – jedenfalls zunächst – nicht primär um die Beziehung von J zu seinem Vater. Erzieherische Arbeit mit J kann auch ohne den Vater geleistet werden. Daher dürfte es zulässig sein, dass M alleine einen Erziehungsbeistand beantragt.

X. Sozialpädagogische Familienhilfe

Fall 28: Versagen der Mutter bei Erziehung und Versorgung

Eine erzieherische Hilfe durch einen öffentlichen oder freien Träger der Jugendhilfe ist dann zu gewähren, wenn eine dem Wohl des Kindes/Jugendlichen entsprechende **Erziehung nicht gewährleistet ist**. Für diesen Fall gibt § 27 I SGB VIII einen **Anspruch auf Hilfe** gegenüber dem öffentlichen Träger und zwar die Hilfe, die für die Entwicklung des Kindes **geeignet und notwendig** ist.

1. Fehlende Gewährleistung einer angemessenen Erziehung
Der **12jährige Sohn** ist körperlich und geistig retardiert. Im schulischen Sektor wird diesen Defiziten durch den Besuch der Sonderschule begegnet. Im familiären Bereich geschieht nichts zur Beseitigung seiner Auffälligkeiten.
Die **11jährige Tochter**, die die Hauptschule besucht, zeigt im geistigen Bereich keine Auffälligkeiten. Jedoch schwänzt sie seit einiger Zeit die Schule. Dies könnte eine Ursache darin haben, dass sie ihre Umwelt aufmerksam machen will, in was für häuslichen Verhältnissen sie sich befindet. Ihr Verhalten wäre dann Ausdruck der Bitte um Hilfe.
Der **10jährige Sohn** zeigt in der Sprachentwicklung gravierende Abweichungen und wird im geistigen Bereich stark retardiert sein, da er bisher keine Schule besucht hat.
Der **9jährige Sohn** hat einen Gehirnschaden und den Entwicklungsstand eines 2jährigen. Keines der Kinder wird in seiner individuellen und sozialen Entwicklung gefördert, wie § 1 III Nr. 1 SGB VIII es fordert. Dadurch sind sie anderen Kindern gegenüber benachteiligt. Sie sind überdies körperlich gefährdet, weil Frau A nicht imstande ist, sie ausreichend zu pflegen und zu ernähren. Sie erfüllen daher alle vier das Tatbestandsmerkmal der Nicht-Gewährleistung der Erziehung.

2. Notwendige und geeignete Hilfe
2.1 Unter dem Gesichtspunkt der **Notwendigkeit** ist zu prüfen, ob das Jugendamt intervenieren muss oder ob aufgrund konkreter Fakten davon ausgegangen werden kann, dass der erzieherische Bedarf auf anderem Wege befriedigt werden kann. Im vorliegenden Fall ist nicht ersichtlich, wie der Erziehungsanspruch der vier Kinder erfüllt werden soll, wenn man sie »ihrem Schicksal überlässt«. Weder handelt es sich um pubertäre Erscheinungen, die sich »auswachsen« noch sind Ressourcen aus dem Umfeld feststellbar, die eine Intervention überflüssig machen. Das Jugendamt hat deshalb eine Hilfe zu gewähren.

2.2 Unter dem Gesichtspunkt der **Geeignetheit** ist zu prüfen, welche Hilfe die richtige ist. Gemäß dem Grundsatz der Verhältnismäßigkeit ist zunächst zu untersuchen, ob ein **Milieuwechsel** für die vier Kinder erforderlich ist oder ob sie in der Familie bleiben können. **Für** ein Herausnehmen aus der Familie spricht, dass dann die Mutter einmal gesundheitlich gründlich behandelt werden und evtl. eine Kur machen könnte. Ferner spricht dafür, dass die Auffälligkeiten der Kinder in so unterschiedlichen Bereichen liegen, dass eine ambulante Hilfe viel Können, Zeit und Geduld aufbringen müsste.

Gegen eine Herausnahme spricht, dass die Kinder einerseits kaum gemeinsam außerhalb der Familie untergebracht werden können, andererseits aber aneinander zu hängen scheinen. Auch der Kontakt zu ihrer Oma ist sehr gut. Weiter spricht dagegen, dass die Distanz zu ihrer Mutter durch eine Trennung noch größer würde.

Bei **Abwägung** der Für und Wider spricht mehr für eine Belassung der Kinder in der Familie.

Fraglich ist nun, welche ambulante Hilfe geeignet ist und somit gewährt werden sollte. In Betracht kommen gem. §§ 28-32 SGB VIII:

- Ambulante erzieherische Betreuung
- Erziehungsberatung
- soziale Gruppenarbeit
- Erziehungsbeistandschaft
- sozialpädagogische Familienhilfe.

Die Hilfe, die bei dem vorliegenden Sachverhalt Erfolg versprechen soll, muss die Mutter sehr stark einbeziehen, und zwar vor allem auch in Dingen, die die Pflege der Kinder und die Versorgung des Haushalts betreffen.

Frau A ist bereit, an der Veränderung der Situation mitzuarbeiten, wenn sie dabei ausreichend unterstützt wird. Dass sie Hilfe annimmt, hat sie gezeigt, indem sie die Hilfe von ihrer Mutter und Nachbarn entgegengenommen hat. Sie wird jetzt beweisen müssen, dass sie auch tatsächlich in der Lage ist, Hilfe **nicht nur zu konsumieren**, sondern selber an der **Veränderung der Situation** mitzuarbeiten.

Bei dieser Situation scheiden Erziehungsberatung, Erziehungsbeistand und soziale Gruppenarbeit aus. Wichtig wird auch sein, dass derjenige, der die Hilfe leistet, möglichst oft und regelmäßig präsent ist, um Frau A anzuleiten und zu ermutigen. Dies wird ein Sozialarbeiter/ Sozialpädagoge, der im Rahmen des Allgemeinen Sozialen Dienstes die Familie betreut, nicht leisten können.

Übrig bleibt daher nur die sozialpädagogische Familienhilfe als einzig geeignete Hilfe iSv § 27 SGB VIII. In § 31 SGB VIII wird die Handhabung dieser Hilfe vorgestellt und mitgeteilt, sie sei in der Regel auf längere Dauer angelegt.

Im Übrigen plädiert die Praxis[39] in folgenden Konstellationen für den Einsatz von sozialpädagogischer Familienhilfe:

- Familien mit Kindern in besonderen Krisen- und Konfliktsituationen;
- Erziehungsunfähigkeit von Familien, in denen Vernachlässigung vorliegt oder Verwahrlosung droht;
- überforderte Elternteile in kinderreichen Familien, z.B. bei schnell aufeinanderfolgenden Geburten;
- überforderte Elternteile in der Mehrkinderfamilie mit einem oder mehreren behinderten oder langfristig kranken Kindern;
- psychische Labilität eines Elternteils und dadurch Überforderung und Unfähigkeit

---

39 S. u.a. Empfehlungen des Deutschen Caritasverbandes, Caritas-Korrespondenz 1987, 4/6 f.; Empfehlungen der AG der kommunalen Spitzenverbände NRW, Mitt. LJA WL 1988, 55 f.

beider Elternteile, die anfallenden Aufgaben und Probleme ohne fremde Hilfe zu bewältigen;
- längere, jedoch vorübergehende Abwesenheit eines Elternteils zur Unterstützung bei Wiedereingliederung in den Familienverbund;
- alleinstehender überforderter Elternteil mit mehreren Kindern;
- Kinder, die in Heimen oder Pflegefamilien sind und in die Ursprungsfamilie zurückgeführt werden können, wenn sozialpädagogische Familienhilfe geboten wird;
- Integrationshilfen bei der Eingliederung in ein neues Umfeld.

Vorliegend treffen für Frau A gleich mehrere Spiegelstriche zu, u.a. der 1.-5. und 7. Es sollte daher versucht werden, sie und damit die Kinder durch eine Familienhelferin zu unterstützen. Diese müsste Frau A bei der Erziehung der Kinder beraten und anleiten, sie im Umgang mit Behörden (Schule, Jugendamt, Ärzte) unterstützen und mit ihr Grundkenntnisse der Haushaltsführung einüben.

Daneben könnte Frau A u.a. folgende Leistungen der Sozialhilfe in Anspruch nehmen: Hilfen zur Gesundheit (§ 8 Nr. 3 SGB XII) und Hilfe zur Weiterführung des Haushalts (§ 70 SGB XII).

Kapitel 4 Individuelle Leistungen der Jugendhilfe: Hilfe zur Erziehung außerhalb der eigenen Familie

XI. Annahme als Kind

Fall 29: Träger freier Jugendhilfe als Adoptionsvermittlungsstelle

1. Gem. § 2 I AdVermiG ist Adoptionsvermittlung (siehe AdVermiG) Aufgabe des Jugendamtes und des Landesjugendamtes. Nach § 2 II AdVermiG sind ferner zur Adoptionsvermittlung berechtigt:
- die örtlichen und zentralen Stellen
  - des Diakonischen Werks
  - des Deutschen Caritasverbandes
  - der Arbeiterwohlfahrt (seit 1988 Vermittlung eingestellt)
- und die diesen Verbänden angeschlossenen Fachverbände (z.B. Sozialdienst katholischer Frauen),
- sowie sonstige Organisationen, wenn die Stellen von der nach Landesrecht zuständigen Behörde als Adoptionsvermittlungsstellen anerkannt sind.

Nach § 4 I AdVermiG kann die Anerkennung erteilt werden (= Ermessen), wenn der Nachweis erbracht wird, dass die Stelle die Voraussetzungen des § 3 AdVermiG erfüllt, sie nach ihrer Arbeitsweise und der Finanzlage ihres Rechtsträgers die ordnungsgemäße Erfüllung ihrer Aufgabe erwarten lässt und von einer juristischen Person oder Personenvereinigung unterhalten wird, die steuerbegünstigte Zwecke verfolgt.

2. Gem. § 3 II S. 1 AdVermiG müssen Adoptionsvermittlungsstellen mit mindestens zwei hauptamtlichen Fachkräften besetzt sein, wobei nach Abs. 1 S. 1 dieser Vorschrift Fachkräfte solche Personen sind, die aufgrund ihrer Persönlichkeit, ihrer Ausbildung und ihrer beruflichen Erfahrung zur Adoptionsvermittlung geeignet sind. Obwohl das Gesetz dies nicht ausdrücklich ausspricht, besteht in der Literatur Übereinstimmung, dass hiermit primär Sozialarbeiter und Sozialpädagogen gemeint sind.

3. Auf unseren Fall übertragen bedeutet dies Folgendes: Das Diakonische Werk ist ein freier Träger iSd § 2 II AdVermiG, der zur Adoptionsvermittlung berechtigt ist, wenn die damit beauftragte Stelle von der zuständigen Behörde (in NRW beispielsweise: MAGS) anerkannt ist. Dies wiederum setzt voraus, dass das Diakonische Werk zwei hauptamtliche Fachkräfte, also z.B. eine Sozialarbeiterin/Sozialpädogin, für diese Aufgabe einstellt. Die Frage ist, ob eine zur Adoptionsvermittlung eingestellte Sozialarbeiterin sich nur hiermit beschäftigen oder nebenher auch noch Beratung gem. § 219 StGB betreiben dürfte. § 3 II Hs. 2 AdVermiG sieht vor, dass die in den Adoptionsvermittlungsstellen beschäftigten Fachkräfte nicht überwiegend mit vermittlungsfremden Aufgaben befasst sein dürfen. Daraus ist zu folgern,[1] dass das Gesetz der Ergänzung des Aufgabenkatalogs der Adoptionsvermittlungsstelle durch Zuweisung anderer sachverwandter Aufgaben nicht entgegensteht, wenn dies im Einzelfall zweckmäßig erscheint. Es muss nur sichergestellt sein, dass die Adoptionsvermittlung den eigentlichen Aufgabenschwerpunkt der Adoptionsvermittlungsstelle (= mehr als 50 %) bildet.

---

1 *Wiesner/Oberloskamp*, Anhang III, § 2 Rn. 5.

Da das, was für Jugendämter gilt, auch für die freien Träger möglich sein muss, kann die zur Adoptionsvermittlung eingestellte Sozialarbeiterin außerdem im Hinblick auf § 219 StGB beraten.

In der Praxis kommt allerdings die Kombination Schwangerschaftskonfliktberatungsstelle/Adoptionsvermittlungsstelle kaum vor, da die Träger zu Recht befürchten, dass die Beraterin den Schwangeren gegenüber nicht mehr ganz unbefangen sein könnte.[2]

Fall 30: Voraussetzungen, Wirkungen und Verfahren einer Annahme als Kind

1. Voraussetzungen der Annahme als Kind

1.1 Voraussetzungen, die die Belange des Kindes schützen

1.1.1 Die Annahme soll dem Wohl des Kindes dienen und zur Begründung eines Eltern-Kind-Verhältnisses führen, § 1741 I S. 1 BGB. Hier soll insbesondere die Stabilität der Ehe, die Erziehungsfähigkeit der Bewerber und ein eltern-kindgerechter Altersabstand überprüft werden. Aus dem Sachverhalt lässt sich insoweit nichts Entgegenstehendes feststellen. Fraglich ist ob die Tatsache, dass das Ehepaar Zach ein behindertes Kind (Tom) hat, für Sophie nachteilig sein könnte. In der Regel wird dies nicht der Fall sein. Lediglich wenn die Eltern erhebliche Kräfte in das eigene Kind investieren müssten, könnte das Adoptivkind zu kurz kommen. Im vorliegenden Sachverhalt sind keine Anhaltpunkte ersichtlich. Ferner muss das Kind eine angemessene Zeit in Adoptionspflege gewesen sein, § 1744 BGB. Das Wort »angemessen« deutet darauf hin, dass die Dauer sich nach den Bedürfnissen des Einzelfalles richten soll. Trotzdem geht die Praxis teilweise immer noch ziemlich starr von einem Jahr aus.

1.1.2 Der Adoptionswillige muss zu dem Kreis derer gehören, die gem. § 1741 II BGB annehmen dürfen. Das ist bei dem Ehepaar gem. Satz 2 der Fall.

1.1.3 Die Annahme darf die Interessen des Kindes nicht gefährden, § 1745 BGB. Hier wäre zu prüfen, ob die Adoption den Interessen von Tom entgegensteht. Tom hat eine körperliche Behinderung. Ein Adoptivgeschwisterkind könnte zu weniger Aufmerksamkeit für ihn führen. Allerdings ergeben sich aus dem Sachverhalt keine Anhaltpunkte für entgegenstehende Interessen von Tom, sodass nicht von einem Nachteil für diesen ausgegangen werden kann.

1.1.4 Die Annehmenden müssen geschäftsfähig sein und die in § 1743 BGB gestellten Alterserfordernisse erfüllen. Da Herr Z 30 und Frau Z 29 Jahre alt sind, bestehen keine Bedenken.

1.1.5 Gem. § 1746 BGB müssen das Kind und/oder sein gesetzlicher Vertreter in die Annahme einwilligen. Sophie ist noch keine 14 Jahre alt, deshalb ist nur ihr gesetzlicher Vertreter zuständig. Da Sophie das Kind einer ledigen minderjährigen Mutter ist, ist das Jugendamt gem. §§ 1673 II, 1773, 1791c BGB Amtsvormund und daher gesetzlicher Vertreter. Falls das Jugendamt ohne triftigen Grund die Einwilligung verweigert, kann diese durch das Familiengericht ersetzt werden, § 1746 III Hs. 1 BGB, oder das Jugendamt kann als Vormund entlassen werden, § 1887 II BGB.

1.2 Voraussetzungen, die die Belange des Annehmenden schützen

1.2.1 Gem. § 1752 BGB äußert der Annehmende seinen Willen dadurch, dass er einen notariell beurkundeten Antrag auf Annahme als Kind stellt. Dies müssten Herr und Frau Zach tun.

---

2 Siehe auch § 9 Nr. 4 SchKG.

1.2.2 Gem. § 1745 BGB dürfen Interessen der Kinder des Annehmenden nicht beeinträchtigt werden. Hier wären entsprechende Überlegungen wie unter 1.1.3 anzustellen.

1.3 Voraussetzungen, die die Belange der leiblichen Eltern schützen

1.3.1 Gem. § 1747 I S. 1 BGB ist die Einwilligung »der Eltern« erforderlich, also auch der ledigen Mutter. Dieses Recht ist auf das verfassungsrechtlich geschützte Elternrecht aus Art. 6 II GG zurückzuführen. Es steht einem leiblichen Elternteil daher unabhängig davon zu, ob er Inhaber der elterlichen Sorge ist. Gem. § 1750 III S. 2 BGB bedarf dieser Elternteil bei beschränkter Geschäftsfähigkeit nicht der Einwilligung seines gesetzlichen Vertreters. Bei Geschäftsunfähigkeit oder wenn er aus sonstigen Gründen zur Abgabe einer Erklärung dauernd außerstande oder sein Aufenthalt dauerhaft unbekannt ist, ist seine Einwilligung gar nicht erforderlich, § 1747 IV BGB. Die Einwilligungserklärung kann rechtswirksam erst dann abgegeben werden, wenn das Kind acht Wochen alt ist, § 1747 II BGB. Für unseren Fall bedeutet das, dass Lena, wenn Sophie acht Wochen alt ist, eine Einwilligungserklärung abgeben kann und zwar ohne Zustimmung ihrer Eltern.

1.3.2 Gem. § 1747 I S. 1 BGB muss auch der Vater in die Adoption einwilligen[3]. Mit Vater ist im Recht der Adoption – wie im übrigen Recht – der rechtliche Vater gemeint, also derjenige, dessen Vaterschaft aus § 1592 BGB folgt. Hiervon macht § 1747 I S. 2 BGB zugunsten des Vaters eine **Ausnahme**. Auch wer im Sinne des allgemeinen Abstammungsrechts (§ 1592 BGB) noch kein Vater ist, kann es im Sinne des Adoptionsrechts sein, wenn die Voraussetzungen des § 1600d II S. 1 BGB glaubhaft gemacht werden. Dies bedeutet, dass der Mann, der der Mutter während der Empfängniszeit beigewohnt hat und daher als Vater vermutet wird, auch in die Adoption des Kindes durch Dritte einwilligen muss.

Im vorliegenden Fall weigert sich der unter Betreuung stehende Ralf, die Vaterschaft anzuerkennen. Das Jugendamt als Amtsvormund von Sophie gem. § 1791c BGB hat einen Vaterschaftsfeststellungsantrag (§ 1600d I BGB) gegen Ralf eingereicht. Da das Jugendamt den Antrag gegen Ralf richtet, kann angenommen werden, dass Ralf geschäftsfähig ist. Andernfalls wäre die Anerkennung durch seinen Betreuer als gesetzlichen Vertreter (§ 1902 BGB) abzugeben. Nach § 1596 I S. 3 BGB kann der Betreuer mit Genehmigung durch das Betreuungsgericht die Anerkennung der Vaterschaft in Vertretung erklären. Da sich im Sachverhalt keine Anhaltspunkte für eine Geschäftsunfähigkeit des Ralf ergeben, ist davon auszugehen, dass nur er selbst die Anerkennung erklären muss (§ 1596 III BGB). Weigert sich Ralf in dieser Situation, bleibt nur der Weg über das Familiengericht. Die Frage, die sich nun stellt, ist, ob der § 1747 I S. 2 BGB für alle Männer gilt, die im biologischen Sinn Väter sind, oder nur für diejenigen, die Väter im Rechtssinne sein wollen, aber daran gehindert sind, es zu sein, z.B. wenn die Mutter in eine Anerkennung nicht einwilligt (§ 1595 I BGB). Die Intention des Gesetzgebers bestand darin, die Rechtsstellung der Väter im Adoptionsrecht zu verbessern, damit es u.a. nicht vorkommt, dass ohne seine Mitwirkung und mit einschneidenden Folgen »wegadoptiert« wird und ohne dass er dies verhindern kann. Die Möglichkeit des Antrags auf Übertragung der elterlichen Sorge nach § 1672 I BGB reicht hierfür nicht, weil dieser gerade voraussetzt, dass die Vaterschaft nach § 1592 BGB feststeht. Die Regelung des § 1747 I S. 2 BGB soll also dem Vater entgegenkommen, der väterliche Rechte haben möchte, aber sie aus Gründen, die er nicht zu vertreten hat, nicht besitzt. Wenn ein biologischer Vater dagegen kein Interesse an dem Kind deutlich macht, dann wird er nicht als Vater behandelt. Dies ergibt sich zwar nicht aus dem ausdrücklichen Wortlaut des § 1747 I S. 2 BGB, wohl aber indirekt aus der Formulierung: »... gilt ... als Vater, wer glaubhaft macht.« Der Mann muss also aktiv werden. Die Vaterschaftsvermutung

---

3 So aufgrund von BVerfG v. 7.3.1995, DAVorm 1995, 627. Diese Entscheidung war Anstoß für die Reform des Adoptionsrechts im Rahmen der Kindschaftsrechtsreform.

greift nicht von Amts wegen ein. Für den vorliegenden Fall bedeutet das, dass Ralf so lange nicht in die Annahme von den Eheleuten Zach einwilligen muss, als das Jugendamt mit seinem Vaterschaftsfeststellungsantrag nicht erfolgreich war. So lange hat Ralf auch keine Möglichkeit, zur Beschleunigung des Adoptionsverfahrens auf seine Rechte nach § 1672 I BGB zu verzichten (§ 1747 III Nr. 3 BGB).

Eine andere Frage ist, ob das Jugendamt als gesetzlicher Vertreter des Kindes verpflichtet ist, dafür Sorge zu tragen, dass die wahren Abstammungsverhältnisse geklärt werden, und ob eine Annahme überhaupt erst dann rechtswirksam ausgesprochen werden kann, wenn die **Abstammung feststeht**. Sicher ist, dass eine ungeklärte Vaterschaft, einer Adoption von Gesetzes wegen nicht entgegensteht. Folglich kann auch ein Vaterschaftsfeststellungsantrag ein eingeleitetes Adoptionsverfahren nicht beeinträchtigen. Andererseits hat das Kind ein Recht darauf, seine blutsmäßige Abstammung festgestellt zu sehen[4]. Diesem Recht kann allerdings § 1758 II BGB entgegenstehen. Von dem Zeitpunkt an, wo die Eltern eine Einwilligungserklärung abgegeben haben, dürfen nämlich Tatsachen, die geeignet sind, die Annahme aufzudecken – dazu gehört auch die Vaterschaftsfeststellung – nur mit Zustimmung des Annehmenden und des Kindes (vertreten durch seinen gesetzlichen Vertreter) offenbart und ausgeforscht werden. In diesem möglichen Konflikt sollte das Jugendamt zwar einerseits den Wunsch der Adoptiveltern nach Konsolidierung der Verhältnisse des Kindes akzeptieren, andererseits aber versuchen, bei den Eltern Verständnis dafür zu wecken, dass die Abstammung geklärt werden sollte, weil das Kind eines Tages mit Sicherheit danach fragen wird. Nicht ausgeschlossen ist es auch, dass der Fall der nicht geklärten Vaterschaft als »besonderer Grund des öffentlichen Interesses« iSd § 1758 I BGB angesehen wird, weil der Staat darüber wachen muss, dass die Heiratsvorschriften (Ehehindernis der Verwandtschaft, § 1307 BGB) eingehalten werden. Bei nicht geklärter Vaterschaft könnte ein biologischer Vater theoretisch seine Tochter heiraten.

Übertragen auf unseren Fall bedeutet dies:
Da Ralf im juristischen Sinne nicht Vater von Sophie ist, braucht das Jugendamt ihn nicht gem. § 51 III SGB VIII über seine Rechte aus § 1747 II S. 2 und 3 BGB zu belehren. Weil Ralf seine Vaterschaft leugnet, ist auch nicht davon auszugehen, dass er Interesse daran haben wird, seine potenziellen Rechte auszuüben. Deshalb wird es unschädlich sein, Sophie bereits in Adoptionspflege (§ 1744 BGB) zu geben. Dennoch sollte das Jugendamt als Amtsvormund sich weiterhin um die Feststellung der Vaterschaft bemühen. Indes ist sie nicht Voraussetzung für das wirksame Zustandekommen einer Annahme von Sophie durch das Ehepaar Zach.

2. Wirkungen der Annahme als Kind
2.1 Die Rechtsbeziehungen von S zu ihrer leiblichen Mutter erlöschen, § 1755 BGB. Rest-Rechtsbeziehungen bleiben erhalten in § 11 I Nr. 1 StGB, § 1307 S. 2 BGB, § 1755 I S. 2 BGB, § 383 I Nr. 3 ZPO, § 52 I Nr. 2 StPO.
2.2 S wird voll in die Familie Z eingegliedert, § 1754 BGB. In der Regel erwirbt sie als Geburtsnamen den Familiennamen des Annehmenden, § 1757 I S. 1 BGB. Ausnahmen sind in Abs. 2 genannt.
2.3 Durch die Annahme als Kind ist eine Beziehung hergestellt worden, die der der leiblichen Eltern-Kind-Beziehung entspricht. Deshalb kann die Adoption auch nur in Ausnahmefällen, die in §§ 1759-1963 BGB abschließend aufgezählt sind, aufgehoben werden.

3. Verfahren der Adoptionsvermittlung und gerichtliches Annahmeverfahren
3.1 Die Eltern Z müssen sich, wenn sie S als Kind annehmen wollen, an eine **Adoptionsvermittlungsstelle** iSd § 2 AdVermiG wenden. Diese wird dann zur Vorbereitung der Vermittlung

---

4   BVerfG v. 18.1.1988, FamRZ 1989, 147.

unverzüglich die sachdienlichen Ermittlungen bei den Adoptionsbewerbern, bei dem Kind und seiner Familie durchführen, § 7 I S. 1 AdVermiG. Dabei wird insbesondere zu prüfen sein, ob die Adoptionsbewerber unter Berücksichtigung der Persönlichkeit des Kindes und seiner Bedürfnisse für die Annahme des Kindes geeignet sind, § 7 I S. 2 AdVermiG.

3.2 Sind die Ermittlungen abgeschlossen und sind die Voraussetzungen des § 7 I S. 2 AdVermiG gegeben, so hat die Adoptionsvermittlungsstelle dafür zu sorgen, dass die Beteiligten die erforderlichen **Einwilligungserklärungen** abgeben: Die Mutter Lena gem. § 1747 II S. 1 BGB, der Vater nicht (s.o. 1.3.2) und das Jugendamt gem. § 1746 I BGB. Diese bedürfen der notariellen Beurkundung, § 1750 I S. 2 BGB, sind bedingungs- und befristungsfeindlich und unwiderruflich, § 1750 II BGB. Vertretung ist unzulässig, § 1750 III S. 1 BGB. Die Erklärungen werden wirksam, wenn sie dem Familiengericht zugehen, § 1750 I S. 3 BGB.

3.3 Sind die Ermittlungen positiv abgeschlossen und die Einwilligungen vorhanden (manchmal auch schon ohne Einwilligungen), so kann das Kind in Adoptionspflege gegeben werden, § 8 AdVermiG iVm § 1744 BGB. Während der Durchführung der Ermittlungen und während der Adoptionspflege haben die Annehmenden einen Rechtsanspruch auf Beratung und Unterstützung, § 9 AdVermiG.

3.4 Haben die Annehmenden das Kind eine angemessene Zeit in Pflege gehabt, § 1744 BGB, so können sie einen **Antrag beim Familiengericht** an ihrem Wohnsitz (§ 187 I FamFG) stellen. Der Antrag muss notariell beurkundet sein, § 1752 I BGB, ist bedingungs- und befristungsfeindlich, kann nicht durch einen Vertreter gestellt werden, § 1752 II S. 1 BGB, ist aber widerruflich bis zum Ausspruch der Annahme, vgl. § 1750 IV S. 1 BGB. Die übrigen Einwilligungserklärungen müssen dem Antrag beigefügt sein, § 1750 I S. 1 BGB, sofern sie dem Gericht nicht schon vorher zugegangen sind.

3.5 Das Gericht hat nun gem. § 189 FamFG eine fachliche (**gutachtliche**) **Äußerung** der mit der Angelegenheit befassten Adoptionsvermittlungsstelle einzuholen. War keine Adoptionsvermittlungsstelle eingeschaltet (was vor allem bei Stiefkindadoptionen der Fall ist), hat sich gem. § 194 FamFG das Jugendamt – in der Regel der Allgemeine Soziale Dienst – dazu zu äußern. Die Stellungnahme soll – so das Gesetz – darüber Auskunft geben, ob das Kind und die Familie zur Annahme geeignet sind.[5] Die Literatur ist sich darüber einig, dass die Eignung vor der Inpflegegabe zu prüfen ist und dass es zum Zeitpunkt der Stellung des Adoptionsantrages nur um die Überprüfung der damaligen Prognose gehen kann. Das Gericht hat das **Kind** idR anzuhören, **§ 192 I FamFG**. Im Übrigen kann es weitere Ermittlungen nach pflichtgemäßem Ermessen vornehmen, § 12 FGG.

3.6 Sind die materiellen und formellen Voraussetzungen für die Annahme als Kind festgestellt, so spricht das Familiengericht die **Annahme durch Beschluss** aus, § 197 FamFG. Der Beschluss wird mit Zustellung der Annehmenden wirksam und ist unanfechtbar, § 197 II, III FamFG. Ein ablehnender Beschluss kann gem. § 58 FamFG vom Antragsteller mit der Beschwerde angefochten werden.

Fall 31:   Verweigerung der Einwilligung in die Adoption des Kindes

1. Das Landesjugendamt wird die **zentrale Adoptionsstelle** des Landesjugendamtes einschalten, die – neben sonstigen Aufgaben – nach § 12 AdVermiG dafür zuständig ist zu überprüfen, für welche Kinder in den Heimen ihres Bereiches, die Annahme als Kind in Betracht kommt. Die zentrale Adoptionsstelle wird die zuständige Adoptionsvermittlungsstelle in Kenntnis setzen, die dann ihre Tätigkeit gem. § 7 I AdVermiG aufnehmen kann.

---

5   Zum Inhalt einer gutachtlichen Stellungnahme s.o. Teil 1, Frage 132.

2. Hält diese Isidor für geeignet für eine Annahme und hat sie eine passende Adoptivfamilie für ihn, wird sie prüfen, ob die **Einwilligung** der Frau L durch das Familiengericht gem. § 1748 BGB **ersetzt** werden kann. Dies ist in fünf Fällen zulässig, nämlich bei

- anhaltend gröblicher Pflichtverletzung + unverhältnismäßigem Nachteil bei Unterbleiben der Adoption oder
- Gleichgültigkeit + unverhältnismäßigem Nachteil bei Unterbleiben der Adoption oder
- schwerer Pflichtverletzung + voraussichtlicher Unmöglichkeit, das Kind dauernd der Obhut des Elternteils anzuvertrauen oder
- dauernder Unfähigkeit zur Pflege und Erziehung wegen besonders schwerer geistiger Gebrechen + Unmöglichkeit für das Kind, ohne Annahme in einer Familie aufwachsen zu können und dadurch schwerer Gefährdung in seiner Entwicklung oder
- im Fall des § 1626a II BGB, wenn das Unterbleiben der Annahme dem Kind zu unverhältnismäßigem Nachteil gereichen würde.

Im vorliegenden Fall kommt Gleichgültigkeit (= 2. Alt.) in Betracht. Ist die Adoptionsvermittlungsstelle der Überzeugung, dass diese vorliegt, wird sie Frau L einladen und sie gem. § 51 I S. 1 und 2 SGB VIII darüber belehren, dass ihre fehlende Einwilligung in die Adoption ihres Sohnes vom Familiengericht ersetzt werden kann, wenn sie ihr Verhalten nicht innerhalb der nächsten drei Monate ändert. Sie wird ferner gem. § 51 II SGB VIII darüber beraten, welche Möglichkeiten es gibt, dass sie Isidor selber versorgen oder in eine Pflegestelle geben kann.

3. Sind die drei Monate abgelaufen und hat Frau L weder ihr Verhalten geändert noch von den angebotenen Hilfen Gebrauch gemacht, wird die Adoptionsvermittlungsstelle an das Familiengericht herantreten und um die Bestellung eines Ergänzungspflegers für das Ersetzungsverfahren bitten (§ 1909 BGB). Nach § 1748 BGB muss nämlich das Kind vertreten durch seinen gesetzlichen Vertreter die Ersetzung der Einwilligung beantragen. Gesetzliche Vertreterin ist bisher immer noch die sorgeberechtigte Mutter. Diese wird aber sicher nicht beantragen, dass ihre Einwilligung ersetzt wird. Die Mutter befindet sich also in einer Interessenkollision, die dazu führt, dass das Familiengericht der Mutter insoweit die Vertretungsbefugnis entzieht (§ 1796 BGB). An ihrer Stelle wird dann wahrscheinlich das Jugendamt, eine Einzelperson oder ein Verein zum Ergänzungspfleger bestellt (§ 1909 BGB). Dieser wird den entsprechenden Antrag nach § 1748 I S. 1 Alt. 2 BGB stellen[6]. Diesem Antrag wird das Gericht, wenn das Vorliegen der Tatbestandsmerkmale des § 1748 II BGB sowie § 51 SGB VIII nachgewiesen ist, durch Beschluss stattgeben.

Fall 32: Rechtsfolgen der Einwilligungserklärung der leiblichen Eltern und der Inobhutnahme des Kindes durch Adoptiveltern

1. Elterliche Sorge

Gem. § 1751 I Hs. 1 BGB ruht mit der Einwilligung eines Elternteils in die Annahme seine elterliche Sorge. Eine gerichtlich ersetzte Einwilligung gilt ebenfalls als Einwilligung; daher gilt die zitierte Bestimmung auch für den vorliegenden Fall: Das Ruhen der elterlichen Sorge tritt mit Rechtskraft der Entscheidung ein. Dies ergibt sich aus den §§ 189 I FamFG. Die Frist, nach deren Ablauf die Entscheidung rechtskräftig wird, bestimmt sich nach §§ 45, 63 FamFG und beträgt einen Monat ab Bekanntgabe an den (möglichen) Beschwerdeführer.

---

6   Dieses Verfahren kann als sog. Zwischenverfahren im Rahmen des Verfahrens nach § 1752 BGB oder auch vorab durchgeführt werden (vgl. OLG Celle v. 4.4.1978, ZfJ 1978, 159).

Mögliche Beschwerdeführerin ist hier Frau L; denn nur sie ist durch die Entscheidung beschwert (§ 59 I FamFG). Ihr ist die Entscheidung am 3. März zugestellt worden. Also läuft die Beschwerdefrist ab diesem Tag. Am 3. April ist die Entscheidung rechtskräftig. Ab diesem Tag ruht die elterliche Sorge von Frau L. Ab diesem Zeitpunkt muss jemand anders Sorgerechtsinhaber sein. Dies ist das Jugendamt kraft Gesetzes, es wird mit diesem Zeitpunkt Vormund (§ 1751 I S. 2 Hs. 1 BGB). Dies würde nur dann nicht gelten, wenn I bereits vorher einen Vormund erhalten hätte.

2. Umgangsrecht

Ab dem Zeitpunkt der rechtskräftigen Ersetzung der Einwilligung darf Frau L die Befugnis, mit dem Kind persönlichen Umgang zu pflegen, nicht mehr ausüben, § 1751 I S. 1 Hs. 2 BGB. Dies bedurfte einer ausdrücklichen Regelung im Gesetz, weil idR ein Elternteil, dem die elterliche Sorge nicht zusteht, ein Umgangsrecht behält, § 1684 I Hs. 2 BGB.

3. Unterhalt

Sobald die erforderliche Ersetzung der Einwilligung vorliegt und das Kind in die Obhut des Annehmenden mit dem Ziel der Annahme aufgenommen ist, sind die Annehmenden dem Kind vor den Verwandten des Kindes (§ 1601 BGB) unterhaltspflichtig, § 1751 IV S. 1 BGB. Im vorliegenden Fall ist zu klären, wann die Inobhutnahme erfolgt ist. Nach dem Entwurf des Rechtsausschusses,[7] der dem nunmehr geltenden § 1751 BGB entspricht, liegt ein Inobhutnehmen dann vor, wenn die Annehmenden die Verantwortung für das Kind übernehmen. Dieser Zeitpunkt wird normalerweise dann vorliegen, wenn das Kind in den Haushalt des Annehmenden aufgenommen wird. Es kann aber auch schon in Betracht kommen, wenn das Kind zunächst noch im Heim bleibt oder in ein Krankenhaus kommt, weil es behandelt werden muss, die Annehmenden aber trotzdem schon regelmäßig Kontakt zu dem Kind haben.

Im vorliegenden Fall liegt die Ersetzung der Einwilligung durch den Beschluss des Familiengerichts bereits vor. Fraglich ist, wann es zu einer Inobhutnahme gekommen ist. I sollte am 9. März zu den Riccis kommen. An diesem Termin hätte, wenn alles wie geplant geklappt hätte, eine Inobhutnahme vorgelegen. Der Krankenhausaufenthalt von drei Wochen liegt größtenteils nach dem 9. März. Für diesen Teil des Krankenhausaufenthaltes wird man – trotz auswärtiger Unterbringung – auch von einer Inobhutnahme ausgehen können. Da I aber offenbar nur aus pädagogischen Gründen (am Wochenende bekommen auch Kinder im Heim Besuch oder werden abgeholt; die Annehmenden haben mehr Zeit als in der Woche) bis zum 9. März im Heim bleiben sollte, ist anzunehmen, dass sich seine Adoptiveltern bereits ab Einlieferung ins Krankenhaus intensiv um ihn gekümmert haben. Der Termin der Inobhutnahme ist daher der 5. März. Ab diesem Tag sind die künftigen Annehmenden unterhaltspflichtig.

4. Kindergeld

Hierzu kann das BGB keine Regelung enthalten, da es sich bei Ansprüchen auf Kindergeld um Ansprüche gegen einen öffentlichen Leistungsträger handelt.

Das EStG und BKGG[8] bestimmen, was ein Kind iSd Gesetzes ist und wer Anspruchsberechtigter ist.

Kinder, die sich in Adoptionspflege befinden, sind Pflegekinder. Nach §§ 32 I Nr. 1, 63 EStG und § 2 I S. 1 Nr. 2 BKGG werden Pflegekinder (Personen, mit denen der Berech

---

7 BT Drucks. 7/5087 zu § 1751 IV BGB, Abschnitt 6.
8 Das EStG ist anzuwenden auf unbeschränkt steuerpflichtige Personen, diese erhalten eine Art Steuervergütung. Das BKGG ist anzuwenden auf alle anderen Personen, diese bekommen eine echte Sozialleistung.

tigte durch ein familienähnliches, auf längere Dauer berechnetes Band verbunden ist, sofern er sie in seinen Haushalt aufgenommen hat und ein Obhuts- und Pflegeverhältnis zwischen diesen Personen und ihren Eltern nicht mehr besteht) berücksichtigt. Nach § 64 I EStG und § 3 I BKGG kann für jedes Kind nur einmal Kindergeld gewährt werden. Erfüllen mehrere Personen die Anspruchsvoraussetzungen, so regeln § 64 II EStG und § 3 II BKGG die Rangfolge: Das Kindergeld wird demjenigen ausgezahlt, der das Kind in seinen Haushalt aufgenommen hat. Somit sind jetzt die Riccis anspruchsberechtigt.

Zu prüfen bleibt noch, ab wann die Riccis Kindergeld beziehen können. Aus § 64 EStG und § 3 BKGG lässt sich der Grundsatz entnehmen, dass in jedem Fall nur einmal Kindergeld gezahlt werden darf. Wenn in einem Monat verschiedene Personen die Voraussetzung zur Inanspruchnahme von Kindergeld erfüllen, zahlt die Praxis das Geld für den ganzen Monat demjenigen, der die Voraussetzungen zuerst erfüllt hat.

5. Krankenversicherung

In der Regel ist das Pflegekind über die leiblichen Eltern, notfalls über das Jugendamt krankenversichert.[9]

Diese Regelung kann für das Adoptivpflegekind nicht gelten. Denn dadurch, dass das Gesetz die künftigen Adoptiveltern schon in der Adoptionspflegezeit unterhaltspflichtig macht, bringt es zum Ausdruck, dass das Pflegekind schon weitestgehend seinen künftigen Adoptiveltern zugeordnet werden soll. Deswegen bestimmt § 10 IV S. 2 SGB V, dass Kinder, die mit dem Ziel der Annahme als Kind in die Obhut des Annehmenden aufgenommen sind und für die die zur Annahme erforderliche Einwilligung der Eltern erteilt ist, als Kinder des Annehmenden gelten und daher bei diesen mitversichert sind.

Bei Neugeborenen, die gleich nach dem Krankenhausaufenthalt in ihre künftige Familie gegeben werden, nehmen die Kassen das Kind im Allgemeinen sogar auf freiwilliger Basis auf. Im vorliegenden Fall wird man daher davon ausgehen können, dass I spätestens ab dem 1. April bei seinen Adoptiveltern mitversichert ist, aufgrund möglicher Absprachen evtl. sogar früher.

6. Steuerliche Entlastung

In Betracht kommen könnte eine Absetzung der entsprechenden Kosten als außergewöhnliche Belastung iSd § 33 EStG. Dieser lautet:

»(1) Erwachsen einem Steuerpflichtigen zwangsläufig größere Aufwendungen als der überwiegenden Mehrzahl der Steuerpflichtigen gleicher Einkommensverhältnisse, gleicher Vermögensverhältnisse und gleichen Familienstands (außergewöhnliche Belastungen), so wird auf Antrag die Einkommensteuer dadurch ermäßigt, dass der Teil der Aufwendungen, der die dem Steuerpflichtigen zumutbare Belastung (Absatz 3) übersteigt, vom Gesamtbetrag der Einkünfte abgezogen wird.

(2) Aufwendungen erwachsen dem Steuerpflichtigen zwangsläufig, wenn er sich ihnen aus rechtlichen, tatsächlichen oder sittlichen Gründen nicht entziehen kann und soweit die Aufwendungen den Umständen nach notwendig sind und einen angemessenen Betrag nicht übersteigen ...«.

Der springende Punkt im vorliegenden Fall ist die Frage, ob es sich bei den Reise- und Übernachtungskosten um Aufwendungen handelt, die dem Steuerpflichtigen zwangsläufig entstanden sind, weil er sich ihnen aus sittlichen Gründen nicht entziehen konnte.

Zu dieser Frage gibt es eine Reihe untergerichtlicher Urteile, die sich alle – soweit ersichtlich – mit den Kosten der Adoption von Kindern aus Entwicklungsländern beschäftigen.

---

9   S. dazu u. Fall 37.

Hierzu vertritt das FinanzG Berlin[10] die Meinung, dass es sich um außergewöhnliche Belastungen handele. Das FinG Köln[11] sowie die OFD Köln[12] sind der Ansicht, dass die Reisekosten des Kindes zu berücksichtigen seien, nicht jedoch die von Begleitpersonen. Die Mehrheit der Gerichte schließlich steht auf dem Standpunkt, dass es sich unter keinem Gesichtspunkt um außergewöhnliche Belastungen handele.[13] Dieser Meinung hat sich der BFH[14] angeschlossen.

Fall 33:   Die Freiheit freier Träger

1. Wenn einem freien Träger Kinder zur Vermittlung angeboten werden, darf er sie – wenn er nicht **anerkannte Adoptionsvermittlungsstelle** iSd §§ 2 II, 4 AdVermiG ist[15] – nicht vermitteln. Tut er es trotzdem, handelt er gem. §§ 5 I, 14 AdVermiG ordnungswidrig und kann mit einem Bußgeld bis zu 10 000,– DM (der Gesetzgeber hat vergessen, die DM-Beträge in Euro auszuweisen) belegt werden. Wäre der Sozialdienst katholischer Frauen e. V. dagegen anerkannte Adoptionsvermittlungsstelle, könnte er in eigener Regie Eltern für das Kind suchen.

2. Ein Kind, dessen Annahme gerichtlich ausgesprochen werden soll, muss sich eine angemessene Zeit in **Adoptionspflege** befunden haben, § 1744 BGB. Für die Aufnahme des Kindes benötigten die künftigen Adoptiveltern **nach § 44 I Nr. 6 SGB VIII** keine **Pflegeerlaubnis**.

3. Bevor das Familiengericht eine Annahme als Kind ausspricht, ist es verpflichtet gem. § 189 FamFG die betroffene Adoptionsvermittlungsstelle bzw das zuständige Jugendamt **anzuhören**.[16] Die anerkannte Adoptionsvermittlungsstelle eines freien Trägers kann die Aufgabe der Abgabe einer fachlichen Stellungnahme eigenverantwortlich wahrnehmen, § 2 II AdVermiG.

4. Wenn leibliche Eltern die Einwilligungserklärung in die Adoption ihres Kindes abgegeben haben, § 1747 BGB, oder wenn ihre Einwilligung durch das Familiengericht ersetzt worden ist, § 1748 BGB, **ruht** gem. § 1751 I S. 1 BGB ihre elterliche Sorge. Gem. § 1751 I S. 2 BGB wird das Jugendamt Amtsvormund. Fraglich ist nun, ob das **Jugendamt als Amtsvormund abgelöst** werden kann oder ob sogar eine vorzeitige Bestellung eines Vormunds den Eintritt der Amtsvormundschaft verhindern kann. Im Hinblick auf einen freien Träger, der als Adoptionsvermittlungsstelle tätig ist, könnte durchaus Interesse daran bestehen, für das künftige Adoptivkind auch als Vormund tätig werden zu dürfen.

An sich könnten freie Träger der Jugendhilfe auch Vormundschaften führen. Voraussetzung dafür ist gem. § 1791a BGB:
– Der Träger muss ein eingetragener Verein sein, §§ 21 ff. BGB.
– Er muss vom Landesjugendamt für hierfür geeignet erklärt worden sein, § 54 SGB VIII.
Ob nun ein hiernach berechtigter Träger auch Vormundschaften im Rahmen des § 1751 BGB übernehmen darf, ist bisher umstritten. Soweit ersichtlich, wird in Praxis und Literatur

---

10 V. 4.2.1975, FFG 1975, 310 und v. 3.1. 1980, EFG 1980, 237.
11 V. 4.4.1984 – IK 70/83 – n. r.
12 Erlass v. 16.12.1982 – S 2284 – 13 – St 121.
13 So Hess. FinG v. 11.3.1982, 520; FinG Berlin v. 22.3.1983, EFG 1984, 71; FinG Köln v. 28.2.1985, EFG 1985, 503; Hess. FinG v. 22.3.1985, EFG 1985, 559.
14 BFH v. 20.3.1987, NJW 1987, 2960; v. 5.1.1990 – AZ 111 B 53/89.
15 S. o. Fall 29.
16 Vgl. hierzu o. Teil 1 Frage 131.

dabei überhaupt nur die Frage diskutiert, ob das Jugendamt als Amtsvormund **abgelöst**, nicht dagegen, ob es von vornherein **ausgeschaltet** werden kann.[17] Nach der bestehenden Rechtslage muss eine **Ablösung** möglich sein, weil das Gesetz dies in anderen Fällen der Amtsvormundschaft/-pflegschaft, in denen die Interessenlage mit der hier vorliegenden durchaus vergleichbar ist, auch zulässt. Ob auch eine **Verhinderung des Eintritts** der Amtsvormundschaft rechtlich möglich ist, scheint dagegen unsicher. Außer wenn bereits vorher eine Vormundschaft besteht, kann sonst eine Vormundbestellung »mit aufschiebender Wirkung« nur im Hinblick auf eine bevorstehende Geburt (vgl. § 1791c I S. 1 Hs. 2 BGB vorgenommen werden. Für den Fall eines Vaterschaftsanfechtungsurteils dagegen (§ 1791c I S. 2 BGB) ist sie nicht vorgesehen. *Palandt/Diederichsen* setzen diese beiden Fälle einfach gleich[18], wogegen auf den ersten Blick nichts einzuwenden ist. Schaut man sich aber die Begründung an, so kommen einem Zweifel. Sie nennen nämlich das Beispiel, dass der Mutter vor der Vaterschaftsanfechtung das Sorgerecht entzogen und auf einen Vormund übertragen worden ist. Wird dann die Nicht-Vaterschaft rechtskräftig festgestellt, so ist in der Tat kein Vormund nötig. Die von Diederichsen nicht beantwortete Frage ist jedoch, ob bei laufender Vaterschaftsanfechtung auch eine Vormundbestellung mit aufschiebender Wirkung wie in § 1774 S. 2 BGB möglich ist oder nicht. Er selber führt bei § 1791c I S. 1 Hs. 2 BGB nur den § 1774 S. 2 als Beispiel an; einen pränatalen Sorgerechtsentzug gibt es in der Tat bisher nicht. Es muss wohl eher davon ausgegangen werden, dass der freie Träger nicht vor Eintritt des Ruhens der elterlichen Sorge gem. § 1751 BGB aufschiebend bedingt zum Vormund bestellt werden kann, sodass die Amtsvormundschaft nicht eintritt. Er kann aber – gemäß dem Subsidiaritätsprinzip – den Amtsvormund nach Eintritt der Amtsvormundschaft ablösen.

5. Der Sozialarbeiter sollte daher dem Vorstand des eingetragenen Vereins **folgende Auskunft** geben: Das Gesetz sieht in verschiedenen Bereichen die Möglichkeit vor, den Handlungsspielraum der freien Träger zu erweitern. Um im Rahmen der Adoptionsvermittlung zu größtmöglicher Freiheit zu kommen, sollte der Sozialdienst katholischer Frauen e.V. Folgendes anstreben:

– Seine Anerkennung als Adoptionsvermittlungsstelle gem. §§ 2 II AdVermiG.
– Seine Eignungserklärung für die Führung von Vereinsvormundschaften gem. § 54 SGB VIII.

XII. Vollzeitpflege

Fall 34:   Pflegekind im Sinne des SGB VIII

Zur Notwendigkeit einer Pflegeerlaubnis

1. Nachbarn: Hier kommt allenfalls Tagespflege gem. § 43 I SGB VIII in Betracht. Daher ist keine Erlaubnis nötig. Zum einen fehlt es an der Regelmäßigkeit, zum anderen an der Bezahlung.

2. Verwandte 2. Grades: Das Wort »unterbringen« im Sachverhalt ist nicht eindeutig. Es kann tagsüber oder über Tag und Nacht meinen. Im zweiten Fall ist keine Erlaubnis nötig (§ 44 I S. 2 Nr. 3 SGB VIII). Ob dasselbe bei der Tagespflege gilt, sagt das Gesetz nicht. Es kann aber nicht sein, dass bei der pädagogisch umfassenderen Unterbringung Tag und Nacht keine Erlaubnis benötigt wird, während für eine Unterbringung den Tag über eine solche verlangt wird. Die Tagespflege bei Großeltern ist daher auch erlaubnisfrei.

---

17 Vgl. zu den Meinungen *Oberloskamp/Hoffmann*, Wir werden Adoptiv- oder Pflegeeltern, 152.
18 § 1791c Rn. 5 und 6.

3. Während der Arbeitszeit: Regelmäßig untergebracht. Jedoch offenbar keine Bezahlung, daher keine Erlaubnis erforderlich (§ 43 I SGB VIII).

4. 17 Jahre, bei Arbeitgeber: Erlaubnis nötig. Weder § 43 SGB VIII noch das AG-KJHG NW sehen bei der ganztägigen Unterbringung Altersbegrenzungen oder Sonderkonditionen für Arbeitgeber vor.

5. Verwandte 5. Grades: Wenn es sich um Vollzeitpflege handelt, ist eine Erlaubnis nötig (Umkehrschluss aus § 44 I S. 2 Nr. 3 SGB VIII). Wenn Tagespflege entscheidend ist, ob Cousine kommt oder geht. Geht sie in das Haus der Mutter, erlaubnisfrei, da innerhalb der Wohnung des Kindes; kommt das Kind zu ihr, Erlaubnis erforderlich, da geforderte Zeit und Bezahlung gegeben, § 43 I SGB VIII.

6. a) Wochenpflege: Vormund = Personensorgeberechtigter: keine Erlaubnis (§ 44 I S. 2 Nr. 2 SGB VIII).

b) Tagespflege: Eigentlich sind alle 4 Voraussetzungen (Ort, Zeit, Gegenleistung – irgendetwas, was über Erstattung der Unkosten hinausgeht, reicht –, Dauer) erfüllt, sodass eine Erlaubnis nötig wäre. Im Vergleich mit § 44 SGB VIII kann das Ergebnis aber nicht richtig sein, da beim gesetzlichen Vertreter sogar Vollzeitpflege erlaubnisfrei ist, dann muss dies erst recht für Tagespflege gelten, diese bedarf also keiner Erlaubnis.

7. Große Ferien = weniger als acht Wochen: Keine Erlaubnis (§ 44 I S. 2 Nr. 4 SGB VIII). Die Kostenerstattung ist bedeutungslos. Selbst wenn die Gasteltern dafür ein Honorar bekämen und regelmäßig in den Ferien Pflegekinder aufnähmen (= gewerbsmäßig), würde dies keine Rolle spielen. Im Übrigen gilt gem. § 42 I S. 2 Hs. 2 SGB VIII, dass das Jugendamt berechtigt ist, trotz fehlender Pflegekindeigenschaft die Inpflegegabe oder das Verbleiben von Minderjährigen zu untersagen bzw. diese bei Gefahr in Verzug zu entfernen und anderweitig unterzubringen.

8. a) Nicht Familienpflege, sondern Schülerheim iSv § 45 I S. 2 Nr. 2 SGB VIII. Dieses ist nicht erlaubnispflichtig, wenn es landesrechtlicher Schulaufsicht untersteht.

b) Da die Familie regelmäßig Unterkunft bietet: Vollzeitpflege (§ 44 I S. 1 SGB VIII).

9. § 44 I S. 1 SGB VIII fordert, dass die Person den Minderjährigen in ihrem Haushalt aufnimmt. Das trifft sowohl für Mutter als auch für Kind zu. Demnach müsste – bei rein formaler Betrachtungsweise – die Pflegeperson zwei Pflegeerlaubnisse einholen. Lebensnaher ist es jedoch, den Erlaubnisvorbehalt auf die Mutter zu erstrecken, die ihr Kind mit sich trägt. Das Jugendamt hätte dann zu prüfen, ob die Pflegestelle für die Mutter samt Kind geeignet ist. Bei dieser Sicht brauchen die Pflegeeltern nur eine einzige Pflegeerlaubnis[19].

10. K ist Pflegekind gem. § 44 I S. 1 SGB VIII, wenn nicht die Ausnahme des § 44 I S. 2 Nr. 1 SGB VIII eingreift. Hiernach bedarf keiner Erlaubnis, wer eine Minderjährige »im Rahmen von Hilfe zur Erziehung aufgrund einer Vermittlung durch das Jugendamt« über Tag und Nacht aufnimmt. Im vorliegenden Fall erfolgt die Vermittlung durch den Sozialdienst katholischer Frauen e.V. (SkF e.V.).im Rahmen des § 33 SGB VIII. Also scheint die Ausnahme nicht vorzuliegen. Dieses Ergebnis ist deswegen unbefriedigend, weil der Grund für die Einführung dieser Regelung (auch) darin bestand, sinnlose Mehrfachprüfungen überflüssig zu machen. Dass die Ausnahmebestimmung gleichwohl – auch nach Inkrafttreten von TAG und KICK – die Vermittlung nur durch das Jugendamt voraussetzt, hat seinen Grund darin, dass das Jugendamt – trotz der Möglichkeit der freien Träger, Leistungen (§ 2 II SGB VIII) der Jugendhilfe zu erbringen (§ 3 II SGB VIII) – die Gesamtverantwortung für die Jugendhilfe trägt (§ 79 SGB VIII) und auch bei einer Beteiligung freier Träger letztverantwortlich bleibt (§ 76 II SGB VIII). Dies schließt aber

---

19 So *Jans/Happe/Saurbier*, § 44 Rn. 33 und *Wiesner*, § 44 Rn. 28.

nicht aus, freie Träger weitgehend selbstständig die Aufgaben der Jugendhilfe wahrnehmen zu lassen, sofern in fachlicher Hinsicht keine Bedenken hiergegen bestehen. Im vorliegenden Sachverhalt wäre das der Fall, wenn der SkF e.V. und das Jugendamt auf der Basis des § 4 II SGB VIII eine **Vereinbarung**[20] des Inhalts getroffen hätten, dass nur der SkF e.V. im Jugendamtsbezirk Pflegestellenvermittlung betreibt und das Jugendamt sich in diesem Bereich allenfalls betätigt, wenn Leistungsberechtigte dies ausdrücklich gem. § 5 SGB VIII vom Jugendamt verlangen, weil sie nicht mit einem konfessionellen oder einem katholischen Träger kooperieren wollen. In dieser Konstellation wäre der SkF in die Position des Jugendamts gerutscht, und es würde sich um eine »Vermittlung durch das Jugendamt« iSd § 44 I S. 2 Nr. 1 SGB VIII handeln, für die keine Erlaubnis nötig ist. Voraussetzung hierfür wäre allerdings, dass es sich um einen anerkannten Träger handelt (§ 4 II SGB VIII), sei es, dass ein Anerkennungsverfahren gem. § 75 I SGB VIII durchgeführt worden ist, sei es, dass der Träger kraft Gesetzes anerkannt ist (§ 75 III SGB VIII). Denn nur dann ist gewährleistet, dass fachlich qualifizierte Arbeit durch ihn geleistet wird, die es erübrigt, dass das Jugendamt alles prüft und dann eine Erlaubnis erteilt. Für dieses Ergebnis sprechen auch die Ausführungen zur nächsten Nummer.

11. Das Diakonische Werk e. V. ist anerkannte AdVermSt gem. § 2 II AdVermiG. Gibt es ein Kind in Adoptionspflege, so liegt für die Pflegeperson eine Erlaubnisfreiheit gem. Abs. 1 S. 2 Nr. 6 vor. Wenn eine Pflegeperson sogar dann keine Pflegeerlaubnis benötigt, wenn ihr ein Kind zur geplanten (irrevisiblen) Adoption anvertraut wird, dann ist nicht einzusehen, warum sie eine Erlaubnis brauchen soll, wenn es sich »nur« um eine (revisible) Dauerpflege handelt (s.o. Nr. 10).

12. Bei der Frage, ob Frau F eine Pflegeerlaubnis für K4 braucht, zählt K1 als eigenes Kind nicht mit. Im Übrigen kommt es gem. § 43 III SGB VIII nur darauf an, ob es sich um weniger als fünf Tagespflegekinder handelt. Bisher hat Frau F ein Tagespflegekind (K3). Ob sie damit automatisch die Erlaubnis hat, bis zu 5 Kinder tagsüber aufzunehmen, könnte man zwar aus Abs. 3 herleiten. Vom Sinn der Norm her ist das allerdings unwahrscheinlich. Anzunehmen ist, dass die erste Erlaubnis aufgrund der individuellen Gegebenheiten präzisiert, für wie viele Kinder sich die Pflegeperson eignet. Wenn die alte Erlaubnis daher nur ein Kind genannt hat, müsste Frau F einen neuen Antrag stellen und darlegen, dass ein weiteres Kind angemessen von ihr versorgt werden könnte.

Fall 35:   Ablehnung der Erteilung einer Pflegeerlaubnis

1. Rechtsbehelfe

Die Ablehnung der Erteilung einer Pflegeerlaubnis ist – ebenso wie die Erteilung selbst – ein Verwaltungsakt, vgl. § 31 S. 1 SGB X. Gegen diesen kann man, da es sich um eine Selbstverwaltungsaufgabe handelt, bei der erlassenden Behörde (hier das Jugendamt) innerhalb eines Monats (§ 70 VwGO) Widerspruch einlegen, § 68 II VwGO, und wenn diesem nicht stattgegeben wird, innerhalb eines Monats nach Zustellung des Widerspruchbescheides beim Verwaltungsgericht Klage (Verpflichtungsklage)[21] erheben, § 74 VwGO. Der Widerspruch bzw. die Klage werden Erfolg haben, wenn der Verwaltungsakt, d.h. die Ablehnung der Erteilung der Pflegeerlaubnis,
– rechtswidrig war und
– der Antragsteller Anspruch auf Erteilung der Pflegeerlaubnis hat, § 113 IV VwGO.

---

20 *Wiesner*, § 44, Rd. 7 nennt dies eine Beleihung gem. § 2 II AdVermiG analog.
21 Näheres zur Verpflichtungsklage siehe *Papenheim* u.a., Kap. 50.0.

Achtung: Im Wege des sogenannten Bürokratieabbaus wurde in einigen Bundesländern das Widerspruchverfahren als Vorverfahren abgeschafft, so z.B. in NRW, Niedersachsen und z.T. auch in Bayern. Sofern das Widerspruchverfahren nicht obligatorisch ist, ist die Klage gegen einen Verwaltungsakt innerhalb der Frist von einem Monat zu erheben.

2. Rechtswidrigkeit

Da für das Kind keine der Ausnahmeregelungen gem. § 44 I S. 2 SGB VIII eingreift, benötigen die Eltern B eine Pflegeerlaubnis gem. § 44 I S. 1 SGB VIII.

Begründung 1 der Ablehnung (fehlende Schlafgelegenheit): Ein 2jähriges Kind braucht auch tagsüber eine Schlafstelle, andernfalls ist eine Gefährdung des leiblichen Wohls anzunehmen. Die Frage ist jedoch, ob diese nicht im Wege einer Auflage (Erlaubnis ist wirksam, kann bei Nichterfüllung jedoch widerrufen werden) hätte nachgefordert werden können. Im Gegensatz zu § 45 SGB VIII, der in Abs. 2 ausdrücklich die Möglichkeit von Nebenbestimmungen vorsieht, fehlt Derartiges in § 44 SGB VIII. In der Gesetzesbegründung zum SGB VIII[22] ist dazu zu lesen, dass auf diese Möglichkeiten verzichtet worden sei, weil sich die damit verbundene Rechtsunsicherheit für den Bestand des Pflegeverhältnisses negativ auswirke. Unter diesem Gesichtspunkt ist die sofortige Versagung in Ordnung. Allerdings hätte das Jugendamt im Rahmen seiner Beratungspflicht gem. § 37 II SGB VIII die Pflegepersonen vor Erlass des Verwaltungsakts hierauf hinweisen und ihnen die Möglichkeit geben müssen, eine Schlafgelegenheit anzuschaffen. Insofern ist der Verwaltungsakt mangelhaft.

Begründung 2 der Ablehnung (andere Konfession) ist inhaltlich nicht gerechtfertigt. Zwar kann bei einer Unterbringung durch das Jugendamt auch dieser Aspekt zu berücksichtigen sein. Es obliegt aber den Personensorgeberechtigten, die Entscheidung über den Stellenwert der Konfession festzulegen. Das Jugendamt kann religiöse Aspekte nur im Fall einer Kindeswohlgefährdung als Ablehnungsgrund heranziehen (Gefährdung des seelischen Wohls) (vgl. § 17 Buchst. b AG-KJHG NW). In diesem Fall ergeben sich diesbezüglich aber keinerlei Anhaltspunkte.

3. Rechtsanspruch

Liegen die Voraussetzungen der §§ 33, 44 SGB VIII iVm §§ 16 ff. AG-SGB VIII NW vor, so **muss das Jugendamt** die Pflegeerlaubnis erteilen. Diese Meinung, d.h., dass der Begriff »Wohl des Kindes« auch im Zusammenhang mit der Erteilung einer Pflegeerlaubnis ein gerichtlich überprüfbarer unbestimmter Rechtsbegriff[23] ist, hat sich seit der Entscheidung des OVG Berlin vom 11.2.1960[24] durchgesetzt und heute ihren eindeutigen Niederschlag in § 44 II und III SGB VIII gefunden. Praktisch bedeutet dies, dass die Pflegeperson einen Rechtsanspruch auf die Erteilung der Pflegeerlaubnis hat, wenn der Personensorgeberechtigte die Pflegeperson ausgesucht hat und mit dem Aufenthalt des Kindes bei ihr keine Gefährdung iSd § 1666 BGB verbunden ist. Die »Macht« des Jugendamts, Erlaubnisse zu versagen (§ 44 SGB VIII) geht daher nur so weit, wie das staatliche Wächteramt es zulässt.

---

22 BT-Drucks. 11/5948 S. 83.
23 Das Gegenteil wäre eine Ermessensentscheidung. Beim unbestimmten Rechtsbegriff ist nur eine richtige Entscheidung möglich, bei Ermessen mehrere. Vgl. zu dem Unterschied im Einzelnen: *Papenheim* u.a., Kap. 25.1.2 und 25.1.3.
24 RdJ 1961, 351.

Fall 36:   Haftung bei fehlender Pflegeerlaubnis

Die Krankenkasse kann von den Pflegeeltern Ersatz verlangen, wenn die Pflegeeltern zivilrechtlich haften. In diesem Fall ist nämlich der Schadensersatzanspruch des Kindes gegen die Pflegeeltern auf die Krankenkasse übergegangen, § 116 SBG X.

1. In Betracht kommt eine Haftung der Pflegeeltern aus § 832 BGB. Dann müssten die Bs kraft Gesetzes oder Vertrages zur Aufsichtsführung verpflichtet sein. Kraft Gesetzes, nämlich gem. §§ 1626, 1631 BGB, verpflichtet sind lediglich die Eltern A als Personensorgeberechtigte. Die Bs können aber kraft Vertrages verpflichtet sein.

Die Eltern A und B haben vereinbart, dass K bei ihnen (B) untergebracht werden sollte. Eine solche Abrede ist ein Vertrag. Bei einem Pflegevertrag muss jedoch gem. § 44 I S. 1 SGB VIII eine Pflegeerlaubnis eingeholt werden. Es fragt sich daher, ob das Nichtvorliegen der Erlaubnis für die Wirksamkeit des Vertrages eine Bedeutung hat. Gem. § 134 BGB sind Rechtsgeschäfte, die gegen ein gesetzliches Verbot verstoßen, nichtig. § 44 SGB VIII stellt, obwohl als Gebot formuliert, ein solches Verbot dar; denn § 104 I S. 1 SGB VIII behandelt die Aufnahme eines Pflegekindes ohne Erlaubnis als Ordnungswidrigkeit, woraus deutlich wird, dass eine solche Aufnahme verboten ist.

Der Vertrag wäre somit nichtig.[25] Eine Haftung der Bs gem. § 832 BGB unmittelbar käme daher nicht in Betracht, da weder eine Aufsichtspflicht kraft Gesetzes noch eine solche kraft Vertrages bestünde. Allerdings ist es fraglich, ob die Pflegeeltern nicht unter anderen Gesichtspunkten dennoch haften müssen. Das bisher gewonnene Ergebnis wirft Zweifel auf, weil ein Unterlassen, das in den Risikobereich der Pflegeeltern fällt und auf das die leiblichen Eltern nur wenig Einfluss nehmen können, dazu führt, dass die Pflegeeltern im Ergebnis besser stehen, als wenn sie sich gesetzestreu verhalten und die Pflegeerlaubnis eingeholt hätten. Die Rspr. und ihr folgend die Rechtslehre kennt eine Reihe von Konstellationen, in denen sie trotz Fehlens einer vertraglichen Grundlage zu quasi-vertraglicher und/oder deliktischer Haftung kommt. Dies gilt z.B. für das Verschulden bei Vertragsabschluss (»culpa in contrahendo« – auch wenn es letztlich nicht zum Vertragsabschluss kommt), für den faktischen Arbeitsvertrag, aufgrund »faktischer Verfügungsmacht« etc.[26]. Letzter Haftungsgrund ist hier meistens der Grundsatz von Treu und Glauben (§ 242 BGB). Ob dieser Grundsatz bei fehlerhaften Pflegeverträgen immer anzuwenden sein wird, ist nicht eindeutig zu beantworten. Sicher wird er dort eingreifen können, wo die leiblichen Eltern aufgrund des Verhaltens der Pflegeeltern darauf vertrauen durften, dass diese eine Pflegeerlaubnis einholen würden. Hätten jedoch leibliche und Pflegeeltern – sozusagen konspirativ – die Nichteinholung der Pflegeerlaubnis vereinbart, dann werden die leiblichen Eltern wegen nicht ordnungsgemäßer Übertragung der Aufsichtspflicht zumindest mithaften müssen.

2. In diesem Fall sollte die Erlaubnis eingeholt werden. Dies ist auch eine Woche nach Inpflegenahme geschehen. Das SGB VIII enthält keine Bestimmung, wonach die Pflegeerlaubnis idR vor der Inpflegegabe einzuholen ist, dies in Ausnahmefällen aber auch nachträglich möglich sein sollte. Hieraus könnte man folgern, dass eine nachträgliche Einholung jedenfalls nie zurückwirken kann. Dieses Ergebnis stößt allerdings auf Bedenken, weil die künftigen Pflegeeltern sich ja eigentlich gesetzestreu verhalten wollten. Zur Lösung dieses Gegensatzes könnte man die Regelung aus § 44 I S. 2 Nr. 4 SGB VIII heranziehen, die vor-

---

25 In der Lit. wird dazu auch die Meinung vertreten, dass das Fehlen der Pflegeerlaubnis den Pflegevertrag nicht unwirksam mache, weil dann der Schutzzweck der Norm nicht mehr erreicht werden könne: *Schellhorn*, § 44 Rn. 10; *Jans/Happe/Saurbier*, § 44 Rn. 39. Der Schutzzweck ist aber auch mit der oben nachfolgend vertretenen Meinung zu erreichen.

26 Vgl. *MünchKomm/Mertens*, § 823 Rdnr. 322 ff. und § 832 Rdnr. 13.

sieht, dass einer Pflegeerlaubnis nicht bedarf, wer einen Minderjährigen bis zur Dauer von acht Wochen betreut oder ihm Unterkunft gewährt. Da nach dem Wortlaut dieser Norm es ersichtlich nicht auf das subjektive Moment der geplanten Dauer, sondern es darauf ankommt, was konkret geschieht, kann das Nichteinholen der Pflegeerlaubnis innerhalb von acht Wochen noch kein Verstoß gegen § 44 I S. 1 SGB VIII sein. Deswegen genügt es auch, wenn die Erlaubnis erst eine Woche nach Inpflegegabe eingeholt wird. Bis zur Dauer von acht Wochen ist ein Pflegevertrag ohne nötige Pflegeerlaubnis schwebend unwirksam, bei rechtzeitiger Einholung der Erlaubnis wird er rückwirkend wirksam, § 184 BGB. Daher bestand bereits vorher für die Bs eine Verpflichtung kraft Vertrages, das Kind zu beaufsichtigen. Dieser Pflicht ist Frau B schuldhaft nicht nachgekommen. Die Pflichtverletzung war ursächlich dafür, dass K den J widerrechtlich (d.h. ohne Rechtfertigungsgrund) verletzen konnte. Demnach haftet Frau B für den entstandenen Schaden.

Fall 37:   Informationen für Pflegeeltern

1. Rechte der leiblichen Eltern

1.1 Elterliche Sorge gem. §§ 1626, 1629 BGB (§ 1626 a I BGB)

– Wenn die leiblichen Eltern die gemeinsame elterliche Sorge haben, bleiben sie grundsätzlich **Inhaber des Sorgerechts** und sind als solche berechtigt, über die Angelegenheiten ihres Kindes zu entscheiden. Etwas anderes ergibt sich dann, wenn aufgrund einer gerichtlichen Entscheidung gem. § 1630 III BGB (freiwillig) oder gem. § 1666 BGB (gegen ihren Willen bei Kindeswohlgefährdung) die elterliche Sorge oder Teile von ihr weggenommen worden ist/sind.

– Haben Eltern und Pflegeperson ausdrücklich oder konkludent (schlüssig) einen **Pflegevertrag** geschlossen und den Pflegepersonen damit Entscheidungsbefugnisse eingeräumt, so beinhaltet dies für die Pflegeperson nur eine Berechtigung zur Ausübung der Rechte. Die Pflegeperson wird nicht Inhaberin der elterlichen Sorge. In der Regel können die leiblichen Eltern diese Übertragung jederzeit rückgängig machen, weil es sich um eine vertragliche Grundlage handelt.

Liegt keine klare Vereinbarung vor, so greift **§ 1688 BGB als Auffangtatbestand** ein: Die leiblichen Eltern bleiben entscheidungsbefugt in »Angelegenheiten von erheblicher Bedeutung«.

1.2 Umgangsrecht gem. § 1684 I Hs. 2 BGB

Unabhängig der Frage, ob die Eltern noch Sorgerechtsinhaber sind, haben die Eltern grundsätzlich ein Umgangsrecht mit dem Kind. Dieses kann

– hinsichtlich des Umfangs und der Ausübung näher geregelt (§ 1684 III S. 1 BGB) und durch Anordnungen präzisiert (§ 1684 III S. 2 BGB) werden;

– bei Erforderlichkeit zum Wohl des Kindes für kürzere Zeit eingeschränkt oder ausgeschlossen werden (§ 1684 IV S. 1 BGB);

– bei Gefährdung des Kindeswohls nur in Anwesenheit eines Dritten stattfinden (§ 1684 IV S. 3 BGB) oder

– bei Gefährdung des Kindeswohls für längere Zeit oder auf Dauer eingeschränkt oder ausgeschlossen werden (§ 1684 IV S. 2 BGB).

In jedem Fall ist das Umgangsrecht so auszuüben, dass das Verhältnis des Kindes zu den Pflegeeltern nicht beeinträchtigt oder die Erziehung erschwert wird (§ 1684 II S. 2 BGB).

2. Befugnisse der Pflegeperson

Die Befugnisse der Pflegeeltern sind teilweise das Spiegelbild der Befugnisse der leiblichen Eltern:

- Eine freiwillige **Abtretung** von Teilen des Sorgerechts auf die Pflegeperson gem. § 1630 III BGB gibt diesen Befugnisse im übertragenen Umfang. Ein (teilweiser) **Entzug** des Sorgerechts auf der Basis des § 1666 BGB gibt der Pflegeperson nicht zwingend die Befugnisse, die den leiblichen Eltern entzogen worden sind. Vielmehr müssten sie durch das Familiengericht als Vormund bzw. Pfleger bestellt werden. Als solcher kann aber auch eine andere Person bzw. das Jugendamt bestellt werden.
- Bei Abschluss eines **Pflegevertrages** erhalten die Pflegeeltern – allerdings in der Regel jederzeit widerruflich – die vereinbarten Rechte.
- Bei fehlender vertraglicher Regelung oder gerichtlicher Anordnung gibt das **Gesetz** der Pflegeperson die Befugnis, in »Angelegenheiten des täglichen Lebens« zu entscheiden und die Eltern insoweit zu vertreten. Sie haben die Befugnis, den Arbeitsverdienst des Kindes zu verwalten, sowie Unterhalts-, Versicherungs-, Versorgungs- und sonstige Sozialleistungen für das Kind geltend zu machen und zu verwalten (§ 1688 I S. 1 BGB).

3. Beendigung des Pflegeverhältnisses
Das Pflegeverhältnis endet spiegelbildlich so, wie es begründet worden ist:
- Werden den leiblichen Eltern ihre Elternrechte zurückübertragen, können sie das Kind aus der Pflegefamilie herausnehmen (§ 1632 I BGB). Im Rahmen ihres Aufenthaltsbestimmungsrechts können sie auch entscheiden, dass das Kind weiterhin in der Pflegefamilie bleibt. Die Befugnisse der Pflegeeltern richten sich dann nach einem Pflegevertrag oder § 1688 BGB.
- Bei Kündigung des Pflegevertrages können die leiblichen Eltern ihr Kind aus der Pflegefamilie herausnehmen.
In jedem Fall kann die Pflegeperson, wenn die leiblichen Eltern die Herausgabe des Kindes verlangen, geltend machen, dass die Herausgabe »zur Unzeit« das Kind gefährde und deshalb sein Verbleib bei der Pflegeperson angeordnet werden müsse (§ 1632 IV BGB) (Verbleibensanordnung durch das Familiengericht).
- Hatte die Pflegeperson eine Pflegeerlaubnis (§ 44 I, II SGB VIII), so kann diese vom Jugendamt zurückgenommen oder widerrufen werden, mit der Folge, dass das Kind nicht mehr bei der Pflegeperson bleiben darf (§ 44 III S. 2 SGB VIII).
- Unabhängig von der Notwendigkeit einer Pflegeerlaubnis kann das Jugendamt, wenn das Kind in der Pflegestelle gefährdet ist, dieses dort herausnehmen und bei einer geeigneten Person oder Institution unterbringen (§ 42 I Nr. 2 SGB VIII).

4. Zahlung von Pflegegeld, Kosten der Erziehung, Sonderbedarf
Als Basis für die Ermittlung des »notwendigen Lebensunterhalts« dienen in den meisten Kommunen die Empfehlungen des Deutschen Vereins, die in regelmäßigen Abständen entsprechend den gestiegenen Lebenshaltungskosten fortgeschrieben werden. Sie belaufen sich für das Jahr 2009 auf:[27]
473 € (bis 7 Jahre),
547 € (bis 14 Jahre),
628 € (bis 18 Jahre), wobei jeweils 220 €
für Kosten der Erziehung hinzuzurechnen sind.

5. Krankenversicherung
Das Kind kann über die leiblichen Eltern oder über die Pflegeeltern gesetzlich krankenversichert sein (§ 10 I, IV SGB V). Trifft beides nicht zu und ist auch keine private Kranken-

---

27 Empfehlungen v. 1.10.2008, DV, http://www.deutscher-verein.de/05-empfehlungen/empfehlungen_archiv/empfehlungen2008/pdf/DV%2026-08.pdf.

versicherung vorhanden, so leistet das Jugendamt Krankenhilfe gem. § 40 SGB VIII. Dies dürfte jedoch nach der Reform des Krankenversicherungsrechts nicht mehr vorkommen.

6. Kindergeld

Gem. §§ 32 I Nr. 2, 63 I Nr. 1 EStG, 22 I Nr. 2 BKGG erhalten die Pflegeeltern Kindergeld, wenn das Kind mit den Pflegeeltern durch ein familienähnliches, auf längere Dauer berechnetes Band verbunden ist, sofern das Kind in den Haushalt aufgenommen ist und ein Obhut- und Pflegeverhältnis zwischen dem Pflegekind und den leiblichen Eltern nicht mehr besteht.
Kindergeld wird gem. § 39 VI SGB VIII auf das Pflegegeld angerechnet.

7. Haftpflicht- und Unfallversicherung

7.1 Haftpflichtversicherung: eine Versicherung, die Schäden abdeckt, die das Pflegekind einem Dritten zufügt.
In der Praxis gibt es vier verschiedene Verfahren, Schäden dieser Art zu regulieren:
– der öffentliche Träger schließt eine Sammelhaftpflichtversicherung für Pflegeeltern ab,
– die Pflegeeltern schließen eine Einzelversicherung ab; die Prämien sind von dem, der Pflegegeld zu zahlen hat, zu übernehmen,
– weder öffentliche Träger noch Pflegeeltern schließen eine Versicherung ab, der öffentliche Träger übernimmt jedoch etwaige Schäden,
– Pflegeeltern müssen für entstandene Schäden selber oder über eine von ihnen zu finanzierende Versicherung aufkommen.
Problematisch an Haftpflichtversicherungen ist, dass – ebenso wie bei einer regulären Familie – Schäden, die im Innenverhältnis entstehen (Pflegekind – Pflegeeltern; Pflegekind – leibliches Kind; Pflegekind 1 – Pflegekind 2) nicht abgedeckt werden können.
7.2 Unfallversicherung: eine Versicherung, die Körperschäden abdeckt, die einem Pflegekind aufgrund eines Unfalls entstehen. Bei Aufenthalt des Pflegekindes in Kindergarten und Schule greift die gesetzliche Unfallversicherung (SGB VII) ein, nicht dagegen, wenn das Kind in einem Hort ist. Abgedeckt werden von privaten Unfallversicherungen in diesem Rahmen alle Schäden, die nicht von den Pflegeeltern oder deren im Haushalt lebenden Angehörigen verursacht worden sind.
Von einer Versicherungspflicht in der gesetzlichen Unfallversicherung nach § 2 I Nr. 9 SGB VII wird erst dann auszugehen sein, wenn mehr als sechs Pflegekinder im Haushalt leben und die Tätigkeit der Pflegeperson damit als freiberuflich eingeschätzt wird.
Hinsichtlich der Kostentragung für eine Unfallversicherung kommen die gleichen Möglichkeiten wie für eine Haftpflichtversicherung in Betracht.

8. Beratungs- und Unterstützungsaufgabe des Jugendamts
Diese wird durch individuelle Betreuung durch das Jugendamt oder durch Arbeit mit Pflegepersonengruppen durchgeführt (§ 37 SGB VIII). Diese kann auch von einem freien Träger wahrgenommen werden.

9. Steuerliche Behandlung des Pflegegeldes, insbesondere des Erziehungsbeitrags
9.1 Zur steuerrechtlichen Bewertung des im Rahmen der Vollzeitpflege nach § 39 SGB VIII den Pflegepersonen ausgezahlten Pflegegeldes, hat das Bundesministerium der Finanzen (BMF) zuletzt mit Schreiben vom 20. November 2007 Stellung genommen. Danach handelt es sich sowohl beim Pflegegeld als auch bei anlassbezogenen Beihilfen und Zuschüssen aus öffentlichen Mitteln um steuerfreie Beihilfen im Sinne von § 3 Nr. 11 EStG, die die Erziehung unmittelbar fördern, sofern eine Erwerbstätigkeit nicht vorliegt. Werden mehr

als sechs Kinder in den Haushalt aufgenommen, wird eine Erwerbstätigkeit vermutet. Das hier ausbezahlte Pflegegeld ist daher steuerpflichtig.

Bei einer Betreuung von bis zu sechs Kindern hingegen ist ohne weitere Prüfung davon auszugehen, dass die Pflege nicht erwerbsmäßig ausgeübt wird. Die Bestandteile der Vergütungen an Bereitschaftspflegepersonen, die unabhängig von der tatsächlichen Aufnahme eines Kindes geleistet werden (sog. Platzhaltekosten oder Bereitschaftsgelder), fördern nicht unmittelbar die Erziehung und sind daher steuerpflichtig.[28]

9.2 Wird das **Pflegegeld von privater Seite** gezahlt, so werden Unterhaltsanteil und Erziehungsbeitrag nicht unterschieden. Der gesamte Beitrag ist steuerpflichtige Vergütung gem. § 18 I Nr. 3 EStG.[29] Pro Kind und Monat können jedoch folgende Betriebsausgaben pauschal abgezogen werden: Bei Tagespflege 246 €; bei Teilzeitpflege der entsprechende Anteil; bei Wochenpflege von 5 Tagen 297 €, von 6 Tagen 328 €; bei Vollzeit-/Dauerpflege 384 €.[30]

10. Steuerliche Entlastungen durch Pflegekinder
Kinder iSd EStG sind Dauerpflegekinder.[31] Bei Vorhandensein von Kindern sieht das Steuerrecht u.a. in folgenden Bereichen Vergünstigungen vor: Kinderfreibetrag; zumutbare Belastung; Kinderbetreuungskosten; Haushaltsgehilfin; Kirchensteuer; Wohnungsbauprämie; Arbeitnehmersparzulage; Ausbildungsfreibetrag; Pauschbetrag für Körperbehinderung.[32]

11. Anrechnung des Pflegegeldes als Einkommen im Rahmen des SGB II
Sofern die Pflegeperson Leistungen nach dem SGB II bezieht, könnte das Pflegegeld als Einkommen nach § 11 SGB II anrechenbar sein. Eine spezielle Regelung für die Anrechnung ergibt sich aus § 11 IV SGB II. Bei der Vergütung der Pflegeperson ist zu differenzieren, denn diese setzt sich im Rahmen von § 33 SGB VIII (ebenso wie bei der Tagespflege nach § 23 SGB VIII) aus Pflegegeld (Aufwendungsersatz) und einem Erziehungsbeitrag (Anerkennungsbetrag für den erzieherischen Einsatz) zusammen. Der Aufwendungsersatz stellt kein anzurechnendes Einkommen der Pflegeperson dar. Der Betrag des Pflegegeldes, der für den erzieherischen Einsatz gewährt wird, ist hingegen anzurechnen. Dieser Betrag beläuft sich bei Vollzeitpflege derzeit nach den Empfehlungen des Deutschen Vereins für öffentliche und private Fürsorge 35a[33] auf 220 € pro Kind und Monat; regionale Abweichungen von diesem Betrag sind möglich.[34]

Die Anrechnung des Erziehungsbeitrags ergibt sich aus § 11 IV Nr. 1 SGB II. Danach ist der Betrag für die ersten beiden Kinder anrechnungsfrei. Der Erziehungsbeitrag für ein drittes Pflegekind wird mit 75 % (156 €) als Einkommen angerechnet, für jedes weitere Kind wird der Pflegebeitrag in voller Höhe angerechnet.

28 BMF-Schreiben v. 20.11. 2007, BStBl. I S. 824.
29 BMF-Schreiben v. 20.1.1984, BStBl. I S. 134.
30 BMF-Schreiben v. 1. 8. 1988, BStBl. I S. 239.
31 Vgl. § 32 I 1 EStG und die dazu gehörigen Lohnsteuerrichtlinien.
32 Zu den Einzelheiten s. bei *Oberloskamp/Hoffmann*, Wir werden Adoptiv- und Pflegeeltern, 152.
33 S. Fn 27.
34 Fachliche Hinweise der BA zum SGB II, zu § 11 Rn. 11.117 ff., Stand: 8.6.2010.

XIII. Heimerziehung, sonstige betreute Wohnform

Fall 38: Voraussetzungen einer Heimunterbringung

Gem. § 36 I S. 1 SGB VIII ist M vor der Entscheidung über die Inanspruchnahme einer Hilfe zur Erziehung zu beraten und auf die möglichen Folgen für die Entwicklung des Kindes hinzuweisen.

Auf Hilfe zur Erziehung hat sie gem. § 27 SGB VIII einen Rechtsanspruch, wenn
– eine dem Wohl von K entsprechende Erziehung nicht gewährleistet und
– die Hilfe für seine Entwicklung geeignet und notwendig ist.

1. Nicht-Gewährleistung des Kindeswohls. Dies ist der Fall, wenn das Kind objektiv – die Gründe hierfür spielen keine Rolle – nicht so versorgt ist, dass seine Erziehung iSd § 1 I SGB VIII sichergestellt ist. Wenn der alleinerziehende Elternteil in Vollzeit arbeitet und sich nicht um sein Kleinkind kümmern kann und keine geeignete Betreuung gewährleistet ist, ist eine dem Wohl entsprechende Erziehung nicht gewährleistet.

2. Notwendigkeit und Geeignetheit der Hilfe. Im folgenden Fall scheinen Eignung und Notwendigkeit einer Heimunterbringung fragwürdig zu sein. In einem Beratungsgespräch sollte M die Information erhalten, dass eine mit ihrem Heimaufenthalt verbundene ständige Trennung von Mutter und Kind negative Auswirkungen auf die Entwicklung des Kindes haben kann. Es sollte zunächst versucht werden, eine Tagespflegestelle oder Kindertageseinrichtung zu finden. Ggf. ist die Mutter darauf hinzuweisen, dass sie auch in Teilzeit arbeiten könnte. Wenn diese vorrangigen Maßnahmen nicht ausreichen, dürfte im Allgemeinen bei einem einjährigen Kind einer Vollzeitpflege vor der Heimunterbringung der Vorzug zu geben sein. Allerdings taucht hier häufig das Problem auf, dass sich das Kind so fest an die Pflegeeltern bindet, dass seine leiblichen Eltern es nicht ohne Weiteres wieder herausnehmen können. Das Heim dagegen birgt für so kleine Kinder immer noch die Gefahr, diese zu hospitalisieren.

Aus allem folgt, dass eine Fremdunterbringung iSv §§ 33, 34 SGB VIII vorliegend besser gar nicht vorgenommen würde.

Fall 39: Ersetzung der Freiwilligkeit

In Betracht kommt die Unterbringung von K in einem Heim oder einer sonstigen Wohnform gem. §§ 27, 34 SGB VIII. Der Sozialarbeiter hat bei der Prüfung des § 27 I SGB VIII festgestellt, dass
– eine dem Wohle des K entsprechende Erziehung nicht gewährleistet und
– Hilfe für seine Entwicklung notwendig ist.

Er ist ferner zu dem Ergebnis gekommen, dass bei Berücksichtigung des erzieherischen Bedarfs und des sozialen Umfelds ein Milieuwechsel erforderlich ist.

Gleichgültig, welche konkrete Hilfe aus dem Katalog der §§ 33-35 SGB VIII nun die geeignete ist, so ist in jedem Fall Voraussetzung, dass die Personensorgeberechtigten den Anspruch auf Hilfe geltend machen (§ 27 I SGB VIII). Wenn sie sich weigern, Hilfe in Anspruch zu nehmen, dann kann das JA seine Hilfefunktion nicht wahrnehmen. In einer solchen Situation muss das Jugendamt gem. § 8a III SGB VIII das Familiengericht anrufen, damit das Gericht zur Abwendung einer Kindeswohlgefährdung tätig werden kann. In einer gutachtlichen Stellungnahme müsste das Jugendamt das Vorliegen der Voraussetzungen des § 1666 I BGB darlegen:

– Gefährdung des Kindes: Anlass zur Annahme (d.h. objektiv feststellbare Tatsachen, Verdachtsmomente genügen nicht), dass ohne staatliche Intervention mit einiger Sicherheit erhebliche Schädigungen des Wohls des jungen Menschen zu erwarten sind[35].
– Unfähigkeit oder Unwilligkeit der Eltern, die Gefahr abzuwenden.
Liegen diese Voraussetzungen vor, so hat das Familiengericht die erforderliche Maßnahme zu treffen. Das Jugendamt sollte dem Gericht eine sinnvolle Maßnahme vorschlagen. Hält das Familiengericht die Unterbringung von K in einem Heim für erforderlich und wollen die Eltern dies nicht, so muss ihnen mindestens das Recht zur Inanspruchnahme von Hilfe zur Erziehung und das Aufenthaltsbestimmungsrecht entzogen werden, um die Maßnahme durchführen zu können. Zudem ist in diesen Angelegenheiten nach § 1909 BGB ein Pfleger zu bestellen, der die entsprechenden Entscheidungen sodann trifft.

Fall 40: Verfahren und Auswahl der Hilfe bei Fremdunterbringung

1. Da die M um Hilfe zur Erziehung gem. § 27 SGB VIII bittet, wird die Sozialarbeiterin zunächst die nötigen **Informationen sammeln**, um umfassend beurteilen zu können, ob die Voraussetzungen für die Gewährung von Hilfe vorliegen und welche Hilfe angezeigt ist. Da das Jugendamt die »Stelle« iSd § 61 I S. 2 SGB VIII ist, ist es an die Vorschriften der §§ 62-68 SGB VIII gebunden. Gem. § 62 I SGB VIII darf die Sozialarbeiterin Daten nur insoweit erheben, als ihre Kenntnis für eine Entscheidung über die erbetene Hilfe nötig ist. Diese Daten sind gem. Abs. 2 »beim Betroffenen« (das ist der, um dessen Daten es geht) zu erheben, also bei Johann und dessen gesetzlichem Vertreter, d.h. der M. Eine Erhebung bei Dritten ist jedoch auch u.a. mit Einwilligung des Betroffenen möglich (Abs. 3 Umkehrschluss), sodass die Sozialarbeiterin mit Zustimmung der Mutter als gesetzliche Vertreterin auch Gespräche mit dem Arbeitgeber und der Berufsschule führen dürfte.
Die gewonnenen Informationen dürfte die Sozialarbeiterin, soweit dies zur Erfüllung der Aufgabe nötig ist, in Akten und elektronischen Medien speichern (§ 63 SGB VIII) und zur Entscheidung über die Hilfe verwenden (§ 64 I SGB VIII). Falls die Polizei ihn wegen der Einbrüche um Informationen bittet, dürfte er diese nicht weitergeben. Hier steht zum einen § 64 II SGB VIII entgegen, da eine weitere vertrauensvolle Zusammenarbeit mit M sicher nicht möglich wäre, wenn er Johann an die Polizei »verpfiffe«. Zum anderen besteht auch gem. § 65 SGB VIII eine personengebundene Schweigepflicht, weil ihm die personenbezogenen Daten zum Zwecke erzieherischer Hilfen anvertraut worden sind und einer der in den Nrn. 1-3 genannten Ausnahmetatbestände nicht vorliegt.
2. Nach Sammeln der Informationen durch Gespräche mit M und Johann und evtl. weiteren Personen muss die Sozialarbeiterin gem. § 27 SGB VIII **entscheiden**, ob eine dem Johann entsprechende Erziehung nicht gewährleistet ist und ggf. ob eine Hilfe zur Erziehung geeignet und notwendig ist.
2.1 Als Erstes ist festzustellen, ob die Erziehungssituation das Wohl des Jugendlichen nicht gewährleistet (§ 27 I SGB VIII iVm § 1 I SGB VIII). Aufgrund der mitgeteilten Erkenntnisse ist Folgendes zu sagen: Das Verhalten von J zeigt, dass er seine Rolle in der Arbeitswelt und Gesellschaft bisher nicht gefunden hat. Seine Mutter hat ihm dabei nicht helfen können. Durch den Tod ihres Mannes hat sie jeden Halt verloren. J hält sich auch nicht an getroffene Vereinbarungen und seine Mutter kann ihn nicht dazu bringen diese einzuhalten. Auch in der Antriebsstruktur fehlt ihm offenbar jede Steuerung. Der regelmäßige Alkoholkonsum lässt

---

35 Genaueres bei *Wiesner/Mörsberger*, § 45 Rn. 75.

eine Verschlimmerung der Situation befürchten. Diese Situation erfüllt das Erziehungsziel des § 1 I SGB VIII, so dass ein erzieherischer Bedarf gem. § 27 I SGB VIII vorliegt.

2.2 Nachdem das Vorliegen einer verbesserungsbedürftigen Erziehungssituation bejaht worden ist, ist zu prüfen, ob eine erzieherische Hilfe für J notwendig und geeignet ist. Die **Notwendigkeit** ergibt sich daraus, dass nicht erkennbar ist, wodurch sich die Situation ohne eine Hilfe des Jugendamts ändern sollte. Die Mutter ist zu schwach, der Freundeskreis hat negativen Einfluss. Der Arbeitgeber hat gezeigt, dass er nur eine rechtliche Reaktion auf Fehlverhalten kennt und ihn bereits entlassen. Über andere Personen aus dem sozialen Umfeld ist nichts bekannt. Es sind insofern kaum Ressourcen im Umfeld vorhanden. Das Erziehungsziel der eigenverantwortlichen und gemeinschaftsfähigen Persönlichkeit (§ 1 I SGB VIII) wird ohne eine Unterstützung des J nicht erreicht werden. Hilfe ist daher notwendig.

Welche Hilfe **die richtige** ist, ist anhand von § 27 II SGB VIII im Team (§ 36 II S. 1 SGB VIII) zu prüfen.

a) Gemäß dem Grundsatz der Verhältnismäßigkeit (§ 1666a I BGB, Art. 6 III GG) muss als Erstes geklärt werden, ob eine Herausnahme von J aus der Familie **(Milieuwechsel)** notwendig ist. Nach § 8 I SGB VIII ist J in den Entscheidungsprozess miteinzubeziehen. Fraglich ist, ob insofern eine stationäre Hilfe notwendig ist. Dafür ist einerseits maßgebend, ob die Mutter zu einer Verbesserung der Erziehungssituation beitragen kann, andererseits, wie sich ein Ortswechsel für den Minderjährigen auf berufliche oder sonstige Gründe auswirken kann. J ist im Moment arbeitslos, sein Arbeitgeber hat ihm wegen seines ständigen Fehlens gekündigt. Unter diesem Gesichtspunkt würde sich eine anderweitige Unterbringung nicht negativ auswirken. Falls zurzeit keine Stelle für ihn zu finden wäre, könnten ihm gem. § 27 III S. 2 SGB VIII iVm § 13 II SGB VIII Ausbildungs- und Beschäftigungsmaßnahmen angeboten werden.

Mit einer vollstationären Hilfe könnte auch erreicht werden, dass J aus dem negativen Einfluss seines Freundeskreises herausgelöst wird.

Die Mutter scheint mit ihren eigenen Problemen belastet. Sie zeigt zwar Bereitschaft, besitzt aber nicht die Fähigkeit, J wirklich zu helfen. Ressourcen bei ihr zu erwecken oder zu fördern erscheint zumindest kurzfristig fraglich. Sie hat überhaupt keinen Einfluss auf ihren Sohn und es besteht kein Vertrauensverhältnis. Eine stationäre Maßnahme würde diese Situation auflösen.

b) Zu prüfen bleibt, ob eine **Heimunterbringung** nötig ist, oder ob J besser in eine Pflegefamilie, ein Lehrlingsheim, eine Wohngemeinschaft oder ein eigenes Zimmer kommen sollte.

Ein **Lehrlingsheim** kommt nur dann in Betracht, wenn bei einem Jugendlichen eine gewisse Stabilität vorhanden ist, weil in diesen Einrichtungen die soziale Kontrolle durch Mitbewohner ein wichtiger Faktor der Hilfe ist. An einer solchen Stabilität mangelt es J völlig. Wegen der Schwäche seiner Mutter und dem frühen Verlust des Vaters hat er gerade in der Pubertät erhebliche Probleme.

Wegen der schwierigen Lebenssituation müsste eine pädagogisch und psychologisch geschulte Person für J da sein, die die Probleme von J mit ihm aufarbeiten kann.

Eine Vaterfigur könnte J vielleicht am ehesten in einer **Pflegefamilie** (§ 33 SGB VIII) finden. Da er aber viele Schwierigkeiten hat, wäre eine gewöhnliche Familie mit ihm überfordert. Es ist daher sehr zweifelhaft, ob sich eine geeignete Familie finden ließe.

Des Weiteren käme eine betreute **Wohngemeinschaft** (§ 34 SGB VIII) in Betracht. WGs stellen allerdings gewisse Anforderungen an Selbstständigkeit, Konfliktfähigkeit und persönliche Reife der Jugendlichen. Problematisch könnte überdies der massive Alkoholkonsum sein, der ggf. eine besondere Betreuung erfordern könnte. Dass er dem Einfluss seiner Freunde unterliegt, kann insbesondere auch an fehlenden Bezugspersonen liegen und muss nicht

gegen eine WG sprechen. Möglicherweise wäre eine Wohneinrichtung zu der auch Berufs-
und Ausbildungsförderung gehört, eine geeignete Hilfe. J hatte schließlich gute Schulnoten
und er hat immerhin schon acht Monate Arbeit auf dem Bau durchgehalten, sodass sein
Potenzial gefördert werden könnte.
Schließlich wäre noch an eine **intensive sozialpädagogische Einzelbetreuung** in Form des
betreuten Wohnens gem. § 34 oder § 35 SGB VIII[36] zu denken. Solche stationären Einrichtungen sind für Jugendliche gedacht, die aufgrund von Entwicklungsrückständen und
Verhaltensauffälligkeiten in ihrer aktuellen Lebenssituation besonders gefährdet sind bzw.
sich allen anderen Hilfsangeboten zu entziehen versuchen.
Sie soll zur sozialen Integration und zur eigenverantwortlichen Lebensführung verhelfen.
Auch eine solche wäre hier denkbar. Wenn daher der Sozialarbeiterin keine Pflegestelle
mit pädagogisch geschulten Pflegeeltern zur Verfügung steht, wird die Unterbringung in
einer betreuten Wohngruppe die geeignete Hilfe sein. Es wird aber auch auf das Gespräch
mit J ankommen, denn bei der Auswahl der Hilfe kommt es auch auf seine Kooperationsbereitschaft an.
3. Nachdem die zuständige Sozialarbeiterin zu diesen Schlüssen gekommen ist, wird sie das
Ergebnis in die nächste Teambesprechung einbringen. Trägt das Team die Entscheidung mit,
wird sie gem. § 36 I S. 1 SGB VIII ein **beratendes Gespräch mit J und M** führen. Sie wird
ihnen empfehlen, die Hilfe in Form einer betreuten Wohngruppe zu beantragen. Bei der
Auswahl der Einrichtung oder Pflegestelle sind M und J zu beteiligen, § 36 I S. 3 SGB VIII.
Ihren Wünschen ist zu entsprechen, sofern sie nicht mit unverhältnismäßigen Mehrkosten
verbunden sind, § 36 I S. 4 SGB VIII. Wünschen sich M und J die Unterbringung in einer
Einrichtung, mit der das Jugendamt keine Vereinbarung nach § 78b SGB VIII getroffen hat,
so soll der Wahl dennoch entsprochen werden, wenn die Erbringung der Leistung in dieser
Einrichtung nach Maßgabe des Hilfeplans geboten ist. Zusammen mit der Einrichtung soll
ein **Hilfeplan** (s. o. Frage 45) aufgestellt werden, der Feststellungen über den erzieherischen
Bedarf, die Art der zu gewährenden Hilfe und die notwendigen Leistungen (was das bedeutet, ist nicht ganz klar, jedenfalls nicht Leistungen iSd § 2 II SGB VIII) enthält, § 36 II
2 Hs. 1 SGB VIII. Dieser Plan soll regelmäßig überprüft und fortgeschrieben werden, § 36
II 2 Hs. 2 SGB VIII.
4. Ist J dann in einer betreuten WG untergebracht, so sollte währenddessen **mit M gearbeitet**
werden, um die Rückführung von J zu ermöglichen, § 37 I S.2 und 3 SGB VIII.

XIV.   Intensive sozialpädagogische Einzelbetreuung

Fall 41:   Minderjähriger in einer besonders gefährdeten Lebenssituation

Bei dem oben beschriebenen Erziehungsstand überlegt der Sozialarbeiter, ob er für J
intensive sozialpädagogische Einzelbetreuung anregen soll.
Diese Art der Betreuung ist vom SGB VIII in § 35 vorgesehen. Sie soll Jugendlichen gewährt
werden, die einer intensiven Unterstützung zur sozialen Integration und einer eigenverantwortlichen Lebensführung bedürfen. Die Hilfe ist in der Regel auf längere Zeit angelegt
und soll den individuellen Bedürfnissen des Jugendlichen Rechnung tragen.

---

36 Die Grenzen sind fließend: *Wiesner*, § 35 Rn 28.

Aus dem Wortlaut des Gesetzes ergeben sich keine konkreten Voraussetzungen für die Gewährung der Hilfe. Ihre Entstehungsgeschichte[37] zeigt jedoch, dass sie für die Jugendlichen eingeführt worden ist, die mit keinem gängigen Jugendhilfeangebot mehr aufgefangen werden konnten (z.b. Prostituierte, Drogenabhängige, Nichtsesshafte). Vor allem handelt es sich um Jugendliche, die immer wieder aus stationären Einrichtungen – auch aus geschlossenen, sofern diese noch vorhanden sind – entwichen und dann herumstreunten (»auf Trebe gingen«). Da die Betreuung sehr stark auf die individuelle Lebenssituation des jungen Menschen abgestellt ist, erfordert sie mitunter eine Präsenz bzw. Ansprechbereitschaft des Pädagogen rund um die Uhr.[38] Das SGB VIII installierte diese Art der Hilfe zum ersten Mal im Gesetz, ließ allerdings bewusst alle einschränkenden Voraussetzungen und vorgegebenen Hilfeformen weg, um der Praxis die pädagogische Freiheit zu lassen, jedem jungen Menschen individuell gerecht zu werden.

Im vorliegenden Fall ist J inzwischen 17 Jahre alt. Nach seiner bisherigen Entwicklung kann nicht davon ausgegangen werden, dass er einen Schulabschluss erreicht hat bzw. Interesse daran hat, diesen zu erreichen. Eine Berufsausbildung scheint ebenfalls nicht im Blick zu sein. Die Gefahr, dass er ganz auf der Straße bleibt und/oder kriminell wird, ist sehr groß. Wenn er die Unterhaltsleistungen der Heime nicht in Anspruch nimmt, muss er seinen Bedarf irgendwie anders decken.

Die **intensive sozialpädagogische Einzelbetreuung** scheint die einzige Möglichkeit zu sein, J noch irgendwie zu erreichen. Der Sozialarbeiter könnte versuchen, ihm ein möbliertes Zimmer zu beschaffen, und er könnte sich mit J zusammen darum kümmern, etwas Struktur in den Alltag von J zu bekommen. Ferner könnte er ihn wieder zum Schulbesuch, einer Berufsbildungsmaßnahme oder einer Beschäftigung motivieren. Im Übrigen könnte er sich im Rahmen von intensiven Beratungsgesprächen darum bemühen, mit ihm gemeinsam die schwierige Vergangenheit aufzuarbeiten und eine Lebensperspektive zu entwickeln.

XV. Ausführungen von Fremdunterbringungen

Fall 42:   Rechte der Pflegeeltern

1. Die Antwort hängt davon ab, ob die Pflegeeltern als Vertreter der leiblichen Eltern einen wirksamen Erziehungsvertrag mit dem Kinderladen abschließen können. Die leiblichen Eltern sind grundsätzlich Inhaber der elterlichen Sorge und damit zur Vertretung des Kindes berechtigt, §§ 1626 I, 1629 I BGB. Durch die wirksame Inpflegegabe des Kindes wird die elterliche Sorge der leiblichen Eltern nicht eingeschränkt. Sie übertragen lediglich einige ihrer Befugnisse widerruflich auf die Pflegepersonen. Welche Befugnisse dies sind, folgt
– **entweder** aus dem ausdrücklich abgeschlossenen Pflegevertrag
– **oder** hilfsweise aus § 1688 BGB.
– **oder** aus §§ 1630 III, 1909 BGB bzw. §§ 1666, 1909 BGB.
Von einer familiengerichtlichen Übertragung auf die Pflegeperson oder einem Pflegevertrag steht nichts im Sachverhalt. Also greift § 1688 I BGB ein. Demnach sind Pflegeeltern berechtigt, in »Angelegenheiten des täglichen Lebens« zu entscheiden sowie den Inhaber der elterlichen Sorge in solchen Angelegenheiten zu vertreten. Was Angelegenheiten des täglichen Lebens sind, sagt § 1688 nicht. Allerdings benutzt § 1687 I S. 3 BGB, der im Übrigen die Befugnisse des Obhutsberechtigten bei gemeinsamer elterlicher Sorge regelt, denselben

---

37 Vgl. BT-Drucks. 11/5948, S. 72.
38 So BT-Drucks. 11/5948, S. 73.

Begriff und beschreibt ihn zudem näher. Demnach sind Angelegenheiten des täglichen Lebens in der Regel solche, die häufig vorkommen und die keine schwer abzuändernden Auswirkungen auf die Entwicklung des Kindes haben. Damit der Begriff handhabbar bleibt, muss die Frage unter objektiven Gesichtspunkten betrachtet werden[39]. Dass die Frage der Schulwahl nicht zu den Alltagsangelegenheiten, sondern zu denen von erheblicher Bedeutung gehört, ist unstreitig. Zur Kindertagesbetreuung ist nichts in der familienrechtlichen Literatur zu finden. Die Wahl der Betreuungseinrichtung ist ebenfalls nicht zu den Alltagsangelegenheiten zu rechnen. Es gibt zwar inzwischen einen Rechtsanspruch auf einen Kindergartenplatz (§ 23 SGB VIII), es gibt aber keine Kindergartenpflicht. Es ist also eine echte Entscheidung zu treffen, die zudem häufig die Wahl zwischen verschiedenen Trägern von Kindergärten beinhaltet. Hinzu kommt, dass niemand es einem Kind zwischen 3 und 6 Jahren ohne Not zumuten wird, den Kindergarten zu wechseln. Es ist also keine leicht abänderbare Entscheidung. Man wird daher zu dem Ergebnis kommen müssen, dass nicht die Pflegeperson, sondern der Inhaber der Personensorge die Entscheidung über den Kindergarten zu treffen hat.

2. Auch hier ist wieder zu prüfen, ob es sich iSv § 1688 BGB um eine Alltagsangelegenheit oder um eine Angelegenheit von erheblicher Bedeutung handelt. Eine Polypenoperation ist in erster Linie ein ärztlicher Eingriff und damit eine Verletzung der körperlichen Unversehrtheit. Für die Einordnung als Alltagsangelegenheit spricht, dass ein solcher Eingriff heutzutage so ungefährlich ist, dass er im Allgemeinen ambulant gemacht wird. Die Tatsache, dass doch in seltenen Fällen Komplikationen auftreten können, spricht nicht dagegen, da bei der Abwägung auf die objektive Durchschnittssituation und nicht auf den individuellen Fall abzustellen ist. Verglichen mit den wenigen zu §§ 1687, 1688 BGB existierenden Rechtsprechung (Ferienaufenthalt eines dreijährigen Kindes in Afrika entspricht nicht einer Alltagsangelegenheit[40]; Auslandsreise eines zweijährigen Kindes mit mehrstündigem Flug entspricht nicht einer Alltagsangelegenheit[41]; Reise in Kriegsgebiet entspricht nicht einer Alltagsangelegenheit[42]; Reise auf die Philippinen entspricht nicht einer Alltagsangelegenheit[43]; Reise nach China entspricht einer Alltagsangelegenheit[44]; Entscheidung über Umgang entspricht nicht einer Alltagsangelegenheit[45]; Behandlung eines hyperkinetischen Syndroms entspricht nicht einer Alltagsangelegenheit[46]; örtlicher Schulwechsel entspricht nicht einer Alltagsangelegenheit[47]; Vornahme turnusmäßiger Schutzimpfungen entspricht einer Alltagsangelegenheit[48];) ist davon auszugehen, dass es sich um eine Alltagsangelegenheit handelt[49], sodass die Pflegeperson in den Eingriff einwilligen kann.

3. Aus den vorherigen Ausführungen ergibt sich, dass in eine chemotherapeutische Behandlung in jedem Fall vom Personensorgeberechtigten als gesetzlichen Vertreter eingewilligt werden muss. Da das Jugendamt nur Aufenthaltsbestimmungspfleger ist, müssen die Eltern einwilligen. (Sofern sich diese verweigern, kann das Familiengericht auf Basis des § 1666 I, III Nr. 5 BGB die Einwilligung der Personensorgeberechtigten ersetzen).

---

39 *Palandt/Diederichsen*, § 1687 Rn. 6.
40 OLG Köln v. 26.10.1998, FamRZ 1999, 249.
41 OLG Naumburg v. 9.8.1999, FamRZ 2000, 1241.
42 AmtsG Freising v. 10.4.2003, FamRZ 2004, 968.
43 AmtsG Rosenheim v. 5.6.2003, FamRZ 2004, 49.
44 OLG Karlsruhe v. 23.12.2004, FamRZ 2005, 1004.
45 OLG Dresden v. 3.11.2004, FamRZ 2005, 1275.
46 OLG Bamberg v. 26.8.2002, FamRZ 2003, 1403.
47 OLG Dresden v. 15.12.2002, FamRZ 2003, 1489.
48 OLG Dresden v. 7.6.2010, Az: 20 UF 350/10, veröffentlicht in Juris-Online.
49 So ausdrücklich *Palandt/Diederichsen*, § 1687 Rn. 7.

4. Die Unterbringung des Kindes in einer teilstationären Einrichtung zur Frühförderung (Eingliederungshilfe gem. §§ 53 ff. SGB XII) ist für ein Kind von weitreichender Bedeutung und insoweit keine Alltagsangelegenheit, die von Pflegeeltern entschieden werden könnte.[50]

Fall 43:   Elternrecht – Erziehungsrecht des Heimes/der Wohngruppe

1. Grundsätzliche Abgrenzung der Kompetenzen Eltern – Heim/Wohngruppe
Für die Beantwortung der Frage ist entscheidend, wer die Rechte im Hinblick auf den im Heim/Betreuten Wohngruppe befindlichen Jugendlichen ausüben kann.
Minderjährige stehen grundsätzlich unter elterlicher Sorge, §§ 1626, 1629 BGB. Die Tatsache, dass Jugendhilfe geleistet wird, bedeutet keine Einschränkung der elterlichen Sorge.
Allerdings müssen die Erziehenden einige Kompetenzen zur Ausübung übertragen erhalten, damit sie ihrer Aufgabe **zu erziehen** überhaupt gerecht werden können. Hierbei handelt es sich um die **tatsächliche Personensorge**. Die Einwilligung in die Durchführung einer stationären Hilfe zur Erziehung enthält automatisch die Übertragung der Ausübung der tatsächlichen Personensorge. Darüber hinaus benötigen Erzieher Kompetenzen für eine Reihe von Angelegenheiten, die die **gesetzliche Vertretung** betreffen oder bei denen gar nicht die Erziehung im Vordergrund steht, bei denen die Notwendigkeit der Einholung einer Erlaubnis des Personensorgeberechtigten für den reibungslosen Ablauf des alltäglichen Erziehungsgeschehens jedoch eine großes Hindernis bedeuten würde.
§ 1688 II BGB enthält nicht nur für Pflegepersonen, sondern auch für erziehende Institutionen eine Aufzählung von Fällen, in denen sie über die tatsächliche Personensorge hinaus, rechtswirksam für den Minderjährigen handeln könne. Im Zweifel wird die Frage zu stellen sein, ob der **Erziehungszweck** die Kompetenz des Erziehenden erfordert.
§ 1688 I BGB drückt sozusagen den mutmaßlichen Willen der Personensorgeberechtigten aus. Dies kann natürlich nur so lange gelten, als diese nichts Gegenteiliges bestimmt haben.
Etwas Gegenteiliges und damit Vorrangiges liegt vor, wenn ein Pfleger oder Vormund insoweit Rechte hat (§§ 1666, 1909, 1773 BGB) oder dem Heim aufgrund des Heimvertrages bestimmte Rechte vertraglich eingeräumt worden sind. § 1630 III BGB ist im Rahmen einer Heimunterbringung nicht anwendbar, weil er ausdrücklich auf »Familienpflege« abstellt.
Gilt nichts Gegenteiliges und greift somit § 1688 I BGB ein, so kann man als Faustregel sagen, dass das Heim für **alltägliche Erziehungs- und Versorgungsfragen** zuständig ist.
In früheren Auflagen waren viele Seiten notwendig, um zu erklären, warum Heime bestimmte Kompetenzen haben. Diese Mühe spart uns das Gesetz inzwischen, weil es insoweit keinen Unterschied mehr zwischen familialer und institutioneller Unterbringung macht. Nach § 1688 II BGB haben andere Personen als Pflegepersonen, die junge Menschen im Rahmen von Hilfe zur Erziehung erziehen und betreuen, dieselben Rechte wie Pflegepersonen. Es kommt also darauf an, ob es sich um eine Alltagsangelegenheit handelt – dann Entscheidung durch den Erzieher, oder um eine Angelegenheit von erheblicher Bedeutung – dann Entscheidung durch die Personensorgeberechtigten.

2. Beantwortung der gestellten Fragen
2.1 Zeltlager: Es handelt sich um eine rein alltägliche Erziehungsmaßnahme, die folglich die Betreuer der Wohngruppe allein entscheiden.
2.2 Ohroperation: Hier liegt keine Erziehungsfrage vor, selbst wenn die Entwicklung des J u. U. von der Entscheidung beeinflusst wird. Diese Angelegenheit ist nicht vergleichbar mit

---

50 OVG Thüringen v. 19.4.2002, FamRZ 2002, 1725; ähnlich OVG Münster v. 25.4.2001, FamRZ 2002,
   708 für die Geltendmachung von Hilfe zur Erziehung und das dazu gehörige Pflegegeld.

der Polypenoperation (s.o. Fall 42 Nr. 2). Eine Polypenoperation ist alltäglich wie das Ziehen eines Milchzahnes. Eine Operation von abstehenden Ohren ist etwas ziemlich Seltenes und zudem aus medizinischen Gründen nicht geboten. Der Personensorgeberechtigte müsste daher einwilligen.

2.3 Schule: Bereits eine Entscheidung über einen lokalen Schulwechsel wird – wie in Fall 42 dargestellt – als wichtige Angelegenheit angesehen. Dann ist auch die Entscheidung über die weiterführende Schule eindeutig keine Alltagsangelegenheit mehr. Daher müssen die Eltern gefragt werden.

Wenn die Eltern J auf die Gesamtschule schicken wollen und dessen Bildungsressourcen damit eindeutig nicht ausgeschöpft sind, kann die Wohngruppe das Familiengericht informieren, das ggfs. gem. § 1631a II BGB entscheidet.

2.4 Strafantrag: Die Stellung eines Strafantrages ist nichts Alltägliches, was zum reibungslosen Erziehungsablauf zu entscheiden wäre. Die Eltern müssen daher den Antrag stellen.

2.5 Gitarre: Hier handelt es sich um die Verwaltung von Unterhaltsleistungen, wofür die Wohngruppe gem. § 1688 I S. 2 BGB zuständig ist.

2.6 Arbeitsstelle: Die Erstentscheidung für eine Arbeitsstelle ist eine Angelegenheit von erheblicher Bedeutung, wofür der Personensorgeberechtigte zuständig ist. Ob das für einen Wechsel innerhalb derselben Branche auch zutrifft, ist zweifelhaft. Allerdings braucht diese Frage gar nicht entschieden zu werden, weil der Minderjährige gem. § 113 BGB in diesem Fall völlig allein ohne Zustimmung eines gesetzlichen Vertreters entscheiden kann.

2.7 Betreuung: Eine Betreuung gem. § 1896 BGB ist eine rechtliche Hilfe (mit gesetzlicher Vertretungsmacht) für Volljährige, die auf Antrag des Betroffenen oder von Amts wegen durch das Betreuungsgericht angeordnet wird. Die Entscheidung hierüber kann für Minderjährige, die das 17. Lebensjahr vollendet haben, schon vor Erreichen der Volljährigkeit getroffen werden (§ 1908a S. 1 BGB). Die Betreuung tritt dann mit Vollendung des 18. Lebensjahres ein (§ 1908a S. 2 BGB). Die Frage, ob die Eltern oder die Wohngruppe den Antrag stellen müssen, braucht nicht entschieden zu werden. Der »Antrag« der Wohngruppe wird als Anregung an das Gericht, von Amts wegen einen Betreuer zu bestellen, zu interpretieren sein.

Fall 44:   Grundrechte Minderjähriger in der Heimerziehung

1. Grundsätzliches zu Grundrechten Minderjähriger
Träger von Grundrechten (**= grundrechtsfähig**) ist der minderjährige J ebenso wie ein Volljähriger.[51] Fraglich ist nur, ob der Minderjährige seine Grundrechte selbstständig ausüben kann oder ob darüber – wie über die Ausübung bürgerlicher Rechte – der Inhaber der elterlichen Sorge entscheidet[52]. Ob es so etwas wie eine eigenständige **Grundrechtsmündigkeit** gibt, ist streitig.[53] Im Ergebnis besteht jedoch wohl Einigkeit, dass die Grundrechte, die Minderjährige haben, im Rahmen des staatlichen Wächteramtes (von Amts wegen) zu beachten sind und dass die Sorgerechtsinhaber die Grundrechte Minderjähriger nur insoweit einschränken können, als dies nicht rechtsmissbräuchlich ist (vgl. §§ 1626 II, 1666 BGB).

---

51 BVerfG, NJW 1989, 519.
52 Dazu *Papenheim* u.a. Kap. 27.2.4.
53 Vgl. dazu die Zusammenstellung der Meinungen bei *Knöpfel*: Elternrecht, Kindesrecht und Zwang gegen Jugendliche, FamRZ 1985, 1211 FN 4 und 5, der sie – entgegen dem BayObLG v. 18.4.1985, FamRZ 1985, 737 – ablehnt, sowie ausführlich *Hohm*, NJW 1986, 3107, der den Begriff der Grundrechtsmündigkeit ablehnt, weil Minderjährige selbstverständlich ihre Grundrechte selbstständig ausüben könnten.

Legt man also zugrunde, dass Minderjährige Grundrechtsträger sind und dies zu respektieren ist, stellt sich als Weiteres die Frage, inwieweit die Beschränkung der **Grundrechte innerhalb der Durchführung von Jugendhilfe** einer gesetzlichen Grundlage bedarf und ggf. ob bereits die Regelungen des SGB VIII eine hinreichende gesetzliche Grundlage darstellen.

»**Früher** ging man überwiegend davon aus, dass die Gefährdung der Entwicklung des jungen Menschen es bedinge, ihn im Gebrauch seiner Grundrechte einzuschränken und diese Beschränkung erst dann wieder aufzulockern oder aufzuheben, wenn es bei fortschreitender Entwicklung angezeigt erscheint.

Heute ist umgekehrt davon auszugehen, dass Erziehung zur Freiheit grundsätzlich auch in Freiheit geschehen sollte und jede Grundrechtseinschränkung der besonderen Begründung bedarf, sodass sich der einzelne Erzieher unter Anspannung seiner erzieherischen Möglichkeiten jeweils mit der Grundrechtsproblematik auseinander zu setzen hat.«[54]

»Erziehung ist Vorbereitung auf das Leben und Bestehen in der Gesellschaft. Jede Erziehung hat daher nicht nur pädagogische Regeln zur individuellen Förderung, sondern auch Normen der Gesellschaft und des Staates, in denen sie sich vollzieht, zu beachten. Erzieherische und rechtsstaatliche Forderungen sind aufeinander abzustellen. Aufgabe der Erziehung ist es, den Jugendlichen zu befähigen, als verantwortliche Persönlichkeit von den Grundrechten einen unserer Rechts- und Sozialordnung entsprechenden Gebrauch zu machen. Mit fortschreitender Entwicklung muss daher an die Stelle der Fremdbestimmung zunehmend das Recht der Selbstbestimmung treten, um den jungen Menschen zu Selbstständigkeit und Selbstverantwortung zu befähigen. Soweit und solange dieses Ziel noch nicht erreicht ist, kann es pädagogisch erforderlich sein, dem Jugendlichen im Gebrauch von Grundrechten Grenzen aufzuzeigen und diese gegebenenfalls mit ihm zu erörtern. Beschränkungen im Gebrauch der Grundrechte sind demnach nur in dem Umfang zulässig, wie die Notwendigkeit dieser Beschränkung pädagogisch nachgewiesen ist.

Die Bindung an die Grundrechte in dem oben dargelegten Rahmen gilt auch, wenn die Entstehung des Erziehungsauftrages von der Zustimmung des Personensorgeberechtigten abhängig ist, [wie es bei der Hilfe zur Erziehung nach §§ 27 ff. SGB VIII der Fall ist].[55]

Selbst wenn das auf der Eltern-Kind-Beziehung beruhende Erziehungsrecht der Eltern weitergehende Beschränkungen der Kindergrundrechte zulassen sollte, könnte im Rahmen öffentlicher Jugendhilfe von solchen Befugnissen der Eltern auch nicht kraft deren Zustimmung Gebrauch gemacht werden, weil dieses höchstpersönliche Erziehungsrecht nicht auf die Träger öffentlicher Aufgaben übertragen werden kann.«[56]

Dieses Zitat, das noch aus der Zeit des Jugendwohlfahrtsgesetzes (JWG) stammt, hat seinen Niederschlag im SGB VIII gefunden. Sowohl § 1 I als auch § 9 Nr. 2 sprechen ausdrücklich von dem Erziehungsziel der Eigenverantwortlichkeit und Gemeinschaftsfähigkeit und davon, dass bei der Durchführung von Jugendhilfe die wachsende Fähigkeit und das wachsende Bedürfnis zu selbstständigem Handeln zu berücksichtigen ist.

Demnach ist zum einen davon auszugehen, dass auch in der Erziehung außerhalb des Elternhauses – ebenso wie im Verhältnis Minderjähriger – Eltern/Vormund/Pfleger – eine Einschränkung der Grundrechte Minderjähriger dort ihre Schranke findet, wo sie rechtsmissbräuchlich ist oder einer ausdrücklichen gesetzlichen Ermächtigung bedarf (Art. 104 GG). Zum anderen ist darüber hinaus - anders als in den sorgerechtlichen Schutzverhältnissen – eine Grundrechtseinschränkung schon dann nicht zulässig, wenn sich die pädagogische Notwendigkeit nicht nachweisen lässt.

---

54 *Jans/Happe*, § 69 Anm. 3 Cb.
55 Im Zitat heißt es: »FEH, Hilfe zur Erziehung nach §§ 5, 6 JWG«.
56 So die Richtlinien des LJA Rheinland, Nr. 2 und 3, *Engel*, 126.

2. Übertragung der Grundsätze auf die vorliegenden Fragen

2.1 Körperliche Züchtigung durch Eltern gehört – jedenfalls im Recht – seit dem Gesetz vom 2.11.2000 der Vergangenheit an (§ 1631 II BGB). Da die Rechtsmacht von Erziehenden im Rahmen von Hilfe zur Erziehung nicht größer sein kann als die von Eltern, ist nunmehr definitiv klar, dass Ohrfeigen von Erziehern als Verstoß gegen Art. 2 II S. 1 GG und als strafbare Körperverletzung (§§ 223 ff. StGB) zu qualifizieren sind.

2.2 Freiheitsentziehung ist ausschließlich den hierfür zuständigen Stellen (JugR, FamR) vorbehalten (Art. 104 GG). Im Heimbereich/Wohngruppenbereich kommt allenfalls eine vorübergehende Trennung von der Gruppe in Betracht, um die Gruppe oder den Jugendlichen zu schützen. In Anbetracht der zunehmenden schwieriger (und älter) werdenden Heim-Jugendlichen muss die Praxis zuweilen zu diesem letzten Erziehungsmittel greifen. Die Ausnahmeregelung des § 42 V S. 1 SGB VIII bezieht sich lediglich auf die Fälle der Inobhutnahme von Kindern oder Jugendlichen und nicht auf die Heimerziehung schlechthin und gilt nur für den Fall der Gefahr für Leib und Leben des Minderjährigen oder eines Dritten. Im Übrigen ist sie zeitlich begrenzt und bedarf familiengerichtlicher Genehmigung (§ 42 V S. 2 SGB VIII).

2.3 Das **Grundrecht des Briefgeheimnisses** (Art. 10 GG) ist grundsätzlich zu wahren. Im Einzelfall kann es pädagogisch notwendig sein, bestimmte Post (sicher nicht alle und vor allem nicht die an Heim-/Wohngruppenleitung, Jugendamt und Landesjugendamt) einzusehen, um einer Gefahr für den Jugendlichen oder anderen vorzubeugen.

2.4 Das **Grundrecht der Glaubensfreiheit** (Art. 4 GG) ist zu wahren (§§ 5, 9 Nr. 1 SGB VIII). Die Erziehung in einer bestimmten weltanschaulichen Grundrichtung rechtfertigt es nicht, den Jugendlichen zu einer kirchlichen Handlung oder Feier oder zur Teilnahme an religiösen Übungen zu zwingen. Die Heime/Wohngruppen sollen allerdings entsprechende religiöse Angebote machen und den Jugendlichen in toleranter Form Überzeugungen nahe bringen.

2.5 Ein solches Verbot verstößt gegen das **Recht zur freien Entfaltung der Persönlichkeit** (Art. 2 I GG), wenn es nicht aus erzieherischen Gründen erforderlich ist. Solange der Zimmerschmuck also nicht jugendgefährdend ist, darf er nicht untersagt werden.

XVI. Zuständigkeit und Kostentragung

Fall 45:   Höhe des Pflegegeldes

1. Pflegegeld ist nach § 39 I, III SGB VIII ein Annex der Hilfe zur Erziehung für einzelne Minderjährige, auf das ein Anspruch dem Grunde nach besteht. Zuständig für die Zahlung des Pflegegeldes für einen Minderjährigen, der in Pflege ist, ist im Normalfall (§ 86 I S. 1 SGB VIII) das Jugendamt, in dessen Bereich die Eltern ihren gewöhnlichen Aufenthalt haben. Damit soll erreicht werden, dass auch bei Fremdunterbringungen idR das die Hilfe veranlassende Jugendamt zuständig bleibt. Hiervon macht § 86 VI SGB VIII eine Ausnahme für bestimmte Dauerpflegekinder. Lebt ein Minderjähriger schon zwei Jahre bei einer Pflegeperson und ist sein Verbleib bei dieser Pflegeperson **auf Dauer** zu erwarten (das kann z.B. bei Großeltern aufgrund des Alters problematisch sein), so wird »automatisch« das Jugendamt zuständig, in dessen Bereich die Pflegeperson ihren gewöhnlichen Aufenthalt hat. Das neu zuständig gewordene Jugendamt hat sich in engem zeitlichen Zusammenhang mit der Übernahme der Zuständigkeit ein eigenes Bild von dem Pflegekind und der Pflegefamilie zu verschaffen, wobei auch ein **persönlicher Kontakt zum Pflegekind** zur erfolgen hat[57]. Im vorliegenden Fall war zunächst das Jugendamt Z örtlich zuständig, da die Eltern von K dort ihren gewöhnlichen Aufenthalt haben (§ 86 I S. 1 SGB VIII). Nach zwei Jahren ging die Zuständigkeit auf das Jugendamt X über (§ 86 VI S. 1 SGB VIII). Ziehen Eltern, nach denen sich die Zuständigkeit des Jugendamts normalerweise richtet, um, so wechselt auch das zuständige Jugendamt. Dies ergibt sich indirekt aus § 86 I S. 1 SGB VIII, der an den gewöhnlichen Aufenthalt der Eltern anknüpft.[58] Sind jetzt die Pflegeeltern bei länger dauernder Pflege in Bezug auf die Zuständigkeitsbegründung in die Position der leiblichen Eltern geschlüpft, so gilt für sie dasselbe wie sonst für leibliche Eltern: an ihrem gewöhnlichen Aufenthalt hängt die Zuständigkeit des Jugendamts. Durch Umzug der Pflegeeltern A nach Y wird das Jugendamt Y zuständig. Es besteht aber eine Kostenerstattungspflicht des ehemals zuständigen Jugendamts, § 89a SGB VIII.

2. Da das Pflegekinderwesen zu den Aufgaben kommunaler Selbstverwaltung gehört, sind JÄ berechtigt, für ihren Bereich Pflegegeldregelungen (im Jugendhilfeausschuss) zu beschließen. § 39 SGB VIII zählt einige Gesichtspunkte für die Höhe dieser Zahlungen auf. Abs. 1 und 2 nennen den gesamten Lebensbedarf einschließlich der Kosten der Erziehung. Erwähnt werden noch einige Sonderleistungen. Abs. 4 befasst sich u.a. mit der Art der Zahlung, nämlich als Pauschalbetrag, soweit nicht die Besonderheit des Einzelfalles Abweichungen gebietet. Satz 5 des Abs. 4 regelt die jeweilige Höhe des zu gewährenden Pauschalbetrages, wenn ein Kind in einem anderen Jugendamts-Bereich untergebracht wird. Daraus ist zu entnehmen, dass der Gesetzgeber unterschiedliche Höhen des jeweils örtlich üblichen Pflegegeldes akzeptiert. Abs. 5 sieht vor, dass die nach Landesrecht zuständigen Behörden die Pauschalbeträge festsetzen sollen. Der Deutsche Verein empfiehlt für Minderjährige bis zum vollendeten 12. Lj. 547,– €[59]. Für die Kommune hat eine solche Regelung aber nur empfehlende Bedeutung. Das Jugendamt ist somit berechtigt, nur den ortsüblichen Pflegesatz zu zahlen.

3. Die Pflegeeltern A können sich natürlich trotzdem an das Jugendamt X wenden und dort eine Fortzahlung des alten Pflegegeldsatzes oder ein Aufstocken des neuen in alter Höhe beantragen. Mit diesem Begehren könnten sie dann Erfolg haben, wenn dieses Jugendamt besonderes Interesse daran hat, dem Kind die Pflegestelle zu erhalten. Eine Verpflichtung zur Fortzahlung besteht indessen nicht, es sei denn, diese ist bereits vorher vertraglich mit dem Jugendamt vereinbart worden.

Fall 46:   Pflegegeld für das Kind eines Pflegekindes

1. Wie schon an anderer Stelle erörtert,[60] hängt die Gewährung von Pflegegeld nicht unbedingt davon ab, ob für das fragliche Kind eine erlaubnispflichtige Aufnahme vorliegt. Voraussetzung ist jedoch stets, dass sich das Kind **außerhalb des Elternhauses** befindet (§ 39 I S. 1 SGB VIII). Der Begriff deckt sich mit der Formulierung **über Tag und Nacht** des § 44 SGB VIII. Wird die Minderjährige **während** ihres Aufenthaltes in einer Pflegefamilie Mutter eines Kindes, so ist auch der notwendige Unterhalt dieses Kindes sicher zu stellen (§§ 27 IV, 39 VII SGB VIII).

---

57 BGH 21.10.2004, NJW 2005, 68 ff.; *Münder* u.a., Frankfurter Kommentar zum SGB VIII: § 86 Rdn. 16.
58 *Wiesner*, § 86 Rdnr. 8 »wandernde« Zuständigkeiten.
59 Siehe Empfehlungen des Deutschen Vereins zu den Pflegesätzen 2010 v. 30.9.2009.
60 S. Fall 34 Vorbemerkung.

2. Da die Ablehnung der Gewährung von Pflegegeld ein Verwaltungsakt ist, § 31 SGB X, sollte den Pflegeeltern B empfohlen werden, gegen den Bescheid Widerspruch einzulegen.

Fall 47: Verwandtenpflegestelle

1. Anspruch auf Zahlung von Pflegegeld
Ein solcher Anspruch gegen das Jugendamt (JA) könnte sich aus § 39 I, II-IV SGB VIII ergeben.
Demnach ist Voraussetzung,
–   dass die Kinder sich außerhalb des Elternhauses befinden,
–   dass das JA Hilfe zur Erziehung gem. §§ 27, 32-35 SGB VIII gewährt.
1.1 Im vorliegenden Fall sind die Eltern seit 8 Jahren geschieden und leben seitdem nicht mehr mit ihren Kindern zusammen. Es handelt sich daher für die Kinder bei dem Haus, in dem sie wohnen, nicht mehr um ihr »Elternhaus«. Es ist das »Großelternhaus«.
1.2 Es müsste aufgrund der §§ 27, 33 SGB VIII Hilfe zur Erziehung gewährt werden.
a) Als Erstes ist also zu prüfen, ob eine defizitäre erzieherische Lage besteht. Hier könnte man der Ansicht sein, dass die Kinder doch von der Großmutter gut versorgt würden und es deshalb an einer Mängellage iSd § 27 SGB VIII fehle. Diese Meinung vertrat das BVerwG[61] jedenfalls für die Konstellation, dass die Großeltern die Enkelkinder auch ohne die Zahlung von Pflegegeld in Erfüllung ihrer zivilrechtlichen Unterhaltspflicht (§§ 1601 ff. BGB) bei sich behalten würden. Seien sie dagegen nicht bereit, die Kinder unentgeltlich zu versorgen, dann soll eine Mängellage gegeben sein. § 27 IIa SGB VIII stellt nunmehr klar, dass für den Fall, dass eine Erziehung des Kindes oder Jugendlichen außerhalb des Elternhauses erforderlich ist, der Anspruch auf Hilfe zur Erziehung nicht dadurch entfällt, dass eine andere unterhaltspflichtige Person (hier die Großmutter G) bereit ist, diese Aufgabe zu übernehmen. Dabei setzt die Gewährung der Hilfe zur Erziehung in diesem Fall voraus, dass diese Person bereit und geeignet ist, den Hilfebedarf in Zusammenarbeit mit dem JA nach Maßgabe der §§ 36, 37 SGB VIII zu decken.
b) Die Hilfe muss notwendig und geeignet sein. Notwendig ist sie, wenn der Bedarf nicht auf andere Weise befriedigt werden kann. Da die Eltern offenbar so erziehungsunfähig sind, dass ihnen das Sorgerecht völlig entzogen werden musste (G = Vormund), ist nicht damit zu rechnen, dass sie ihre Aufgabe in absehbarer Zeit wieder übernehmen können. Geeignet ist sie, wenn die ausgefallene elterliche Erziehungsleistung bei der G weitgehend kompensiert wird. Das scheint zuzutreffen.
Die Tatsache, dass die G ihren Antrag erst stellte, nachdem die Kinder schon von ihr versorgt wurden, spielt keine Rolle. Das JA hat jedoch zu prüfen, ob der Aufenthalt der Kinder bei der G **zum gegenwärtigen Zeitpunkt** geeignet und notwendig ist. Die Tatsache, dass es einen verwandtschaftlichen Bezug gibt und dass G hier die Großmutter ist, ist kein generelles Indiz für eine besondere Eignung zur Erziehung. Großeltern sind idR besser mit der Biografie der Kinder und ihrer Entwicklung vertraut und aufgrund ihrer originären familiären Beziehung zu den Kindern auch eher bereit, schwierige Lebenssituationen gemeinsam mit den Kindern zu meistern. Eine lebensschicksalhafte Verstrickung kann sich aber auch nachteilig auf die Erziehung der Kinder auswirken, weil Großeltern möglicherweise die notwendigen Erziehungsziele nicht konsequent verfolgen. Problematisch kann auch ein zu großer Altersabstand und ein zu hohes Alter der Großeltern sein.[62]

---

61 V. 12.9.1996, FamRZ 1997, 814.
62 *Wiesner*, § 33 Rdn. 29 ff.

c) Zu den Kosten dieser Leistung können die Eltern und die Kinder herangezogen werden (§§ 91 I Nr. 5a, 92 I Nrn. 1 und 5 SGB VIII), nicht dagegen die G. Die zivilrechtliche Unterhaltspflicht unter Verwandten in gerader Linie (§ 1601 BGB) hat im Sozialrecht kein Gegenstück. Der Umfang der Heranziehung richtet sich nach § 94 SGB VIII. Die zivilrechtliche Unterhaltspflicht erfüllt die G nunmehr auf eigenen Wunsch in Naturalien (§ 1612 I S. 2 BGB).

d) Gem. § 39 IV S. 4 SGB VIII kann der monatliche Pauschalbetrag aber angemessen gekürzt werden, wenn die Pflegeperson unterhaltsverpflichtet ist. Das betrifft aber nur den die materiellen Aufwendungen betreffenden Teil der laufenden Leistungen zum Unterhalt der Kinder, wobei sich das Jugendamt im Rahmen seiner pflichtgemäßen Ermessensausübung an der Höhe der Unterhaltsverpflichtung der Großeltern orientieren muss. Hinsichtlich der Abgeltung der Kosten zur Erziehung kommt eine Kürzung des Pflegegeldes jedoch nicht in Betracht. Großeltern sind zwar unterhaltspflichtig, aber – wie bereits ausgeführt – zur Pflege und Erziehung ihrer Enkel gesetzlich nicht verpflichtet. Mit der Übernahme der Kosten der Erziehung wird die Übernahme einer Aufgabe durch die Großeltern anerkannt, zu der sie nicht verpflichtet sind.

2. Könnte Frau G den Pflegegeld-Anspruch geltend machen?

Die Beantwortung dieser Frage hängt davon ab, wen man als Anspruchsinhaber für das Pflegegeld ansieht. Hierzu werden zwei Meinungen vertreten: Das BVerwG[63] sieht das Pflegegeld als eine Annex-Leistung zum Erziehungsanspruch an, was dazu führt, dass der Personensorgeberechtigte auch Inhaber des Zahlungsanspruchs ist. Das Kind oder der Jugendliche sei im SGB VIII nur da anspruchsberechtigt, wo das Gesetz dies ausdrücklich regele. In der Literatur[64] wird die Ansicht vertreten, dass das Kind der Anspruchsinhaber sei. Es gehe nämlich primär darum, seinen Unterhalt sicherzustellen. Diesen Anspruch könnten die Pflegeeltern gem. § 1688 I S. 2 BGB (Unterhaltsleistungen) als Vertreter des Kindes geltend machen.

So wünschenswert es wäre, dem Kind – wie ehedem im Jugendwohlfahrtsgesetz – Ansprüche zu geben, so unmöglich erscheint es diese Ansicht juristisch gesichert zu begründen. Der Anspruch aus § 39 SGB VIII ist nun einmal nicht selbstständig; daher kann es auch nicht sein, dass der Hauptanspruch, an dem er »hängt«, einen anderen Anspruchsinhaber, als der Hilfsanspruch hat. Zum anderen umfasst der Anspruch ja nicht nur den »nackten« Unterhalt für das Kind, sondern auch die Kosten der Erziehung, die der Pflegeperson zustehen.

Es ist daher davon auszugehen, dass der Personensorgeberechtigte Anspruch auf das Pflegegeld hat. Somit kann die G, die Vormund für die Kinder ist, den Antrag stellen.

In den Fällen, in denen die Pflegeperson nicht gleichzeitig Personensorgeberechtigter ist, stellt sich die Situation etwas komplizierter dar. Aber auch wenn der Personensorgeberechtigte Anspruchsinhaber ist, ist er verpflichtet, die Annex-Leistung Unterhalt an das Kind (oder an die Pflegeperson, die vorgeleistet hat) auszuzahlen. Durch den (zumindest konkludenten) Abschluss des Pflegevertrages stimmt der Personensorgeberechtigte zu, dass das Pflegegeld für das Kind direkt an die Pflegeperson ausgezahlt wird. Somit hat die Pflegeperson aus dem Pflegevertrag einen Anspruch gegen das Jugendamt.

Tritt die Frage der Pflegegeldzahlung erst im Laufe der Pflegezeit ein und ist eine vertragliche Regelung nicht zu unterstellen, so lässt sich dasselbe Ergebnis über § 48 I S. 1 SGB I (Zahlung an das Pflegekind) oder Satz 4 (Zahlung an die Pflegeperson) erreichen:

Das Pflegegeld, das dem Personensorgeberechtigten als Annex-Leistung zusteht, ist an das Kind bzw. die Pflegeperson auszukehren. Den Anspruch des Kindes kann die Pflegeperson gem. § 1688 I S. 2 BGB für das Kind geltend machen.

---

63 BVerwG, FEVS 47, 433.
64 *Wiesner*, § 39 Rdn. 16.

Fall 48:   Heranziehung Unterhaltspflichtiger

1. Zu den Kosten der Leistungen, die der örtlich zuständige Träger erbringt (§§ 86-86d, 91 SGB VIII), haben Eltern, Kind, Jugendlicher usw. nach den §§ 91 ff. SGB VIII **beizutragen**. § 92 SGB VIII regelt die Ausgestaltung der Heranziehung, d.h. u.a., wer zu den Kosten wie herangezogen werden kann. § 94 SGB VIII regelt den Umfang der Heranziehung. **2.** Da es sich vorliegend um Hilfe zur Erziehung handelt, ist § 92 I Nr. 5 SGB VIII einschlägig. Gem. § 91 III SGB VIII umfassen die Kosten auch die Aufwendungen für den notwendigen Unterhalt und die Krankenhilfe. Die Träger der öffentlichen Jugendhilfe tragen die Kosten der in den Absätzen 1 und 2 genannten Leistungen unabhängig von der Erhebung eines Kostenbeitrags, § 91 V SGB VIII.

Gem. § 92 II SGB VIII wird der Kostenbeitrag durch Leistungsbescheid geltend gemacht. Elternteile werden **getrennt** herangezogen, und zwar immer getrennt, auch dann, wenn sie zusammenleben, wobei Eltern nur noch aus ihrem Einkommen, nicht hingegen mehr aus ihrem Vermögen herangezogen werden können (s. § 94 V SGB VIII). Der Begriff Eltern wird nicht definiert und ist daher nach den Vorschriften des BGB zu beurteilen. Dort zählen zu den Eltern neben den leiblichen Eltern die Adoptiveltern, nicht aber Stief- oder Pflegeeltern[65].

3. Was nun die Berechnung des maßgeblichen Einkommens angeht, so sieht § 93 SGB VIII eine eigenständige Einkommensermittlung vor, die sich zwar an den Vorschriften des Sozialhilferechts orientiert, aber eine einfachere und schnellere Berechnung des bereinigten Einkommens als Grundlage für den Kostenbeitrag ermöglicht. Dies gilt insbesondere für die pauschale Absetzung nach Abs. 3. Kindergeld gehört dabei zum Einkommen dazu, denn nach der st. Rspr. des BVerwG[66] dient das Kindergeld dazu, die in der Person des Kindes entstehenden Kosten der allgemeinen Lebensführung mindestens teilweise zu decken und zur Entlastung von den Kosten des Lebensunterhalts beizutragen. Gem. § 93 I S. 3 SGB VIII zählen Geldleistungen, die dem gleichen Zweck wie die jeweilige Leistung der Jugendhilfe dienen, nicht zum Einkommen und sind unabhängig von einem Kostenbeitrag einzusetzen. Als solche »**zweckidentische Leistungen**« sind insbesondere auch Leistungen nach dem Unterhaltsvorschussgesetz anzusehen. **4.** Bei der Heranziehung der Mutter wären daher z.B. ihr Einkommen aus ihrer Erwerbstätigkeit, aber auch Kindergeld als mögliche Leistungen nach dem Unterhaltsvorschussgesetz zu berücksichtigen; allerdings kann sie u.a. auch bestimmte Belastungen, wie Beiträge zu privaten Versicherungen und auch Schuldverpflichtungen absetzen (§ 93 II und III SGB VIII). Für den Umfang der Heranziehung gilt u.a., dass die Kostenbeitragspflichtigen aus ihrem Einkommen in angemessenem Umfang heranzuziehen sind. Kostenbeiträge dürfen die tatsächlichen Aufwendungen nicht überschreiten. **5.** Sobald der Vater von K festgestellt ist, kann er getrennt von der Mutter aus seinem Einkommen zu den Kosten herangezogen werden. Für ihn gilt ebenfalls die Berechnung des Einkommens gem. § 93 SGB VIII und die Regelung über den Umfang der Heranziehung zu den Kosten gem. § 94 SGB VIII. **6. *Anmerkung:*** Von der Heranziehung soll gem. § 92 V SGB VIII u.a. im Einzelfall ganz oder teilweise abgesehen werden, wenn sonst Ziel und Zweck der Leistung gefährdet würden oder sich aus der Heranziehung eine besondere Härte ergäbe. Eine Gefährdung des Ziels ist schon dann anzunehmen, wenn berechtigter Anlass zur Befürchtung besteht, dass Ziel

---

65 *Wiesner*, § 92 Rdn. 9.
66 BVerwGE 60, 6, 10.

und Zweck der Leistung bei der Erhebung eines (vollen) Beitrags nicht erreicht werden. Denkbar ist vor allem, dass die Eltern den festgesetzten Betrag nicht zahlen wollen und mit der Beendigung der Hilfe drohen. In einem solchen Fall sollten den Eltern durch Beratung die Vorteile der Hilfe für die Förderung der Entwicklung des Kindes verdeutlicht werden. Zeigen sich die Eltern uneinsichtig und weigern sich, einen angemessenen Kostenbeitrag zu leisten, so muss letztlich das Recht des jungen Menschen nach § 1 I SGB VIII Vorrang vor fiskalischen Interessen haben. Allerdings bedarf es – ungeachtet der Frage der Kostenbeteiligung – für die Sicherstellung des Leistungserfolges eines Minimums an Verständigung mit den Eltern und deren Mitwirkung am Leistungserfolg. Sind die Eltern nicht bereit oder in der Lage, eine Gefährdung des Kindeswohls durch die Inanspruchnahme öffentlicher Hilfen abzuwenden, so muss das Jugendamt gem. § 8a III SGB VIII das Familiengericht anrufen[67].

XVII. Erteilung von Betriebserlaubnissen und weitere Aufgaben des Landesjugendamtes

Fall 49:   Einrichtungen unter Erlaubnisvorbehalt

1. Grundsätzliches zur Betriebserlaubnis
Die §§ 45-49 SGB VIII befassen sich mit Einrichtungen (Gegensatz: Familien, §§ 43, 44 SGB VIII), in denen Kinder oder Jugendliche betreut werden oder Unterkunft erhalten. Derartige Einrichtungen stehen grundsätzlich unter Erlaubnisvorbehalt, d.h., sie dürfen nicht betrieben werden, wenn sie keine Erlaubnis des zuständigen Landesjugendamtes (§ 85 II Nr. 6 SGB VIII) besitzen. Die Erlaubnis bezieht sich auf die Einrichtung als solche und ihr Personal. Eine zusätzliche Pflegeerlaubnis für das einzelne Kind ist nicht erforderlich.

2. Übertragung der Grundsätze auf die vorliegenden Fragen
1. Ja, da ganztägig Betreuung und Unterkunft gewährt wird (§ 45 I S. 1 SGB VIII).
2. Ja, da Betreuung für einen Teil des Tages erfolgt (§ 45 I S. 1 SGB VIII).
3. Nein. Der Einrichtungsbegriff des § 45 SGB VIII nimmt Bezug auf die Tageseinrichtungen (§ 22a SGB VIII) und die Heime (§ 34 SGB VIII). Er lehnt sich nach der Begründung des Gesetzes[68] an den Einrichtungsbegriff des Heimgesetzes an. Dort wird unter Einrichtung eine auf eine gewisse Dauer angelegte Verbindung von sächlichen und persönlichen Mitteln zu einem bestimmten Zweck unter Verantwortung eines Trägers verstanden. Demnach können nur orts- und gebäudebezogene Maßnahmen darunter fallen, jedenfalls keine ambulanten Maßnahmen.
4. Nein, da in § 45 I S. 2 Nr. 1 SGB VIII ausgenommen.
5. Ja, da sie als nicht familial unter den Einrichtungsbegriff fällt.
6. Es gilt das zu Nr. 1 Ausgeführte.
7. Nein, da es hier an der notwendigen Institutionalisierung fehlt (s. o. Nr. 4).
8. Nein, weil hier die Betreuung und Unterkunftgewährung von untergeordneter Bedeutung ist (§ 45 I S. 2 Nr. 3 SGB VIII).
9. Nein, weil hier die Minderjährigen gemeinsam mit ihren Eltern untergebracht sind und unter der Aufsicht der Eltern stehen.

---

67 *Wiesner*, § 92, Rdn. 19.
68 BT-Drucks. 11/5948, 83.

10. Nein, § 45 I S. 2 Nr. 3 SGB VIII. Ausgenommen sind vom Gesetzgeber von der Erlaubnispflicht ausdrücklich Einrichtungen, die im Rahmen des Hotel- und Gaststättengewerbes der Aufnahme von Kindern und Jugendlichen dienen (Reiterhöfe, Kinder- und Jugendhotels etc.). Ob diese Privilegierung von einigen Einrichtungen möglicherweise dazu genutzt wird, die grundsätzlich bestehende Schutzbedürftigkeit von Kindern in Einrichtungen zu umgehen, muss im Einzelfall genau geprüft werden.

Fall 50: Erteilung der Betriebserlaubnis

1. Verweigerung der Betriebserlaubnis

1.1 § 45 II SGB VIII nennt keine Voraussetzungen, unter denen eine Erlaubnis für den Betrieb einer Einrichtung zu erteilen ist. Stattdessen sagt er negativ, wann die **Erlaubnis zu versagen** ist. Daraus ist im Umkehrschluss zu folgern, dass die Erlaubnis zu erteilen ist (= Rechtsanspruch), wenn keine Ablehnungsgründe vorliegen.

a) Der **Bedarf** für ein Heim ist **keine Voraussetzung** für eine Genehmigung. Die Erlaubnis bezieht sich einzig auf die Funktionsfähigkeit der Einrichtung und auf die Erfüllung der Erziehungs- und Betreuungsfunktionen. Wenn der Jugendhilfeträger meint, das Heim sei überflüssig, dann steht es ihm frei, eine finanzielle Förderung gem. § 74 SGB VIII zu verweigern. Den Betrieb untersagen kann er jedoch nicht.

b) Mangelnde Fachkräfte sind ein berechtigter Ablehnungsgrund, § 45 II S. 2 Nr. 1. SGB VIII. Mit dieser Vorschrift werden zwei Fälle erfasst: der, dass die Zahl der Fachkräfte nicht reicht, und der, dass die Zahl genügt, aber die Qualifikation der Fachkräfte unzureichend ist. Allerdings müssen diese möglichen Mängel dazu führen, dass die Betreuung der Minderjährigen nicht gesichert ist.

Weil das Gesetz nicht positiv formuliert »... ist zu erteilen, wenn ... «, sondern negativ »... ist zu versagen, wenn ... «, muss das Landesjugendamt die fehlende Sicherung der Betreuung nachweisen.

c) Ein weiterer Ablehnungsgrund wäre gegeben, wenn das Wohl der Kinder in der Einrichtung in sonstiger Weise gefährdet wäre (§ 45 II S. 1 Nr. 2 SGB VIII); dies ist insbesondere anzunehmen, wenn bei der Förderung von Kindern und Jugendlichen in Einrichtungen ihre gesellschaftliche und sprachliche Integration oder die gesundheitliche Vorsorge und medizinische Betreuung erschwert wird. Auch wenn die Formulierung »gesellschaftliche und sprachliche« Integration nahe legt, dass der Gesetzgeber primär Migranten im Blick hatte, dürfen behinderte Kinder unter dem Aspekt von Schutzbedürftigkeit erst recht gemeint sein.

1.2 Zusammenfassend ist Folgendes festzustellen: Die Ablehnung der Betriebserlaubnis ist rechtmäßig, wenn das Landesjugendamt beweisen kann, dass die Betreuung der Kinder nicht gesichert oder das Wohl der Kinder in sonstiger Weise gefährdet ist. Anhaltspunkte hierfür können sich beispielsweise aus der mit dem Antrag vorzulegenden Konzeption (§ 45 II S. 3 SGB VIII) ergeben. Solange das nicht der Fall ist, spricht die Vermutung für die Eignung der Einrichtung.

2. Möglichkeiten des Vereins, sich zur Wehr zu setzen

Die Ablehnung der Erlaubnis, ebenso die Ablehnung der Befreiung sind Verwaltungsakte (vgl. § 31 S. 1 SGB X). Gegen einen Verwaltungsakt ist Widerspruch (§ 68 VwGO) und gegen den ablehnenden Widerspruchsbescheid Verpflichtungsklage zulässig.

Kapitel 5   Hilfen für junge Volljährige und behinderte junge Menschen

XVIII. Sozialisationshilfen

Fall 51:   Hilfe für ein junges Paar mit Kind

1. Die Bedeutung der hausinternen Meinung

Die Mitteilung der »Wirtschaftlichen Jugendhilfe« an den Sozialarbeiter, Abteilung Fremdunterbringung, ist eine hausinterne Benachrichtigung über die juristische Sichtweise dieser Abteilung. Sie ist somit **kein** Verwaltungsakt, der mit Widerspruch und Verpflichtungsklage bekämpft werden könnte. Es muss daher auch »hausintern« eine Lösung gefunden werden. Wenn die beiden Abteilungen zu keinem Einverständnis kommen, muss notfalls der Jugendamts-Leiter die Entscheidung treffen.
Die Stelle, in der fachliche Meinungen ausgetauscht werden können, ist das Teamgespräch gem. § 36 II S. 1 SGB VIII. Im vorliegenden Fall müsste ein solches anberaumt werden, mit dem Ziel, den Hilfeplan fortzuschreiben. Die Wirtschaftliche Jugendhilfe wird sich dort mit ihrer Meinung nur durchsetzen können, wenn sie **juristisch fehlerfrei, pädagogisch sinnvoll und wirtschaftlich** ist. Der Sozialarbeiter wird sich daher gut für das Teamgespräch vorbereiten müssen, um die Wirtschaftliche Jugendhilfe und notfalls den Jugendamts-Leiter überzeugen zu können.

2. Der Inhalt des § 41 SGB VIII

Anders als § 27 SGB VIII enthält § 41 SGB VIII nicht die eindeutige Struktur einer Anspruchsnorm. Dennoch enthält auch er Voraussetzungen, die erfüllt werden müssen, damit eine Rechtsfolge, nämlich die Gewährung von Hilfe eintreten kann.
Die **Rechtsfolge** lautet: »Einem jungen Volljährigen soll Hilfe ... gewährt werden, wenn ...«.
Anders als in § 27 SGB VIII ist die Rechtsfolge hier also nicht zwingend (»muss«), vielmehr bleibt der Verwaltung noch ein winziger Spielraum, trotz Vorliegens der Voraussetzungen »nein« zu sagen. Allerdings bedeutet »soll« im Verwaltungsrecht ein »muss«, wenn nicht außergewöhnliche (atypische) Umstände vorliegen, die die Verwaltung zu beweisen hat[1].
Die Rechtsfolge der Gewährung von Hilfe soll eintreten, wenn **zwei Voraussetzungen** vorliegen:
- »für die Persönlichkeitsentwicklung und zu einer eigenverantwortlichen Lebensführung«: Dies bedeutet nichts anderes, als dass die Persönlichkeit noch nicht hinreichend entwickelt ist und der junge Mensch sein Leben noch nicht eigenverantwortlich führen kann. Gemessen an § 1 I SGB VIII, der bei den Minderjährigen als Maßstab dient, muss es sich also um einen jungen Menschen handeln, der **trotz Volljährigkeit** das Erziehungsziel des § 1 I SGB VIII der Eigenverantwortlichkeit und Gemeinschaftsfähigkeit **noch nicht** erreicht hat.
- »wenn und solange die Hilfe aufgrund der individuellen Situation des jungen Menschen notwendig ist«. § 27 I SGB VIII enthält die Voraussetzung, dass die Hilfe notwendig und geeignet sein muss, d.h., dass ein Erziehungsbedarf bestehen und dass es sich um die geeignete Hilfe handeln muss. § 41 SGB VIII spricht nur von Notwendigkeit, nicht von

---

1   Vgl. zu den Einzelheiten und Rspr.-Nachweisen, *Papenheim* u.a., Kap. 22.2.3.

Geeignetheit. Das kann aber nicht bedeuten, dass die Hilfe auch ungeeignet sein kann; denn eine ungeeignete Hilfe ist nicht notwendig. Im Ergebnis ist daher festzustellen, dass auch der § 41 SGB VIII eine Hilfe entsprechend dem Grundsatz der Verhältnismäßigkeit verlangt.

– »einem jungen Volljährigen soll Hilfe ... gewährt werden«. Dies bedeutet, dass – anders als im § 27 SGB VIII – der junge Volljährige der Antragsteller sein muss.

3. Die Rechtsansicht der »Wirtschaftlichen Jugendhilfe«

Die »Wirtschaftliche Jugendhilfe« ist der Meinung, dass die erste und dritte Voraussetzung nicht erfüllt sind. Diese Meinung könnte unzutreffend sein:

– J könnte auch als Minderjähriger schon berechtigt sein, Hilfe für die Zeit der Volljährigkeit zu beantragen.

– J könnte Anspruch auf die Hilfe haben, auch wenn er sich nicht in Schul- und Berufsausbildung befindet.

a) Anders als früher § 6 III S. 2, 75a I S. 2 JWG enthält § 41 SGB VIII keine Regelung des Inhalts, dass auch der Minderjährige schon vor Erreichen der Volljährigkeit den Antrag auf Gewährung der Hilfe stellen kann. Daraus darf aber nicht gefolgert werden, dass dies nicht möglich ist. Zumindest dann, wenn es um die Fortsetzung einer begonnenen Hilfe geht, muss der Minderjährige schon vor Erreichen des kritischen Zeitpunkts klären können, wie seine Zukunft aussieht. § 36 SGB I, der iVm dem SGB VIII nur die Bedeutung hat, dass der Träger der Jugendhilfe dem Personensorgeberechtigten eine Hilfe anbieten muss, muss eine angemessene Zeit vor Erreichen der Volljährigkeit umschlagen in ein eigenes Antragsrecht, sonst wäre eine Fortsetzung der Hilfe nie möglich, sondern immer nur ein Neubeginn. Für eine **erstmals** zu gewährende Hilfe **nach Volljährigwerden** trifft diese formale Argumentation zwar nicht zu. Der Gesichtspunkt der Planbarkeit muss aber hier auch gelten. Hinzu kommt, dass unser Recht keine »fortgesetzte« elterliche Sorge kennt, sodass es nicht richtig sein kann, dass Eltern für die Zeit der Volljährigkeit ihrer Kinder Entscheidungen treffen. Für den Bereich der Vermögenssorge und der Haftung aus Verbindlichkeiten, die Eltern für ihre minderjährigen Kinder eingegangen sind, enthält das Gesetz seit Inkrafttreten des Minderjährigenhaftungsbeschränkungsgesetzes vom 25.8.1998 eine eindeutige Regelung, deren Rechtsgedanke auch im Bereich der Personensorge gelten muss: Eltern können ihr Kind nicht über die Volljährigkeit hinaus gegen ihren Willen verpflichten (§ 1629a BGB). Dann muss es umgekehrt möglich sein, dass Minderjährige vor Erreichen ihrer Volljährigkeit rechtswirksam »die Weichen selbst stellen«. Schließlich ist es auch so, dass die Rechtsfolgen, also die Hilfegewährung, aufschiebend bedingt erst mit Erreichen der Volljährigkeit eintreten. J kann also schon jetzt einen Antrag stellen.

b) § 41 I SGB VIII bestimmt, dass einem jungen Volljährigem Hilfe für die Persönlichkeitsentwicklung und zu einer eigenverantwortlichen Lebensführung gewährt werden soll, **wenn und solange die Hilfe** aufgrund der individuellen Situation des jungen Menschen **notwendig** ist. Abs. 2 nennt die Hilfen aus dem Katalog der §§ 27 ff. SGB VIII, die auch auf Volljährige angewandt werden können. § 35 SGB VIII steht in dieser Aufzählung, sodass eine Fortsetzung möglich ist, wenn die Voraussetzungen des Abs. 1 vorliegen.

Die »Wirtschaftlichen Jugendhilfe« begründet ihre Ablehnung damit, dass J weder eine Schul- noch eine Berufsausbildung fortsetzen wolle. Diese Begründung stammt ebenfalls noch aus der Zeit der Geltung des Jugendwohlfahrtsgesetzes, als die §§ 6 III, 75a derartige Erfordernisse enthielten. Da aber schon damals die Praxis diese Voraussetzungen ganz weit auslegte, weil sie immer wieder feststellte, dass sonst gerade die hilfebedürftigsten jungen Menschen »durch die Maschen fielen«, hat der Gesetzgeber des SGB VIII keine einschränkenden Voraussetzungen aufgestellt und die Gewährung der Hilfe nur von der individuellen Notwendigkeit abhängig gemacht.

Durch die Ausdehnung der Hilfen des SGB VIII auf junge Volljährige wird der Anwendungsbereich der § 67 ff. SGB XII (Hilfe zur Überwindung besonderer sozialer Schwierigkeiten)
eingeschränkt, und es wird vor allem die **Lücke** geschlossen, die dadurch bestand, dass für
die Hilfe nach dem Jugendwohlfahrtsgesetz »die **Fortsetzung einer Schul- oder Berufsausbildung**« und für die Hilfe nach (damals) BSHG »**erhebliche** Verhaltensstörungen« (§ 6 VO
zu § 72 BSHG) verlangt wurden. Da § 67 S. 2 SGB XII zudem den Nachrang der Sozialhilfe
gegenüber der Jugendhilfe anordnet, werden nunmehr wohl alle 18- bis 21jährigen mit
sozialen Schwierigkeiten Hilfe nach § 41 SGB VIII erhalten können.
Dass J zu dieser in § 41 SGB VIII gemeinten Personengruppe gehört, bedarf nach der Sachverhaltsschilderung keiner weiteren Ausführung. Nach dem, was wir über die Vorgeschichte
des J wissen, ist die **intensive sozialpädagogische Einzelbetreuung** auch die einzige Hilfeart,
die noch Hoffnung auf Erfolg verspricht. Sie ist in dem Umfang des individuellen Bedarfs
zu gewähren. Dieser besteht im vorliegenden Fall darin, dass J nicht nur für sich, sondern
auch für M und sein von ihr erwartetes Kind eine angemessene Bleibe erhält, damit er seiner
Verantwortung (die nach § 35 SGB VIII gerade Ziel der **intensiven sozialpädagogischen
Einzelbetreuung** ist) gegenüber diesen beiden Personen nachkommen kann.
Die Ablehnung der »Wirtschaftlichen Jugendhilfe« ist daher unter keinem Gesichtspunkt
haltbar. Falls J ein ablehnender Bescheid ohne Rechtsmittelbelehrung zugehen sollte, kann
der Sozialarbeiter ihn auf die Möglichkeit hinweisen, ggf. unter Zuhilfenahme eines Rechts-
anwalts Widerspruch einzulegen. J kann aber auch alleine Widerspruch einlegen. Dass J
noch nicht 18 Jahre alt ist, kann dabei kein Hinderungsgrund sein. Denn wenn er als fähig
angesehen werden muss, eine Hilfe zu beantragen, muss er auch fähig sein, sich gegen die
Ablehnung der Hilfe zur Wehr zu setzen.

4. Die Rolle des Betreuers von M

Die Verweigerung des Einverständnisses des Jugendamts als Betreuer, dass M in das Ap-
partement von »Kolping International« zieht, ist eine Maßnahme der Aufenthaltsbestimmung im Rahmen des Betreuungsverhältnisses. Da für alle Aufgabenbereiche ein Einwilligungsvorbehalt besteht, kann M nur mit Zustimmung ihres Betreuers einen Mietvertrag
abschließen. Allerdings können die Maßnahmen des Betreuers gem. § 1908i iVm § 1837
BGB vom Familiengericht überprüft und beanstandet werden.
Der Sozialarbeiter sollte daher das Gericht informieren und um Überprüfung der Entscheidung des Jugendamts bitten. Wenn inzwischen geklärt werden kann, dass J nach Volljährigwerden weiterhin **intensive sozialpädagogische Einzelbetreuung** erhält und in diesem
Rahmen nach einer Wohnung für ihn und seine Familie gesucht wird, dann hat der Betreuer
keinen Grund, den Umzug von M in das Haus »Kolping International« zu verweigern.

5. Hilfe nach § 19 SGB VIII

Zu denken wäre bei diesem Sachverhalt evtl. auch an eine **Hilfe gem. § 19 SGB VIII**. Al-
lerdings hat diese drei »Haken«:
Auf die Hilfe nach § 19 SGB VIII besteht – anders als gem. §§ 27, 35 SGB VIII – kein
Rechtsanspruch (»sollen angeboten werden«).
Die Vorschrift spricht nur von Vätern oder Müttern, die allein für ein Kind zu sorgen
haben oder tatsächlich sorgen. Die Konstellation, dass beide Elternteile evtl. hilfebe-
dürftig sind, fällt nicht darunter.
– Die Aufnahme oder Fortführung schulischer oder beruflicher Ausbildung oder einer
Berufstätigkeit sollen wichtiges Ziel dieser Hilfe sein. Das scheint für M gerade nicht
in Betracht zu kommen.

Fall 52:   Heimunterbringung nach SGB VIII oder SGB XII

1. Der Vorschlag des Amtsleiters entspricht verbreiteter Praxis, kostspielige Fälle möglichst an den überörtlichen Träger der Sozialhilfe »abzuschieben«. Dieser ist aber nur dann zur Gewährung von Eingliederungshilfen verpflichtet, wenn junge Menschen körperlich oder geistig behindert oder von einer solchen Behinderung bedroht sind. Denn in diesen Fällen geht das SGB XII dem SGB VIII vor, § 10 IV S. 2 SGB VIII. Handelt es sich dagegen um eine seelische Behinderung, so hat das SGB VIII Vorrang, § 10 IV S. 1 SGB VIII. Im vorliegenden Fall besagt das Gutachten, dass J seelisch wesentlich behindert und die geistige und emotionale Entwicklung stark verzögert sei. Er wird jedoch nicht als geistig behindert bezeichnet. Somit fällt er nicht unter § 53 SGB XII, sondern gem. § 10 IV S. 1 SGB VIII unter dieses Gesetz. Es kommt daher nur eine Heimunterbringung gem. § 35a II SGB VIII in Betracht. Ambulante Maßnahmen sind nicht zu erwägen, weil der Vater sich nicht um J kümmert und die Mutter den Sohn ablehnt und nichts mehr von ihm wissen will. Der Sozialarbeiter kann den Vater beruhigen. Sein Sohn wird nicht in ein Heim für geistig behinderte Menschen kommen.

2. Im Gegensatz zur Hilfe zur Erziehung knüpft das Gesetz den Anspruch nicht an den Personensorgeberechtigten, sondern an das Kind oder Jugendlichen selbst an. Versteht man die seelische Behinderung wenigstens zum Teil als eine Symptomatik, die nicht dem Verantwortungsbereich der elterlichen Erziehungsverantwortung zuzuordnen ist, sondern in ihrem Verlauf und ihrer Behandlung auch Krankheitsanteile enthält, so ist diese Anknüpfung sachgerecht. Daraus ergeben sich allerdings verfahrensrechtlich Konsequenzen: Da der Anspruch dem Kind oder Jugendlichen selbst zusteht, handeln die Eltern nicht aus eigenem Recht, sondern als gesetzliche Vertreter des noch nicht handlungsfähigen Kindes oder Jugendlichen (§ 1629 BGB)[2]. Da J 16 Jahre alt ist, kann er selbst einen entsprechenden Antrag stellen (§ 36 SGB I). Freilich ist mit dieser sozialrechtlichen Teilmündigkeit keine autonome Aufenthaltsbestimmung verbunden, sodass insbesondere für die Gewährung von Hilfen außerhalb der Familie die Zustimmung des Personensorgeberechtigten erforderlich ist[3]. Was nun über die Heimunterbringung hinausgehende therapeutische Leistungen iSv § 27 SGB VIII angeht, so ist aufgrund der Systematik des Gesetzes davon auszugehen, dass die mit der Eingliederungshilfe nach § 35a SGB VIII und der Hilfe zur Erziehung nach §§ 27 ff. SGB VIII zu deckenden Bedarfe sich nicht ausschließen, aber auch nicht identisch sind, sondern sich weitgehend überschneiden. Da einer seelischen Behinderung nicht in jedem Fall ein erzieherisches Defizit zugrunde liegt bzw. liegen muss, ist im Einzelfall zu klären, ob der Hilfebedarf auf eine erzieherische Mangelsituation oder eine seelische Störung zurückzuführen ist[4]. Bei J ist sowohl von einem erzieherischen als auch von einem behinderungsspezifischen Bedarf auszugehen, sodass in diesem Fall eine Kombination von Leistungen nach § 35a SGB VIII mit solchen nach §§ 27 ff. SGB VIII möglich ist[5]. Soweit neben der Eingliederungshilfe gem. § 35a gleichzeitig Hilfen zur Erziehung zu leisten sind, sollen Einrichtungen, Dienste und Personen in Anspruch genommen werden, die geeignet sind beide Bedarfe abzudecken, § 35a IV SGB VIII.

3. Was die Mutter anbetrifft, so ist ihr klarzumachen, dass grundsätzlich die Möglichkeit gegeben ist, ihre fehlende Förderungsbereitschaft durch das Familiengericht ersetzen zu lassen. Da die Tatbestandsmerkmale des § 1666 BGB bei M gegeben sind, hat dieser Weg

---

2   *Wiesner*, § 35a, Rdn. 29.
3   *Wiesner*, § 35a, Rdn. 29.
4   BVerwG, Jamt 2005, 524.
5   Vgl. auch *Kunkel/Haas* ZKJ 2006, 148; *Wiesner*, § 35a, Rn. 35.

Aussicht auf Erfolg. Sinnvoller wäre es aber, sie dazu zu motivieren, sich in den Hilfeprozess einzubringen und mit beiden Personensorgeberechtigten, J und unter Beteiligung des Arztes, der das Gutachten über J erstellt hat, einen Hilfeplan aufzustellen, § 36 II, III SGB VIII.

Kapitel 6   Vorläufige Maßnahmen

XIX. Inobhutnahme Minderjähriger

Fall 53:   Rechtsgrundlage der Inobhutnahme

Vorbemerkung: § 42 SGB VIII ist die letzte echte Eingriffsnorm für das Jugendamt. Sie verleiht ihm **ausnahmsweise** die Rechtsmacht, unter »Überspringung« des Willens der Personensorgeberechtigten und unter »Übergehung« des Familiengerichts, ein Kind oder einen Jugendlichen vorübergehend in einer Familie oder einer Einrichtung unterzubringen. Aus der Nachrangigkeit dieser Befugnis folgt, dass das Jugendamt primär versuchen muss, die Eltern zu erreichen, und wenn sie unerreichbar sind oder ihr Verhalten das Kind/den Jugendlichen gefährdet, das Familiengericht einzuschalten (einstweilige Anordnung notfalls per Handy). Nur wenn beides nicht möglich ist (Wochenende, Gericht hat nicht einmal eine Rufbereitschaft; trotz des Zeitalters der elektronischen Medien hat der Sozialarbeiter keine Möglichkeit, das Gericht anzurufen ... die Fälle werden extrem selten sein), darf das Jugendamt den jungen Menschen aufnehmen.

Die Hierarchie des Vorgehens ist daher die Folgende:
- Versuch, mit den Personensorgeberechtigten/Erziehungsberechtigten eine einvernehmliche Lösung zu erarbeiten.
- Falls sie nicht bereit sind und das Kind/der Jugendliche gefährdet ist: Familiengerichtliches Verfahren gem. § 1666 BGB in Gang setzen. In einem »normalen« Verfahren müssen die der Entscheidung zugrunde liegenden Fakten unstreitig oder bewiesen sein.
- Falls sie nicht bereit sind, das Kind/der Jugendliche gefährdet ist und Gefahr in Verzug besteht: Familiengerichtliches einstweiliges Verfahren gem. § 1666 BGB in Gang setzen. In einem Eilverfahren müssen die Fakten lediglich glaubhaft gemacht werden.
- Falls die Eltern nicht bereit oder nicht erreichbar sind, das Kind gefährdet ist und selbst ein gerichtliches Eilverfahren nicht durchführbar ist: Inobhutnahme gem. § 42 SGB VIII durchführen.

Zu den einzelnen Sachverhalten:
1. M ist Pflegekind der Gastwirtsleute. Damit hält sich M nicht bei ihren Eltern, sondern mit Zustimmung der Eltern bei Dritten auf. Der seit 1.10.2005 geltende § 42 SGB VIII differenziert bei diesen Konstellationen nicht mehr. Es kommt lediglich auf eine »dringende Gefahr« und die »Erforderlichkeit der Inobhutnahme« an. In letzterer Voraussetzung steckt die oben aufgeführte »Hierarchie«. So wie der Fall beschrieben ist, ist nicht auszuschließen, dass M gefährdet wird.

Des Weiteren müsste die **Gefahr dringend** sein. Unter dringender Gefahr wird die akute Gefährdung verstanden, die ein umgehendes Eingreifen erforderlich macht. – Ob in der vorliegenden Situation eine solche Gefahr gegeben ist, ist eher zweifelhaft. Zwar muss M so schnell wie möglich von dort weggebracht werden, aber auf ein paar Stunden oder einen Tag kommt es sicher auch nicht an. Das Jugendamt müsste daher wohl zuerst versuchen, die Eltern bzw. das Gericht zu erreichen, bevor es selber zugreift. Hat es Eltern oder Gericht nicht erreichen können und daher doch selber gehandelt, muss es die Eltern bzw. das Gericht **unverzüglich**, d.h. ohne schuldhaftes Zögern, hiervon benachrichtigen.

2. Eine Rechtsgrundlage für ein Eingreifen des Jugendamtes könnte sich aus § 42 SGB VIII ergeben. Von den vorausgehenden Fällen unterscheidet sich diese Konstellation dadurch, dass der 16jährige aus der Obhut seiner Personensorgeberechtigten entwichen ist. Sofern J bei einem Besuch des Sozialarbeiters in der Kommune um Inobhutnahme bittet, liegt die Konstellation des Abs. 1 S. 1 Nr. 1 vor. Will sich J dagegen nicht freiwillig in die Hände des Jugendamtes begeben, so kann der Sozialarbeiter ihn gegen seinen Willen in Obhut nehmen, sofern eine dringende Gefahr für sein Wohl die Inobhutnahme erfordert, Abs. 1 S. 1 Nr. 2. Wenn z.B. in der Kommune Rauschgift konsumiert würde, könnte er J auf der Stelle herausnehmen. Er müsste dann umgehend die Personensorgeberechtigten informieren, § 42 III. Wenn J sich allerdings wehrt, kann der Sozialarbeiter keinen »unmittelbaren Zwang« anwenden. Dieser ist den dazu befugten Stellen, sprich: der Polizei, vorbehalten, Abs. 6.

3. Das Jugendamt Münster könnte A evtl. gem. § 42 I S. 1 SGB VIII vorläufig in Obhut nehmen. Ob es sich dabei um die Nr. 1 oder 2 handelt, ist näher zu untersuchen.

a) Die Tatsache, dass A sich auf den Stufen des Jugendamtes niedergelassen hat, könnte dafür sprechen, dass er um Aufnahme bitten wollte. Dies muss nicht mit Worten geschehen, sondern kann auch konkludent erfolgen. In diesem Fall tritt aufgrund der Inobhutnahme die **Rechtsfolge** ein, dass Personensorge- oder Erziehungsberechtigte zu informieren sind (Abs. 3 S. 1).

b) Bittet er nicht um Inobhutnahme, müsste ihn das Jugendamt trotzdem aufnehmen, wenn eine dringende Gefahr dies erforderte. Zwar kommen 17jährige in der Regel schon ganz gut alleine zurecht. Wenn A aber aus einem Erziehungsheim entwichen ist, dann heißt dies, dass er eigentlich noch der Erziehung und vor allem Versorgung bedarf und finanziell sicherlich nicht auf eigenen Füßen steht. Er kann daher auch gegen seinen Willen zu seinem eigenen Schutz festgehalten und notfalls sogar geschlossen untergebracht werden, Abs. 5. Weitere **Voraussetzung** für ein Vorgehen nach Nr. 2 ist allerdings, dass der Personensorgeberechtigte nicht widerspricht (a) oder dass das Gericht nicht entscheidet (b). Die Zustimmung vom gesetzlichen Vertreter oder Gericht ist eigentlich Voraussetzung für die Inobhutnahme, sonst ist sie nicht legal. Wenn aber trotz Gefahr die Personensorgeberechtigten nicht zustimmen und das Gericht nicht erreichbar ist, dann darf das Jugendamt vorläufig aus eigenem Recht handeln.

Gemäß Abs. 3 Satz 1 hat es den Personensorge- oder Erziehungsberechtigten unverzüglich von der Inobhutnahme zu unterrichten. Wer das ist, ergibt sich aus § 7 I SGB VIII. Eltern, Vormund, Pfleger sind Personensorgeberechtigte iSd Nr. 5. Pflegepersonen gem. §§ 23, 32, 33 SGB VIII, Heime und sonstige Einrichtungen gem. §§ 32, 34 SGB VIII sind Erziehungsberechtigte iSd Nr. 6. Vorliegend ist also das Erziehungsheim in Hessen zu benachrichtigen. Ist die Anschrift des Heimes nicht in Erfahrung zu bringen, hat das Jugendamt das zuständige Landesjugendamt in Wiesbaden zu benachrichtigen. Für Kinder/Jugendliche, die sich in Heimerziehung befinden, ist das Landesjugendamt des in Betracht kommenden Bundeslandes die zuständige Behörde, die auf geeignete Weise herausfinden kann, aus welchem Heim J entwichen ist. Das Heim muss alle weiteren notwendigen Entscheidungen treffen.

4. Der Sozialarbeiter in der Schutzstelle sollte M zunächst zu beruhigen versuchen über ihre Sorge, ihr Vater könnte Rechte geltend machen. Wenn die Eltern von M vor dem Tod ihrer Mutter nicht miteinander verheiratet waren, dann hätte der Vater nur dann die Befugnis, M zu sich zu holen (§ 1632 I BGB), wenn er jetzt alleiniger Sorgerechtsinhaber wäre. Das wäre er gem. § 1680 I BGB dann, wenn die Eltern zuvor Sorgeerklärungen abgegeben hätten (§ 1626a I Nr. 1 BGB). Davon steht jedoch nichts im Sachverhalt. Es ist also davon auszugehen, dass die verstorbene Mutter allein das Sorgerecht hatte (§ 1626a II BGB). In einem solchen Fall erhält der Vater mit dem Tod der Mutter nicht automatisch die Alleinsorge, sondern nur, wenn das Familiengericht sie ihm überträgt (§ 1680 II S. 2 BGB). Voraussetzung hierfür ist allerdings, dass dies dem Kindeswohl dient. Dies muss das Gericht ausdrücklich feststellen. Wenn sich ein 14jähriger junger Mensch dagegen sträubt, dass sein leiblicher Vater, mit dem er bisher nicht zusammengelebt hat, Sorgerechtsinhaber wird, dann wird es das Gericht sicher nicht als dem Kindeswohl dienlich betrachten, das Sorgerecht (sogleich) auf den Vater zu übertragen. Wenn und solange der Vater das Sorgerecht nicht erhält, muss M einen Vormund bekommen (§ 1773 I Alt. 1 BGB).

Wenn diese Information nicht ausreicht, M von ihren Ängsten zu befreien, und die Selbstmorddrohung von M ernst zu nehmen ist, dann ist der Sozialarbeiter verpflichtet, M daran zu hindern. Weil diese Absicht eine unmittelbar drohende Gefahr für das Leben von M ist, kann er das Mädchen einschließen (§ 42 V SGB VIII). Die zeitliche Befristung in S. 2 ist allerdings zu beachten. Da gem. § 42 II S. 2 SGB VIII der M Gelegenheit gegeben werden soll,»eine Person ihres Vertrauens zu benachrichtigen«, lässt sich die ganze Angelegenheit vermutlich am einfachsten dadurch lösen, dass M in das von ihr so geschätzte Internat zurückgebracht wird.

5. Bei J handelt es sich um einen sog. unbegleiteten ausländischen Minderjährigen. Das ist ein junger Mensch, der nicht unter Aufsicht einer erwachsenen Person steht und auch nicht das Ziel hat, zu einer ihm bekannten erwachsenen Person in Deutschland mit Zustimmung seiner Eltern zu reisen. Vielmehr haben die Eltern dieses Kind oder diesen Jugendlichen – meistens aus politischen oder wirtschaftlichen Gründen – irgendwo in ein Flugzeug nach Deutschland gesetzt und hoffen, dass er hier aufgenommen und versorgt wird. Möglich ist auch, dass der junge Mensch keine Eltern und Angehörigen mehr hat und auf eigene Faust sein Glück in Deutschland versucht.

Zwar sind diese Minderjährigen auch schon vor Inkrafttreten des KICK in Obhut genommen und versorgt worden. Aber im Grunde passten die damals geltenden Regeln für diese Fälle gar nicht. Jetzt ist aus ihnen im Gesetz – neben den Selbstmeldern und den Gefährdeten – eine 3. Gruppe von jungen Menschen gemacht worden, die nach § 42 I S. 1 Nr. 3 SGB VIII von den deutschen Jugendämtern in Obhut zu nehmen ist. Eine Möglichkeit, ihre Personensorgeberechtigten zu fragen oder sie anschließend zu informieren, gibt es hier meistens nicht. Auch die Frage, was später mit ihnen geschieht, ist eine andere als bei den ersten beiden Gruppen. Sicher ist jedoch, dass Sie zunächst einen gesetzlichen Vertreter benötigen, der alle rechtlichen und praktischen Dinge für sie regelt. Dies sieht Abs. 3 S. 4 vor, indem er bestimmt, dass unverzüglich die Bestellung eines Vormunds oder Pflegers zu veranlassen ist.

Fall 54:   Die Inobhutnahme und mögliche Folgen

1. Kann Frau H rechtlich verhindern, dass die Eheleute M das Kind aus der Klinik nehmen?
Sie kann es nicht verhindern, wenn den Eltern ein Herausgabeanspruch gem. § 1632 I BGB zusteht. Dieser würde Folgendes voraussetzen:
1.1 Die Eltern müssten Inhaber des Personensorgerechts sein. Das trifft, da es sich bei Moritz offenbar um ein eheliches Kind (§ 1592 Nr. 1 BGB) handelt, gem. §§ 1626, 1629 BGB zu. Als Personensorgeberechtigte können sie das Kind von Dritten herausverlangen.
1.2 Weitere Voraussetzung ist jedoch, dass der Dritte den Eltern das Kind »widerrechtlich« vorenthält, d.h., dass er kein Recht hat, das Kind zu behalten. Ein solches Recht könnte sich aus
- § 1632 IV BGB,
- §§ 1666, 1666a BGB,
- § 42 SGB VIII
ergeben.

a) § 1632 IV BGB kommt vorliegend nicht in Betracht, da das Krankenhaus, für das der Arzt handelt, keine »länger dauernde Familienpflege« ist.

b) § 1666 BGB würde die Herausgabe dann verhindern, wenn das Familiengericht den Eltern diesbezügliche Teile des Sorgerechts entzöge. Ein solcher Entzug könnte bei Gefahr in Verzug auch durch einstweilige Anordnung erfolgen. In jedem Fall wäre jedoch Voraussetzung, dass eine entsprechende richterliche Entscheidung erginge. Dies könnte am Freitagabend problematisch sein. Fraglich ist, ob es eine andere Möglichkeit gibt.

c) Mit § 42 SGB VIII sieht das Gesetz Möglichkeiten vor, mit denen ein Kind bzw. ein Jugendlicher – vorübergehend, bis eine richterliche Entscheidung herbeigeführt worden ist – durch das Jugendamt vor Gefahren geschützt werden kann.

(1) Im vorliegenden Fall ist das Kind mit Zustimmung der Eltern in einer Einrichtung, nämlich einem Krankenhaus. Kinder und Jugendliche, die dort sind, fallen unter § 42 SGB VIII.

(2) Des Weiteren muss dem Kind bzw. Jugendlichem eine **dringende Gefahr** drohen. Von wem sie ausgeht, ist irrelevant. Vorliegend befindet sich der Säugling in einem bedenklichen gesundheitlichen Zustand. Er braucht verlässliche medizinische Betreuung, die – jedenfalls bei diesen Eltern – nur weiterhin im Krankenhaus geleistet werden kann.

(3) Die **Inobhutnahme** muss **erforderlich** sein. Wann das der Fall ist, beschreibt § 42 I SGB VIII. Die Befugnis zur Inobhutnahme ist eine Eingriffsermächtigung für eine Behörde (Jugendamt), die grundsätzlich keine polizeilichen Funktionen und Kompetenzen hat. Diese Befugnis besteht nur dann, wenn die ansonsten handlungsberechtigten Personen (Personensorgeberechtigten) oder Institutionen (Familiengericht) nicht in einer Weise verfügbar sind, dass es dem Kindeswohl dient. Vorliegend würde eine Befugnis des Jugendamtes zur Inobhutnahme bestehen, wenn die Eltern einverstanden wären. Das sind sie aber nicht. In diesem Fall müsste stattdessen das Familiengericht erlauben, dass das Kind dort bleibt. Dieses ist aber offensichtlich nicht rechtzeitig erreichbar. Daher darf das Jugendamt handeln.

(4) Inobhutnahme ist die sichere Unterbringung an bestimmten geschützten Orten. Aus den benutzten Begriffen »geeignete Person«, »geeignete Einrichtung« oder »in einer sonstigen Wohnform« ist zu schließen, dass jedenfalls **Jugendhilfeeinrichtungen** gemeint sind. Vorliegend soll das Kind in einem Krankenhaus bleiben. Krankenhäuser fallen eigentlich nicht unter den Einrichtungsbegriff. Da es aber nicht sein kann, dass der Gesetzgeber Kindern die notwendige medizinische Versorgung versagen wollte, wird man die Unterbringung in einem Krankenhaus, wenn sie für die Gewährleistung des körperlichen Wohls nötig ist, auch für zulässig erachten müssen.

(5) Das Kind müsste »**untergebracht**« werden. Das bedeutet vom Wortsinn, dass es sich nicht schon dort befindet, wohin ihn das Jugendamt verbringen möchte. Demnach würde das Belassen gerade nicht darunter fallen. Wesentliches Ziel der Inobhutnahme ist es aber, dass das Jugendamt vorübergehend das Personensorgerecht ausübt und mit dessen Hilfe über den Aufenthalt des Kindes bestimmen kann. Wenn das aber das Ziel ist, dann fällt auch das Anordnen des Verbleibens darunter mit der Folge, dass das Kind dem Zugriff der Eltern entzogen wird. Frau H kann also bestimmen, dass Moritz im Krankenhaus bleibt und sie als Jugendamt vorübergehend gem. § 42 II S. 4 SGB VIII die elterlichen Rechte ausübt.

(6) Gem. Abs. 2 und 3 treten nunmehr **gewisse Rechtsfolgen ein**. Die wichtigste ist die Pflicht, die Eltern zu benachrichtigen. Da die Eltern von Moritz anwesend sind und dessen Herausgabe verlangen, entfällt die Verpflichtung. Jedoch hat Frau H gem. Abs. 3 S. 2 Nr. 2 unverzüglich eine Entscheidung des Familiengerichts über die erforderliche Maßnahme zum Wohl des Kindes herbeizuführen. »Unverzüglich« bedeutet »ohne schuldhaftes Zögern«. Frau H wäre also gut beraten, unmittelbar das Familiengericht zu informieren, selbst wenn dieses nicht über einen Wochenenddienst verfügt und die Information den zuständigen Familienrichter erst am Montag erreicht.

2. Haben das Jugendamt bzw. das Familiengericht etwas zu veranlassen?

2.1 Das Jugendamt könnte die Pflicht haben, gem. § 8a III SGB VIII tätig zu werden und das Gericht anzurufen. Voraussetzung dafür wäre, dass das Jugendamt zur Abwendung einer Gefährdung des Kindeswohls das Tätigwerden des Gerichts für erforderlich hält.

(1) Gefährdung des Kindeswohls. Eine solche Gefährdung ist unter Einbeziehung der weiteren Erkenntnisse aus dem Polizeiprotokoll, dem Hausbesuch und dem Gespräch mit dem Krankenhaus zu bejahen (wäre detailliert auszuführen).

(2) Erforderlichkeit des Tätigwerdens des Gerichts. Das Tätigwerden des Gerichts ist nur dann erforderlich, wenn das Gericht Möglichkeiten hat, etwas zu unternehmen. Dies wiederum ist dann der Fall, wenn ein Sachverhalt vorliegt, der ein gerichtliches Eingreifen rechtfertigt. Im vorliegenden Fall könnte das Gericht eine Anordnung treffen, wenn die Voraussetzungen des § 1666 BGB gegeben sind:

– Gefährdung des Kindeswohls,
– Fehlverhalten der Eltern,
– Kausalität,
– Unfähigkeit oder Unwilligkeit der Eltern, die Gefahr abzuwenden.

Das Vorliegen des ersten Spiegelstriches wurde schon zuvor bejaht. Der zweite bis vierte Spiegelstrich ist ebenfalls erfüllt (auch dies wäre differenziert zu begründen).

Zwischenergebnis: Das Gericht kann tätig werden. Gemäß § 1666 III BGB gehören zu den gerichtlichen Maßnahmen das Gebot Leistungen der Kinder- und Jugendhilfe in Anspruch zu nehmen (also die gesamte Palette der Hilfen zur Erziehung) ebenso wie die teilweise oder vollständige Entziehung der elterlichen Sorge. Gemäß § 1666a I S. 1 BGB sind Maßnahmen mit denen eine Trennung des Kindes von der elterlichen Familie verbunden ist, nur zulässig, wenn der Gefahr nicht auf andere Weise, auch nicht durch öffentliche Hilfen, begegnet werden kann. Nach dem geschilderten Sachverhalt ist kein Ansatzpunkt dafür vorhanden, dass die Eltern sich freiwillig auf eine Hilfe des Jugendamtes einlassen. Da aber das Kind auf keinen Fall in die häusliche Misere zurückdarf, ist die Einschränkung des Sorgerechts und die Nichtrückführung in den elterlichen Haushalt erforderlich, damit das Jugendamt sinnvoll tätig werden kann.

Ergebnis: Das Jugendamt wird also das Familiengericht informieren und dem Gericht vorschlagen, was es tun soll. Hier kommt ein Entzug des Aufenthaltsbestimmungsrechts oder des gesamten Sorgerechts in Betracht. Insbesondere wenn ärztliche Behandlungen nötig sind, die die Eltern nicht akzeptieren würden, wird Letzteres nötig sein. Im Anschluss daran müsste ein Personensorgerechtspfleger bestellt werden, §§ 1909, 1915, 1773, 1789 BGB, der dann das Kind gem. §§ 33 oder 34 SGB VIII unterbringen kann.

2.2 Das Familiengericht, das die Mitteilung des Jugendamtes erhält, muss selber noch einmal die §§ 1666, 1666a BGB überprüfen und von Amts wegen die nötigen Tatsachen ermitteln, § 26 FamFG. Insbesondere sind die Eltern anzuhören, § 160 FamFG. Die Anhörung des Jugendamts gem. § 162 FamFG fällt mit der Information des Gerichts gem. § 8a III SGB VIII zusammen.

3. Legen Sie aus der Sicht der Sozialarbeiterin dar, welches die geeignete Hilfe für Moritz ist!

3.1 Nach der Sachverhaltsschilderung kann davon ausgegangen werden, dass Moritz – wenn überhaupt – in absehbarer Zeit nicht in seine Familie zurückkehren kann und dass er folglich außerhalb seiner Familie untergebracht werden muss. In diesem Fall ist gem. § 36 I S. 2 SGB VIII zu prüfen, ob die Annahme als Kind in Betracht kommt. Eine ähnliche Aufforderung enthält § 37 I S. 4 SGB VIII. Er bestimmt, dass mit den Beteiligten eine neue, dem Wohl des Kindes förderliche, auf Dauer angelegte Lebensperspektive zu erarbeiten ist, wenn eine nachhaltige Verbesserung der Erziehungsbedingungen in der Herkunftsfamilie nicht erreicht werden kann, obwohl mit der Familie während einer Fremdunterbringung gearbeitet worden ist.

3.2 Es ist daher zu prüfen, ob Moritz von der Familie Sch **adoptiert** werden kann.

a) Die **Voraussetzungen**
- des Kindeswohls (§ 1741 I Alt. 1 BGB),
- des Entstehens eines Eltern-Kind-Verhältnisses (§ 1741 I Alt. 2 BGB),
- und der vorangegangenen angemessenen Pflegezeit (§ 1744 BGB) sind erfüllt.

Da der Sachverhalt keine weiteren Angaben zu den Pflegeeltern enthält, kann davon ausgegangen werden, dass insofern keine Bedenken bestehen.

b) Erforderlich sind jedoch die **Einwilligungen der leiblichen Eltern.** Ist ihnen schon vorher ihr Personensorgerecht gem. § 1666 BGB entzogen worden, brauchen sie gem. § 1746 BGB nicht mehr einzuwilligen. Allerdings müssen sie gem. § 1747 BGB als Eltern iSd Art. 6 GG ihre Zustimmung erteilen. Dies ist sinnvoll, weil durch eine Adoption die Rechtsbeziehungen zu den leiblichen Eltern völlig abgebrochen werden, während nach einem bloßen Entzug des Sorgerechts die Eltern weiterhin mit dem Kind verwandt bleiben, ein wechselseitiges Unterhalts- und Erbrecht fortbesteht, sie zumindest ein Umgangsrecht (und eine -pflicht) haben und das Sorgerecht wieder zurückübertragen bekommen können. Vorliegend sind die leiblichen Eltern nicht bereit, ihre Einwilligung zu erteilen. Also kann eine Adoption nur dann durchgeführt werden, wenn sich die Einwilligung gerichtlich ersetzen lässt.

c) Es sind daher die **Voraussetzungen des § 1748 BGB** zu prüfen. In Abs. 1 S. 1 (S. 2 und Abs. 3 kommen nicht in Betracht) unterscheidet das Gericht zwischen »anhaltend gröblicher Pflichtverletzung« und »Gleichgültigkeit«. Pflichten kann man nur verletzen, wenn man sie hat. Eine Pflichtverletzung der Eheleute M kann sich daher nur auf den Unterhalt oder den Umgang beziehen. Vom Unterhalt wissen wir nichts. Jedoch haben sich die Eltern jahrelang in keiner Weise um das Kind gekümmert. Hierin sind gleichzeitig eine Pflichtverletzung und eine Gleichgültigkeit zu sehen. Diese Feststellung ist bedeutsam, weil bei bloßer Gleichgültigkeit außerdem die Voraussetzungen des Abs. 2 (Beratung und Belehrung) vorliegen müssen.

Sowohl zur Gleichgültigkeit als auch zur Pflichtverletzung muss jedoch hinzukommen, dass das Unterbleiben der Adoption dem Kind zu unverhältnismäßigem Nachteil gereichen würde (siehe Abs. 1 S. 1). – Im vorliegenden Fall wissen wir nicht, ob die Pflegeeltern sich das Kind auch als bloßes Pflegekind behalten würden. Im Ergebnis kommt es jedoch darauf nicht an. Denn die Rspr.[1] steht mittlerweile auf dem Standpunkt, dass ein unverhältnismäßiger Nachteil gegeben ist, selbst wenn das Kind als Pflegekind bleiben könnte. Die fehlende rechtliche Eingliederung, die sich vor allem im Namen und dem reaktivierbaren Herausgabeanspruch der leiblichen Eltern äußere, sei für ein Kind nicht hinzunehmen.

Der gesetzliche Vertreter des Kindes wird daher die Ersetzung der Einwilligung der Eltern beim Gericht beantragen. Nach Ersetzung der Einwilligung könnten die Pflegeeltern einen notariell beglaubigten Adoptionsantrag stellen (§ 1752 BGB).

---

1   Vgl. z.B. OLG Frankfurt v. 13. 5. 1986, FamRZ 1986, 1042.

Kapitel 7 Rechtliche Fürsorge durch Vormundschaft, Pflegschaft und Beistandschaft

XX. Vormundschaft und Pflegschaft

Fall 55: Beginn der Vormundschaft

K wurde von einer ledigen minderjährigen Mutter geboren. Da Laura als beschränkt Geschäftsfähige rechtlich nicht für sich selber sorgen kann (sie steht noch unter elterlicher Sorge gem. §§ 1626, 1629 BGB), hat sie auch nicht die rechtliche Verantwortung für ihr Kind. Sie hat zwar grundsätzlich nach nach § 1626a II BGB die elterliche Sorge. Diese ruht aber wegen der Beschränkung ihrer Geschäftsfähigkeit nach § 1673 II S. 1 BGB, was bedeutet, dass sie nicht berechtigt ist, sie rechtlich auszuüben (§ 1675 BGB). Folge ist, dass K einen Vormund benötigt (§ 1773 I Alt.1 BGB).

Im Regelfall ist ein Vormund durch das Familiengericht von Amts wegen zu bestellen (§ 1774 S. 1 BGB). Eine Ausnahme hiervon macht das Gesetz für Kinder lediger minderjähriger Mütter. Sie brauchen nicht darauf zu warten, dass das Familiengericht tätig wird. Zum Schutz des Kindes ist das Jugendamt automatisch (= kraft Gesetzes) Vormund (§ 1791c I S. 1 Hs. 1 BGB). Um in diese Position zu kommen, braucht das JA nichts zu unternehmen; die Vormundschaft tritt mit der Geburt ein, auch wenn im JA noch niemand davon Kenntnis hat. Das JA bekommt Kenntnis durch die Mitteilung des Standesbeamten (§ 21b PStG). Da gesetzliche und bestellte Vormundschaften der Kontrolle des Familiengerichts unterstehen, muss allerdings das Familiengericht vom Jugendamt unterrichtet werden. Hierzu ist das JA gem. § 57 SGB VIII verpflichtet. Außerdem hat das JA, nachdem es Kenntnis von der Geburt bekommen hat, der Mutter Beratung und Unterstützung anzubieten (§ 52a SGB VIII). Diese bezieht sich primär auf die Vaterschaftsfeststellung (§ 1592 Nr. 2 und Nr. 3 BGB) und den Unterhalt (§§ 1601 ff. BGB), ferner aber auch auf die Möglichkeit, einen Beistand (§§ 1712 ff. BGB) zu bestellen und durch Sorgeerklärungen (§ 1626a I Nr.1 iVm §§ 1626b ff. BGB) den Vater des Kindes mit in die elterliche Sorge einzubeziehen.

Fall 56: Scheinvaterschaft

1. Beteiligte: Gem. §§ 1599 I, 1600 I Nr.1, BGB ficht der Mann die Vaterschaft des Kindes durch Antrag beim Familiengericht gemäß § 171 FamFG an. Dadurch wird er nach § 7 I FamFG Beteiligter des Verfahrens. Weitere Beteiligte ergeben sich aus § 172 FamFG. Dies sind zum einen die Mutter und zum anderen das Kind. Samuel ist beteiligtenfähig, § 8 Nr. 1 FamFG. Er ist allerdings nicht verfahrensfähig (d.h., er kann nicht rechtswirksam vor Gericht handeln, § 9 FamFG). Daher muss er von seinem gesetzlichen Vertreter vertreten werden. Gesetzlicher Vertreter sind noch beide Eltern (§ 1629 I S. 1 BGB). Klaas kann aber nicht gleichzeitig in verschiedenen Beteiligtenrollen agieren, §§ 1629 II, 1795 II, 181 BGB. Deshalb muss für den Prozess ein Ergänzungspfleger bestellt werden, § 1909 BGB, der anstelle beider Eltern für Samuel auftritt. Die Bestellung eines Verfahrensbeistandes wird zusätzlich in der Regel nicht notwendig sein (§ 174 I FamFG).

2. Elterliche Sorge: Durch die erfolgreiche Anfechtung der Vaterschaft ist Samuel nicht mehr das Kind von Klaas. Die elterliche Sorge, die ursprünglich Lara und Klaas gemeinsam hatten (§ 1626 BGB), hat jetzt nur noch die Mutter (§ 1626a II BGB).

3. Minderjährigkeit von Lara:

– Minderjährigkeit von L bei Geburt von S: dann hätte Ls elterliche Sorge gem. § 1673 II S. 1 BGB geruht. Neben der elterlichen Sorge von K hätte ihr nur die tatsächliche Personensorge zugestanden, § 1673 II S. 2 BGB.

– Noch Minderjährigkeit von L nach erfolgreicher Vaterschaftsanfechtung: Da Ls elterliche Sorge immer noch geruht hätte und K keine elterliche Sorge mehr gehabt hätte, hätte S gem. § 1773 I BGB eines Vormundes bedurft. Dies wäre gem. §§ 1791c I S. 2 BGB, § 55 I SGB VIII das Jugendamt kraft Gesetzes gewesen.

4. Volljährigwerden von L: Das Volljährigwerden der Mutter bedeutet das gesetzliche Ende der Vormundschaft. Die Mutter wird dann alleinige Sorgerechtsinhaberin (§ 1626a II BGB). Wenn sie Unterstützung braucht, kann sie eine Beistandschaft beantragen (§§ 1712 ff. BGB).

Fall 57:   Betreute/verwitwete Mutter

1. Betreute Mutter

Bei der Geburt des K war die Mutter alleinige Inhaberin der elterlichen Sorge, § 1626a II BGB. Obwohl der Betreuer im Aufgabenbereich gesetzlicher Vertreter der Jana ist, § 1902 BGB, berührt die Betreuungsanordnung die Geschäftsfähigkeit nicht. Jana bleibt daher grundsätzlich weiterhin Inhaberin der elterlichen Sorge. Es ist auch nicht zulässig, für den Bereich der elterlichen Sorge einen Einwilligungsvorbehalt gem. § 1903 I S. 1 BGB anordnen zu lassen, weil es sich bei der elterlichen Sorge um ein höchstpersönliches Recht handelt, § 1903 Abs. 2 BGB.

Die elterliche Sorge könnte Jana nur auf zweierlei Weise verlieren: Wenn sie geschäftsunfähig iSd § 104 Nr. 2 BGB ist, ruht ihre elterliche Sorge gem. § 1673 I BGB. Dann bedarf K eines Vormundes, § 1773 BGB. Dies würde automatisch das Jugendamt gem. §§1791c II BGB, 55 I SGB VIII werden. Ist Jana dagegen nicht geschäftsunfähig, ist aber aufgrund ihres ihrer psychischen Erkrankung das Kindeswohl gefährdet und M krankheitsbedingt nicht fähig diese Gefährdung abzuwenden, dann muss ihr gem. § 1666 BGB ggf. die elterliche Sorge (teilweise) entzogen werden. Auf diesem Weg kommt es evtl. nur zur Notwendigkeit eines Pflegers gem. § 1909 BGB oder eines Vormundes nach § 1773 BGB.

2. Verwitwete Mutter

Wenn Jana verwitwet ist, ist sie gem. § 1680 I BGB Alleininhaberin der elterlichen Sorge. Die Betreuungsanordnung ändert nichts an ihrer elterlichen Sorge. Ist sie jedoch geschäftsunfähig oder wird ihr die elterliche Sorge wegen Kindeswohlgefährdung eingeschränkt, dann bedarf K eines Vormundes bzw. eines Pflegers, §§ 1773, 1909 BGB. Dieser ist gem. §§ 1774, 1915 BGB von Amts wegen zu bestellen. Bestellt werden kann eine Einzelperson, §§ 1775 ff. BGB, ein Verein, § 1791a BGB iVm § 54 SGB VIII oder auch das Jugendamt, § 1791b BGB iVm § 55 I SGB VIII.

Fall 58:   Ausschluss der Amtsvormundschaft

Sie sollte ihr erklären, dass sie – da sie wegen ihrer eigenen Minderjährigkeit rechtlich noch nicht für sich selber sorgen kann – für ihr Kind vom Staat einen Helfer bekommt. Dieser Helfer heißt Vormund (§ 1773 I Alt. 1 BGB). Damit das Neugeborene nicht ohne einen rechtlich handlungsfähigen Vertreter ist und damit schutzlos im rechtlichen Sinne, hat es die Rechtsordnung so eingerichtet, dass diese Aufgabe automatisch übertragen wird. Dieser »jemand« ist eine Behörde, in diesem Fall das Jugendamt (§ 1791c BGB). Das Jugendamt, dessen Aufgabe darin besteht, sich um Kinder und Jugendliche und ihre Probleme zu kümmern, sucht einen Mitarbeiter aus, der dann alle Behördenangelegenheiten für das Kind regelt. Das Wichtigste ist, dass er sich darum kümmert, dass das Kind juristisch einen Vater bekommt. Mario, der damit prahlt, der Vater zu sein, ist nämlich juristisch noch nicht der Vater. Das muss er erst offiziell vor dem Standesbeamten oder dem Jugendamt erklären (§ 1592 Nr. 2 BGB), und sie, Sara, muss das bestätigen (§ 1595 I BGB). Wenn Mario durch die Erklärung auch rechtlich der Vater von dem Kind geworden ist, dann muss er Unterhalt für sein Kind bezahlen.

2. Wenn Sara nicht will, dass das Jugendamt Vormund wird, dann kann sie jemand anders schon vor der Geburt des Kindes vom Familiengericht zum Vormund des Kindes bestellen lassen (§ 1774 S. 2 BGB). Das kann eine einzelne Person (z.B. ihr Großvater oder ein Freund) oder auch ein Mitarbeiter eines Vereins, z. B. der Arbeiterwohlfahrt, sein. Der hat diese Aufgabe dann ab Geburt des Kindes wahrzunehmen.

3. Eine andere Möglichkeit wäre es, die Vormundschaft ganz zu verhindern. Dies könnte dadurch geschehen, dass Mario, der ja tatsächlich der Vater des Kindes und bereits volljährig ist, für das Kind handeln zu lassen. Das kann man so regeln, dass Mario schon vor der Geburt seine Vaterschaft anerkennt (§ 1594 IV BGB) und dass Sara und Mario schon vor der Geburt sog. Sorgeerklärungen abgeben (§ 1626a I Nr. 1, §§ 1626b ff. BGB). Durch diese Erklärungen wird erreicht, dass Sara und Mario als Eltern gemeinsam für das Kind verantwortlich sind. Da Sara allerdings minderjährig ist, kann sie im Augenblick nur einen Teil der elterlichen Rechte rechtlich ausüben (§ 1673 II S. 2 und 3 Hs. 2 BGB). Überwiegend wäre Mario bis zur Volljährigkeit von Sara entscheidungszuständig. Da sie minderjährig ist, benötigt sie zudem für ihre eigene Sorgeerklärung die Zustimmung ihrer Eltern (§ 1626c I S. 1 BGB). Wenn ihre Eltern diese Zustimmung nicht geben wollen, dann kann das Familiengericht überprüfen, warum die Eltern nicht wollen und ggfs. die Zustimmung ersetzen (Abs. 2 S. 3).

Fall 59:   Ausländische ledige minderjährige Mutter mit Kind

1. Wenn Ilknur Türkin ist, so liegt hier ein **sog. Fall mit Auslandsberührung** vor. Werden deutsche Behörden und Gerichte mit solchen Fällen konfrontiert, so haben sie sich in der Regel zwei Fragen zu stellen: (a) Darf bzw. muss ich überhaupt tätig werden, oder kann/muss ich die Angelegenheit den ausländischen Behörden überlassen? **(Frage der internationalen Zuständigkeit)**,[1] (b) Falls ich zuständig bin: Nach welchem Recht ist die Sachlage zu beurteilen? **(Frage des anzuwendenden Rechts)**. Die erste Frage hat allerdings – unabhängig davon, dass sie hier nicht gestellt ist – nur dann Bedeutung, wenn behördlich oder gerichtlich etwas **getan** werden muss. Regelt sich die Sachlage dagegen **kraft Gesetzes**, entfällt sie. Da hier nur nach dem Rechtszustand der elterlichen Sorge gefragt ist, ist nur nach dem anzuwendenden Recht und der sich daraus ergebenden materiellen Rechtslage zu forschen.

2. Die Frage des anzuwendenden Rechts ist im **Internationalen Privatrecht (IPR)** geregelt, das teils im autonomen Recht (EGBGB), teils in internationalen Abkommen (bi- oder multilaterale) geregelt ist. Das autonome Recht wird ausgeschaltet, soweit Abkommen vorhanden sind (vgl. Art. 3 II S. 1 EGBGB). Im Bereich Abstammung gibt es nur zwei Abkommen, die die formale Frage regeln, wo man Vater- bzw. Mutterschaftsanerkennungen abgeben kann. Für die Frage, von wem das Kind abstammt, bleibt es beim EGBGB.

---

1   S. o. Fall 25, Abschn. 1.3.

Das EGBGB unterscheidet seit der Kindschaftsrechtsreform von 1998 nicht mehr zwischen ehelichen und nicht ehelichen Kindern. Dies wirkt sich sowohl bei der Abstammung als auch beim Sorgerecht aus.

Art. 19 EGBGB regelt die Frage der **Abstammung** und der Art. 20 EGBGB die Frage, wie man die Abstammung wieder beseitigen kann. Für unsere Fragestellung ist also Art. 19 einschlägig, der für das anzuwendende Recht auf den gewöhnlichen Aufenthalt des Kindes abstellt (Abs. 1 S. 1). Wenn es für das Kind günstiger ist, kann es auch die Rechtsordnung des jeweiligen Elternteils wählen (Abs. 1 S. 2). Das Recht am gewöhnlichen Aufenthalt des Kindes ist deutsches Recht. Das Kind erwirbt demnach Rechtsbeziehungen zur Mutter durch die Geburt und zum Vater durch sein Vaterschaftsanerkenntnis.

Die Frage, wer **Sorgerechtsinhaber** für das Kind ist, regelt sich nach Art. 21 EGBGB. Der bestimmt, dass sich das Rechtsverhältnis zwischen einem Kind und seinen Eltern ebenfalls nach dem Recht des Staates richtet, in dem das Kind seinen gewöhnlichen Aufenthalt hat. Das wäre wieder deutsches Recht mit der Folge, dass die elterliche Sorge der Mutter gem. § 1673 II S. 1 BGB ruhte und das Kind einen Amtsvormund erhielte (§ 1791c BGB). Diese Regelung kann aber nur dann zum Zuge kommen, wenn sie nicht durch internationale Abkommen überlagert wird. Dies könnte im Bereich der elterlichen Sorge das Haager Minderjährigenschutzabkommen (MSA) sein.[2] Dieses unterscheidet Schutzmaßnahmen (Art. 1, 2, 4, 8, 9 MSA), die gerichtlich oder behördlich angeordnet werden, und gesetzliche Schutzverhältnisse (Art. 3), die kraft Gesetzes entstehen.

Nach Art. 3 MSA ist ein Schutzverhältnis, das nach dem innerstaatlichen Recht des Staates, dem der Minderjährige angehört, kraft Gesetzes besteht, in allen Vertragsstaaten anzuerkennen. Die Bedeutung dieser Norm für die innerstaatliche deutsche Rechtspraxis (andere MSA-Mitgliedstaaten können durchaus zu einem anderen Ergebnis kommen!) war lange Zeit sehr umstritten. Es bestand die Frage, ob die Sperre des Art. 3 MSA nur bei Ergreifen von (richterlichen oder behördlichen) Schutzmaßnahmen durch den Aufenthaltsstaat gelte oder auch bei dem Entstehenlassen von Schutzverhältnissen kraft Gesetzes. Die Auslegung in der einen oder anderen Richtung hatte immer dann große Bedeutung, wenn das Heimatrecht des Kindes der Mutter oder gar den Eltern des Kindes das volle Sorgerecht einräumte. Diese Situation hatten wir vor 1998 vor allem in Bezug auf die gesetzliche Amtspflegschaft, die nach deutschem Recht für alle nicht ehelichen Kinder kraft Gesetzes eintrat. In anderen Ländern dagegen hatte die Mutter – so wie heute auch im deutschen Recht – immer schon die volle elterliche Sorge. Wenn nun ein Kind aus einem solchen Land in Deutschland geboren wurde, erhob sich die Frage, ob dieses Kind, ganz gleich, was das Heimatrecht der Mutter vorsah, einen deutschen Amtspfleger erhielt oder ob die Mutter allein für es zuständig war.

Mit seiner Entscheidung vom 2.5.1990[3] bereitete der BGH dem Streit ein Ende. In rechtsdogmatisch vertretbarer, rechtspolitisch nur schwer verständlicher Weise[4] entschied er, dass die deutsche gesetzliche Amtspflegschaft für alle nichtehelichen Kinder eintrete, die ihren gewöhnlichen Aufenthalt in Deutschland hätten, ganz gleich, was deren Heimatrecht vorsieht.

Durch die Kindschaftsrechtsreform hat sich das Problem in Bezug auf die Amtspflegschaft erledigt. In Bezug auf die Amtsvormundschaft (auch bei Einwilligung in die Adoption, § 1751 BGB) ist es aber bestehen geblieben. Hier kann es nun sein, dass das ausländische Recht vorsieht, dass die Mutter schon mit jüngeren Jahren das Sorgerecht erhält als in

---

2 S. o. Fall 25.
3 FamRZ 1990, 1103.
4 Vgl. dazu *Oberloskamp*, FamRZ 1990, 1.

Deutschland, oder dass das Kind zwar auch einen Vormund bekommt, dieser aber nicht kraft Gesetzes da ist, sondern bestellt werden muss. Überträgt man die BGH-Rspr. zum Amtspfleger auf den Amtsvormund, so tritt auch für ausländische Kinder, die ihren gewöhnlichen Aufenthalt in Deutschland haben, ganz gleich, was ihr Heimatrecht vorsieht, gesetzliche Amtsvormundschaft ein. Das bedeutet, dass zunächst einmal das Jugendamt Vormund für das Kind von Ilknur geworden ist.

XXI. Beistandschaft

Fall 60: Helfer für Alleinerziehende

1. Kinder einer geschiedenen Mutter

1.1 M könnte sich hinsichtlich der Unterhaltsansprüche für die Kinder gem. § 18 I SGB VIII vom Jugendamt beraten und unterstützen lassen. Das JA könnte ihr die Rechtslage darlegen und erklären, welche Möglichkeiten der Entscheidung sie hat. Es könnte ihr sagen, wo und wie sie an bestimmte Auskünfte kommt. Es könnte ihr helfen, Briefe zu entwerfen und Formulare auszufüllen. Es könnte die Kinder aber nicht außergerichtlich oder gar gerichtlich vertreten (vgl. § 3 RDG). In Bezug auf ihren eigenen Unterhalt dürfte das JA sie unentgeltlich beraten tätig werden, wenn gesichert ist, dass ein Volljurist involviert ist (§ 6 RDG).
1.2 Möchte M eine Vertretung für die Angelegenheiten, die mit dem Unterhalt für die Kinder zusammenhängen, so muss sie sich einen Beistand beantragen (§§ 1712 ff. BGB). Diesen erhält sie automatisch, wenn sie ihren Wunsch dem JA schriftlich mitteilt (§ 1712 I BGB). Mit Zugang dieses Wunsches beim JA ist dieses gesetzlicher Vertreter für die Kinder geworden, ohne jedoch die elterliche Sorge der M einzuschränken (§ 1716 S. 1 BGB). Eine Einschränkung der elterlichen Sorge tritt nur dann ein, wenn das JA als Beistand für die Kinder vor dem Familiengericht auf Unterhalt klagt (§ 9 V FamFG iVm § 53a ZPO). Wenn der M dies nicht gefällt, kann sie jederzeit die Aufhebung der Beistandschaft verlangen (§ 1715 I S. 1 BGB). Soweit es um ihren eigenen Unterhalt geht, kann das JA keine Vertretungsfunktion übernehmen. Hier wird sie sich wohl doch eine anwaltliche Vertretung nehmen müssen.

2. Kinder einer ledigen Mutter

2.1 Im Prinzip ist die Situation der ledigen Mutter mit Kindern der geschiedenen Mutter mit Kindern vergleichbar. Seit der Kindschaftsrechtsreform von 1998 werden eheliche und nichteheliche Kinder nicht mehr unterschieden und folglich – soweit möglich – gleich behandelt. Unterschiede ergeben sich in folgenden Punkten:
2.2 Die Beratungs- und Unterstützungspflicht des Jugendamts gem. § 18 I SGB VIII ist durch Abs. 2 erweitert. Sie bezieht sich auch auf den Unterhaltsanspruch der Frau gem. § 1615 S. 1 BGB, sofern die Mutter gem. § 1626a II BGB allein das Sorgerecht hat. Der Unterhaltsanspruch gem. § 1615 S. 1 BGB erstreckt sich in der Regel auf die Zeit 6 Wochen vor der Geburt (Abs. 1) bis 3 Jahre nach der Geburt (Abs. 2 S. 2 und 3), sofern die Mutter wegen Schwangerschaft, Geburt, Pflege und Erziehung der Kinder einer Erwerbstätigkeit nicht nachgehen kann. In Einzelfällen steht ihr auch schon früher und längerer Unterhalt zu (Abs. 2).
2.3 Die gesetzliche Vertretung als Beistand erstreckt sich – ebenso wie bei Kindern aus geschiedenen Ehen – nur auf den Unterhaltsanspruch der Kinder und nicht den der Mutter (§ 1712 I Nr. 2 BGB). Der Beistand ist jedoch auch befugt, die Feststellung der Vaterschaft zu betreiben (§ 1712 I Nr. 1 BGB). Dies ist notwendig, weil – anders als bei Kindern aus

einer Ehe – Unterhaltsansprüche überhaupt nur dann bestehen, wenn die Vaterschaft feststeht (§ 1601 BGB: Verwandtschaft als Voraussetzung für eine Unterhaltspflicht). Wenn das Jugendamt Beistand ist, dann hat es sich also außergerichtlich (Vaterschaftsanerkenntnis: § 1592 Nr. 2 BGB) oder gerichtlich (Vaterschaftsfeststellungsantrag: § 1592 Nr. 3 BGB) um die Feststellung der Vaterschaft zu bemühen, was der Mutter auch zugute kommt; denn auch ihr eigener Unterhaltsanspruch (§ 1615l BGB) hängt davon ab, dass die Abstammung des Kindes geklärt ist.

Kapitel 8   Mitwirkung in Gerichtsverfahren

XXII. Mitwirkung in Verfahren vor den Vormundschafts- und Familiengerichten

Fall 61:   Befugnisse des Jugendamts

1. Befugnis des Jugendamts zum Zwecke der Mitwirkung im Gerichtsverfahren Kontakte mit den Betroffenen aufzunehmen und insbesondere Hausbesuche zu machen

1.1 Die Fragestellung betrifft die Rechtsbeziehung JA – Klient, und zwar in der Sondersituation, dass das **JA** nicht »für sich«, sondern **für das Familiengericht** im Interesse der Betroffenen aktiv wird.

Rechtsgrundlage für eine solche Tätigkeit könnte § 50 I S. 2 Nr. 1 SGB VIII iVm § 162 FamFG sein. Danach hat das JA in Kindschaftssachen vor dem Familiengericht mitzuwirken. § 50 II SGB VIII konkretisiert diese Mitwirkungspflicht, indem er ausführt, dass das JA »insbesondere« (Weiteres ist also möglich) über angebotene und erbrachte Leistungen unterrichtet, erzieherische und soziale Gesichtspunkte zur Entwicklung des Kindes einbringt und auf weitere Möglichkeiten der Hilfe hinweist. Ferner hat das JA in Kindschaftssachen das Familiengericht in dem frühen Erörterungstermin nach § 155 II FamFG über den Stand des Beratungsprozesses zu informieren.

Von diesen genannten Mitwirkungspflichten, die den Inhalt der jugendamtlichen Aufgaben beschreiben, sind die verfahrensrechtlichen Möglichkeiten des JA zu unterscheiden, wie diese Aufgaben zu erfüllen sind.

1.2 Zum **Inhalt** der Aufgabe:

a) Das JA hat über **angebotene und erbrachte Leistungen** zu unterrichten. Im Zusammenhang mit einer Sorgerechtsregelung bei Scheidung kommt als Leistung vor allem die **Scheidungsberatung** gem. § 17 I S. 2 Nr. 3 und II SGB VIII in Betracht. Sie soll dazu dienen, Bedingungen für eine dem Wohl des Kindes förderliche Wahrnehmung der Elternverantwortung zu schaffen und die Eltern bei der Entwicklung eines einvernehmlichen Konzepts für die Wahrnehmung der elterlichen Sorge zu unterstützen, das als Grundlage für die richterliche Entscheidung gem. § 1671 II Nr. 2 BGB dienen kann. Diese Aufgabe nach § 17 SGB VIII steht neben der Aufgabe nach § 50 SGB VIII. Beide sind in der Regel nebeneinander zu erfüllen. Kann die Beratungsaufgabe nicht wahrgenommen werden, weil die Betroffenen keine Beratung wünschen, so führt dies nicht zwangsläufig dazu, dass die Mitwirkung im Gerichtsverfahren entfällt.[1] Vielmehr muss dann das JA sonstige Kontakt- und Informationsmöglichkeiten ausschöpfen soweit sie datenschutzrechtlich zulässig sind.

b) Ferner hat das JA **erzieherische und soziale Gesichtspunkte** zur Entwicklung des Kindes einzubringen. Fachgerecht geschieht das in der Weise, dass aus Vorgeschichte, Befund, Diagnose und Prognose[2] Folgerungen gezogen werden, die dem Richter eine dem erzieherischen Bedarf des Minderjährigen gerecht werdende Entscheidung ermöglichen.

---

1   So ausdrücklich OLG Frankfurt v. 28.10.1991, FamRZ 1992, 206, das allerdings alle datenschutzrechtlichen Überlegungen, die ebenfalls zu berücksichtigen sind, außer Betracht lässt.

2   S. o. Fragen 131 und 132.

c) Schließlich hat das JA **auf weitere Möglichkeiten der Hilfe hinzuweisen.** D.h., es hat darzustellen, ob Beratungs- oder sonstiger Bedarf besteht und ob es ggf. selbst entsprechende Angebote machen kann oder ob es die Einschaltung anderer Institutionen empfiehlt.

1.3 Zu den **verfahrensrechtlichen Möglichkeiten** des JA, die Aufgaben zu erfüllen: Das SGB VIII enthält hierzu keinerlei Aussagen. Es ist daher auf die allgemeinen Regeln, die für Verwaltungsbehörden gelten, zurückzugreifen. Hier ist schon fraglich, welche **Rechtsgrundlage** für die Mitwirkung des JA in Familiengerichtsverfahren gilt. Weder das SGB X noch das VwVfG sind auf diese Tätigkeit anzuwenden. Das SGB X gilt nicht, weil es gem. § 8 SGB X nur für das Sozialverwaltungsverfahren angewandt werden soll, d.h. für behördliche Aktivitäten, die auf den Erlass eines Verwaltungsakt oder den Abschluss eines öffentlich-rechtlichen Vertrages gerichtet sind. Darunter fällt die Mitwirkung im Familiengerichtsverfahren nicht. Auch das VwVfG gilt nicht, denn die Mitwirkung ist gem. §§ 2 III Nr. 6, 50 SGB VIII Teil der Jugendhilfe und diese ist von der Anwendbarkeit des VwVfG ausdrücklich ausgeschlossen (§ 2 II Nr. 4 VwVfG).

Da sich die JA-Mitwirkung auch weder dem gerichtlichen Verfahrensrecht (FamFG) noch dem (für Lücken fortgeltenden) alten unkodifizierten Verwaltungsrecht zuordnen lässt[3], bleibt nur übrig, die Frage nach den Verfahrenskompetenzen des JA **auf der Basis allgemeiner Prinzipien** zu entscheiden. Grundsätze, die dabei eine Rolle spielen, sind z.B.

– Freiwilligkeit der Inanspruchnahme von Leistungen,
– Eingriffe grundsätzlich nur über das Gericht, es sei denn, es liegen die Ausnahmen des SGB VIII (§§ 8 III, 8 a, 42 SGB VIII) vor,
– Beachtung der Bestimmungen zum Datenschutz.

1.4 Überträgt man diese Überlegungen auf den **vorliegenden Fall**, so ergibt sich Folgendes: Wenn das JA das Familiengericht über angebotene und erbrachte Leistungen unterrichten soll, so muss es den Betroffenen zunächst Leistungen anbieten bzw. erbringen. Es hat also den Versuch zu machen, mit den scheidungswilligen Eltern ins Gespräch zu kommen, um mit ihnen ein Konzept für die Nachscheidungszeit zu erarbeiten. Die Frage ist, ob die Eltern ein solches Kontaktbemühen des JA ablehnen können. Scheidungsberatung ist eine Leistung der Jugendhilfe (§ 2 II Nr. 2 iVm § 17 II SGB VIII), die grundsätzlich nicht aufgezwungen werden kann. Trotzdem könnte gem. §§ 1626 ff. BGB oder gem. Art. 6 II S. 1 GG direkt eine Verpflichtung der Eltern bestehen, die Leistung in Anspruch zu nehmen. Die elterliche Sorge, die ein fremdnütziges Recht ist, beinhaltet nämlich, die Kinder zu fördern und soweit wie möglich Schaden von ihnen fernzuhalten. Zwar räumt das Gesetz Eltern die Möglichkeit ein, sich trotz des Vorhandenseins von Kindern scheiden zu lassen. Dies entbindet sie aber nicht von der Pflicht, ihre elterliche Sorge so gut wie möglich auszuüben. Die Weigerung der Eltern, dabei mitzuwirken, für die Kinder für die Zeit nach der Scheidung eine tragfähige Sorgerechtsregelung zu finden, ist ein Missbrauch der ihnen eingeräumten Rechtsmacht. Das OLG Köln[4] hat diesen Gedanken folgendermaßen formuliert: »Angesichts der für jeden erkennbaren gesetzlichen Aufgabe von JÄ in Sorgerechtssachen, nach bestem Bemühen Sachverhalte aufzuklären, um dem Wohl des betroffenen Kindes zu dienen und durch solche Mitwirkung im richterlichen Verfahren eine möglichst sachgerechte Entscheidung fördern zu helfen, ist es schwer verständlich, welcher verständige Anlass von Eltern bestehen kann, wenn ausschließlich das Wohl des Kindes Motiv allen Handelns ist oder jedenfalls sein sollte, von vornherein jedwede Mitwirkung oder Bemühung von Beauftragten des Jugendamts, auch persönliche Umstände in angemessener Form zu klären, zu verweigern oder in Bezug auf Kontakte zum anderen Elternteil zu verhindern.«

---

3 Überlegungen dazu bei *Oberloskamp/Borg-Laufs/Mutke*, 155 ff.
4 V. 13.2.1981, 599.

Diese somit bestehende **materielle Mitwirkungspflicht der Eltern** kann jedoch weder das Gericht noch das Jugendamt erzwingen. Hat der Richter noch die Möglichkeit, wenigstens die körperliche Anwesenheit beim Verfahren zwangsweise durchzusetzen (§ 33 FamFG, Art. 104 I GG), so hat das Jugendamt für seine Leistung eine solche Kompetenz nicht. Es könnte dem Gericht daher im Rahmen seiner Stellungnahme nur mitteilen, dass es keine Leistungen habe erbringen können.

Damit ist auch die zweite Aufgabe des JA, nämlich erzieherische oder soziale Gesichtspunkte zur Entwicklung des Kindes einzubringen, **auf diesem Wege** nicht erfüllbar.

1.5 Bisher ist also festzustellen, dass scheidungswillige **Eltern** die **Pflicht** haben, bei der Sorgerechtsregelung sowie der vorausgehenden Scheidungsberatung mitzuwirken und dass das **JA** folglich das **Recht** hat, mit den Eltern Kontakt aufzunehmen. Eine weitere Frage ist nun, ob diese Kontaktaufnahme auch **in Form eines Hausbesuches** erfolgen kann.

Die Möglichkeit, mit Betroffenen ins Gespräch zu kommen, ergibt sich durch Briefwechsel, Telefongespräche, Gesprächstermine im JA oder an dritten Orten sowie in der Wohnung des Betroffenen. Ist der Betroffene einverstanden, so sind diese Möglichkeiten gleichwertig. Ist er nicht einverstanden, so hängt die Wahl des Mittels vom Grundsatz der Verhältnismäßigkeit und vom Datenschutz ab. Fragen der Sorgerechtsregelung lassen sich sicher weder brieflich noch telefonisch erledigen. Der persönliche Kontakt des Sozialarbeiters mit den Betroffenen einschließlich des Kindes ist nötig. Oft wird es genügen, die Eltern und Kinder ins JA einzuladen. In anderen Fällen wird es nötig sein, die Wohnung eines Elternteils zu betreten, insbesondere wenn die alltägliche Interaktion von Eltern und Kind zu beobachten oder wenn zu klären ist, ob bestimmte Wohnverhältnisse für das Kindeswohl noch zuträglich sind. Das Mittel, das der Sozialarbeiter für verhältnismäßig hält, muss datenschutzrechtlich auch legal sein. Hält er den Hausbesuch[5] für die einzige Möglichkeit, die Informationen zu bekommen, die nötig sind, und ist der Klient damit nicht einverstanden, dann lässt sich die primäre Anforderung des Datenschutzrechts, nämlich Sozialdaten beim Betroffenen zu erheben (§ 62 II S. 1 SGB VIII), nicht erfüllen. Das JA darf ohne Einverständnis der Beteiligten keinen Hausbesuch machen; die Datenerhebung ist dann unmöglich, es sei denn, es läge eine Ausnahme des § 62 III SGB VIII vor, der die Erhebung von Sozialdaten in bestimmten Fällen auch ohne Mitwirkung des Betroffenen zulässt (s.u. unter 2.). Ein Recht, gegen den sich weigernden Elternteil Zwang anzuwenden, besteht nicht. Wehrt sich der Betroffene in einem solchen Fall immer noch, den Sozialarbeiter in seine Wohnung hereinzulassen, so kann der Sozialarbeiter keinen Zwang anwenden. Nur in Extremfällen, d.h., wenn er z.B. vermutet, dass das Kind im Haus gefährdet ist, kann er sich mithilfe der Polizei Zutritt verschaffen.

2. Befugnis des JA, sich bei Dritten die gewünschten Informationen zu holen[6]
Das Bemühen des Sozialarbeiters, mit den Eltern persönlich Kontakt aufzunehmen, entspricht den datenschutzrechtlichen Vorschriften des § 62 SGB VIII. Gem. Abs. 2 S. 1 sind personenbezogene Daten beim Betroffenen zu erheben. Wenn der Betroffene dies nicht zulässt, sind die Voraussetzungen des § 62 III SGB VIII zu prüfen, der ausnahmsweise eine Erhebung personenbezogener Daten ohne Mitwirkung des Betroffenen gestattet. Der Fall der Kindeswohlgefährdung ist ein Fall, in dem Daten auch ohne Mitwirkung der betroffenen Eltern bei einem Dritten erhoben werden können. § 8a SGB VIII beschreibt dezidiert, wie das Jugendamt im Rahmen seiner Tätigkeit seinem Schutzauftrag zugunsten der von ihm betreuten Kinder und Jugendlichen verfahrensmäßig nachzukommen hat.

---

5   S. zum Hausbesuch *Kaufmann/Plate*: Der Hausbesuch zur Überprüfung der örtlichen Verhältnisse, Kind-Prax 2000, 113.
6   Zur Beziehung Jugendamt-Dritte s. bei *Oberloskamp/Borg-Laufs/Mutke*, 169 f.

Auslösendes Moment für die Wahrnehmung des Schutzauftrages sind gewichtige Anhaltspunkte, d.h. konkrete Hinweise auf eine Kindeswohlgefährdung von gewissem Gewicht, auch anonymer Art. Eine konkrete Gefährdung des Kindeswohls muss nicht nachgewiesen sein. Das Jugendamt hat Hinweisen nachzugehen, die eine Gefahrensituation für das Kind wahrscheinlich erscheinen lassen. Ob das Jugendamt dann das Gericht anruft, hängt von der Einschätzung des Gefährdungsrisikos und der Mitwirkungsbereitschaft der Eltern ab. Gerade in den Fällen, in denen Eltern nicht bereit oder in der Lage sind, bei der Abschätzung des Gefährdungsrisikos mitzuwirken (§ 8a III S. 1 SGB VIII), wird das Jugendamt nicht umhinkommen, in Erfüllung seines Schutzauftrages ggf. Daten bei Dritten zu erheben (§ 62 III S. 1 Nr. 2d SGB VIII).

Im vorliegenden Fall kommt es also darauf an, ob die Sozialarbeiterin gewichtige Anhaltspunkte dafür hat, dass das Kind gefährdet ist. Wenn ja, darf sie auch Dritte befragen.

3. **»Anweisung« des Gerichts«**
3.1 Hier ist zu prüfen, ob es sich um einen **gerichtlichen Akt** handelt, der **justiziabel** ist. Familiengerichtliche Angelegenheiten unterstehen somit dem FamFG.
Das Verfahrensrecht des FamFG sieht als einziges Rechtsmittel gegen **richterliche Entscheidungen** die **Beschwerde** vor: § 58 FamFG. **Entscheidungen des Rechtspflegers** dagegen können mit dem Rechtsbehelf der **Erinnerung** angegriffen werden: § 11 RPflG.
Mit der Beschwerde **anfechtbar** sind im ersten Rechtszug ergangene Endentscheidungen, durch die in Rechte der Beteiligten eingegriffen wird (§ 59 FamFG).
3.2 Im vorliegenden Fall hat der Richter am 17.12.2010 das Jugendamt informiert und um Berichterstattung gebeten. Damit ist nicht in die Rechte der Beteiligten eingegriffen, sondern lediglich das Jugendamt darin bestätigt worden, die ihm unabhängig von einer richterlichen Anweisung, Bitte oder Zulassung auferlegte Pflicht (§ 50 SGB VIII) zu erfüllen. Es handelt sich daher nicht um eine Endentscheidung.
Am 26.1.2011 hat der Richter den Sozialarbeiter gebeten, sich einen persönlichen Eindruck von den Beteiligten zu machen. Das Gesetz enthält keine Aussagen darüber, wie das JA vorzugehen hat, damit eine Anhörung im Interesse der Beteiligten sinnvoll erfolgen kann. Wie sich aus den Aufführungen unter 1. ergibt, gehören Hausbesuche unter Umständen dazu. Dies folgt unmittelbar aus dem Auftrag des JA; eine richterliche »Verfügung« ist insoweit überflüssig, zumindest nicht verpflichtungsbegründend.

3.3 *Ergebnis***:** Laura hat somit keinerlei Möglichkeit, die Verfahrenshinweise des Gerichts anzufechten.

4. *Exkurs*: Schutzauftrag bei Kindeswohlgefährdung
Eines der Ziele, die das SGB VIII vorgibt, ist es, Kinder und Jugendliche vor Gefahren für ihr Wohl zu schützen. Der durch das KICK eingeführte § 8a SGB VIII stellt eine Konkretisierung des staatlichen Schutzauftrages bei Kindeswohlgefährdung dar und beschreibt nunmehr eindeutig, auf welche Weise Fachkräfte bei Trägern der öffentlichen Jugendhilfe und Trägern von Einrichtungen und Diensten (§ 8a II SGB VIII) im Zuge der Wahrnehmung ihrer jeweils individuellen Aufgaben mit gewichtigen Anhaltspunkten für eine Kindeswohlgefährdung umzugehen haben.[7] Dabei beinhaltet § 8a SGB VIII zum einen **Verfahrensvorgaben** (z.B. Regelungen zum Zusammenwirken mehrerer Fachkräfte, § 8a I S. 1, II S. 1 SGB VIII) und zum anderen **eigenständige Aufgaben** (z.B. Abschätzung des Gefährdungsrisikos, § 8a I S. 1, II S. 1 SGB VIII).

---

7 S. *Münder* u.a., Frankfurter Kommentar zum SGB VIII: § 8a Rn. 1 ff.; *Kunkel*, SGB VIII, Lehr- und Praxiskommentar, § 8a SGB VIII, Rn. 3 ff.; *Wiesner*, SGB VIII, Kinder- und Jugendhilfe Kommentar, Rn. 2 ff.

Ausgangspunkt ist zunächst, dass dem Jugendamt **gewichtige Anhaltspunkte** für die Gefährdung des Wohles eines Kindes oder Jugendlichen bekannt werden. Dabei muss es sich um konkrete Hinweise auf eine Kindeswohlgefährdung bzw. um eine Dynamik handeln, die eine solche Gefährdung auslösen kann. Unerheblich ist, ob die Hinweise anonym erfolgen. Damit wird eine bestimmte **Risikoschwelle** als Eingangsvoraussetzung für die Wahrnehmung des Schutzauftrages beschrieben[8]. Mit dem Begriff der Kindeswohlgefährdung knüpft § 8a SGB VIII an den Begriff der Kindeswohlgefährdung in § 1666 BGB an. Danach liegt eine Kindeswohlgefährdung vor, wenn eine gegenwärtige oder zumindest unmittelbar bevorstehende Gefahr für die Kindesentwicklung abzusehen ist, die bei ihrer Fortdauer eine erhebliche Schädigung des körperlichen, geistigen oder seelischen Wohls des Kindes mit ziemlicher Sicherheit voraussehen lässt.[9] Für die Anwendung dieses Begriffs in § 8a SGB VIII ist aber zu bedenken, dass »gewichtige Anhaltspunkte« dafür genügen müssen.

Wird nun diese Risikoschwelle als Eingangsvoraussetzung aufgrund gewichtiger Anhaltspunkte überschritten, so gilt es als nächstes das **Fachteam** zu aktivieren, um eine **erste Risikoeinschätzung** (§ 8a I S.1 SGB VIII) vorzunehmen. Aufgaben sind eine **Informationssichtung** (Welche Tatsachen sind bekannt? Gibt es bereits Vorgänge im Jugendamt? etc.), **Hypothesenbildung** (Gibt es gewichtige Anhaltspunkte für eine Kindeswohlgefährdung? Gibt es möglicherweise einen sofortigen Handlungsbedarf, einen Eilfall, der sofortiger Schutzmaßnahmen bedarf?), die **Methodenwahl** (Welche Möglichkeiten der Kontaktaufnahme mit der Familie bestehen?) und eine sorgfältige **Dokumentation der Beratungsergebnisse** sowie die rechtzeitige Information des Dienstvorgesetzten.[10]

Anschließend sollte mit der betroffenen Familie **Kontakt** aufgenommen werden, idR ein (vereinbarter oder unangemeldeter) Hausbesuch bei der betroffenen Familie erfolgen und dort weitere Daten **unmittelbar** bei den Betroffenen erhoben werden (§ 62 II SGB VIII). Nur bei einem dauerhaften Scheitern einer Kontaktaufnahme oder bei einer besonderen Gefährdungslage, wie beispielsweise gewichtigen Anhaltspunkten für eine Kindesmisshandlung, sexuellen Missbrauch etc., können **ausnahmsweise** Daten auch **bei Dritten** erhoben werden (§ 62 III Nrn. 2 c und d, 4 SGB VIII).

Auf der Basis der vorhandenen Informationen sollten dann mit der betroffenen Familie gemeinsam die Probleme weiter geklärt werden, soweit hierdurch nicht der wirksame Schutz des Kindes oder Jugendlichen infrage gestellt wird, Hilfen, soweit erforderlich, angeboten und ggf. auf die Inanspruchnahme ärztlicher Unterstützung oder Hilfen anderer Sozialleistungsträger hingewirkt werden.

Anschließend erfolgt eine **wiederholte Abschätzung** des **Gefährdungsrisikos** im Fachteam, § 8a I S. 1 SGB VIII. Dabei ist insbesondere zu prüfen, ob das Kindeswohl gewährleistet ist oder ob weiterhin ein Gefährdungsrisiko besteht, ob es vonseiten der betroffenen Familie u.a. eine **ernsthaft gemeinte** Hilfeakzeptanz und Mitwirkungsbereitschaft gibt, ob eine (vorübergehende) Unterbringung des Kindes außerhalb der Familie und ggf. ein Tätigwerden des Familiengerichts erforderlich ist. Auch hier sind die Beratungs- und Entscheidungsergebnisse des Teams wieder sorgfältig zu dokumentieren.

Für alle Zwischenschritte gilt: Sofern im Rahmen der Risikoeinschätzung deutlich wird, dass ein **akuter Handlungsbedarf** besteht, sei es, weil bereits bei Eingang der ersten Information erkennbar wird, dass ein Notfall vorliegt, sei es, weil die Personensorgeberechtigten nicht bereit oder in der Lage sind, bei der Abschätzung des Gefährdungsrisikos mitzuwirken (§ 8a III S. 1, 2. Hs. SGB VIII) etc., muss das Jugendamt das Familiengericht anrufen und

---

8   *Wiesner*, Fn. 7, § 8a SGB VIII; Rn. 13, 14.

9   Vgl. auch OLG Hamm, FamRZ 2004, 1664.

10 S. *Münder*, Fn. 7, § 8a SGB VIII; Rn. 56 zu einem Ablaufdiagramm eines idealtypischen Vorgehens.

bei dringender Gefahr ggf. unter Hinzuziehung der Polizei (§§ 8a III, 42 VI SGB VIII) das Kind oder den Jugendlichen in Obhut nehmen (**Krisenintervention**).

Fall 62:   Inhalt der Unterrichtung gem. § 50 SGB VIII

1. Einigkeit über die Sorgerechtsregelung

Die Sozialarbeiterin kann das Familiengericht davon unterrichten, dass das Ziel des § 17 II SGB VIII erreicht worden ist (§ 50 II SGB VIII Teil 1). Erzieherische und soziale Gesichtspunkte zur Entwicklung des Kindes einzubringen (§ 50 II SGB VIII Teil 2) ist nur dann erforderlich, wenn der Richter insoweit etwas zu entscheiden hat. Dies ist bei einem einvernehmlichen Konzept, das durch Vermittlung des JA zustande gekommen ist, nicht der Fall. Infolgedessen entfällt auch der Hinweis des JA auf weitere Möglichkeiten der Hilfen (§ 50 II SGB VIII Teil 3).

2. Scheitern des Versuches der Erarbeitung eines einvernehmlichen Konzepts

Die Sozialarbeiterin hat dem Gericht mitzuteilen, dass ihre Vermittlungsbemühungen gescheitert sind. Die Frage ist nun, ob sie andere Informationen aus der Scheidungsberatung an das Gericht weitergeben darf, um ihre Verpflichtung, erzieherische und soziale Gesichtspunkte zur Entwicklung des Minderjährigen einzubringen, zu erfüllen. Hier könnten nämlich die Datenschutzbestimmungen der §§ 61 ff. SGB VIII entgegenstehen.

Die Weitergabe von Daten, die im Rahmen einer Beratung erhoben worden sind, ist eine **Datenübermittlung** iSd §§ 64 SGB VIII, 69 SGB X, d.h., eine Verwendung von Daten zu einem **anderen** Zweck, als sie erhoben worden sind. Für eine derartige Übermittlung gelten einschränkende Bestimmungen. Zunächst einmal kann die Übermittlung gem. §§ 67, 67b I S. 1 SGB X zulässig sein, wenn der Betroffene im Einzelfall **eingewilligt** hat. Es würde sich daher für die Sozialarbeiterin empfehlen, mit den Eltern wenigstens ein Papier zu erarbeiten, dessen Inhalt die Sozialarbeiterin dem Gericht mit Einwilligung der Eltern mitteilen kann. Im Hinblick auf die erzieherischen Bedürfnisse des Kindes (§ 50 II SGB VIII Teil 2) (nicht im Hinblick auf die Erziehungsfähigkeit der Eltern!) ist dies vielleicht gar nicht so schwierig. Gelingt dies nicht, stellt sich die Frage nach der **Übermittlung gegen den Willen** der Betroffenen. § 69 I Nr. 1 SGB X gestattet dies, wenn es der Erfüllung einer gesetzlichen Aufgabe nach dem SGB dient. Die Mitwirkung im Gerichtsverfahren gem. § 50 SGB VIII ist eine solche Aufgabe. Demnach wäre die Übermittlung zulässig. Allerdings schränkt § 64 II SGB VIII diese Befugnis wieder ein und lässt sie nur zu,»soweit dadurch der **Erfolg** einer zu gewährenden Leistung nicht infrage gestellt wird«. Die Scheidungsberatung ist keine solche Leistung, da sie bereits gescheitert ist und somit nicht mehr infrage steht. In Betracht kommt aber weiterhin eine mögliche Beratung im Zusammenhang mit dem Umgangsrecht. Dies muss im Einzelfall entschieden werden. Hat die Sozialarbeiterin den Eindruck, dass die Betroffenen mit größter Wahrscheinlichkeit die Dienste des JA nicht mehr in Anspruch nehmen werden, dann ist kein Erfolg einer noch zu gewährenden Leistung infrage gestellt. Dann wäre die Übermittlung gem. § 64 II SGB VIII zulässig. Dem könnte aber wiederum § 65 SGB VIII entgegenstehen. § 65 SGB VIII wendet sich nicht an das Jugendamt wie § 64 SGB VIII, sondern – ähnlich wie § 203 StGB – an die einzelnen Mitarbeiter. Da der Dienstgeber Jugendamt verpflichtet ist, dafür Sorge zu tragen, dass der einzelne Bedienstete im Rahmen seiner Arbeit keine Gesetzesverstöße begeht, muss das JA weitergehende Übermittlungseinschränkungen der einzelnen Mitarbeiter auch nach außen hin hinnehmen. § 65 SGB VIII lässt die Übermittlung personenbezogener Daten, die dem Mitarbeiter zum Zweck persönlicher und erzieherischer Hilfe (§ 11 S. 2 SGB I) anvertraut worden sind, nur in den dort genannten abschließend aufgezählten Fällen zu. Zur »persönlichen und erzieherischen

255

Hilfe« gehören alle Leistungen des JA gem. § 2 II SGB VIII. Die Scheidungsberatung gem. § 17 II SGB VIII fällt also sicher darunter. »**Anvertraut**« (derselbe Begriff wie in § 203 StGB – s.o. Fall 16) sind alle Daten, »in die der Betroffene den Mitarbeiter einweiht, dabei die Verschwiegenheit des Mitarbeiters voraussetzt und sich auf sie verlässt[11].« Dies wird für Informationen anlässlich einer Scheidungsberatung idR zutreffen.

Demnach darf der Sozialarbeiter, der die Scheidungsberatung durchgeführt hat, dem Gericht nur im Rahmen der in § 65 SGB VIII genannten Übermittlungstatbestände Mitteilung machen. Nr. 1 deckt sich mit §§ 67, 67b I S. 1 SGB X (Einwilligung). Nr. 5 nimmt Bezug auf die Rechtfertigungsgründe bei § 203 StGB, die hier alle nicht vorliegen. Nr. 2 dürfte im Rahmen der Gerichtshilfe die größte Rolle spielen. Demnach ist eine Übermittlung zur Erfüllung des Schutzauftrages nach § 8a III SGB VIII zulässig, wenn aufgrund der Gefährdung eines Minderjährigen diesem z.b. eine Leistung gewährt werden soll, diese aber eine gerichtliche Entscheidung voraussetzt. Beispiel: In einer Scheidungsberatung, die zu keinem Einvernehmen geführt hat, ist klar geworden, dass der Vater die Tochter sexuell missbraucht hat. Die Tochter hat psychische Schäden davongetragen und ist behandlungsbedürftig. Der Vater stimmt der Behandlung nicht zu, aus Angst, seine Tat könne aufgedeckt werden. Die Sozialarbeiterin darf dem Familienrichter diese Informationen weitergeben, damit der Mutter das Sorgerecht übertragen wird. Mit ihrer Einwilligung kann das Kind behandelt werden.

Im vorliegenden Fall kommt es daher darauf an, ob in der Scheidungsberatung von Laura und Karlo Fakten offenbar geworden sind, die Ignatz so gefährdet erscheinen lassen, dass eine gerichtliche Entscheidung zur Ermöglichung von erzieherischen Hilfen erforderlich ist. Wenn das nicht der Fall ist, darf die Sozialarbeiterin ihre Informationen nicht an das Gericht weitergeben.

Die Sozialarbeiterin, die die Scheidungsberatung gemacht hat, kann damit dem jugendamtlichen Auftrag, im Familiengerichtsverfahren mitzuwirken, nicht nachkommen. **Sie muss einen Kollegen bitten, tätig zu werden.** Dieser muss versuchen, unter Hinweis auf das staatliche Wächteramt des Jugendamts (s. o. Fall 60, Punkt 1.4), die Betroffenen zu einer Kooperation zu bewegen. Gelingt dies nicht, kann das Gericht versuchen, mit der Beauftragung eines Sachverständigen weiterzukommen, der aus seiner Sicht noch einmal die Problematik einer nicht einvernehmlichen Lösung der Eltern unter dem Gesichtspunkt des Kindeswohls verdeutlichen kann.

Fall 63:   Verschiedene Wohnsitze von Vater und Mutter

Es soll untersucht werden, ob das Jugendamt Hamburg-Mitte die »Berichterstattung« **verweigern** durfte.

An sich steht es einem Gericht in Familiensachen und der freiwilligen Gerichtsbarkeit gem. §§ 26, 29 I S. 1 FamFG frei, ob es formlose Ermittlungen oder eine förmliche Beweisaufnahme vornehmen will. Formlose Ermittlungen können in jeder möglichen Form und Art durchgeführt werden, die geeignet ist,[12] also auch in der Form, dass ein an sich nicht zuständiges JA um Mitwirkung bei Sorgerechtsentscheidungen gebeten wird.[13]

Das OLG Hamm hat es mit Recht sogar als Verfahrensfehler angesehen, wenn bei einer Besuchsrechtsregelung das für den Wohnsitz des Elternteils, bei dem sich die Kinder nicht befinden, zuständige Jugendamt nicht gehört wird, weil die Einschaltung dieses Jugendamt regelmäßig nach § 26 FamFG nötig sei. Dies gilt erst recht in einem streitigen Sorgerechts-

---

11 *Münder*, § 65, Rn. 5 und 6.
12 Vgl. *Rüntz* in Bahrenfuss, FamFG, § 29 Rn. 6.
13 Vgl. OLG Hamm v. 22.9.1964, FamRZ 1965, 83 f.

verfahren anlässlich der Scheidung, weil eine sachgerechte Entscheidung zum Wohl der Kinder in aller Regel nur möglich ist, wenn die Verhältnisse auch am Wohnort des Elternteils geklärt werden, bei dem sich die Kinder nicht befinden, weil auch er ja als künftiger Sorgeberechtigter in Betracht kommt. Haben gar die getrennt lebenden Eheleute wie hier bisher mit den Kindern an dem Ort gewohnt, an dem sich der Elternteil weiter befindet, bei dem sich die Kinder jetzt nicht mehr aufhalten, dann ist eine Berichterstattung des für dessen Wohnsitz zuständigen Jugendamtes oft zwingend geboten, damit eine sachgerechte, am Wohl der Kinder orientierte Entscheidung ergehen kann.

Zuständigkeitsfragen hindern das zuständige Gericht nicht, die notwendigen Ermittlungen vorzunehmen, weil es nach §§ 26, 29 FamFG an keine Förmlichkeiten gebunden und frei in der Art der Vornahme der Beweiserhebung ist.

Allerdings ist die Weigerung des Jugendamtes Hamburg-Mitte unter einem anderen Gesichtspunkt gerechtfertigt. Da es nicht das gem. § 87b I S. 1 iVm § 86 II SGB VIII zuständige JA ist, ist es auch nicht Verfahrensbeteiligter, dessen Pflichten sich aus dem Gesetz gem. § 50 I SGB VIII ergeben. Es soll vielmehr dazu beitragen, einen für das Gericht unklaren Sachverhalt aufzuklären und dabei seine Sachkunde einzubringen. Dies setzt eine klare und eindeutige Fragestellung voraus, wie dies auch bei einer Beweisaufnahme durch Zeugen oder Sachverständige der Fall ist. Es genügt nicht, um »Berichterstattung« zu bitten oder aufzufordern, mit dem Elternteil »Kontakt aufzunehmen.«[14] Wird dem nicht zuständigen JA dagegen eine eindeutig formulierte Frage gestellt, hat es keinen fachlichen Grund, seine Mitarbeit zu verweigern.

Sinnvoller wäre es allerdings, wenn das Gericht bei seiner Aufforderung an das zuständige JA dieses ersuchte, sich mit dem nicht zuständigen JA ins Benehmen zu setzen. Dieses könnte im Rahmen der Amtshilfe (§ 4 I SGB X) seine Erkenntnisse an das zuständige Jugendamt weitergeben. Allerdings könnte dieses Vorgehen wiederum zu einer unnötigen Verfahrenverzögerung führen, die bei Kindschaftssachen gerade vermieden werden sollen. Datenschutzrechtliche Bedenken dürften kaum entgegenstehen, weil das zuständige JA seine Kontakte mit dem betroffenen Elternteil für diesen erkennbar so gestalten würde, dass die Informationen weitergegeben werden sollen. Eine Scheidungsberatung nach § 17 SGB VIII wird das unzuständige JA auch nicht durchgeführt haben. Waren allerdings schon vorher Kontakte anderer Art vorhanden, die für die Sorgerechtsregelung von Bedeutung sein könnten, so müsste der Betroffene seine Einwilligung geben.

XXIII. Mitwirkung in Verfahren nach dem Jugendgerichtsgesetz

Fall 64:   Nichterscheinen der Jugendgerichtshilfe (JGH) zur Hauptverhandlung

1. Gem. § 304 StPO ist die **Beschwerde** gegen alle von den Strafgerichten erlassenen Beschlüsse und Verfügungen **zulässig**, soweit das Gesetz sie nicht ausdrücklich einer Anfechtung entzieht. Dieses Beschwerderecht hat nicht nur der Angeklagte, sondern auch Zeugen, Sachverständige und »andere Personen«. Auch gegen Entscheidungen über Kosten und notwendige Auslagen ist in der Regel die Beschwerde möglich.
2. Die somit zulässige **Beschwerde** der Kommune ist dann **begründet**, wenn das Gericht der JGH die Kosten nicht auferlegen durfte. In der StPO sind nur Kostentragungspflichten

---

14 So auch OLG Frankfurt v. 31.8.1989, unveröffentlicht.

für Zeugen, Sachverständige, Verteidiger und Schöffen vorgesehen (§§ 51 I S. 1, 77 I S. 1, 145 IV StPO; § 56 I S. 2 GVG). Diese Regelung hat ihren Sinn darin, dass die genannten Personen notwendige Verfahrensbeteiligte im prozessrechtlichen Sinne sind. Wegen der Notwendigkeit ihrer Beteiligung sind ihr Erscheinen und ihre Mitwirkung zur Rechtspflicht erhoben und die Verletzung der Rechtspflicht mit Ungehorsamsfolgen ausgestattet.

Die Teilnahme der JGH an der Hauptversammlung ist zwar aus materieller Sicht, nämlich im Interesse der Aufklärung, in der Regel wünschenswert. Prozessrechtlich notwendig ist sie indes nicht in jedem Fall.[15] Die JGH hat – ebenso wie die Familiengerichtshilfe – eine Rechtsstellung eigener Art inne. Die JGH ist eine weisungsfreie Pflichtaufgabe der kommunalen Selbstverwaltung (§ 52 SGB VIII, § 38 JGG), die das JA »im Zusammenwirken mit den Vereinigungen für Jugendhilfe ausübt« (§ 38 I JGG). Die Erfüllung dieser Aufgaben haben nicht die Jugendgerichte zu prüfen, sondern die kommunalen Aufsichtsbehörden. Die Aufgaben nach §§ 52 SGB VIII, 38, 50 III S. 2 JGG nimmt der Jugendgerichtshelfer des JA oder der Vertreter der freien Vereinigung für Jugendhilfe, der örtlich diese Aufgabe für den vor Gericht stehenden Jugendlichen oder jungen Volljährigen übernommen hat, aus eigenem Recht wahr und braucht dazu nicht vom Gericht bestellt zu werden.

Soweit das Gesetz keine konkreten Pflichten vorgibt, tut die JGH ihre Arbeit nach pflichtgemäßem Ermessen. Der Richter hat seiner Pflicht, die JGH zu beteiligen (§ 38 III JGG), genügt, wenn er ihr Ort und Zeit der Hauptverhandlung mitteilt (§ 50 III S. 1 JGG). Die JGH handelt, wenn sie für ihre Beteiligung am Verfahren Anlass sieht.[16]

Allerdings gibt es Praxisvertreter, die eine materielle Rechtspflicht zur Teilnahme entstehen lassen wollen, wenn das Gericht der JGH ausdrücklich mitgeteilt hat, dass die Hauptverhandlung ohne Anwesenheit des Jugendgerichtshelfers nicht stattfinden kann.[17]

Unabhängig davon, ob die Teilnahme der JGH aus materieller Sicht nur wünschenswert oder (zuweilen sogar) verpflichtend ist, bleibt die Frage, ob sie erzwungen werden kann. Da es – wie eingangs gesagt – keine ausdrückliche Norm gibt, die dies vorsieht, ist zu prüfen, ob die §§ 51, 77 StPO (Ungehorsamsfolgen für Zeugen und Sachverständige) nicht doch analog auf die JGH angewandt werden können. Abgesehen davon, dass die Ordnungshaft als Maßnahme entfallen würde, da »die JGH« nicht in Haft genommen werden kann, ist es auch sonst nicht möglich, diese Norm anzuwenden. Zum einen fehlt es nämlich an der vom Gesetzgeber übersehenen Regelungslücke. Zum anderen ist bei Vorschriften mit Ausnahmecharakter eine Analogie zulasten des Betroffenen ausgeschlossen.[18] Im Übrigen wäre es auch kaum sinnvoll, die JGH auf diesem Wege zu etwas zu zwingen; denn damit könnte günstigstenfalls die Anwesenheit eines Vertreters der JGH erzwungen werden, nicht dagegen sein Tätigwerden. Die analoge Anwendung der Vorschriften über Zeugen und Sachverständige erscheint daher auch nicht geeignet, das gewünschte Ziel zu erreichen.[19]

Dem Richter bleiben daher nur folgende Möglichkeiten: Er kann beim Behördenleiter Dienstaufsichtsbeschwerde einlegen (formlos, fristlos und meistens fruchtlos!); er kann die kommunale Rechtsaufsicht einschalten; er kann den mit der Angelegenheit befassten Sozialarbeiter als Zeugen laden[20], er kann anstelle der JGH einen Sachverständigen um

---

15 So auch OLG Köln v. 24.6.1986, NStZ 1986, 569.

16 BGH v. 13.9.1977, BGHSt 27, 250.

17 OLG Karlsruhe v. 30.9.1991, DAVorm 1991, 1089.

18 Zur Begründung im Detail s. OLG Karlsruhe v. 30.9.1991, DAVorm 1991, 1089.

19 OLG Köln v. 24.6.1986, NStZ 1986, 569.

20 Allerdings hat dieser ein Zeugnisverweigerungsrecht gem. § 54 StPO, solange ihm nicht aufgrund Landesbeamtenrechtes oder BAT von seinem Dienstherrn eine Aussagegenehmigung erteilt worden ist. Zu der Frage, wann diese evtl. verweigert werden kann, s. VG Schleswig-Holstein vom 11.1.1984 (Az.: 11 A 234/83).

Mitwirkung bitten. Ob ein gut fortgebildeter Richter auch – wie zuweilen behauptet wird – ohne JGH auskommen kann, mag dahinstehen.

Fall 65:   Beschlagnahme von Akten der Jugendgerichtshilfe (JGH) des Jugendamtes

1. Gegen die **Zulässigkeit** der Beschwerde bestehen gem. §§ 2 JGG, 304 I und II StPO keine Bedenken. Die Kommune ist insbesondere eine am Verfahren beteiligte (juristische) Person, die durch die Entscheidung des Gerichts in ihren Rechten betroffen ist.
2. Wenn die **Beschwerde** Erfolg haben soll, muss sie auch **begründet** sein. Dies trifft zu, wenn die Beschlagnahmeanordnung (§ 98 StPO) zu Unrecht ergangen ist.
2.1 Grundsätzlich dürfen Gegenstände, die als **Beweismittel** für die Untersuchung von Bedeutung sein können, sichergestellt (§ 93 I StPO) und notfalls (d.h. bei Verweigerung der Herausgabe) beschlagnahmt werden (§ 94 StPO).
2.2 Bestimmte Gegenstände **unterliegen nicht der Beschlagnahme**. Diese sind in §§ 96, 97 StPO aufgezählt.[21] Die dort genannten Konstellationen liegen allerdings hier alle nicht vor.
2.3 Die StPO enthält jedoch keine abschließende Aufzählung aller Fälle, in denen eine Beschlagnahme **unzulässig** ist. Vielmehr können sich **aus Spezialgesetzen** Beschlagnahmeverbote ergeben. Als solches könnten hier das SGB I und X sowie das SGB VIII in Betracht kommen. Auf die Ersteren verweist § 61 I S. 1 SGB VIII ausdrücklich. Ferner enthält das SGB VIII in den §§ 61-65 allgemeine Sonderbestimmungen für die Jugendhilfe sowie spezielle für den Bereich Amtsvormundschaft. Obwohl die JGH in den Datenschutzbestimmungen des SGB nicht ausdrücklich genannt wird, besteht in Rechtsprechung und Literatur Einvernehmen darüber, dass das SGB auch für die JGH gilt, weil die Mitwirkung in § 2 III SGB VIII ausdrücklich als Aufgabe der Jugendhilfe genannt wird.[22]
2.3.1 Generell unterscheidet das Datenschutzrecht die Erhebung, Verarbeitung und Nutzung von Daten (vgl. z.B. § 35 II SGB I). Die Weitergabe/Übermittlung von Daten fällt unter die Nutzung. Soweit eine Übermittlung nicht zulässig ist, gibt es keine Pflicht zur Vorlegung (vgl. § 35 III SGB I). Fehlt eine solche, ist auch keine »zwangsweise Vorlegung«, sprich Beschlagnahme zulässig.
2.3.2 Gem. § 67b I S. 1 SGB X ist eine Weitergabe von Daten erlaubt, wenn der Betroffene – sozusagen als Herr seiner Daten – in die Weitergabe **eingewilligt** hat. Davon ist vorliegend nichts berichtet, zumal der Betroffene offenbar nicht einmal gefragt worden ist. Unter diesem Gesichtspunkt ergibt sich somit keine Zulässigkeit der Beschlagnahme.
2.3.3 Eine Weitergabe von Daten könnte aber auch zulässig sein, weil sich aus den genannten Vorschriften eine **gesetzliche Erlaubnis** ergibt, ohne dass der Betroffene eingewilligt hat. Hier könnte in Betracht kommen eine Weitergabe zum Zweck der Erfüllung einer gesetzlichen Aufgabe der übermittelnden Stelle (JGH) oder der Stelle, an die übermittelt wird (Gericht), §§ 67 I, 69 I Nr. 1 Alt. 2 SGB X. Die 2. Variante entfällt hier bereits deswegen, weil das Gericht keine der in § 35 SGB I genannten Stellen ist. Die 1. Variante kommt zwar grundsätzlich in Betracht. Bei ihr ist aber § 76 I SGB X zu beachten. Da es sich um einen Krankenbericht handelt, ist die Weitergabe in der Regel ein Verstoß gegen § 203 I Nr. 1 StGB und somit grundsätzlich strafbar. Ein die Rechtswidrigkeit beseitigender Umstand (Notstand gem. § 34 StGB, sonstige Melde- oder Anzeigepflicht) ist nicht ersichtlich.

---

21 LG Hamburg v. 3.3.1992, NStZ 1993, 401 mit Anm. *Dölling* S. 402.
22 *Eisenberg* § 30 Rn. 50; *Dölling* Anm. zu LG Hamburg, Fn: 21 S. 402.

2.3.4 *Ergebnis:* Die Beschlagnahme einer Akte ist spiegelbildlich so zu behandeln wie die Weitergabe einer Akte. Ein ärztlicher Bericht unterliegt § 203 Nr. 1 StGB, somit ist seine Weitergabe ohne Einwilligung des Betroffenen oder ohne Vorliegen eines sonstigen Rechtfertigungsgrundes strafbar. Gem. § 76 I SGB X gilt das auch für die JGH, die einen ärztlichen Bericht aus der Psychiatrie erhalten hat. Da im vorliegenden Fall kein Rechtfertigungsgrund ersichtlich ist, hätte die JGH den Bericht selbst dann nicht weitergeben dürfen, wenn die Weitergabe im Sinne der §§ 67d I, 69 I Nr. 1 Alt. 2 Variante 1 zur Erfüllung ihrer Aufgabe (Jugendgerichtshilfe = Hilfe für das Gericht) gehört. Da die Übermittlung nicht zulässig ist, ist sie ein Bruch des Sozialgeheimnisses im Sinne des § 35 I S. 1 SGB I.

2.3.5 Die Beschwerde wird daher erfolgreich sein, soweit sie sich auf den Arztbericht bezieht. Darüber hinaus wird sie erst recht Erfolg haben, soweit die ganze Akte beschlagnahmt worden ist. Denn die Wegnahme der gesamten Jugendamtsakte ist nicht erforderlich und damit unverhältnismäßig.

Vierter Teil

Praktische Hilfen

A. Übersicht über die wichtigsten Haftungstatbestände

Haftender	Träger der Einrichtung (= Unternehmer)		
	1. Körperschaften, Anstalten, Stiftungen des öffentlichen Rechts z.b. Stadt, Kreis, Landschaftsverband, Kirchengemeinde		
a) Beaufsichtigter (Kind, Behinderter), der Dritten schädigt	§§ 823, 828, 829 BGB		
b) Aufsichtspflichtiger (SA/SP)	Beamter: § 839 BGB. Bei Fahrlässigkeit nur, wenn kein anderer (z.b. die Kommune) haftet	Angestellter: § 823 BGB durch Unterlassen trotz Rechtspflicht zum Tun (bei zwei Personen); § 832 BGB (bei drei Personen) bei Verletzung der Aufsichtspflicht	
c) Träger der Einrichtung (=Vertragspartner des Geschädigten)	1.1 hoheitl. Handeln	1.2 privatrechtl. Handeln	
		SA/SP = verf.mäßig berufener Vertreter (= Organ):	SA/SP kein Organ
	– Haftung aus Delikt: Art. 34 S. 1 GG iVm § 839 BGB (Beamter) bzw. § 823/832 BGB (Angestellter)	– Haftung aus Delikt: §§ 89, 31 BGB iVm einer unerlaubten Handlung	– Haftung aus Delikt: § 831 BGB (=Verrichtungsgehilfe)
	– Haftung aus Vertrag: § 278 BGB iVm Vertrag	– Haftung aus Vertrag: §§ 89, 31 BGB iVm Vertrag	– Haftung aus Vertrag: § 278 iVm Vertrag
d) Rückgriff des Trägers der Einrichtung (= Unternehmer) bei Handelndem (= SA/SP)	Kommt überhaupt nur in Betracht, wenn der Träger selber tatsächlich haftet, d.h. sein Schaden weder aufgrund von SGB VII noch aufgrund einer privaten Haftpflichtversicherung »abgelöst« worden ist. Art. 34 S. 2 GG: Rückgriff möglich bei Vorsatz oder grober Fahrlässigkeit. Hiergegen ist der Abschluss einer Berufshaftpflichtversicherung zu empfehlen, die für Vorsatz jedoch nicht haften wird.		
e) Träger der gesetzlichen Unfallversicherung	§§ 2 I Nr. 8, II S. 2 Alt. 2; 7; 114 SGB VII (Kinder in Tageseinrichtungen, Schüler, Auszubildende, Studenten, Personen, die aufgrund einer strafrichterlichen, staatsanwaltlichen oder jugendbehördlichen Anordnung wie Beschäftigte tätig werden). SGB VII gewährt Ersatz für Personenschäden; nicht Sachschäden und Schmerzensgeld; nicht für Schäden, die die Versicherten Dritten zufügen, außer wenn der Dritte auch ein Versicherter ist, vgl. § 105 SGB VII; nicht für Schäden, die der Unternehmer oder seine Hilfspersonen vorsätzlich oder bei Teilnahme am allgemeinen Verkehr herbeigeführt haben, vgl. § 104 I SGB VIII.		
f) Rückgriff der ges. Versicherung bei Unternehmer	§ 110 SGB VII: bei vorsätzlicher oder grob fahrlässiger Herbeiführung des Unfalls durch Aufsichtspflichtigen. Hiergegen ist der Abschluss einer Berufshaftpflichtversicherung zu empfehlen, die für Vorsatz jedoch nicht haften wird.		

2. eingetragene Vereine (e.V.), gemeinnützige GmbHs, Stiftungen des privaten Rechts	3. Einzelpersonen
Wie 1.	Wie 1.

§ 823 BGB durch Unterlassen trotz Rechtspflicht zum Tun (bei zwei Personen); § 832 BGB (bei drei Personen)	Wie 2.

SA/SP = verfassungsmäßig berufener Vertreter (= Organ):	SA/SP = kein Organ:	
– Haftung aus Delikt: § 31 BGB iVm einer unerlaubten Handlung	– Haftung aus Delikt: § 831 BGB (=Verrichtungsgehilfe)	– Haftung aus Delikt: § 831 BGB (= Verrichtungs-gehilfe
– Haftung aus Vertrag: § 31 BGB iVm Vertrag	– Haftung aus Vertrag: § 278 BGB iVm Vertrag (= Erfüllungsgehilfe)	– Haftung aus Vertrag: § 278 BGB iVm Vertrag (= Erfüllungsgehilfe)
Wie 1.	Wie 1.	

Arbeitsgerichtliche Rechtspr.: bei gefahrengeneigter Tätigkeit Rückgriff nur möglich bei Vorsatz oder grober Fahrlässigkeit	Wie 1.
Wie 1.	Wie 1.

Wie 1.	Wie 1.

Wie 1.	Wie 1.

B. Übersicht über die wichtigsten Rechtsgrundlagen einer Unterbringung

Bezeichnung der Leistung	A. Rechtsgrundlage	B. Erzieherische und sonstige Voraussetzungn	C. Einleitung des Verfahrens
I. Familiale oder institutionelle Fremdunterbringung	§§ 27, 33, 34 SGB VIII iVm §§ 1626, 1631, 1629 (1666); 1773, 1800 I; 1909 BGB	1. Erziehung nicht gewährleistet 2. Hilfe geeignet und notwendig. 3. Einverständnis des PSB	Antrag des PSB oder vAw
II. Unterbringung durch den FamR	§§ 1666 I, 1666a I BGB iVm §§ 33, 34 SGB VIII	1. Gefährdung des – körperlichen/geistigen/ seelischen Wohls der Minderjährigen 4. Unfähigkeit oder Unwilligkeit der Eltern, die Gefahr abzuwenden	vAw
III. Vorläufige Unterbringung durch JA	§ 42 SGB VIII	Selbstmeldung (§ 42 II 1) oder dringende Gefahr für Wohl des MJ (§ 42 III 1)	1. Bitte des MJ 2. Bei Gefahr: vAw
IV. Herausnahme MJ ohne Zustimmung des PSB	§ 43 SGB VIII	wie bei § 1666 BGB	vAw
V. Eingliederungshilfe nach KJHG	§ 35 a SGB VIII iVm §§ 53 ff. SGB XII	Drohende oder eingetretene seelische Behinderung	Antrag des PSB für MJ
VI. Einglierungshilfe nach SGB XII	§ 10 II 2 SGB VIII iVm §§ 53 ff. SGB XII	Drohende oder eingetretene körperliche oder geistige Behinderung	Antrag des PSB oder des MJ ab 15 Jahren
VII. Gefährdetenhilfe	§ 67 ff. SGB XII iVm DVO zu § 69 SGB XII und § 41 SGB VIII	1. MJ oder VJ 2. Erhebliche Verhaltensstörungen 3. Hilfe nach KJHG nicht sinnvoll oder nicht möglich	Antrag des PSB oder des MJ ab 15 Jahren
VIII. Unterbringung zur Erfüllung der Schulpflicht	§ 21 SGB VIII	1. Beruflich bedingter ständiger Ortswechsel der PSB 2. Fehlende Sicherstellung der Erfüllung der Schulpflicht	
IX. Inanspruchnahme von HzE in Einrichtung oder betreuter Wohnform	§ 12 Nr. 2 JGG	1. + 2. wie I. 3. AO des Gerichts	vAw

D. Zuständigkeit für Gewährung oder AO	E. Zuständigkeit für Durchführung	F. Beendigung	G. Kostenträger
JA evtl. iVm FamG	JA	1. Erreichen des Erziehungszwecks 2. Verlangen des PSB, §§ 1626, 1631, 1629 BGB 3. Volljährigkeit (Ausnahme § 41 SGB VIII) Zuständig: JA	JA, Eltern und junger Mensch, §§ 91, 93 II 2 SGB VIII, soweit zumutbar
FamG iVm JA	JA	1. S.o. I. 2. § 1696 II BGB Zuständig: JA bzw. VormG	JA und Eltern, soweit zumutbar
JA evtl. iVm FamG	JA	nach Ablauf der Vorläufigkeit	JA und Eltern, soweit zumutbar
JA evtl. iVm FamG	JA	nach Ablauf der Vorläufigkeit	JA und Eltern, soweit zumutbar
JA	JA		JA
überörtliche Träger der Sozialhilfe	überörtliche Träger der Sozialhilfe	1. Wegfall der Notwendigkeit einer weiteren Unterbringung 2. Antrag der PSB	überörtliche Träger der Sozialhilfe
örtliche Träger der Sozialhilfe JA	örtliche Träger der Sozialhilfe	Antrag des MJ über 14 Jahren, des PSB oder des VJ	örtlicher Träger der Sozialhilfe
JA	JA	wie VII.	JA
JugG	JA	Justiz	Ablauf der Zeit

C. Prüfschema bei der Gewährung von Hilfe zur Erziehung, Eingliederungshilfe, Sozialisationshilfe und Leistungen zur Förderung

I. Zuständigkeit

1. Sachliche Zuständigkeit

Die Prüfung, ob das Jugendamt sachlich zuständig ist, bedeutet die Prüfung, ob das Jugendamt – in Abgrenzung zum Landesjugendamt und zu **anderen Behörden** – zu handeln berechtigt ist.

Rechtsgrundlagen: § 85 I iVm § 2 II Nrn. 1-6 SGB VIII; § 2 AdVermiG

2. Internationale Zuständigkeit

Die Prüfung, ob das Jugendamt international zuständig ist, bedeutet die Prüfung, ob **deutsche Jugendämter** überhaupt tätig werden dürfen oder ob sie ausländischen Behörden das Handeln überlassen müssen.

Rechtsgrundlagen:

– Supranationales Recht: Brüssel IIa,
– Internationale Abkommen: MSA, EFA sowie Deutsch-Österreichisches und Deutsch-Schweizerisches Fürsorgeabkommen,
– Nationale Normen: § 6 SGB VIII iVm § 30 III S. 2 SGB I.

3. Örtliche Zuständigkeit

Die Prüfung, ob das Jugendamt örtlich zuständig ist, bedeutet die Prüfung, ob das angegangene Jugendamt **geografisch** das Richtige ist.

Rechtsgrundlage: §§ 86 ff. SGB VIII.

Regelfall: Anknüpfungspunkt ist der gewöhnliche Aufenthalt der Eltern bzw. des Volljährigen; hilfsweise der gewöhnliche Aufenthalt des Elternteils, bei dem sich der Minderjährige aufhält; hilfsweise der g. A. des Minderjährigen: § 86 VI SGB VIII.

Ausnahme: Die Zuständigkeit wechselt zum gewöhnlichen Aufenthalt der Pflegeeltern, wenn der Minderjährige zwei Jahre dort und sein Verbleib auf Dauer zu erwarten ist: § 86 VI SGB VIII.

4. Funktionelle Zuständigkeit

Die Prüfung, ob die funktionelle Zuständigkeit gegeben ist, kann sich nicht auf das Jugendamt als Ganzes beziehen, weil der Begriff davon ausgeht, dass es innerhalb einer Behörde verschiedene Funktionen gibt, die von anderen Funktionsträgern nicht wahrgenommen werden dürfen.

Rechtsgrundlagen: § 70 I, II SGB VIII (Jugendhilfeausschuss/Verwaltung des Jugendamts), § 55 II SGB VIII (Beamte oder Angestellte, denen die Führung von Vormundschaften/Pflegschaften/Beistandschaften übertragen ist, § 59 III SGB VIII (Beamte und Angestellte, die zur Wahrnehmung von Beurkundungen und Beglaubigungen ermächtigt sind).

II. Auswahl der Leistung

Die Auswahl der Leistung ist abhängig von drei Faktoren:
- einer defizitären Lage,
- dem Grundsatz der Verhältnismäßigkeit,
- dem Einverständnis des Personensorgeberechtigten/des Minderjährigen/des jungen Volljährigen.

1. Defizitäre Lage
Diese Lage wird vom Gesetz unterschiedlich beschrieben, je nachdem, ob es sich um
- Hilfen zur Erziehung (§ 27-35 SGB VIII),
- Eingliederungshilfen (§ 35a SGB VIII),
- Sozialisationshilfen für junge Volljährige (§ 41 SGB VIII)
- oder Leistungen zur Förderung (§§ 16-26 SGB VIII)

handelt.

1.1 Hilfen zur Erziehung
Die defizitäre Lage, in der sich der Minderjährige befinden muss, wird von § 27 I SGB VIII beschrieben: Eine dem Wohl des Minderjährigen entsprechende Erziehung ist nicht gewährleistet. Wann dies der Fall ist, ergibt sich aus § 1 I SGB VIII, nämlich dann, wenn das Erziehungsziel der eigenverantwortlichen und gemeinschaftsfähigen Persönlichkeit unter Berücksichtigung
- des Alters,
- der Anlagen,
- der schichtspezifischen Sozialisationsbedingungen

nicht erreicht ist oder nicht erreicht zu werden droht. Diese Lage ist unabhängig von der Frage, ob der Personensorgeberechtigte sie verursacht hat.

1.2 Eingliederungshilfen
§ 35a I SGB VIII benennt die defizitäre Lage, in der sich der Minderjährige befinden muss, von der Formulierung her eindeutig: Er muss seelisch behindert oder von einer seelischen Behinderung bedroht sein. Die Definition der seelischen Behinderung (§ 35a I S. 1 SGB VIII) erfolgt in Anlehnung an § 2 I S. 1 SGB IX und trägt der Zweigliedrigkeit des Behinderungsbegriffs Rechnung, indem zwischen der Abweichung der seelischen Gesundheit (Nr.1) und der Teilhabebeeinträchtigung (Nr. 2) unterschieden wird.

1.3 Sozialisationshilfen
§ 41 SGB VIII beschreibt nicht den Zustand, in dem sich der Volljährige befinden muss, um Hilfe zu erlangen. Er sagt jedoch, wozu die Hilfe gewährt werden soll, nämlich »für die Persönlichkeitsentwicklung und zu einer eigenverantwortlichen Lebensführung«. Daraus ist zu folgern, dass hier bei dem jungen Volljährigen Defizite vorliegen. Umgekehrt kann man auch sagen, dass der junge Mensch trotz seiner Volljährigkeit die Erziehungsziele des § 1 I SGB VIII noch nicht erreicht hat.

1.4 Leistungen zur Förderung
Das »Defizit«, das Voraussetzung für die Gewährung von Fördermaßnahmen ist, kommt in unterschiedlichsten Erscheinungsformen vor. Es reicht von reiner Unwissenheit über Partnerkonflikte, die Auswirkung auf die Kinder haben, bis hin zu Einzelkindern, die lernen müssen, sich in eine Gemeinschaft einzufügen. Es ist jedoch nicht so gravierend, dass eine angemessene Erziehung nicht gewährleistet ist und somit die Hilfe zur Erziehung in Betracht kommt.

2. Grundsatz der Verhältnismäßigkeit

Auch dieser Grundsatz wird wiederum unterschiedlich beschrieben, je nachdem, um welche Gruppe von Leistungen es sich handelt.

2.1 Hilfe zur Erziehung

§ 27 I SGB VIII bestimmt, dass die Hilfe notwendig und geeignet sein muss. Die beiden Begriffe beschreiben auf der Skala der Möglichkeiten die untere und die obere Grenze: So viel Hilfe wie nötig, so wenig Eingriff wie möglich.
Jede Hilfe ist zwangsläufig zumindest faktisch mit einem Eingriff in das Familiengefüge verknüpft.

2.1.1 Keine Hilfe trotz Defizits

Unter bestimmten Gegebenheiten ist zwar die erzieherische Situation des Minderjährigen defizitär, aber ein Eingreifen des Jugendamts ist dennoch nicht nötig, weil aufgrund der Situation im Umfeld davon ausgegangen werden kann, dass eine Selbstregulierung stattfinden wird.

2.1.2 Hilfe bei Defizit

Ist trotz des sozialen Umfeldes ein Tätigwerden des Jugendamts nötig (Hilfe ist notwendig), so ist weiter zu fragen, welche Hilfe die richtige ist (Hilfe muss geeignet sein).
Bei der Auswahl der Hilfen sind gem. § 27 II SGB VIII folgende Aspekte zu berücksichtigen: *Was hat er für einen Bedarf?*
- erzieherischer Bedarf des Minderjährigen,
- Ressourcen der Eltern (juristischer Wille, psychologische Bereitschaft, tatsächliche Fähigkeit, eine Hilfe anzunehmen und mitzutragen),
- Einflüsse (positive wie negative) des sonstigen sozialen Umfeldes (Großeltern, Schule, Kindergarten, Kirche, Jugendgruppe, Verein, Freunde, Clique, Zuhälter, Drogenhändler ...).

In einem **ersten Schritt** ist zu fragen, ob ein Milieuwechsel nötig ist (vgl. § 1666a BGB: Die Herausnahme eines Kindes aus der Familie ist das letzte Mittel). Dies ist insbesondere dann der Fall, wenn
- seitens der Familie tatsächlich (verbale Erklärungen reichen nicht) keinerlei Unterstützung zu erwarten ist,
- die Gefährdung gerade von der Familie ausgeht,
- die häuslichen Spannungen sehr groß sind und der Minderjährige sich sowieso in einer Ablösungsphase befindet,
- das soziale Umfeld der Familie gefährdend ist (Klassenkameraden, Freunde ...).

In einem **zweiten Schritt** ist zu klären, welche konkrete Hilfe aus der Kategorie der ambulanten oder der stationären die angemessene ist. Das Gesetz nennt die Hilfen in der Reihenfolge der pädagogischen Intensität (s. o. Tabelle S. 34 f.).

2.2 Eingliederungshilfen

§ 35a SGB VIII unterscheidet, ob es sich um Minderjährige handelt, die »nur« seelisch behindert sind (Abs. 1), oder um solche, die auch Hilfe zur Erziehung benötigen (Abs. 4). In beiden Fällen ist die Grundsatzentscheidung der ambulanten/teilstationären oder stationären Hilfe zu treffen, wobei die Entscheidung für die Herausnahme stark an den medizinischen/psychiatrischen/psychologischen Bedürfnissen festzumachen sein wird und die der pädagogischen Bedürfnisse überlagern wird.

2.3 Sozialisationshilfe

Bei der Auswahl der Hilfen für junge Volljährige ist genauso wie bei den Hilfen zur Erziehung vorzugehen. Zu beachten ist, dass die sozialpädagogische Familienhilfe und die Tagesgruppe als Hilfen nicht in Betracht kommen (vgl. § 41 II SGB VIII). Bei der Berücksichtigung des sozialen Umfeldes dürfte die Familie in der Bedeutung zurücktreten.

2.4 Leistungen zur Förderung

Auch für diese Leistungen gilt der Grundsatz der Verhältnismäßigkeit. In vielen Fällen ist er jedoch nicht ausdrücklich im Gesetz benannt. Das Verknüpfen von präzise beschriebenen Situationen mit bestimmten Angeboten trägt das Prinzip der Verhältnismäßigkeit schon in sich.

3. Einverständnis   *→ wenn ∅ Einverständnis, dann Familiengericht*

Die Formulierung, dass jemand »Anspruch hat auf« bedeutet, dass der Anspruch geltend gemacht (oder erhoben) werden muss. Dies beinhaltet praktisch, dass ein Wille (zumindest mündlich, Landesrecht kann anderes vorsehen) bekundet werden muss, aus dem sich zweifelsfrei ergibt, dass der Anspruchsinhaber sein Recht realisieren möchte.

3.1 Hilfen zur Erziehung   *(getrennt, 1 Elternteil, geschieden, ...)*

Die Hilfen zur Erziehung müssen von dem Personensorgeberechtigten geltend gemacht werden, weil sie Inhaber des Erziehungsrechts (§§ 1626, 1631 BGB) sind, § 27 I SGB VIII. Wer der Personensorgeberechtigte ist, ergibt sich aus § 7 I Nr. 5 SGB VIII iVm BGB.

3.2 Eingliederungshilfe

Die Eingliederungshilfe ist vom Kind selber, vertreten durch seinen gesetzlichen Vertreter (§ 1629 BGB oder § 1773 BGB oder § 1909 BGB), geltend zu machen. Ist außerdem Hilfe zur Erziehung erwünscht, so muss diese wiederum vom Personensorgeberechtigten beantragt werden.

3.3 Sozialisationshilfen

Die Sozialisationshilfen müssen vom jungen Volljährigen beantragt werden.

3.4 Allgemeine Förderung

Die allgemeine Förderung (§§ 11-26 SGB VIII) lässt sich juristisch nicht einheitlich erfassen. Hier gibt es alles: Von Normen, die nur eine allgemeine Aufgabenzuweisung enthalten und das Individuum nicht mit speziellen Berechtigungen ausstatten (§ 11 SGB VIII), bis hin zum echten einklagbaren Rechtsanspruch (§§ 17, 18, 24 SGB VIII). Dazwischen liegen Abstufungen. Sicher ist, dass, wenn sich die Angebote an Minderjährige richten (z. B. Offene Tür), deren gesetzlicher Vertreter mit der Inanspruchnahme (z.B. dem Besuch der Offenen Tür) einverstanden sein muss.

Wer stellt

↳ Begründung welche Hilfe und warum andere nicht → den Antrag? auf HzE

III. Anrufung des Familiengerichts

nur wenn Hilfe abgelehnt wird

Wenn Eltern für sich keine Fördermaßnahmen und junge Erwachsene keine Sozialisationshilfe in Anspruch nehmen wollen, kann der Staat sie nicht dazu zwingen. Wenn dagegen die Erziehung eines Minderjährigen nicht gewährleistet ist, so kann die Inanspruchnahme einer notwendigen Hilfe nicht daran scheitern, dass die Eltern sie ablehnen. Vielmehr ist der Staat aufgrund seines **Wächteramtes** (Art. 6 II S. 2 GG) aufgerufen, dafür Sorge zu tragen, dass der Minderjährige die erforderliche Hilfe erhält.

§ 8a III, der diesen Fall regelt, sieht als Voraussetzung vor:
- anzunehmende Gefährdung des Kindeswohls (Abs.1),
- eingeschätzte Erforderlichkeit des Tätigwerdens des Gerichts (Abs. 3).

Das Tätigwerden des Gerichts ist dann erforderlich, wenn das Jugendamt ein Ziel erstrebt, das es selber nicht herbeiführen kann. Dies trifft in der Regel dann zu, wenn in das elterliche

Sorgerecht eingegriffen werden soll. Das Jugendamt kann nämlich nur
- gem. § 8 III SGB VIII (Beratung in einer Not- und Konfliktlage) und
- gem. § 42 SGB VIII (Inobhutnahme)

das Sorgerecht der Eltern »überspringen«. In allen anderen Fällen muss das Gericht tätig werden, das Sorgerecht einschränken und einem anderen als Vormund oder Pfleger die Entscheidungsbefugnis übertragen. Es handelt sich hierbei insbesondere um folgende Konstellationen: §§ 1632 IV, 1666, 1674, 1680, 1681, 1748, 1837 BGB.

Der Hauptanwendungsfall dürfte der § 1666 BGB sein und zwar dann, wenn Eltern eine für den Minderjährigen angebotene Hilfe nicht annehmen, obwohl der Minderjährige die Hilfe nach Einschätzung des Jugendamts braucht. § 1666 I S. 1 BGB setzt voraus:
- Gefährdung des Kindeswohls (körperlich, geistig, seelisch),
- Unfähigkeit oder Unwilligkeit der Eltern, die Gefahr abzuwenden.

Die in den Klammern genannten Fälle brauchen nur alternativ vorzuliegen.

Das Jugendamt hat die Tatbestandsmerkmale des § 1666 BGB sorgfältig zu prüfen. Wenn es zum Ergebnis kommt, dass sie erfüllt sind, ist eine Stellungnahme an das Gericht zu geben, die das Vorliegen der Tatbestandsmerkmale eingehend erläutert und überzeugend belegt. Die Rechtsfolge, die das Gericht ausspricht, wird mindestens so weit gehen, dass das Kind die nötige Hilfe erhalten kann. Der Richter muss den Eltern also entziehen:
- das Recht der Inanspruchnahme einer Hilfe zur Erziehung,
- das Aufenthaltsbestimmungsrecht, damit die Hilfe durchgeführt werden kann,
- evtl. das Erziehungsrecht, damit sich die Eltern nicht negativ in die Hilfe einschalten können.

IV. Technik beim Vorgehen im Hinblick auf die einzelnen Prüfpunkte

Die Anwendung von Rechtsnormen im psychosozialen Bereich geschieht nur nach einem Wägen, nicht aufgrund von Messen. Das bedeutet aber nicht, dass nur nach Gefühl oder mit »gesundem Menschenverstand« zu arbeiten ist.

Das Ausfüllen von Tatbestandsmerkmalen, die **unbestimmte Gesetzesbegriffe** beinhalten, lässt sich nicht durch ein Subsumieren im handwerklich-technischen Sinne vornehmen, sondern nur durch ein Abwägen unter Einbeziehung von Fachwissen (Psychologie, Soziologie, Pädagogik, Sozialmedizin usw.). Dabei ist die Berücksichtigung des Sachverhalts unumgänglich. Nur wenn er so weit wie möglich aufgeklärt ist (dazu gehört auch und gerade die Erhellung der psychischen Dimension) und bei allen Überlegungen wirklich ausgeschöpft wird, ist ein verantwortungsbewusstes Beurteilen und Entscheiden möglich.

Bei den einzelnen zu prüfenden **Tatbestandsmerkmalen** ist daher zunächst immer zu fragen, was sie **theoretisch** beinhalten. Dann ist aus dem Sachverhalt herauszuholen, was er ohne Pressen hergibt (evtl. Auflisten der **Fakten**). Schließlich ist zu fragen, ob bei Zugrundelegung dieses vollständigen Sachverhaltes und unter Einbeziehung von Erkenntnissen aus anderen Wissenschaften das Tatbestandsmerkmal als erfüllt angesehen werden kann (= **Subsumtion**). Es sollte also immer im »Dreischritt« vorgegangen, also quasi Walzer getanzt werden:
- Erklärung der Tatbestandsmerkmale,
- Sammeln einschlägiger Fakten,
- Subsumtion.

D. Prüfschema bei Sanktionsvorschlägen für das Jugendgericht

1. Ist Jugendstrafrecht anzuwenden?

1.1 Falls der Angeschuldigte volljährig ist: Prüfung von § 105 I JGG
Jugendstrafrecht ist anzuwenden, wenn
- der junge Erwachsene zur Tatzeit einem Jugendlichen gleichstand (Nr. 1) (der Täter ist der Maßstab)
  oder
- das angeklagte Delikt eine Jugendverfehlung war (Nr. 2) (die Tat ist der Maßstab).

Trifft **beides** nicht zu, ist Erwachsenenstrafrecht anzuwenden.
In der Klausur und der Praxis empfiehlt es sich dringend, beides zu prüfen, weil das Gericht anderer Meinung als Sie sein kann!

1.2 Falls der Angeschuldigte minderjährig und über 14 Jahre alt ist: Prüfung von § 3 JGG
Jugendstrafrecht ist anzuwenden, wenn der Minderjährige Verantwortungsreife besitzt, d.h.
- einsichtsfähig (Maßstab ist die sittliche und geistige Entwicklung)
  und
- handlungsfähig (=steuerungsfähig) ist.

Trifft **eines** von beiden nicht zu, ist gar kein Strafrecht anzuwenden. Es ist dann wie bei strafunmündigen Minderjährigen (unter 14 Jahren) zu verfahren, d.h., Jugendhilfe ist zu gewähren, notfalls iVm familiengerichtlichen Maßnahmen.

2. Wenn das JGG anzuwenden ist, welche Sanktionsmöglichkeiten sieht es vor?

Aus logischen Gründen (schwere Sanktionen sind vom Erfüllen bestimmter Tatbestandsmerkmale abhängig) empfiehlt es sich, »von oben nach unten« zu prüfen, d.h. die stationären Reaktionen vor den ambulanten. Innerhalb dieser Kategorien sind die schweren vor den leichteren Sanktionen abzuhandeln, d.h. die ahndenden vor den nur erziehenden.

2.1 Jugendstrafe, § 17 II JGG
(repressive Vergeltung und präventive Erziehung)
Jugendstrafe muss in folgenden Fällen verhängt werden:

1. Alt.:
- »**schädliche Neigungen**«, die in der Tat zum Ausdruck gekommen sind, liegen vor (Stichworte aus der Rechtsprechung (Rspr.): Schwere Erziehungsmängel, notwendige Gesamterziehung, Wiederholungsgefahr) und
- Erziehungsmaßregeln oder Zuchtmittel reichen nicht (Rspr.: keine Bagatellen).

2. Alt.:
- **»Schwere der Schuld«** (Unterschiedliche Meinungen in der Rspr. über Auslegung. Die einen sagen, entscheidend ist das objektiv erzeugte Unrecht; die anderen sagen, entscheidend ist die persönliche Schuld.) und
- Strafe ist erforderlich.

(Wenn das Vorliegen der Schwere der Schuld bejaht wird, ist die Frage bei der Erforderlichkeit: Darf hierbei nur auf das Sühnebedürfnis der Gesellschaft abgestellt oder dürfen auch erzieherische Erwägungen angestellt werden? Die h.M. bei den Untergerichten sagt: Keine erzieherischen Erwägungen. Der BGH sagt: Dies ist zulässig, da das Jugendstrafrecht nicht zum Schuldstrafrecht werden darf).

2.1 Aussetzung zur Bewährung, §§ 21-26 JGG
Eine Aussetzung (Nicht-Vollzug) ist möglich
- bei Strafe bis zu 1 Jahr: Positive Prognose für rechtschaffenen Lebenswandel (Abs. 1)
- bei Strafe bis zu 2 Jahren: Positive Prognose + Vollstreckung im Blick auf die Entwicklung des Jugendlichen nicht geboten (Abs. 2).

Zusätzlich zur Aussetzung ist festzusetzen:
- Dauer: Zwischen 2 und 3 Jahren (§ 22 JGG)
- Weisungen oder Auflagen (§ 23 JGG)
- Bewährungshelfer für höchstens 2 Jahre (§ 24 JGG)

Wenn sich der Täter nicht bewährt, ist die Strafaussetzung zu widerrufen (§ 26 JGG).

2.2 Schuldfeststellung, §§ 27-30 JGG
Sie kommt in Betracht, wenn unklar ist, ob »schädliche Neigungen« (§ 17 II Alt. 1 JGG), die die Jugendstrafe notwendig machen, vorgelegen haben.
Das Gericht stellt dann die Schuld des Täters fest und verhängt die Jugendstrafe zur Bewährung. Bewährungsdauer: 1-2 Jahre (§ 28 JGG) + Unterstellung des Jugendlichen unter Bewährungshilfe (§ 29 JGG).
Wenn sich der Täter nicht bewährt, wird Jugendstrafe verhängt (§ 30 I JGG), ansonsten wird der Schuldspruch getilgt (§ 30 II JGG).

2.3 Jugendarrest, § 16 JGG
(primär Ahndung, aber auch Erziehung)
(Stichworte aus der Rspr.: Besinnungssanktion, letzte Verwarnung, Stehen am Scheideweg).
Da im Gesetz keine Tatbestandsmerkmale vorhanden sind, ist diese Sanktion eindeutig subsidiär.
Die Art des Arrestes ist festzusetzen:
- Freizeitarrest: 1-2 Wochenfreizeiten
- Kurzarrest: zusammenhängender Vollzug von Freizeitarresten. Keine Beeinträchtigung von Ausbildung oder Arbeit.
- Dauerarrest: 1-4 Woche.

Von der Vollstreckung kann unter bestimmten Voraussetzungen abgesehen werden (§ 87 III, IV JGG).

2.4 Hilfe zur Erziehung im »Heim«, § 12 Nr. 2 JGG
Zu berücksichtigende Aspekte: Der Wille des Personensorgeberechtigten (vgl. § 27 I SGB VIII) wird ersetzt durch das jugendstrafrechtliche Urteil. Die Eltern können allerdings Rechtsmittel einlegen, vgl. § 55 JGG. Es ist eigentlich widersinnig, dass ein Gericht »Hilfe« »verhängt«. Die Verhältnismäßigkeit ist zu beachten (»notwendig und geeignet«: § 27 I, II iVm § 34 SGB VIII): Die Unterbringung in einem Heim wird sicher mindestens ein Jahr dauern. Das kann weitaus gravierender sein als ein Arrest.

2.5 Auflagen und Verwarnung, §§ 14, 15 JGG
Hier geht es überwiegend um Ahndung. Die Verwarnung ist »Ehrenstrafe«. Die Erfüllung ist nicht erzwingbar. Bei Nichtbefolgung sind jedoch Sanktionen möglich, § 15 III 2 JGG.

2.6 Erziehungsbeistandschaft und Weisungen, §§ 10-12 JGG
Zu verhängen bei überwiegendem Erziehungsbedarf. Eine Besserung muss zu erwarten sein.
Für Weisungen gelten folgende Erfordernisse:
– Bestimmtheit
– Kontrollierbarkeit
– Positive Individualprävention
– Verhältnismäßigkeit
– Zumutbarkeit
– Grundrechtskonformität
– Gesetzessystematische Bindung

2.7 Einstellung des Verfahrens durch den Richter, § 47 JGG
Zu unterscheiden:
– ohne oder mit Zustimmung der Staatsanwaltschaft
– erfolgte Durchführung von erzieherischen Maßnahmen
– Auferlegung von Auflagen, Weisungen, erzieherischen Maßnahmen.

2.8 Beachtung von § 8 JGG (Verbindung von Maßnahmen und Jugendstrafe) und § 31 JGG (mehrere Straftaten)
Mehrere stationäre Sanktionen sind nicht kombinierbar. Alles andere lässt sich kombinieren. Bereits erfolgte Verurteilungen, die noch nicht verbüßt sind, sind einzubeziehen.

3. Sonstige häufig auftauchenden Fragen

3.1 U-Haft:
§§ 112 ff. StPO iVm § 72 JGG:
Dringender Tatverdacht + Haftgrund + Verhältnismäßigkeit (keine vorläufige Anordnung über die Erziehung oder andere Maßnahme möglich)

3.2 Pflichtverteidiger
§§ 140-142 StPO iVm § 68 JGG

Abkürzungsverzeichnis*

a. A.	anderer Ansicht
aaO	am angeführten Ort
Abt.	Abteilung
AdVermiG	Adoptionsvermittlungsgesetz
AeB	ambulante erzieherische Betreuung
a.e.c.	argumentum e contrario = Umkehrschluss
a. F.	alte Fassung
AFET	Arbeitsgemeinschaft für Erziehungshilfe
AG	Arbeitgeber
AGJ	Arbeitsgemeinschaft für Jugendhilfe
AG-KJHG NW	Gesetz zur Ausführung des Kinder- und Jugendhilfegesetzes von NW
AN	Arbeitnehmer
AO	Anordnung
Art.	Artikel
ASD	Allgemeiner Sozialer Dienst
AV	Ausführungsvorschriften
AWO	Arbeiterwohlfahrt
BAföG	Bundesausbildungsförderungsgesetz
BauGB	Baugesetzbuch
BDSG	Bundesdatenschutzgesetz
BFH	Bundesfinanzhof
BGB	Bürgerliches Gesetzbuch
BGBl.	Bundesgesetzblatt
BGH	Bundesgerichtshof
BKE	Bundeskonferenz für Erziehungsberatung
BKGG	Bundeskindergeldgesetz
BMFSFJ	Bundesministerium für Familie, Senioren, Frauen und Jugend
BR-Drucks.	Bundesratsdrucksache
bspw.	beispielsweise
BT-Drucks.	Bundestagsdrucksache
BVerfG	Bundesverfassungsgericht
BVerwG	Bundesverwaltungsgericht
BZRG	Bundeszentralregistergesetz
bzw.	beziehungsweise
CV	Caritasverband
DCV	Deutscher Caritasverband
DiCV	Diözesan-Caritasverband
DPWV	Deutscher Paritätischer Wohlfahrtsverband

---

* Die gebräuchlichen Abkürzungen von Zeitschriften sind im Literaturverzeichnis enthalten.

DRK	Deutsches Rotes Kreuz
DV	Deutscher Verein für öffentliche und private Fürsorge
DW	Diakonisches Werk
EB	Erziehungsberatung
EBSt	Erziehungsberatungsstelle
ErzB	Erziehungsbeistand
EFA	Europäisches Fürsorgeabkommen
ER	Elternrat
e. S.	elterliche Sorge
EstG	Einkommensteuergesetz
etc.	et cetera
EV	Elternversammlung
e. V.	eingetragener Verein
f.	die folgende Seite, der folgende Paragraph
FamFG	Gesetz über das Verfahren in Familiensachen und in Angelegenheiten der freiwilligen Gerichtsbarkeit
FamG	Familiengericht
FE	Fürsorgeerziehung
FEH	freiwillige Erziehungshilfe
ff.	die folgenden Seiten, die folgenden Paragraphen
FinG	Finanzgericht
freier Träger	Träger freier Jugendhilfe
g. A.	gewöhnlicher Aufenthalt
gem.	gemäß
GG	Grundgesetz
ggf.	gegebenenfalls
GmbH	Gesellschaft mit beschränkter Haftung
GO	Gemeindeordnung
GoA	Geschäftsführung ohne Auftrag
grds.	grundsätzlich
GVBl.	Gesetz- und Verordnungsblatt
g. V.	gesetzlicher Vertreter
GWA	Gemeinwesenarbeit
HP	Heilpädagoge
h. M.	herrschende Meinung
HS./Hs.	Halbsatz
HzE	Hilfe zu Erziehung
ICD	Internationale Klassifikation psychischer Störungen
idF	in der Fassung
idR	in der Regel
ieS	im engeren Sinne
IfSG	Infektionsschutzgesetz
IM	Innenminister
i. R.	im Rahmen

InspE	Intensive sozialpädagogische Einzelbetreuung
iSd	im Sinne des/der
iVm	in Verbindung mit
JA/JÄ	Jugendamt/Jugendämter
JGG	Jugendgerichtsgesetz
JGH	Jugendgerichtshilfe
JHA	Jugendhilfeausschuss
JM	Justizminister
JP	Juristische Person
JuSchG	Jugendschutzgesetz
JugR	Jugendrichter
JWG	Jugendwohlfahrtgesetz
KErzG	Gesetz über die religiöse Kindererziehung
KFH	Katholische Fachhochschule
Kiga	Kindergarten
KICK	Kinder- und Jugendhilfeweiterentwicklungsgesetz
KgR	Kindergartenrat
KM	Kultusminister
KJHG	Kinder- und Jugendhilfegesetz
LG	Landgericht
Lit.	Literatur
LJA	Landesjugendamt
LJA (W-L)	Landesjugendamt (Westfalen-Lippe)
MAGS	Ministerium für Arbeit, Gesundheit und Soziales von NRW
MBl.	Ministerialblatt
Mj	Minderjähriger
mj	minderjährig
MSA	Haager Minderjährigenschutzabkommen
MWF	Minister für Wissenschaft und Forschung
mwN	mit weiteren Nachweisen
n.e	nicht ehelich
n. F.	neue Fassung
NRW	Nordrhein-Westfalen
OLG	Oberlandesgericht
OVG	Oberverwaltungsgericht
Pfl	Pfleger
PS	Personensorge
PSB	Personensorgeberechtigter
PStG	Personenstandsgesetz
RdErl.	Runderlass
Rdnr.	Randnummer

RDG	Rechtsdienstleistungsgesetz
RG	Reichsgericht
RHO	Reichshaushaltsordnung
RP	Regierungspräsident
Rspr.	Rechtsprechung
RVO	Reichsversicherungsordnung
Rz	Randziffer
SA/SP	Sozialarbeiter/Sozialpädagoge
SGA	soziale Gruppenarbeit
SGB	Sozialgesetzbuch
SGB XII	Sozialgesetzbuch Zwölftes Buch - Sozialhilfe
SK	Systematischer Kommentar
SkF	Sozialdienst katholischer Frauen
SkM	Sozialdienst katholischer Männer
SMBI.	Sammlung des bereinigten Ministerialblattes für das Land NW
sog.	sogenannt
spFH	sozialpädagogische Familienhilfe
st. Rspr.	ständige Rechtsprechung
StGB	Strafgesetzbuch
StPO	Strafprozessordnung
SV	Sachverhalt
TAG	Tagesbetreuungsausbaugesetz
TBM	Tatbestandsmerkmal
u.a .	unter anderem
u. dgl.	und dergleichen
u.s.w.	und so weiter
UZwG NW	Gesetz über Ausübung und Grenzen des unumstellbaren Zwanges (NRW)
VA	Verwaltungsakt
vAw	von Amts wegen
VBVG	Vormünder- und Betreuervergütungsgesetz
VG	Verwaltungsgericht
vgl.	vergleiche
Vj	Volljähriger
vj	volljährig
VM	Vormund
VO	Verordnung
VormG	Vormundschaftsgericht
VormR	Vormundschaftsrichter
VS	Vermögenssorge
VV	Verwaltungsvorschrift
VwGO	Verwaltungsgerichtsordnung
VwVfG	Verwaltungsverfahrensgesetz

WG	Wohngemeinschaft
W-L	Westfalen-Lippe
WoGG	Wohngeldgesetz
z. B.	zum Beispiel
ZPO	Zivilprozessordnung
ZVR	Zeugnisverweigerungsrecht
zzt.	zurzeit

Ausgewählte Literaturhinweise

I. Quellensammlungen (Recht, Verwaltungsvorschriften, Gerichtsentscheidungen) und Lexika

Deutscher Verein für öffentliche und private Fürsorge (Hrsg.): Fachlexikon der sozialen Arbeit, 6. Aufl., Frankfurt 2007
Fuchs: Handbuch des gesamten Jugendrechts (Handb.JugR), Recht und Verwaltungsvorschriften, Köln,Verjüngungsausgabe 2010
Elzer/Meyer: Jugendhilfe in Nordrhein-Westfalen (JuNW). Rechts- und Verwaltungsvorschriften, Köln 2010
Krug/Riehle: SGB VIII – Kinder- und Jugendhilfe, Kommentar, Köln 2010
Schellhorn: Praktische Sozialhilfe (PSH), Köln 2010
Deutsch/Seipp/Schnitzerling: Sammlung jugendrechtlicher Entscheidungen (SjE), Köln 2010

II. Kommentare und Handbücher

Bahrenfuss (Hrsg.)/Blank/Brosey u.a., FamFG-Kommentar, Berlin 2009
Eisenberg, U.: Jugendgerichtsgesetz, 14. Aufl., München 2010
Fieseler/Schleicher/Busch/Wabnitz: Kinder- und Jugendhilferecht, GK-SGB VIII, Köln 2010
Fischer: StGB-Kommentar, 57. Auflage, München 2010
Friederici, P./Kemper, R.: Familienverfahrensrecht, Kommentar, 1. Aufl., Baden-Baden 2009
Hauck/Nofzs: SGB VIII, Berlin, 36. Lfg., 2010
Jans/Happe/Saurbier: Kinder- und Jugendhilferecht, Kommentar, 3.Aufl., Stuttgart 2010
Jung, H.-P.(Hrsg.): SGB VIII Kinder- und Jugendhilfe, Kommentar, 2. Auflage, Freiburg 2008
Krug/Riehle: SGB VIII – Kinder- und Jugendhilfe, Kommentar, Köln 2010
Kunkel, P.-Chr.(Hrsg.): Kinder- und Jugendhilfe: Lehr- und Praxiskommentar – LPK-SGB VIII, 4. Aufl., Baden-Baden 2011
Lackner/Kühl: StGB-Kommentar, 27. Auflage 2010
Möller/Nix (Hrsg.): Kurzkommentar zum KJHG, München 2006
Moskal, E./Foerster, S.: Gesetz über Tageseinrichtungen für Kinder in NRW, Kommentar, 18. Aufl., Köln 2004
Mrozynski, P.: Kinder- und Jugendhilfegesetz (SGB VIII), 5. Aufl., München 2009
Münchener Kommentar zum BGB: 7 Bände, Hrsg.: *Rebmann/Säcker*, Bd. VII: Familienrecht I, 4. Aufl., München 2000; Bd. VIII (Familienrecht II), 5. Aufl., München 2008
Münder, J. u. a.: Frankfurter Lehr- und Praxiskommentar zum KJHG, 6. Aufl. Baden-Baden 2009
Münder, J./Wiesner, R./Meysen, Th.: Handbuch Kinder- und Jugendhilferecht, 2. Auflage, Baden-Baden 2011
Oberloskamp, H.: Haager Minderjährigenschutzabkommen, Köln 1983
Oberloskamp, H.: Vormundschaft, Pflegschaft und Beistandschaft für Minderjährige, 3. Aufl., München 2010

Ostendorf, H.: Jugendgerichtsgesetz Kommentar, 8. überarb. Aufl., Baden-Baden 2009
Palandt: Bürgerliches Gesetzbuch, 69. Aufl., München 2010
Röchling, W.: Handbuch Anwalt des Kindes, 2. Auflage, Baden-Baden 2009
Schellhorn/Fischer/Mann: SGB VIII/KJHG Kommentar zum Sozialgesetzbuch VIII Kinder- und Jugendhilfe, 3. neu bearbeitete Aufl., Köln 2007
Wiesner (Hrsg.): SGB VIII – Kinder- und Jugendhilfe, 3. Aufl., München 2006

III. Monographien und Lehrbücher

Bauer/Schimke/Dohmel: Recht und Familie, Rechtliche Grundlagen der Sozialisation, 2. Aufl., Neuwied 2001
Bienwald, W.: Vormundschafts- und Pflegschaftsrecht in der sozialen Arbeit, 3. Aufl., Heidelberg 1992
Bindzus/Musset: Grundzüge des Jugendrechts, München 1999
Fieseler/Herborth: Recht der Familie und Jugendhilfe, 7. überarbeitete Aufl., Köln 2010
Gastiger, S.: Recht konkret, Teilband I, Betreuung, Familien- und Jugendhilfe, 5. Aufl. 2007
Gastiger, S.: Erste Hilfe in Recht: Basis der Rechtsmodule – Studiengang Soziale Arbeit, 5. Aufl. März 2010
Grühn, C.: Einführung in das Kinder und Jugendhilferecht, 1. Auflage, Altenberge 2010
Hundmeyer, S.: Recht für Fachkräfte in Kindertageseinrichtungen, Heimen und der Jugendarbeit, 21. Auflage 2010
Institut für soziale Arbeit e. V. (Hrsg.): *Seidenstücker/Münder, J.*: Jugendhilfe in der DDR, Münster 1990
Jordan/Sengling: Einführung in die Kinder- und Jugendhilfe, München 2001
Kievel/Knösel/Marx: Recht für soziale Berufe, Basiswissen kompakt, 6. erweiterte und aktualisierte Aufl., Köln 2010
Kreft/Münder: Soziale Arbeit und Recht, 4. Auflage, Weinheim 1994
Kunkel, P.-Chr.: Jugendhilferecht: Systematische Darstellung für Studium und Praxis, 6. Aufl., Baden-Baden 2006
Maas, U.: Aufgaben sozialer Arbeit nach dem KJHG, Weinheim 1992
Marburger, H.: Jugendleiter und Recht – Leitfaden für Jugendleiter, Jugendgruppenleiter und sonstige in der Jugendarbeit Tätige, Stuttgart 1992
Münder, J.: Beratung, Betreuung, Erziehung und Recht, Handbuch für Lehre und Praxis, 5. Aufl., Neuwied 2004/2005
Münder, J./Ernst, R.: Familienrecht, 6. überarbeitete Aufl., Köln 2009
Münder, J./Trenczek, Th.: Kinder- und Jugendhilferecht, 6. Aufl., Köln 2007
Oberloskamp/Marx: Kindschaftsrechtliche Fälle für Studium und Praxis, 6. Aufl., Neuwied 2006
Oberloskamp/Hoffmann: Wir werden Adoptiv- oder Pflegeltern, 5. Aufl., München 2006
Oberloskamp, H.: Ich erziehe mein Kind allein, 4. Aufl., München 1999
Oberloskamp/Borg-Laufs/Mutke: Gutachtliche Stellungnahmen in der sozialen Arbeit, 7. Aufl., Neuwied 2009
Papenheim/Baltes/Tiemann: Verwaltungsrecht für die soziale Praxis, 22. Aufl., Frechen 2010
Proksch, R.: Sozialdatenschutz in der Jugendhilfe, Münster 1996
Schleicher, H.: Jugend- und Familienrecht, 12. Auflage, München 2007
Schimke/Fuchs: Rechts-ABC für den Jugendgruppenleiter, 23. Auflage, Neuwied 2004
Wiesner, R./Zarbock, W. (Hrsg.): Das neue KJHG und seine Umsetzung in die Praxis, Köln 1991

IV. Zeitschriften und Entscheidungssammlungen

BGHZ	Bundesgerichtshof, Entscheidungen in Zivilsachen
BlWoPfl	Blätter der Wohlfahrtspflege
BtPrax	Betreuungsrechtliche Praxis
CARITAS	Zeitschrift für Caritasarbeit und Caritaswissenschaft
DAVorm	Der Amtsvormund (bis 2000)
DER STÄDTETAG	Zeitschrift für kommunale Praxis und Wissenschaft
DVBl.	Deutsches Verwaltungsblatt
FamRZ	Zeitschrift für das gesamte Familienrecht
FuR	Familie und Recht
FEVS	Sammlung fürsorgerechtlicher Entscheidungen der Verwaltungs- und Sozialgerichte (Band und Seite)
FORUM JUGENDHILFE	AGJ-Mitteilungen
FPR	Familie, Partnerschaft und Recht
HRR	Höchstrichterliche Rechtsprechung
JA	Juristische Arbeitsblätter
JAmt	Das Jugendamt. Zeitschrift für Jugendhilfe und Familienrecht (bis 2000: DAVorm)
Jugendhilfe	Jugendhilfe
JugWo	Jugendwohl, Zeitschrift für Kinder- und Jugendhilfe
Jura	Juristische Ausbildung
JZ	Juristenzeitung
Kind-Prax	Kindschaftsrechtliche Praxis (bis 2005)
KJuG	Kind, Jugend, Gesellschaft
MDR	Monatsschrift des Deutschen Rechts
Mitt.LJA W-L	Mitteilungen des Landesjugendamtes Westfalen-Lippe (Nummer, Jahr und Seite)
MSchrKrim	Monatsschrift für Kriminologie und Strafrechtsreform
NDV	Nachrichtendienst des Deutschen Vereins
NJW	Neue Juristische Wochenschrift
np	neue praxis
NStZ	Neue Zeitschrift für Strafrecht
NZS	Neue Zeitschrift für Sozialrecht
RdJ(B)	Recht der Jugend (und des Bildungswesens)
RsDE	Beiträge zum Recht der sozialen Dienste und Einrichtungen (Band und Seite)
R&P	Recht und Psychiatrie
TuP	Theorie und Praxis der sozialen Arbeit
SjE	Sammlung jugendrechtlicher Entscheidungen (Fach und Seite)
STREIT	Feministische Rechtszeitschrift
StV	Der Strafverteidiger
U. M.	Unser Mündel (bis 8/1986)
UJ	Unsere Jugend, Zeitschrift für Jugendhilfe und Wissenschaft
ZblJugR/ZfJ	Zentralblatt für Jugendrecht und Jugendwohlfahrt, seit 1984 ZfJ (bis 2005)
ZfF	Zeitschrift für Fürsorgewesen
ZfSH/SGB	Zeitschrift für die sozialrechtliche Praxis

283

ZKJ   Zeitschrift für Kindschaftsrecht und Jugendhilfe (ab 2006;
               vorher Kind-Prax und ZfJ)

Stichwortverzeichnis